U0478740

教育变革与文化传承丛书　丛书主编/黄书光　梦山书系

基层播扬：

上海民众教育馆研究（1928—1949）

刘海燕　著

海峡出版发行集团｜福建教育出版社

图书在版编目（CIP）数据

基层播扬：上海民众教育馆研究：1928—1949/刘海燕著. —福州：福建教育出版社，2025.8. —（教育变革与文化传承丛书/黄书光主编）. —ISBN 978-7-5758-0445-5

Ⅰ.G529.6

中国国家版本馆 CIP 数据核字第 2025DL0105 号

教育变革与文化传承丛书
丛书主编　黄书光
Jiceng Boyang：Shanghai Minzhong Jiaoyuguan Yanjiu（1928—1949）
基层播扬：上海民众教育馆研究（1928—1949）
刘海燕　著

出版发行	福建教育出版社
	（福州市梦山路 27 号　邮编：350025　网址：www.fep.com.cn
	编辑部电话：0591-83726971　83726908
	发行部电话：0591-83721876　87115073　010-62024258）
出 版 人	江金辉
印　　刷	福州报业鸿升印刷有限责任公司
	（福州市仓山区建新镇建新北路 151 号　邮编：350082）
开　　本	710 毫米×1000 毫米　1/16
印　　张	23
字　　数	330 千字
插　　页	2
版　　次	2025 年 8 月第 1 版　2025 年 8 月第 1 次印刷
书　　号	ISBN 978-7-5758-0445-5
定　　价	69.00 元

如发现本书印装质量问题，请向本社出版科（电话：0591-83726019）调换。

总　序

一定时代的教育变革总是离不开相应的经济基础制约和政治结构影响，更离不开其背后的复杂文化传承与深层价值引领。在很大程度上，传统的中国教育发展与主流的儒家文化传承可谓相互支撑、合作共生。近代以来，由于"西学东渐"的日益深入，东西方文化及其价值观念发生剧烈冲突，中国教育的现代化变革正是在这样剧烈的文化冲突与融合中不断向前发展。事实上，离开文化冲突与传承的视角，是无法深度解读中国教育变革的内在演化逻辑和发展路向的，更谈不上植根本土文化基础上的教育实践建构与理论创新。

基于教育现代化变革的内在需求，围绕教育变革与文化传承的旨趣，我们精心设计了6本相互独立、个性鲜明，而又彼此关联、主题突出的一套学术丛书。它们是：1.《百年动变：教育家办学的文化反思》（黄书光等著）；2.《学脉传承：中国近代比较教育学家的学术范式演进》（杨来恩著）；3.《内涵发展：改革开放以来基础教育学校变革走向》（张猛猛著）；4.《回归初心：中国共产党早期干部教育探微》（范国盛著）；5.《尚美立人：近代上海中小学音乐教育考察》（黄晓珠著）；6.《基层播扬：上海民众教育馆研究（1928—1949）》（刘海燕）。其中，既有对百年"教育家办学"的文化反思，又有对改革开放以来"学校变革走向"的内涵挖掘，还有对"中国共产党早期干部教育"的追本溯源，以及对近代"比较教育学家学术范式演进"的理性探究、对近代"上海中小学音乐教育"和"上海民众教育馆"的历史考察。相信这些多年探索的研究成果，不仅可以起到鉴古知今、赓续学脉的积极作用，而且有助于推动新时代中国教育现代化的变革实践和中华民族文化精神的传承创新。

如上这些研究者都是学有专长的教育学博士或博士后，拥有教授、副教授或讲师职称，均在国内高校主要从事教学、科研工作。尽管每个学者所研究的侧重点并不相同，所关注的学术领域也有所差异；但我们都对"教育变革与文化传承"的主题备感兴趣，都不满足就教育论教育，而是沉浸于求索教育变革本身的复杂内在逻辑，及其背后的深层文化要素和政治经济动因。或许在研究中我们仍然存在一定的意见分歧，但强调教育不仅要适应社会变革，更要引领社会变革，突显教育变革的文化传承与创新，则是我们反复研讨交流后的共同学术坚守。

需要指出的是，我们的研究虽然建基于一定的学术积累，但所研究的主题和重心都是前人较少进行系统探索的，需要我们付出艰苦的努力。呈现在读者诸君面前的这些成果是我们的尽心之作；但由于能力所限，其研究是否确当，则有待于热心读者和专家的批评指正。

感谢福建教育出版社的大力支持和帮助。在本丛书出版之际，特向福建教育出版社领导和编辑深致敬意和谢意。

华东师范大学基础教育改革与发展研究所　黄书光
2021 年 2 月 1 日

序　言

伴随着"新国民"意识和"开民智"观念的日益涌动，一种以自由平等与科学民主为旨归的新式教化方式成为社会主流，旨在造就新国民与建设新国家。在此意义上，如何培植"健全国民"便成为民国建立后教育发展中的核心问题，社会教育因此受到民国政府的重视。1928年后，社会改造成为社会建设的重点工作，民众教育作为社会改革新的方式被纳入国民政府的施政举措。上海作为快速崛起的近代城市，在整合传统与西方理念的进程中，民众观念亟待塑造、市民文化程度亟须提升、沪郊农村生存状况亟欲改善，民众教育更亟待全面实施。民众教育馆作为规模较大兼施民众社会教育和民众学校教育的综合机关，对此发挥了重要的作用。

本研究采取纵向脉络与主题剖析相结合的思路，力图体现历史与逻辑的统一，综合运用历史研究法、案例研究法与比较研究法对1928—1949年上海民众教育馆展开多维度考察。先是系统梳理上海民众教育馆的兴起与历史进程，接着对民众教育馆内部的教育管理、目标、内容、实践路径展开深入考察与逻辑分析，以彰显上海民众教育馆的复杂样貌、独特风格与历史影响。

作为思想基础与政策保障，域外观念与传统教化的交互融合、民众教育思潮的持续推动、政策法令的强力助推，三者共同孕育上海民众教育馆的兴起。依据当时社会发展大势与民众教育馆内在演化脉络的双重变奏，上海通俗教育馆改组为上海民众教育馆；依据其内在变迁逻辑，本研究将其分为建立与发展期、衰落与恢复期。

完善的内部组织管理有利于组织运行的优化，上海民众教育馆内部主要通过完善的组织设置、人员管理及经费管理，推动整个民众教育事业发展，进而在基层社会实施"播扬"。上海民众教育馆内部组织通过各种机构设施、人员设置、会议举办、与外界联络等方式展开动态的教育过程。馆长和职员作为民众教育馆的主要人员，在聘任和资格考核方面均有严格要求。馆长作为馆内的重要领导者，是德行并重的典范，对馆内事业发挥着统领作用。各部主任与干事作为馆内的职员，其资格体现了术业专攻的特色。在经费层面，上海民众教育馆采用经费分级承担制，来源较为多样，既有地方拨款，也有各种税收，还有地方自筹和馆内自营，在经费使用上较为规范，旨在提高馆内经费的使用效率。

教育目标对教育活动具有指引性，有什么样的教育目标就有与此相应的教育内容建构，就有与之配套的教育实施路径。上海民众教育馆的教育目标指向促进民众的全面发展，其具体表现在促进民众文化知识的增长、生产技术及生产率的提高、公民素质的提升、健康生活的养成，从而达至改造民众生活，实现社会愿景。在此目标指引下，各民众教育馆根据上海民众生活实际需求，着力建构和提升馆内教育内容，具体包括语文教育、生计教育、公民教育、健康教育、休闲教育，且各教育内容相互联系，构成一个系统的现代知识教育体系。在此基础上，上海民众教育馆长期开展兼具系统性与针对性的教学与指导活动、广泛性与便利性的宣传活动、趣味性与竞争性的比赛活动、直观性与形象性的展览活动，形成了灵活多维的民众教育实践网络和有效路径。

基于上海城乡差异化的实际，本研究还对上海市立民众教育馆和省立俞塘民众教育馆两个案例进行深入考察和细微比较。上海市区与沪郊各县民众的需求具有一定的差异性，上海市区民众比较在意市民文化素质的提升，而沪郊各县民众更关注农民普通知识和专门技能的习得。民众教育就是要满足民众的需求，民众教育馆作为基层社会中的"播扬者"，实施民众教育着眼于广大民众，对于上海市区居民与沪郊乡村民众的不同需求，两馆颇能抓住关键，施以相应的民众教育。

上海民众教育馆在整体教育实践过程中呈现出教育内容根植于基层、教育路径多样灵活以及受益于知识精英引领的独特风格，全面有效地促进着上海民众教育的持续发展。作为社会式民众教育组织机构的民众教育馆，其与学校式民众教育机构共同构建较为体系化的民众教育系统，并作为整个实施系统的中心机构，在政府与基层社会中架起了互动桥梁。同时，民众教育馆在运行中突破场所的限制，采取多元开放、适切民众生活需求的传播方式，不断彰显其独具特色的社会教育价值。

目 录

引 言 ………………………………………………………………… 1

第一章 上海民众教育馆的产生与发展 ………………… 27
第一节 上海民众教育馆的兴起 ………………………… 28
一、域外观念与传统教化的交互融合 …………………… 28
二、民众教育思潮的持续推动 …………………………… 33
三、政策法令的强力助推 ………………………………… 40
第二节 上海民众教育馆的历史演进 …………………… 47
一、上海民众教育馆前身期——通俗教育馆（1912—1928）…… 47
二、上海民众教育馆的建立与发展期（1928—1937）…… 55
三、上海民众教育馆的衰落与恢复期（1937—1949）…… 61

第二章 上海民众教育馆的运行及其管理 ……………… 71
第一节 上海民众教育馆运行的组织管理 ……………… 71
一、上海民众教育馆的组织设置 ………………………… 72
二、上海民众教育馆的组织运行 ………………………… 82
第二节 上海民众教育馆运行的人员管理 ……………… 90
一、馆长的聘任资格及职责 ……………………………… 90

  二、职员的任职资格及职责 ·········· 101
 第三节 上海民众教育馆运行的经费管理 ·········· 116
  一、上海民众教育馆的经费来源 ·········· 117
  二、上海民众教育馆的经费分配 ·········· 125

第三章 上海民众教育馆的目标定位与内容建构 ·········· 134
 第一节 促进民众全面发展：上海民众教育馆的目标指向 ·········· 134
  一、扫除文盲，提高民众文化知识水平 ·········· 136
  二、改善生计，增进民众生产知识技能 ·········· 139
  三、改良风俗，培养民众优良行为习惯 ·········· 142
 第二节 体贴民众生活需要：上海民众教育馆的内容建构 ·········· 145
  一、语文教育：普及民众文化知识 ·········· 146
  二、生计教育：提高民众生产效率 ·········· 153
  三、公民教育：培养民众民族意识 ·········· 159
  四、健康教育：增强民众体能素质 ·········· 164
  五、休闲教育：丰富民众日常生活 ·········· 169

第四章 上海民众教育馆的多维实践路径 ·········· 173
 第一节 兼具系统性与针对性的教学与指导活动 ·········· 173
  一、开设民众学校 ·········· 174
  二、举办职业补习学校 ·········· 180
  三、设立问询代笔处 ·········· 184
  四、组织农田合作社及提倡副业 ·········· 187
  五、成立医疗问诊处及实施防疫 ·········· 191
 第二节 兼具广泛性与便利性的宣传活动 ·········· 194
  一、口头演讲 ·········· 194
  二、书报传播 ·········· 200

三、标语提醒 ·· 204
　　四、艺术浸染 ·· 207
第三节　兼具趣味性与竞争性的比赛活动 ·················· 212
　　一、健康比赛 ·· 212
　　二、农产比赛 ·· 215
　　三、娱乐比赛 ·· 217
　　四、知识竞赛 ·· 218
第四节　兼具直观性与形象性的展览活动 ·················· 226
　　一、农事展览 ·· 227
　　二、科学展览 ·· 229
　　三、健康展览 ·· 230
　　四、公民知识展览 ·· 232

第五章　案例比较：上海民众教育馆的城乡之别 ········ 236
第一节　上海城乡民众教育馆创办方式之比较 ············ 237
　　一、城市改进实验：上海市立民众教育馆 ············ 237
　　二、乡村建设实验：俞塘民众教育馆 ·················· 244
第二节　上海城乡民众教育需求之比较 ····················· 252
　　一、提升文化素质：上海市区民众教育需求 ········· 253
　　二、缓解生计压力：沪郊农村民众教育需求 ········· 258
第三节　上海城乡民众教育馆教育活动之比较 ············ 264
　　一、塑造新型城市生活：上海市立民众教育馆教育活动 ··· 264
　　二、创建新的乡村生活：俞塘民众教育馆的教育活动 ····· 279

第六章　上海民众教育馆的特点、意义及创获 ············ 292
第一节　上海民众教育馆的特点 ······························· 292
　　一、扎根基层的民众教育内容 ···························· 293

二、灵活多维的教育实践路径 …………………………… 298
　　三、内外联动的知识精英引领 …………………………… 303
第二节　上海民众教育馆的意义 …………………………… 307
　　一、推动民众教育体系的构建 …………………………… 307
　　二、实施民众教育的中心机构 …………………………… 312
　　三、政府与基层社会互动的桥梁 ………………………… 315
第三节　上海民众教育馆运行中的若干创获 ……………… 320
　　一、民众教育馆场所布局的整体建构 …………………… 321
　　二、民众教育馆受众对象的广泛性与适切性 …………… 323
　　三、民众教育馆传播方式的多元开放 …………………… 325

参考文献 ……………………………………………………… 328

后　记 ………………………………………………………… 352

图表目录

表1-1	江苏省立民众教育馆辅导各县社会教育分配表	46
表1-2	青浦县通俗教育馆图书分类	52
表1-3	上海市简易民众教育馆一览表	59
表1-4	全面抗战时期民众教育馆一览表（1937—1945）	64
表1-5	1945年第二学期与1946年第一学期社会教育概况	65
表1-6	上海市市立民众教育馆1946年教导部、艺术部、生产部经常事业活动	65
表2-1	上海市立简易民众教育馆组织设置一览表	72
表2-2	沪郊各县民众教育馆组织设置概况表	74
表2-3	上海市立民众教育馆各组织掌管事项	78
表2-4	俞塘民众教育馆1930年各股掌管事务情况	79
表2-5	上海市立民众教育馆组织内部设置概况	83
表2-6	上海市立民众教育馆历任馆长情况	93
表2-7	1930年江苏省各县民众教育馆馆长学历之比较	94
表2-8	沪郊各县民众教育馆馆长情况统计表	95
表2-9	上海市立民众教育馆现任职员一览（1933年3月）	105
表2-10	上海市市立民众教育馆现任职员一览（1936年11月）	107
表2-11	南汇县民众教育馆职员履历一览表	111
表2-12	上海地区部分县民众教育馆职员一览表	112
表2-13	全国地方岁入经费来源一览表	118
表2-14	1931年和1940年松江县教育经费来源一览表	118
表2-15	1929年各省市社会教育经费比较表	120
表2-16	1933年嘉定县民众教育馆经费一览表	123
表2-17	沪郊各县部分民众教育馆经费分配概况表	126
表2-18	江苏省各县县立民众教育馆职工薪俸表	127
表2-19	川沙县城区民众教育馆1933年度经常费支出决算表	129

表 2-20	上海市立民众教育馆经常费收支一览表	130
表 2-21	1943年南汇县城厢民众教育馆每月预算经费表	132
表 3-1	马陆镇民众教育程度统计	136
表 3-2	松江民众教育馆职业班课程设置一览表	147
表 3-3	松江民众教育馆初级班课程设置一览表	148
表 3-4	《农民千字课》教材内容	150
表 3-5	《上海市民众识字读本》有关语文教育内容	152
表 3-6	上海市民众教育馆生计教育相关内容	155
表 3-7	川沙县城区民众教育馆职业训练日课表	157
表 3-8	《三民主义千字课》第二册目录	159
表 3-9	上海市立民众教育馆关于公民教育的内容	160
表 3-10	上海市立民众教育馆健康教育的相关内容	166
表 4-1	俞塘民众教育馆附设民众学校一览表	175
表 4-2	松江县民众教育馆民众学校毕业标准设立表	179
表 4-3	上海国防无线电训练班职员一览表	182
表 4-4	张堰民众教育馆代写文件及问字概况	184
表 4-5	松江民众教育馆常识征问箱问题一览表	185
表 4-6	马陆农民教育馆指导组织成立之合作社一览	188
表 4-7	金山县干巷农民教育馆组织信用合作社一览表	188
表 4-8	张堰民众教育馆部分讲演概况	195
表 4-9	松江民众教育馆部分演讲一览表	196
表 4-10	松江县民众教育馆巡回演讲概览	197
表 4-11	上海市立民众教育馆历次学术演讲概况	199
表 4-12	松江民众教育馆图书室藏书一览表	201
表 4-13	松江县民众教育馆发行刊物一览表	203
表 4-14	上海市市立吴淞初级中学收听上海国防无线电训练班播音节目一览表	207
表 4-15	朱泾民众教育馆无线电播音节目一览表	208

表 4-16	松江县民众教育馆巡回演讲队概况表	209
表 4-17	嘉定县农民教育馆化装演讲一览表	211
表 4-18	松江县民众教育馆灯谜一览表	219
表 4-19	松江县民众教育馆自然室物品陈列一览表	229
表 4-20	松江县民众教育馆自然室陈列一览表	231
表 4-21	上海市立民众教育馆健康教育展览室陈列物品一览表	231
表 4-22	松江县民众教育馆国耻室展览物品一览表	233
表 4-23	松江县民众教育馆国货室样品展览一览表	234
表 5-1	1934年俞塘民众教育馆经费收支表	247
表 5-2	本国人经营之工厂（以区域分区调查）	257
表 5-3	1932年上海市立民众教育馆图书分类	266
表 5-4	阅览儿童性别年龄年级统计表	267
表 5-5	巡回文库第一号十二月份统计表	269
表 5-6	上海市立民众教育馆1932年历次演讲工作报告表	271
表 5-7	上海市立民众教育馆展览室陈列物品一览表	275
表 5-8	俞塘民众教育馆农艺专馆主要工作概况表	282
表 6-1	江苏省省立教育学院毕业生服务上海地区民众教育馆一览表	305
表 6-2	上海县各区识字人数百分比较表	309
表 6-3	沪郊部分县区的民众教育机构	310
图 2-1	上海市立民众教育馆组织系统图	77
图 4-1	松江县民众教育馆巡回教育队在叶榭工作时之情形	195
图 4-2	朱泾民众教育馆无线电播音台之一角	208
图 4-3	松江民众教育馆化装演讲搭台情形	211
图 4-4	嘉定民众教育馆举行婴孩健康比赛第一名徐循初	213
图 4-5	闵行民众教育馆举行农产展览会场景	228

引　言

一、研究缘起

近年来，国家在关注学校教育的同时，对校外教育也给予足够重视。教育不应仅仅局限于正规学校教育系统，更应将教育活动扩展到学校以外的广大社会，注重非正规、非正式教育的意义和价值。教育的范围不断从正式的教学和培训扩大到与成年人相关的非正规和非正式的教育系统；由特定的教育对象扩充为全体公民；由人生的某阶段转变为全过程，由此覆盖教育的空间、主体、时间三个维度。这就意味着教育对象的全民性、教育内容的全面性、教育过程的持续性。基于这一趋势，成人教育、社区教育、农村教育与终身教育等不断兴起并逐步完善。

民国时期，在国外各种教育思潮的传入裹挟下，同时在日本"社会教育"的浸染下，我国出现"社会教育"一词。[1] 首任民国教育总长蔡元培主张设立社会教育司，该机构的设置标志着我国迈出探索社会教育的实践步伐，社会教育得到国家的关注。社会教育司的创立，主要是针对我国失学民众较多，文盲率较高，以"提倡成人教育和补习教育"。[2] 近代社会教育对象主要从清末的年长失学青年或成人到南京国民政府时期的全体民众。

---

[1] 王雷. 社会教育概论 [M]. 北京：光明日报出版社，2007：27.
[2] 高平叔. 蔡元培教育论著选 [M]. 北京：人民教育出版社，1991：707.

虽经历史时代变化，社会教育也发生改变，总体上讲，社会教育针对的是全体民众，不受任何身份限制。从教育内容层面讲，近代社会教育是从最开始的识字教育到包括文化、道德、体育、劳动技能、生产力、健康与卫生等包罗万象的教育，其主要采用多样的机构、场所、组织与活动来满足社会上不同民众的需求，保证他们享有接受平等教育的权利。由此可知，当时社会教育尝试满足民众多方面需求，在整个教育系统中发挥了重要作用。

本研究之所以选择上海民众教育馆作为研究对象，考察其缘起及发展历程、组织管理、教育目标、教育内容与实践路径，主要是基于以下原因。

第一，民众教育的重要性。近代以降，上海发展成为著名的移民城市。这些移民群体身上依旧带有传统社会痕迹，其思想观念的转变尤为重要。同时，这些移民大多是劳动者、破产的农民与手工业者，他们集中于市区，希望寻求适当职业来维持生活。而上海在不断现代化过程中，其生产生活方式发生较大改变，这就要求民众具备近代科学知识和生产技术。此外，20世纪二三十年代，沪郊农村经济的破产趋势，加剧了农民的"愚""穷""弱""私"。而农村经济的破产，自然引起上海市区经济的衰落。与农民生活不相上下的还有普通工人的生活，他们由于缺乏普通知识和专门技能，阻碍其劳动生产率的提高。面对此种境遇，学校教育发挥的作用有限。这就需要民众教育来提高民众文化知识和生产文化水平，从而培养和塑造现代上海民众，达到改造基层社会的目的。

第二，民众教育馆的特殊性。随着近代工商业发展，上海中西经济与文化联系日益加强。一些有识之士意识到仅仅依靠正规教育，或者仅仅依靠外国人开办学校，不能满足社会对人才的实际需求。此时，为适应晚清上海社会经济发展的要求，各种培训班与夜校、报刊、公共图书馆与博物馆应需而生。民国前期上海实施社会教育主要类型有职业补习学校、文化补习夜校、义务学校与识字班。南京国民政府成立后，为"唤起民众"，上海实施民众教育的机构分为了学校式民众教育机构和社会式民众教育机构。其中学校式民众教育机构主要包括民众学校，民众识字处，农、工与商等补习学校等；社会式民众教育机构则是利用公共场所，开展大众化活动对民众实施广泛教育，如民众教育馆、公共图书馆、公共体育场、动物园和植物园、社会教育实验区和民众茶园等。这些机构积累了丰富的社会教育经验，有效推动了社会教育活动的开展。国联教育考察团在进行考察时，认为"中国的各种教育中，社会教育、民众教育最有价值、最感兴趣，殊非偶然"。① 在这些包罗万象的民众教育机构中，存在着"基本组织""中心机关"，而民众教育馆正是扮演这样的角色。应民众教育的需求以及民众教育家的努力，民众教育馆在各级政府引导下应时而生。随着民众教育馆地位的确立，各大期刊报纸对其进行不断报道推送。尤其是1933年教育部规定民众教育馆作为实施民众教育的中心、综合机关后，与之相关的文章数量增长更快。以晚清民国数据库为例，对其进行"民众教育馆"搜索，发现1927年之前仅有1项，即1911年在《浙江司法半月刊》上刊登的《解释民众教育馆馆长可否兼任县商会执监委员疑义公函》。1927—1929年增至390项，1930—1939年增幅较大，增到6380项，1940—1949年为744项。② 可见，1930—1937年是"民众教育馆"相关报道最多的时期，这一时期也是民众教育迅猛发展的时期。各大报纸、民众教育相关期刊、地方教育期刊均对民众教育馆进行报道，体现出民众教育馆的特殊性。

第三，上海在整合传统与西方理念进程中，不断实现现代化发展，并在此过程中塑造现代化上海民众。教育在其中发挥了重要作用。杜成宪指出："近代以来的上海堪称教育改革的先行者、教育思想的策源地、教育探索的园地、教育交流的窗口，引领中国教育现代化的进程。"③ 民众教育作为其中的一部分，其发展也特别引人注目。一方面形式丰富多样，有民众识字学校、各种职业补习学校、民众教育馆、职业传习所等；另一方面数量可观，几乎与正规学校数量相当。以1935年为例，"上海仅学校式社会教

---

① 国际联盟教育考察团. 国际联盟教育考察团报告书[M]. 台北：文海出版社，1986：208.
② 根据华东师范大学图书馆的晚清民国数据库整理所得。
③ 杜成宪. 区域教育现代化的独特样例——基于上海的历史考察[J]. 教育发展研究，2017(4)：27—34+47.

育机构就达 1002 所,而同年全市学校数亦不过 1214 所"。① 民众教育如此盛行,有利于扫除文盲、培训失学青年和各界在业人士的职业技能,促成重视教育的社会风气,也丰富了区域人民业余生活。作为实施民众教育的中心机构,民众教育馆在塑造近代上海文化中心、塑造现代化民众中扮演重要角色。上海设立省立俞塘民众教育馆、上海市立民众教育馆、沪郊各县民众教育馆,行政区域内的每个县都至少设立一所民众教育馆或农民教育馆等对民众实施教育。已有研究多集中于乡村建设运动、平民教育等领域,对上海民众教育馆的专门研究稍显薄弱。故此,有必要对上海民众教育馆所管辖区域进行民众教育事业的活动进行翔实考察与分析,探索上海民众教育馆的教育特点、历史影响与独特价值。

基于以上三方面认识,本研究对 1928—1949 年上海民众教育馆的缘起和历程、运行及其管理、目标、内容建构与实践路径做翔实考察,以期探索上海民众教育馆如何成为基层社会的"播扬者"及其在上海的地位。

二、概念界定

(一)核心概念界定

1. 民众教育

南京国民政府成立后,社会教育被赋予了本土化蕴意,"由追求理想而变为改造现实……由高唱'世界'而改为呼唤'中国'"。② 在这期间,社会教育在教育方针、政策、制度、法规以及实践等方面均形成较为完整的体系,且在各个方面体现"民众"教育特征,以"民众教育"为中心。"民众"一词在 20 世纪 20 年代逐渐被使用。1921 年,沈雁冰、欧阳予倩等人创立的"民众戏剧社",就具有民众教育意味。孙中山在早期言论中,也多

---

① 上海市教育局. 上海市教育统计(民国二十三、二十四年合刊)[R]. 上海市教育局,1934—1935:3,153.
② 张宪文,张玉法. 中华民国专题史·第二卷·文化、观念和社会思潮[M]. 南京:南京大学出版社,2015:242.

次使用了"民众"一词。1925年2月，孙中山遗嘱中写有"必须唤起民众"①一句。"民众"和"教育"两词组成一个教育学上的专门术语，最早正规化使用来自许崇清。1926年2月，广东国民政府教育行政委员会委员许崇清拟订《教育方针草案》，其中第六项纲领为"民众教育事业的扩张"。②次年6月，国民政府教育行政委员会委员韦悫起草《国民政府教育方针草案》也涉及民众教育，主张"民众教育与民众运动一并进行"。③在民众运动中孕育的民众教育，成为这一时期的主导。1928年，俞庆棠等人大力提倡"民众教育"，他们出版社会教育著作及文章，也多以民众教育为主。在此之后，政府也开始积极推动民众教育。

关于"民众教育"这一概念，不同学者从不同视角提出独到理解，主要从两个方面进行理解。其一是从其对象出发，指出民众教育是面向全体民众所办的教育，其对象为广大民众。如孟宪承认为："民众既是大多数的人民，民众教育就是大多数人民的教育。"④陈礼江认为民众教育的对象既是一种失学儿童的补习教育，也是已接受一定程度教育的民众的继续教育。⑤傅葆琛认为："民众教育是为全国民众办的教育，就是全国国民的教育。"⑥商致中更进一步认为："民众教育是指全体民众所应受的教育，凡是社会上的民众，不论穷富贵贱，不问男女长幼更不管教育程度和生产知能的高下，都应受教育，这便是民众教育。"⑦其二从其内容和任务出发，阐述民众教育的核心要义。高践四认为："民众其真义为民众教育须就实地生活需要培起全民（至少大多数人民）力量，运用团体、根据理性，以解决一切社会问题。"⑧雷沛鸿认为："民众教育不可一概而论，它是一种教育运

---

① 广东省社会科学院历史研究所. 孙中山全集（第十一卷）[M]. 北京：中华书局，1986：639.
② 许崇清. 教育方针草案 [C] //许崇清文集. 广州：中山大学出版社，2004：103.
③ 国民政府教育方针草案（二）[N]. 申报，1927-07-05.
④ 孟宪承. 民众教育 [M]. 上海：世界书局，1934：6.
⑤ 陈礼江. 民众教育 [M]. 南京：正中书局，1935：5.
⑥ 陈侠，傅启群. 傅葆琛教育论著选 [M]. 北京：人民教育出版社，1994：94.
⑦ 商致中. 民众教育 [M]. 上海：大华书局，1933：2—3.
⑧ 高践四. 民众教育 [M]. 上海：商务印书馆，1934：19.

动,并要造成一种社会运动,它以大众化中国全国的教育为职志,以平等化中国的社会而相助建设新社会秩序于中华民族为归宿。"① 可见,民众教育的任务是以民众生活样态为基准,采取各种形式改善民众境况,解决社会问题,从而建设新的社会秩序。

综合以上学者观点,上海民众教育是为广大上海民众所办的教育,根据上海民众实际需求采用不同方式进行全面教育,以达至民众生活的改善、知识的提升、道德的养成,进而促进上海市区及沪郊社会的改造。

2. 民众教育馆

1928年,江苏省率先以民众教育馆取代民国初期的通俗教育馆。此后,各省市纷纷效仿。上海县颁布了《民众教育馆计划大纲》(1929年),确立了民众教育馆的宗旨:"为本县民众教育之中心。"② 为了打破各省市地域差异,教育部颁布《民众教育馆暂行规程》(1932年),给予民众教育馆政策上的统一规定:"各省市及县市应分别设立民众教育馆,为实施社会教育之中心机关。"③ 此规程对民众教育馆的设立、命名、组织、事业作出政策规定,从此民众教育馆成为法定设立的机构,具有社会合法性。此后,上海市教育局及沪郊各县教育局纷纷颁布民众教育馆规程,作为其实施民众教育的准绳。除政策文件的规定外,众多教育学者对民众教育馆也有自己的认识。主要有两种不同的认识,一是教育制度说,他们认为民众教育馆是我国特定的一种教育制度。林宗礼认为:"民众教育馆为我国特有的一种教育制度。"④ 陈礼江同样认为:"民众教育馆是中国特有的一个制度,是社会教育事业中最合理想的一种设施。"⑤ 二是中心机构说,大部分学者持这一观点,认为民众教育馆是在中西文化碰撞下形成的一种民众教育综合机关,

---

① 雷宾南. 现代中国教育的两宗疑案(上)[J]. 教育与民众,1931(3):625—628.
② 民众教育馆计划大纲[J]. 上海县教育月刊,1929(24):15.
③ 中国第二历史档案馆. 中华民国史档案资料汇编(第五辑第一编教育)[G]. 南京:江苏古籍出版社,1994:786.
④ 林宗礼. 民众教育馆实施法[M]. 上海:商务印书馆,1936:1.
⑤ 陈礼江. 建设中的中国社会教育系统及现阶段的民众教育事业[J]. 教育与民众,1936(8):2.

是地方文化教育的中心。徐锡龄将民众教育馆定义为："地方上民众教育活动的中心，是推行民众教育的总机关。"① 甘豫源认为："能取得中心资格的要推民众教育馆。"② 可见，无论从民众的需求，还是民众教育馆自身内部的事业范围、组织设施与事业活动，上海民众教育馆的组织与功能基本囊括其他机构的职能与基本形式，建构与民众生活紧密联系的教育内容，且运用灵活多维的实践路径，是实现和达到民众所需各种教育的一种综合的、中心的民众教育机构。

3. "播扬者"

"播"即传播之意，詹姆斯·W. 凯瑞（James W. Carey）在《作为文化的传播》一书中提出"传播"有两种解释。其一是将之理解为传递，将传播过程分为传播者、传播内容、传播渠道、传播对象、传播效果五个要素；其二是将之理解为仪式，是指一种现实得以生产、维系、修正和转变的符号过程。③ 此种理解不仅仅强调单向的传递，更在于突出"互动"的关系，而本研究所指正是此意的"传播"。上海民众教育馆作为基层社会的"播扬者"，作为政府与基层民众互动的桥梁，根据民众需求采用灵活且多维的教育实践路径对基层民众传播语文教育、生计教育、公民教育、健康教育、休闲教育，提高民众科学文化知识、先进生产技能、民族意识，养成健康生活与正当休闲娱乐的习惯。"扬"即弘扬，含有弘扬传统文化和教化精髓的意蕴。民众教育馆除根据民众需求传播现代科学文化知识外，在某种程度上也充当了政府向基层"宣教"的角色。正如黄书光所言："在'下'者经过在'上'者的价值施予与导向，致使其内在的人格精神发生变化。"④ 传统教化强调自上而下的价值引领，而民众教育馆在某种程度上正是传达国民政府的旨意，从而维护基层社会秩序稳定。民众教育馆的"播扬"既有传统"宣教"内蕴，又具有现代社会教育传播意味。上海民众教育馆既

---

① 徐锡龄. 中国民众教育发展之经过[J]. 教育与民众，1931（3）：6.
② 甘豫源. 新中华民众教育[M]. 上海：新国民图书社，1932：104.
③ [美]詹姆斯·W. 凯瑞. 作为文化的传播[M]. 丁末，译. 北京：华夏出版社，2005：12.
④ 黄书光. 中国社会教化的传统与变革[M]. 济南：山东教育出版社，2005：1.

注重政府权力在基层社会的渗透,也注重根据基层民众的需求开展教育事业活动,架起了政府与基层民众互动的桥梁,在基层社会中实施"播扬"。

(二)研究的时空范围

时间跨度:1928年,江苏省率先提出以民众教育馆代替民初的通俗教育馆,并将之作为实施民众教育的综合机构。在此影响下,上海市区及沪郊各县或对通俗教育馆改组,或新建民众教育馆。中华人民共和国成立后,民众教育馆作为当时社会教育的中心文化机构,大多被政府接管,进而改设或合并为图书馆或文化馆等机构。1949年上海市军事管制委员会政教处接管了市立民教馆及其真如分馆,并改名为上海沪南群众文化馆(今南市区文化馆)和上海市沪西群众文化馆(今普陀区真如文化馆)。沪郊各县政府也开始纷纷接管民众教育馆进行更名,使其职能发生转变。本研究的时间跨度为1928—1949年。

空间范围:1928年,国民政府设立上海特别市,扩大市区范围包括上海、宝山县的一部分,设立17个区。1930年7月,上海特别市改称为上海市。上海地区包括上海、嘉定、宝山、松江、川沙、青浦、南汇、奉贤、金山、崇明10县。本研究所指的空间范围既包括上海市区,也包括上海地区的沪郊各县。

三、文献综述

学术研究重在不断积累,而积累不仅仅包括个体在不断学习过程中所获得的知识与学术能力,也涵盖学术活动本身的传承。故此,前人的研究是本研究的起点。通过对已有关于民众教育馆研究的系统梳理,力求在分析理解前人研究成果的基础上,拓展自我研究的空间。

(一)民众教育的研究

自1928年以来,民众教育这一名词频繁出现在各大报纸及杂志上,受到国民政府以及知识分子重视,并逐渐进入学者研究的视野。

1. 中华人民共和国成立前民众教育研究

中华人民共和国成立前,民众教育的研究集中于1928—1939年这一段历史时期，散见于各大民国期刊及报纸，主要涉及民众教育的概念、目标、使命，各地的进展概况、实施路径以及未来出路等。

对民众教育进行整体研究的学者主要有高践四、商致中、秦柳芳、俞庆棠、陈礼江、顾岳中、孟宪承、赵冕等。他们撰写民众教育专著，分别从其意义、范围、演进、制度、方法、课程设备及成效方面进行分析。如高践四从民众教育的意义、成效、演进、方法、课程教材设备与系统进行研究。① 俞庆棠则从民众教育与成人学习、社会经济、教育制度、演进历程、实施场所、实验事业、目的与方法以及外国成人教育的概要等方面进行系统研究。②

也有学者单独对民众教育的某一方面进行研究。对于民众教育的概念，不同的学者从不同的角度提出自己的见解，分别从对象、内容与目的方面对其进行界定。民国数据库中发现对民众教育最早的研究是1925年笔名为梦的作者撰写的《民众教育》一文，此文对其概念进行详细的分析，认为"民众教育就是拿浅近的文字，编成各种有益的小说或是谈话，给那辈不大识字的平民读"。③ 同年骏声发表《我国民众教育问题》，分析我国民众教育的必要性、关系、特质、方针及机关。④ 许本震从民众教育对象及内容对民众教育进行界定，"民众教育是全社会上人民活动的教育，是人生教育及民族教育，具体包括文字教育、公民教育、职业教育、社会性的教育、文化教育"。⑤ 此外，还有《民众教育概论》《民众教育消息》《民众教育理论的领域》等均对民众教育概念作出界定。

关于民众教育目标与使命的研究，马宗荣认为民众教育包括"知的启发、德的涵养、体的锻炼、美及情的陶冶、技能的养成"。⑥ 许本震认为"民众教育最大之使命，不只在识字，亦不只在职业训练，而在使民众有感

---

① 高践四. 民众教育［M］. 上海：商务印书馆，1934.
② 俞庆棠. 民众教育［M］. 上海：正中书局，1935.
③ 民众教育［N］. 时事新报（上海），1925-09-13.
④ 骏声. 我国民众教育问题［J］. 奉天教育杂志，1925，4（1）：25—37.
⑤ 许本震. 民众教育纲要［J］. 民众教育，1930，2（7）：1—16.
⑥ 马宗荣. 民众教育目标［J］. 民众教育，1934，1（3）：27.

受文化，实行文化之能力"。① 赵敦荣也对民众教育进行设想，他认为中国民众教育要努力走向乡村。② 如此，不同学者分别从地域、内容与能力等方面提出民众教育使命。

此外，在训政时期，民众教育任务重大，具体到民众教育实施，须有系统的组织与行政。张庆霓认为："民众教育应当由党部、私人团体、政府三个方面合作，设置组织系统，通过学校式和社会式两种方式来实施。"③ 赵光涛认为民众教育最要紧的便是实施的步骤，具体包括："接近民众、联络民众、组织民众、教育民众。"④ 已有研究或从实施主体，或从实施步骤，或从组织设施，或从实施机构等对民众教育实施路径作出初步探索。

2. 中华人民共和国成立后民众教育的研究

中华人民共和国成立后，关于民众教育的研究集中于思想与制度两个方面。其中在民众教育思想方面，既有从宏观角度对民众教育思潮进行的整体研究，也有对某一民众教育家思想的个别研究。民众教育制度研究主要是某一区域民众教育研究以及民众教育工作研究。

对民众教育思想整体系统的研究主要集中在三个方面。其一，对民众教育思潮进行追本溯源，即探寻其源头及考察其演进历程；其二，对民众教育思潮各流派民众教育观点进行分析；其三，总结民众教育思潮的特点，并对之进行评价。对之进行整体研究的是张蓉，她从民众教育思潮的历史演进逻辑、民众教育思潮各流派的教育思想、民众教育思潮的评价三个方面进行系统分析。⑤ 此外，还有《中国教育思想通史》第七卷第四章专门论述了民众教育思潮，包括民众教育思潮的确立及演进，民众教育思潮的诸流派及其主张，俞庆棠、高阳和陈礼江的民众教育思想，民众教育思潮的评价四节，分别从纵向和横向对民众教育思潮进行深入的探索。

---

① 许本震. 民众教育最大之使命 [J]. 民众教育，1930，2（5）：9—11.
② 赵敦荣. 今后中国之民众教育 [J]. 民众教育，1932，1（2）：5—16.
③ 张庆霓. 民众教育之目标与实施 [J]. 民众教育，1930，2（5）：41—45.
④ 赵光涛. 民众教育的实施和步骤 [J]. 民众教育，1929，1（8）：5—9.
⑤ 张蓉. 中国现代民众教育思潮研究 [M]. 北京：中国文史出版社，2005.

民众教育家单独研究主要集中于一些代表性人物民众教育思想的探索，如对孟宪承、陈礼江、俞庆棠、钮永建、董渭川、周辛、孙蔚民等的研究。已有关于某一单独人物的民众教育思想研究，主要从理论与实践两个层面进行分析。理论方面集中于民众教育的对象、目的、内容与方法等；实践层面主要是从如何推进民众教育的实践活动进行分析。

此外，还有学者对国外民众教育进行研究。如陈丽丽从民众教育兴起、发展脉络与各时期的政策保障、实施民众教育的模式对北欧的民众教育进行探索。① 谢彤的《16—17世纪英国的民众教育》以宏观角度为视野，整体上探索16—17世纪英国民众教育发展概况，分别从16—17世纪民众教育发展的历史背景、民众受教育状况、民众教育特征和社会成果三个方面进行论述。②

中华人民共和国成立后，学者从民众教育思想与民众教育实践两个方面对我国近代民众教育发展进行不断探索，既使民众教育整体发展脉络得以呈现，也对各省市各阶段民众教育进行深入剖析，还有对各派或者单个人物的民众教育思想进行刻画，呈现出近代我国民众教育整体样貌，为本研究提供一定思路。

（二）民众教育实施机构的研究

实施民众教育的机构大致可分为两类，分别为学校式民众教育和社会式民众教育。学校式民众教育机构主要包括民众学校，识字学校，农、工、商等补习学校等；社会式民众教育主要包括民众教育馆、公共图书馆、公共体育场、动物园和植物园、社会教育实验区及民众茶园等。

1. 学校式民众教育机构的研究

在学校式民众教育机构中研究较多的是民众学校。新中国成立之前，关于民众学校的研究散见于各大报纸和期刊中，如《民国日报》《申报》《新闻报》《教育与民众》《民众教育》等，具体内容分各省市民众学校筹办

---

① 陈丽丽. 北欧民众教育研究 [D]. 福州：福建农林大学，2015.
② 谢彤. 16—17世纪英国的民众教育 [D]. 天津：天津师范大学，2020.

过程、招生、数量统计、近况、会议、课本、学生、实施办法等。有不少著作对民众学校进行系统研究,最早的研究是朱智贤著的《民众学校设施法》,此书对民众学校的概念、使命、种类、行政组织、校舍与设备、经费问题、招生与留生、学级编制法、课程与教材、教学法、训育法、测验法、教师等进行研究。① 苑国贤著的《民众学校设施法》对民众学校意义、教学法与管理法三个方面进行剖析。② 甘豫源、段蕴刚编著的《民众学校》分别从民众学校地位、组织、经费和设备、学科与教材、教学方法、训导方法、推广事业、新发展等进行论述。③ 还有黄裳的《民众学校概况》、凌以安的《怎样办民众学校》等,这些研究者对民众学校进行全景式研究,包含了民众学校内部的基本要素。

除此之外,不少学者对民众学校内某一要素进行深入分析,如杨一勋编的《民众学校招生法》主要针对民众学校重要性、招生困难的原因、招生者应具备条件、招生原则及招生方法,对民众学校招生问题进行深入分析。④ 朱佐廷、邱冶新编著的《民众学校教学法》从民众学校的教学原则和条件、各种教学方法、教学设施、各科教学法、社会活动的教学方法、流动教学法、招生及留生法、成绩考查法,对民众学校教学法进行分析。⑤ 方丙荃编著的《民众学校教材研究》从各学科教材出发对民众学校教材进行论述,主要包括民校教材通论、民校的读书教材、民校说话作文写字教材、民校常识教材、民校算术教材、民校体育音乐教材、民校职业科教材、流动教学的教材和教具。⑥ 中华平民教育促进会编的《战时民众学校补充教材》、上海市教育局编的《民众学校课本》、朱若溪编的《民众学校算术教授书》、蒋希益编的《民众学校课程研究》、邱冶新编的《民众学校教材及教学法》等都对民众学校课程教材进行了分析。

---

① 朱智贤. 民众学校设施法 [M]. 济南:山东省立民众教育馆出版部,1931.
② 苑国贤. 民众学校实施法 [M]. 上海:大众书局,1936.
③ 甘豫源,段蕴刚. 民众学校 [M]. 上海:商务印书馆,1937.
④ 杨一勋. 民众学校招生法 [M]. 浙江省立民众教育实验学校编印,1934.
⑤ 朱佐廷,邱冶新. 民众学校教学法 [M]. 上海:商务印书馆,1941.
⑥ 方丙荃. 民众学校教材研究 [M]. 福建省民众教育师资训练所,1938.

中华人民共和国成立后，以民众学校为专题进行研究最具代表性的是周慧梅的《"新国民"的想象：民国时期民众学校研究》。此著作借鉴结构主义生态学分析方法，对民众学校的概念、办学主体、内部运行、绩效、存在问题等进行深入考察，来透视当时政府、社会团体试图通过"教育改造达到社会改造"来化解新教育制度缺失所造成的弊端，呼应"教化以学校为本"传统强势回归。① 此外，涉及这一问题的论文和著作已有不少，李珠主编的《中国成人教育近现代史》第六章第二节"社会教育的实施"中对民众学校进行了论述，并对学校式社会教育与社会式社会教育进行对比研究。② 谷小水对 1927—1937 年的中国民众教育进行研究，并选择以江苏为中心进行考察。③ 熊明安、周洪宇主编的《中国近现代教育实验史》第十七章对江苏省立教育学院中的城市民众学校和农村民众学校进行简要介绍。④ 曾玉娇的《南京国民政府前期民众学校教师管理研究（1927—1937）》对民众学校中的主体要素——教师群体进行分析，具体包括教师的构成、任用与检定管理、培训与待遇管理、成效反思几个方面。⑤

随着教育史研究范围的拓展，民众学校作为区域教育的一部分被涉及，区域民众学校进入学者的研究视野。如《广东省民众学校研究（1927—1937）》《从"除文盲"到"作新民"：1928—1937 年北平地区民众学校研究》《民国时期北平民众学校发展述论》《民众·民校·民教：浙江省立民众教育实验学校初探》等。也有从城市史、社会史、教育史、历史学角度对区域民众教育馆进行研究的同时，对其附设的民众学校进行分析。

2. 社会式民众教育机构的研究

社会式民众教育机构主要包括民众教育馆、公共图书馆、公共体育场、

---

① 周慧梅. "新国民"的想象：民国时期民众学校研究［M］. 北京：北京师范大学出版社，2013.
② 李珠. 中国成人教育近现代史［M］. 哈尔滨：黑龙江教育出版社，1996.
③ 谷小水. 1927—1937 年中国民众教育研究——以江苏为中心［D］. 南京：南京大学，2000.
④ 熊明安，周洪宇. 中国近现代教育实验史［M］. 济南：山东教育出版社，2001.
⑤ 曾玉娇. 南京国民政府前期民众学校教师管理研究（1927—1937）［D］. 重庆：西南大学，2021.

动物园和植物园、社会教育实验区及民众茶园等。其中研究最多的便是作为中心机关的民众教育馆，本研究在下一部分单独进行分析。其他相关研究也主要集中于新中国成立之前，新中国成立后的研究较为薄弱。

民国时期的研究主要涉猎民众茶园，公共图书馆，公共体育场，社会教育实验区的筹设、设备、概况、组织、人员设置、活动、会议及使命等。还有一些研究民众教育的专著中会涉及这些机构研究，或者研究民众教育馆，作为其附设的组织机构会被涉及。如高践四的《民众教育》在第四章"民众教育的方法"中简要介绍图书馆、体育场、民众茶园、民众教育区、乡村改进会、农村改进区与民众教育实验区。① 商致中的《民众教育》第三章和第四章对民众体育场、民众图书馆、民众茶园进行分析。② 杨佩文编著的《民众教育实施法》对社会式民众教育机构进行详细探索，均作专章论述。③ 陈礼江的《民众教育》第七章对图书馆、博物馆、体育场与民众茶园进行简要概括。④ 此类研究在民国时期较为丰富，为进一步研究提供理论基础和史料铺垫。

中华人民共和国成立之后，对这些机构进行系统整体研究较为薄弱。在民众茶园方面，包树芳对南京国民政府时期民众茶园从空间的角度进行考察。⑤ 孙绪芹、茆静的《民众茶园里的民众教育——以 1927—1937 年江苏省民众茶园为例》从民众茶园设立初衷、民众教育与识字教育运动三个方面对江苏省民众茶园进行的民众教育进行介绍。⑥ 在民众图书馆研究方面，最具代表性的是张书美，其著作《中国近代民众图书馆研究》对中国近代民众图书馆的基本情况作了介绍，并按组织管理、藏书建设、阅读推

---

① 高践四. 民众教育 [M]. 上海：商务印书馆，1934.
② 商致中. 民众教育 [M]. 上海：大华书局，1933.
③ 杨佩文. 民众教育实施法 [M]. 上海：商务印书馆，1937.
④ 陈礼江. 民众教育（全一册）[M]. 上海：正中书局，1943.
⑤ 包树芳. 空间重组与茶馆改良：对南京国民政府时期民众茶园的考察 [J]. 内蒙古社会科学（汉文版），2012 (1)：130—133.
⑥ 孙绪芹，茆静. 民众茶园里的民众教育——以 1927—1937 年江苏省民众茶园为例 [J]. 淮阴师范学院学报（哲学社会科学版），2019 (2)：198—203.

广事业与社会功效四个部分对民众图书馆的历史作了较为深入的研究。① 同时，她也撰写了一系列论文对民众图书馆进行深入的研究，如《民国时期民众图书馆的特征解读》《民国时期民众图书馆的规章建设及启示》《民国时期民众图书馆中的巡回流通事业》《民国时期民众图书馆的图书采选问题》《民国时期民众图书馆的儿童阅读关怀》，从民国时期民众图书馆的建设发展入手，对其兴起原因、规章制度建设、发展状况加以探讨，并进行理论研究，总结民众图书馆所发挥的作用。关于民众教育实验区，娄岙菲以大夏公社、大夏民众教育实验区为中心对大夏大学与民众教育进行考察。② 此外施克灿、李媛的《与国家共谋：民众教育实验与基层政权建设——以洛阳民众教育实验区为考察中心》、周慧梅的《教育改革与基层社会改造——以洛阳民众教育实验区为考察中心》等都从民众教育与基层社会改造入手对民众教育实验区进行探讨，为进一步研究提供思路。

（三）民众教育馆的研究

在所有民众教育实施机构中，民众教育馆作为中心机构而存在。对民众教育馆的研究主要分为新中国成立前和新中国成立后两个时间段，前一阶段主要集中于对民众教育馆的理论认识和具体事业中问题的评价，为进一步研究提供理论基础和史料铺垫；后一阶段更多是从学理的角度进行研究，主要是对民众教育馆整体的研究和民众教育馆某一主题作特殊的研究，对进一步研究的结构、思路均有较大指引作用。

1. 中华人民共和国成立前民众教育馆的研究

据晚清民国期刊数据库及其全国报刊索引的研究显示，中华人民共和国成立之前关于民众教育馆的研究主要集中于1930—1939年间，这一时期形成民众教育馆研究的高潮。从研究群体来看，主要有俞庆棠、孟宪承、马宗荣、董渭川、林宗礼、古楳、顾岳中及钮永建等热心民众教育事业的

---

① 张书美. 中国近代民众图书馆研究［M］. 南昌：江西人民出版社，2020.
② 娄岙菲. 大夏大学与民众教育——以大夏公社、大夏民众教育实验区为中心的考察［J］. 教育学报，2016，12（4）：112—120.

教育学者。关于民众教育馆研究的内容大致集中于两个方面，一是对民众教育馆理论的整体认识，"民众教育馆概念""民众教育馆内组织设置、事业""民众教育馆运行机制"等通俗性的介绍以及解读；第二是关注民众教育馆作为新生事物，在具体开展事业活动过程中遇到的困难以及存在的问题。研究主要集中于民众教育馆经费问题、职员资格，对活动范围受限、成效问题提出批评，同时也提出今后改进的措施以及出路。从整体上说，民国时期关于民众教育馆的研究，为当下研究民众教育馆提供了大量翔实的史料，奠定了进一步研究的基础。

1949年之前，国内对民众教育馆已作较多研究，主要包括著作、论文与报告等形式。其中最早以民众教育馆为题的著作是方金埔著的《民众教育馆之组织和实施》，此著作介绍民众教育馆的宗旨、组织、实施原则、经费和各项工作的举办方法。① 沈吕默的《民众教育馆》对民众教育馆存在基础、演进、组织、管理、教育活动、活动时困难及实际问题进行详细论述。② 林宗礼的《民众教育馆实施法》属于师范丛书，对民众教育馆内各主旨要素进行详细论述，并提出民众教育馆不单是一种改造旧教育与创造新教育的合理制度，而且是改造旧社会与创造新社会的主动力。③ 彭大铨的《民众教育馆》分创立与发展、组织与人员、行政与经费、工作之信念与准则、工作之步骤与区域、工作之方式与技术、工作之辅导与考查等十章。④ 除这些综合性民众教育馆研究外，还有各省市所编民众教育馆的著作，⑤ 详

---

① 方金埔. 民众教育馆之组织和实施[M]. 上海：大夏大学教育学院，1934.
② 沈吕默. 民众教育馆[M]. 上海：中华书局，1948.
③ 林宗礼. 民众教育馆实施法[M]. 上海：商务印书馆，1936.
④ 彭大铨. 民众教育馆[M]. 上海：正中书局，1941.
⑤ 如福建省民众教育馆编的《福建省立民众教育馆计划纲要》、浙江省立杭州民众教育馆编的《浙江省立杭州民众教育馆概况》、张登受编的《一个省立民众教育馆一年努力记》、山西省立民众教育馆编的《山西省立民众教育馆概况》、湖北省立实验民众教育馆编辑委员会的《湖北省立实验民众教育馆》、山东省立民众教育馆编的《山东省立民众教育馆设施概览》、江西省立民众教育馆编的《江西省立民众教育馆设施概览》、浙江省立宁波民众教育馆编委会编的《浙江省立宁波民众教育馆年刊》、宗秉新著的《江苏的民众教育馆》、松江民众教育馆编的《松江民众教育馆概况》、河北省立保定民众教育馆编的《河北省立保定民众教育馆规程》、浙江省立民众教育馆编的《浙江省立民众教育馆图书书目》等。

细介绍民众教育馆史略、总则、经费、设备、组织、职员履历、事业活动与困难等基本情况。这些著作汇集了学者对民众教育馆的思想精华,史料翔实,内容较为全面系统,成为后人进一步研究各省市民众教育馆的权威史料。

除此之外,几乎所有社会教育、民众教育的著作均会涉及民众教育馆研究。如古楳的《民众教育新动向》在第四章"综合的民众教育"中介绍民众教育馆演变,认为民众教育馆是采用馆舍式而施行综合民众教育的典型代表。[1] 庄泽宣、徐锡龄编著的《民众教育通论》第四章专门对民众教育馆进行介绍,对民众教育馆史略、统计、组织及事业、实施组织的分部、经费、馆长的资格、辅导机关进行论述。[2] 陈礼江的《民众教育》第十一章对民众教育馆演进史略、性质、组织、工作与事业、实施步骤、实施区域及时间分别作了介绍。[3] 孟宪承的《民众教育》第七章对民众教育馆进行单独论述,包括组织、调查与设计、实施要点。[4] 杨佩文的《民众教育实施法》第二章对民众教育馆历史、行政组织规定、行政组织系统、事业的实施及注意要项进行详细论述;第三章对农民教育馆的意义、改革之商榷、行政组织、设施事业与注意事项进行分析。[5] 赵冕的《社会教育行政》中列举了大量民众教育馆的统计数据与图表,[6] 为后人提供一个从社会教育行政角度量化地考察、分析民众教育馆的思路。

除这些著作外,当时不少人士在各大报纸、期刊上发表多角度、多层次的民众教育馆研究。大致可以分为四类:第一类是关于民众教育馆的认识,属于理论层面的观点;第二类是关于民众教育馆在实施活动过程中的途径、办理要点、事业活动与设施方法等;第三类是关于各地方民众教育馆的具体报道;第四类是对当时民众教育馆的评价,分为民众教育馆存在

---

[1] 古楳.民众教育新动向 [M].上海:中华书局,1946.
[2] 庄泽宣,徐锡龄.民众教育通论 [M].上海:中华书局,1934.
[3] 陈礼江.民众教育 [M].上海:正中书局,1935.
[4] 孟宪承.民众教育 [M].上海:世界书局,1934.
[5] 杨佩文.民众教育实施法 [M].上海:商务印书馆,1937.
[6] 赵冕.社会教育行政 [M].上海:商务印书馆,1938.

的合理性和弊病以及未来的出路。报纸如《新闻报》《小报》《中央日报》《民国日报》《时报》《大公报》《申报》都有对民众教育馆专门的报道。与此同时，当时有专业研究民众教育的专业刊物，如《教育与民众》《社会与教育》《民众教育月刊》《民众教育通讯》《民众教育》《民众园地》《社教通讯》《现代民众》《民教半月刊》等；各地方也有专业民众教育刊物，如《山西省立民众教育馆月刊》《浙江民众教育》《山东民众教育月刊》《湖北省实验民众教育馆》等。纵观如上研究，既为后期研究提供理论基础，同时也有助于了解当时民众教育馆的真实概貌，为今天的研究提供翔实的资料佐证。

2. 中华人民共和国成立后民众教育馆的研究

中华人民共和国成立以后尤其是改革开放后，民众教育馆得到学者关注。不同于民国时期的研究，此时的研究不再局限于介绍性研究，更多的是进行学理性分析，主要是对民众教育馆的整体研究和对民众教育馆某一主题作特殊研究。

（1）关于民众教育馆整体的研究

到目前为止，笔者发现以民众教育馆为专题研究的著作较少，而涉及这一问题的学位论文较多。作者摆脱了单一的教育学角度，从社会史、城市史、文化史等角度入手，重在对区域民众教育馆进行研究，集中探讨分析各省市民众教育馆的缘起、发展历程、组织设置、事业活动、成效及存在的困难，这些研究有助于笔者对民众教育馆进行整体思考。

对民众教育馆进行专题性、整体性与系统性研究的著作最早是 2012 年周慧梅的《近代民众教育馆研究》。此书突破教育学、历史学和社会学单一的研究框架与方法，注重运用多学科的理论和方法，采用"多学科交叉法"对民众教育馆进行翔实的分析论述。著者从机构设施入手，重点不是论述民众教育馆所进行的事业活动，而着重分析近代民众教育馆是如何演进、内部是如何进行管理、发挥了什么样的社会功能。[1] 朱煜的《民众教育馆与

---

[1] 周慧梅. 近代民众教育馆研究 [M]. 北京：北京师范大学出版社，2012.

民族国家意识的塑造（1928—1949）》从民族意识塑造的视角来分析民众教育馆，较为全面地探寻民众教育馆对民众民族意识塑造的前因后果，厘清两者之间的基本线索，[1]为本研究提供很好视角。

也有对某一区域民众教育馆进行整体研究的著作，如朱煜从社会学角度入手，对江苏民众教育事业活动进行较为全面的考察。[2]赵倩对1928—1937年间北平地区的民众教育馆进行详细考察，力求还原当时民众教育馆的真实状况，并以北平民众教育馆为切入点来折射全国民众教育馆状况。[3]还有部分研究社会教育、民众教育的著作涉及民众教育馆研究，如王雷的《中国近代社会教育史》第五章"中国近代社会教育事业"第二节专门对民众教育馆作了述评，对民众教育馆的历史沿革、设施、工作、发展概况进行详细的分析。[4]杨才林的《民国社会教育研究》第四章"民国社会教育设施"第一节对民众教育馆的沿革、扩充、设施、工作与弊病进行整体探索。[5]熊明安、周洪宇主编的《中国近现代教育实验史》将民众教育馆作为实施民众教育的机关进行简要介绍。[6]

除这些著作外，民众教育馆逐渐成为研究生学位论文选题。目前发现最早的是张鹏从山东民众教育馆兴起的背景、演进历程、内部组织设置及人员设置、事业活动等方面对山东省立民众教育馆进行了分析，在此基础上对董渭川的民众教育思想和实践进行探索。[7]还有不少学位论文对各省市民众教育馆进行研究，涉及各省市民众教育馆的兴起背景、演进历程、组

---

[1] 朱煜. 民众教育馆与民族国家意识的塑造（1928—1949）[M]. 北京：人民出版社，2022.
[2] 朱煜. 民众教育馆与基层社会现代改造（1928—1937）——以江苏为中心 [M]. 北京：社会科学文献出版社，2012.
[3] 赵倩. 现代语境下的民众教育与社会改造：1928—1937年北平地区民众教育馆研究 [M]. 北京：中国人民大学出版社，2015.
[4] 王雷. 中国近代社会教育史 [M]. 北京：人民教育出版社，2003.
[5] 杨才林. 民国社会教育研究 [M]. 北京：社会科学文献出版社，2011.
[6] 熊明安，周洪宇. 中国近现代教育实验史 [M]. 济南：山东教育出版社，2001.
[7] 张鹏. 山东省立民众教育馆研究（1929—1937）[D]. 济南：山东师范大学，2008.

织设置、行政管理、事业活动、成效等。[1] 也有不少期刊文章对民众教育馆进行整体考察，如李冬梅的《民国时期民众教育馆举步维艰的缘由》论述民国时期民众教育馆的重任与处境，重点分析民众教育馆举步维艰的原因，包括政府不重视、不作为，教育体制不健全，社会和民众心理的畸形、扭曲。[2]

还有研究者选取抗战这一特殊时段的民众教育馆进行研究。抗战时期民众教育馆主要通过一系列活动为抗战服务，增强民众国民意识。对这一时期的研究主要集中于抗战时期民众教育馆事业活动、主要任务、人员构成、主要事件、服务抗战与特殊时期存在的问题等。最早对抗战民众教育馆进行研究的学位论文是张研的《抗日战争时期四川省的社会教育——以成都市立民众教育馆为中心的研究》，此文以民众教育馆来分析抗战时期四川省社会教育的发展。[3] 对这一时期民众教育馆进行研究的还有很多期刊论文，[4] 作者主要对抗战时期民众教育馆内部的具体事件或实施成效进行研究，真实反映了特殊时期民众教育馆的样态。

（2）民众教育馆某一主题的研究

对于民众教育馆某一主题的研究主要是学位论文与期刊论文，涉及民

---

[1] 王业廷. 青岛市立民众教育馆研究 [D]. 青岛：中国海洋大学，2009；于文哲. 湖北省立实脸民众教育馆研究 [D]. 武汉：华中师范大学，2010；曹丽娟. 山西省立民众教育馆研究（1933—1937）[D]. 成都：四川师范大学，2012；张本一. 河南省立民众教育馆研究（1928—1937）[D]. 南昌：江西师范大学，2013；吴善家. 陕西省民众教育馆研究——以西安和长安地区为中心 [D]. 西安：陕西师范大学，2014.

[2] 李冬梅. 民国时期民众教育馆举步维艰的缘由 [J]. 求索，2010（12）：241—242.

[3] 张研. 抗日战争时期四川省的社会教育——以成都市立民众教育馆为中心的研究 [D]. 成都：四川大学，2007.

[4] 刘喜凤. 抗战时期湘西民众教育馆与民众教育的开展 [J]. 教育评论，2011（2）：136—139；车莉. 抗战时期西康省的民众教育馆 [J]. 西南民族大学学报（人文社会科学版），2011（11）：210—214；朱煜. 抗战前江苏民众教育馆的教育电影 [J]. 电化教育研究，2012（8）：109—113；朱煜. 抗战大后方的民众教育馆——以四川省和重庆市为中心的研究 [J]. 近代史研究，2017（4）：105—117；王鑫宏. 抗战时期国民政府的民众教育：旨归、措施及评价 [J]. 兰台世界，2019（5）：153—155；周慧梅. 抗战时期后方省份社会教育的实践困境分析——以湖南省立第一民众教育馆"余陈互控案"为考察中心 [J]. 北京教育学院学报，2019（1）：62—71；吴秋林. 抗战时期大后方民众教育述论——以重庆青木关实验民众教育馆为考察中心 [J]. 西部学刊，2020（1）：82—84.

众教育馆馆舍问题、民众教育馆活动、民众教育馆与社会民众的关系、民众教育馆与电化教育等研究。

民众教育馆馆舍的代表性研究为周慧梅的《从馆舍设置看民众教育馆的教育意蕴》,此文从馆舍建筑设施入手来考察教育意蕴,独具特色。[①] 对民众教育馆活动的研究,如左秋玲的《河北省立实验乡村民众教育馆生计教育探析》,从民众教育馆一项活动事业入手来分析民众教育馆的工作。[②] 朱煜的《寓教于展:九一八事变后民众教育馆的救国展览》对九一八事变后民众教育馆的展览活动进行论述。[③] 石磊对民国时期民众教育馆的美育工作进行研究,以社会史和博物馆史为视域,分析民众教育馆美育的兴起与发展。[④] 民众教育馆与社会民众的关系是民众教育馆研究的重点,已有关于民众教育馆与社会的关系研究主要集中于民众教育馆对改造民众社会生活与改良私塾的作用。还有从社会政治的角度入手来分析民众教育馆内所发生的事件,更好地反映民众教育馆内部政治权力的治理以及民众教育馆所体现的国家政治关系等。具体研究如《民众教育馆与私塾改良——以1930—1937年江苏为中心的考察》《贵州民众教育馆与民众生活研究(1935—1949)》《社会秩序与政府职责——以北平市第二民众教育馆附设影院风波为中心》《集体仪式与国家认同——以山西省立民众教育馆为考察中心》等。

民众教育馆与电化教育关系的研究主要集中于镇江民众教育馆。镇江民众教育馆最先使用"电化教学",从电化教育的设备、技术、教材与教学方法等方面进行论述,进而分析其对我国早期电化教育的促进和推动作用。最早对镇江民众教育馆电化教育进行研究的是徐南平、李文宏的《镇江民

---

① 周慧梅. 从馆舍设置看民众教育馆的教育意蕴 [J]. 华东师范大学学报(教育科学版),2012 (2):76—83.
② 左秋玲. 河北省立实验乡村民众教育馆生计教育探析 [J]. 河北广播电视大学学报,2017 (1):1—5.
③ 朱煜. 寓教于展:九一八事变后民众教育馆的救国展览 [J]. 终身教育研究,2019 (5):64—69.
④ 石磊. 民国时期民众教育馆美育工作研究(1927—1949) [D]. 南京:南京艺术学院,2021.

众教育馆对我国早期电化教育的促进作用》，该文论述了镇江民众教育馆的发展概况、最早使用"电化教学"这一名称、实施电化教学巡回施教车、对我国早期电化教育的促进与推动作用四个方面，分析了镇江民众教育馆电化教育的独特性。① 此外还有《镇江民众教育馆巡回电化教学的实践及作用研究》《江苏省立镇江民众教育馆与近代中国电化教育研究》等，这些研究为民众教育馆开展电化教育的研究提供良好范例。

（四）上海民众教育馆的研究

目前关于上海民众教育馆的专题研究很少，主要散落在民国时期一些期刊报纸中，如《申报》《社教通讯》《时报》《上海县教育局年报》《上海县教育月刊》《教育周报》《教育与民众》等。此外，上海市档案馆、沪郊县档案馆也收录了当时上海民众教育馆资料，这些史料均为笔者的研究提供了翔实的史料基础。

中华人民共和国成立后，不少学者在研究江苏民众教育馆中会涉及沪郊各县民众教育馆，但仅占很小篇幅。最早对上海民众教育进行研究的是谢培，他论述上海民众社会的发展概况，从清末的宣讲团体到通俗研究会再到民众教育馆的一个历史变迁过程。② 庄颖专门对上海妇女民众教育馆进行研究，她的《民国时期女子民众教育研究——以上海妇女教育馆为中心》通过对上海妇女教育馆的历史背景、产生发展、人员构成、主要活动进行探索，从个案透视整体，从而分析民众教育对妇女的影响。③ 研究上海民众教育馆的专著有张乃清的《钮永建与俞塘民众教育馆》，该书讲述了钮永建一生所进行的活动以及创办俞塘民众教育馆的始末，但大部分笔墨是对钮永建本人进行讲述，民众教育馆研究只占很少篇幅。④ 由杜成宪主编、黄书光等著的《上海教育史》（第二卷）第二章第三节"与市民生活同步的社会

---

① 徐南平，李文宏. 镇江民众教育馆对我国早期电化教育的促进作用 [J]. 电化教育研究，1996（1）：78—80.
② 谢培. 半个多世纪以前的上海民众社会教育 [J]. 上海成人教育，1996（5）：44—45.
③ 庄颖. 民国时期女子民众教育研究——以上海妇女教育馆为中心 [D]. 上海：上海师范大学，2014.
④ 张乃清. 钮永建与俞塘民众教育馆 [M]. 上海：上海人民出版社，2011.

教育"一节介绍上海社会教育的概况、学校式社会教育机构、一般的社会教育机构,重点介绍简易民众教育馆和上海市立民众教育馆。[1]

通过分析关于民众教育馆的研究,笔者发现新中国成立之前关于民众教育馆的研究内容大致集中于对民众教育馆理论的整体认识和在具体开展事业活动过程中遇到的困难以及存在的问题。新中国成立之后,不少学位论文对某一区域民众教育馆进行整体的研究。期刊论文主要是对民众教育馆的某个主题进行研究,如组织设置,与社会文化、民众生活的关系,与电化教育的关系及施教区等研究。这些研究,为笔者进一步研究民众教育馆提供思路和史料基础。具体到上海民众教育馆的系统研究稍显薄弱,这就为笔者的进一步研究提供了可能性和必要性。

四、研究方法

(一)历史研究法

历史研究法即是通过收集各种教育现象发生、发展和演变的历史事实,予以客观真实的分析,从而揭示其发展规律的一种研究方法。[2] 其主要适用于对过去各种教育事件的研究,如各国不同历史阶段教育发展状况的研究、历史上教育家教育思想的研究、某一历史时期教育流派的研究以及各流派的比较研究、某一历史时期教育制度的研究等。历史研究法基本包括研究目的和研究问题的确立、原始资料的搜集、原始资料的综合整理、原始资料的分析解释四个环节。原始资料是进行科学研究的基础,从确定选题、论证选题、搜集整理和分析材料形成观点,都与有关资料的检索和利用密切相关。通过资料的检索,研究者可以较为全面地了解与研究问题相关的研究,从而能更加明确研究的问题和方向。

首先,本研究对上海民众教育馆的民众教育进行考察,确立了史料搜集的目标是针对南京国民政府时期全国民众教育馆以及上海民众教育、民

---

[1] 黄书光,等. 上海教育史(第二卷)[M]. 上海:上海教育出版社,2019.
[2] 郑启学. 教育研究方法[M]. 长春:吉林人民出版社,2019:102.

众教育馆进行搜集。其次，进行原始资料搜集，确定资料搜集范围。第一步，通过阅读已有关于全国民众教育馆研究的相关学位论文和著作，将已有研究所引用文献进行整理，并分类阅读，以便了解民众教育馆的整体发展状况。第二步，将范围锁定在上海进行搜集，按照就近原则，首先搜集学校图书馆数据库中的文献，主要集中于"民国时期期刊全文数据库（1911—1949）""中国历史文献总库·民国图书数据库""上海图书馆全国报刊索引—中国近代报纸资源全库""申报"四个数据库检索关键词"上海民众教育""上海民众教育馆""宝山民众教育馆""金山民众教育馆""松江民众教育馆""奉贤民众教育馆""青浦民众教育馆""南汇民众教育馆""川沙民众教育馆""嘉定民众教育馆"等。接下来进行搜集的是上海及周边县的县志、教育志和文史资料，查阅县志与教育志中关于成人教育、校外教育、文化等相关内容；然后搜集上海市档案馆中有关"民众教育"与"民众教育馆"的档案资料。再次，对所搜集的文献史料进行整理，采用分类方法按照大事年表进行整理，分为档案、文史资料、著作、硕博论文、期刊论文五类，按照年代顺序进行排列，每一文献包括年代、著者、文献名称、出版情况（期刊名称）及主要内容。最后，是对所搜集到的文献进行分析，开始对文献进行粗读，从而对上海民众教育馆研究的既有成果和研究程度有一个感性认识。在此基础上，采用定量分析与定性分析相结合的方式对史料进行分析，使其足以全面系统地反映民国时期上海民众教育馆的实际发展情况以及事业活动。

（二）案例研究法

案例研究法最初始于美国，并由哈佛商学院于1919年率先在课堂中得到运用。案例研究是一种运用历史数据、档案材料、访谈、观察等方法收集数据，并运用可靠技术对一个或者多个案例进行分析，从而得到具有普遍性结论的研究方法。[①] 即通过广泛地搜集案例材料，运用多重证据来源如历史数据、档案材料、访谈、直接观察等，来真实反映案例的发展历程或

---

① 尹保华. 社会科学研究方法 [M]. 北京：中国矿业大学出版社，2017：360.

现实状况，以确定研究问题的过程。在进行案例的选择过程中，可以使用一个案例，也可以包含多个案例。多个案例的选择能使案例研究更具说服力，提高案例研究的有效性。

面对许多可以成为研究对象的案例，必须从其中选择一个或者几个作为重点研究对象。案例研究主要强调典型性和代表性，即所选案例必须具备某一类研究对象的主要特征与属性，能反映普遍的特性。本研究在对所搜集资料进行分析过程中，寻找具有典型性和代表性的案例，将上海民众教育馆作为重点分析对象。由于本研究的研究范围不仅仅包括上海市，还包括沪郊县区。上海市与沪郊县区发展存在极大不平衡性，导致民众需求存在不同，那么，民众教育馆实施民众教育的重点也就存在一定差异性。因此，需要在上海市区和沪郊各县农村各选择一个案例进行分析，以反映上海民众教育馆的整体状况。首先，对搜集到的多个民众教育馆概况进行整体性分析，上海市内主要有上海市立民众教育馆、简易民众教育馆、妇女教育馆等；沪郊县区中每一个县都至少有一所县立民众教育馆或农民教育馆。其次，通过对各民众教育馆的分析，进行筛选。筛选的目的是确定合适的案例。其中，1928年，上海县在相关法令规约下，将民众教育馆推向农村，开始成立县立民众教育馆。1930年，钮永建在上海闵行创办私立俞塘民众教育馆，后改为省立俞塘民众教育馆，其不仅负责闵行的民众教育，同时也对上海周边十县的民众教育进行乡村辅导。因此，可以将之作为实施上海乡村民众教育的典型案例。1932年，上海市立民众教育馆落成，对整个上海市的市民实施民众教育，其组织建设完善、经费较为充足、人员设置健全、民众教育活动范围广，对整个城市民众教育发挥了重要影响，因此将之作为实施上海市民众教育的典型案例。最后，对筛选出的案例进行分析，通过对选取的这两所民众教育馆进行分析，以小见大，间接反映上海民众教育馆的整体样貌。

（三）比较研究法

比较研究法是对事物异同关系进行对照、比较分析，从而揭示事物本质的思维过程和方法。[①] 按照时空，比较研究法可分为横向研究与纵向研究，即类型比较法和历史比较法。横向研究即是对空间中同时并存的事物进行比较；纵向比较即是对某一事物在不同历史阶段的比较，从而认识事物的演进历程，揭示其发展变化。本研究采用横向比较法，对同时存在的上海市立民众教育馆和俞塘民众教育馆进行比较，以发现它们实施民众教育的不同。

上海市立民众教育馆根据市内民众的需求实施民众教育，改进市民风貌和整个城市风气；俞塘民众教育馆主要是针对沪郊农村民众的需求开展民众教育，同时肩负着周边11个县的民众教育辅导工作，辐射沪郊各县，是当时上海乡村实验最具代表性的民众教育馆。两馆根据民众需求的不同施以不同的民众教育。其一，上海市立民众教育馆与俞塘民众教育馆的创办方式不同。上海市立民众教育馆是教育局与工务局两者理念的博弈下，由上海市教育局创办的。而俞塘民众教育馆是钮永建先生鉴于沪郊农村经济的破产以及实现其全民教育思想，借为双亲祝寿在故乡俞塘集资创办的。其二，上海城乡民众需求不同。上海市区内侧重市民文化素质的提升，沪郊农村则侧重于缓解农民生计压力。其三，根据民众需求不同，两馆颇能抓住关键实施民众教育。上海市立民众教育馆通过举办教导演讲活动、开办健康娱乐活动、办理宣传纪念活动，传播民众文化知识、丰富民众文化生活、增强民族文化意识；而俞塘民众教育馆则创建三大专馆、两大分馆、俞塘妇女自助学社，创办期刊报纸进行推广宣传，进行辅导及辐射沪郊各县农村，以缓解农村经济问题。本研究通过对俞塘民众教育馆和上海市立民众教育馆进行比较，揭示整个上海乡村民众教育馆和城市民众教育馆实施民众教育的差异性，进而总结民众教育馆事业活动的规律，为今天成人教育、农村建设、终身教育等的有效推行提供一种范例。

---

① 郑启学. 教育研究方法［M］. 长春：吉林人民出版社，2019：114.

第一章　上海民众教育馆的产生与发展

　　我国自古就有"化民成俗""劝课农桑"的社会教化传统，并且形成以儒家思想为核心的动态教化网络结构。近代，社会结构的变迁以及西方先进知识的强烈冲击，使得传统教化结构呈现出新旧杂糅的状态。正如王先明先生所言，与传统乡村社会教化体系不同，近代乡村社会的教化体系乃是一个新兴教化体系与旧式教化体系异质并存的复合体……新旧乡村教化体系的异质并存便构成了晚清乡村教化模式的时代特征。[①] 随着中西文化碰撞的影响、民众教育理念的推动以及训政的需求，我国开始筹划经费、训练人才，普遍推行民众教育运动。而要推行民众教育，实施机构则必不可少。因之，在民众学校外，产生一个规模较大、兼施民众社会教育和民众学校教育的综合机关，即"民众教育馆"。江苏省政府率先提出将民国初期的通俗教育馆改为民众教育馆。在某种程度上可以说民众教育馆的名称，源于江苏省。[②] 国民政府政策法规的颁布、民众教育家的提倡、中西文化的交互融合促使民众教育产生与发展。民众教育馆作为实施民众教育的组织机构，随民众教育的产生应时而生。上海的民众教育馆也在民众教育的需求以及政策法令的保障下兴起并取得逐步发展。

[①] 王先明. 中国近代社会文化史论 [M]. 北京：人民出版社，2000：225.
[②] 宗秉新. 江苏的民众教育馆 [J]. 民众教育通讯，1933，3 (6)：7.

第一节　上海民众教育馆的兴起

民国成立后,蔡元培"眼见各国社会教育事业之发达,深信教育行政之责任,不仅在教育青年,须兼顾多数年长失学之成人。故草拟官制时,坚决主张于普通、专门二司外特设社会教育司"。① 社会教育司的设立,使得社会教育有了专门的组织机构,受到政府的重视。南京国民政府成立后,蔡元培致力于推行"大学区制"改革,扩充教育处管理社会事业。"民国建设的基础在健全的民众,而健全的民众,非教育不能养成,所以要唤起民众,必须由民众教育入手。"② 民众教育馆作为实施民众教育的机构在文化、理念、政策的影响下,受到国民政府的重视并取得迅速发展。上海民众教育馆的兴起,有其内在的兴起背景,既有中国传统社会教化与西方成人教育思想的相互融合、民众教育家理念的持续推动,也有政策法令的强力助推。

一、域外观念与传统教化的交互融合

从文化层面讲,民众教育馆的兴起受到中西文化的双重影响。陈旭麓先生曾指出:"从一定意义上讲,一部中国近代文化史,就是一部传统文化与西方文化冲突交汇的历史,就是传统文化在西方近代文化的冲击和影响下向近代文化过渡转变的历史,也就是传统与西化相斥相纳的历史。"③ 民众教育馆即是在这种中西文化碰撞与融合过程中形成。

(一)传统社会教化中民众教育的蕴意

我国传统社会中就蕴含民众教育思想,如《周易·观卦》就有"先王以省方观民设教"的记载。那时候的帝王常巡省各地,观察民间的民俗,

---

① 朱有瓛,等.中国近代教育史资料汇编·教育行政机构及教育团体 [G]. 上海:上海教育出版社,1993:165.
② 傅葆琛.民众教育研究与评论 [M]. 北平:北平文化学社印行,1932:3.
③ 陈旭麓.近代中国社会的新陈代谢 [M]. 上海:上海人民出版社,1992:385.

而施以教育。司马迁曾说:"闻三代之道,乡里有教,夏曰校,殷曰序,周曰庠。"① 据孙诒让考订:"王国远郊百里内有六乡,有乡庠六,州序三十,党序一百五十。"② 《周礼》中记载道:"乡师之职,各掌其所治乡之教而听其治……乡大夫之职,各掌其乡之政教禁令……州长,各掌其州之教治政令之法……党正,各掌其党之政令教治。"③《文献通考》序中言:"国学有司乐司成专主教事,而州闾乡党之学,则未闻有司职教之任者。及考《周礼·地官》,党正各掌其党之政令教治,……州长掌其州之教治政令,考其德行道艺,纠其过恶而劝戒之,然后知党正即一党之师也,州长即一州之师也。以至下之为比长、闾胥,上之为乡、遂大夫,莫不皆然。盖古之为吏者,其德行道艺,俱足以为人之师表。"④ 可以看出,当时对于民众教育已有相当重视。

春秋战国时期,百家争鸣,尽管诸家在思想学说上自成体系,其观点甚至相互龃龉,然而,他们在期望教育民众化上却达成某种统一。孔子目睹了当时政治的败坏,希望通过教育来影响民众。他"有教无类"的教育思想,更可窥见其对于民众教育的努力。孟子继承孔子思想,主张"圣人与我同类",《孟子·尽心章句上》认为第三乐是:"得天下英才而教育之。"⑤ 认为凡人皆可为圣人,人类的本能完全一样,应受平等教育,且教育他人亦为人类应尽的义务。墨子更是主张平民化的民众教育,其对象为"匹夫徒步之士",即向一般下层阶级的民众实施教育,注重生产和劳作教育。道家代表人物老子主张无为而治,主张教育应该"非以明民,将以愚之"。⑥ 执政者应让人民去自由试验,以求得问题解决,免除一切纠纷,以达到其理想的大同社会。法家最初代表人物管仲主张君民合作,在《管子

---

① (汉) 司马迁. 史记 [M]. 长沙:岳麓书社,2002:685.
② 李景文,马小泉. 民国教育史料丛刊480(中国教育事业·中国教育史)[G]. 郑州:大象出版社,2015:197.
③ (西周) 姬旦. 周礼 [M]. 钱玄,等注译. 长沙:岳麓书社,2001:105—112.
④ (元) 马端临. 文献通考 [M]. 杭州:浙江古籍出版社,1988:5.
⑤ (战国) 孟轲. 孟子 [M]. 杨伯峻,杨逢彬,注译. 长沙:岳麓书社,2000:232.
⑥ 老子 [M]. 刘思禾,校点. 上海:上海古籍出版社,2013:169.

·牧民》篇中说:"政之所兴,在顺民心,政之所废,在逆民心。"① 可知,政权的兴盛与否关键在于能否顺应民心。由此可知,春秋战国时期,虽各派学者主张各异,但他们最后的社会理想,却均为大同之世。而欲实现并达成这一理想境界,诸家多主张通过对民众进行教育,充分发挥和运用教育的力量。此外,周公的"彝教",儒家的"教以人伦",法家的"教民耕战",以及《学记》中"化民成俗",宋代"乡约"和元代社学,明清两代宣讲,② 这些传统社会教化同样孕育了近代民众教育的产生。

在儒家整个教化体系中,除了封建社会正规的太学、州(府)县学、书院等学校组织系统外,还存在一些非学校的教化系统,包括士大夫的谕俗乡约、村落的家规族法、民间的祭祀礼仪、文人的戏剧小说。③ 这些非学校系统的社会教化同样蕴含近代民众教育的理念。封建大一统时期,也涌现出一批提倡民众试验的人物,如汉高祖"举民年五十以上,有修行能率众为善,置以为三老,乡一人,择乡三老一人为县三老,与县令丞尉以事相教"④。封建王朝不断探索对民众实施教化的方法手段。宋元时期社会教化形式不断扩增,随着讲学之风的盛行,民众教育范围也随之扩大。其中家规族法、乡约作为这一时期普遍的社会教化形式,分别向本族子弟和乡里民众传播儒家的道德规范,使民众潜移默化受到道德教化。宋代一些精英士大夫立足地方或家乡,发展地方事业。其中生计是他们首要考虑的事情。如叶梦得就时刻告诫其后代,"人家未有无田可致富者",所以"有便好田产可买,则买之……毋计厚值"。⑤ 许多士绅也积极寻找更加符合儒家价值观的事业,甚至组建对应的公共组织机构,担负起对地方政治、社会及文教的责任。士绅在地方实施事业活动的样态,为近代基层民众教化提供了范例。可见,本土的传统社会教化对民国时期上海民众的教育运动起

---

① 管子[M]. 刘晓艺,校点. 上海:上海古籍出版社,2015:2.
② 周慧梅,王炳照. 沿革与流变:从古代社会教化到近代民众教育[J]. 河北师范大学学报(教育科学版),2005(4):59—64.
③ 黄书光. 论儒学社会化的若干途径[J]. 教育史研究,1992(1):102—106.
④ (汉)班固. 汉书(上)[M]. 长沙:岳麓书社,2008:9.
⑤ 黄书光. 中国社会教化的传统与变革[M]. 济南:山东教育出版社,2005:282.

到"春风化雨"的影响，进而促进上海民众教育馆兴起。

(二) 西方成人教育理念的传入与对接

在西方列强"船坚炮利"武力胁迫的裹挟下，西方的政治、法律、民主、科学乃至思维方式与价值观等不断传入并渗透到中国社会，尤其是西方的自由民主对整个近代中国思想文化领域产生了重要影响。此时，我国正经历从传统向现代转型的历史过程，这一转型变迁就为各种社会改革思潮的兴起、理念的萌生提供了肥沃的土壤。近代中国民众教育思想即是中国传统社会教化的现代"转型"以及西方民主和成人教育思想融合的产物。

鸦片战争后，一批外国外交官、商人与传教士先后进入中国，其中以传教士为最多。他们深入中国内地，传播西方的思想文化、科技知识、生活方式及教育方法等，并建教堂、办学校、编印期刊等。许多具有近代文明特征的事物开始在中国出现，这些事物构成了中国社会变革的催化剂。一些接受民主共和思想的知识分子办报办刊，抨击清廷，鼓吹革命，进行启蒙，意图让广大民众接受新思想，致力塑造新国民。在民众教育上，各种报刊都致力于打破旧的、传统的思想观念，反对蒙昧主义、专制主义和宗教迷信，抵制封建落后观念，宣传进步思想文化与教育革新，传播新历史条件下新的自由平等、民主科学思想。上海自开埠以来，随着外国资本在此的迅速发展，更是成为中西文化交流的中心。《北华捷报》《上海每日时报》《上海差报》《六合丛谈》《上海新报》《申报》《格致汇编》《万国公报》《西国近事汇编》《新青年》等中、西报刊的发行，极大地推进了西学在上海的传播，使得"上海成为中国近代孕育改良思想的温床"[1]，成为新文化事业的中心。20 世纪初期，随着西方新教育理念的传播与植入，特别是五四运动以来，杜威实用主义思想在中国得到广泛传播，教育平民化与教育社会化观念深入人心。一些先进的留学知识分子译介西方成人教育思想，并进行本土化创造。在上海，最具代表性的期刊有《新教育》《教育杂志》《教育世界》《中华教育界》。这些期刊对西方成人教育进行详细介绍，

---

[1] 唐振常，沈恒春. 上海史 [M]. 上海：上海人民出版社，1989：314.

如《教育杂志》刊登的《英国的成人教育》《欧美成人教育之勃兴》《丹麦的成人教育》《英国成人教育之进展》《新俄成人教育运动之突进》《英国成人教育运动之起源与发展》《瑞士成人教育运动的发展》《威尔斯之成人教育》等。《中华教育界》刊登了国外成人教育的相关文章，如《英国地方行政当局之注意成人教育》《日本文部省对于大正十四年度成人教育的设施》《英国监狱实施成人教育》等。这也反映了西方国家对成人教育的重视，使普通民众都有机会接受教育，达到知识的普及。西方在发展学校教育的同时，还特别重视成人教育的发展，不断提高民众的文化程度。反观中国，成年民众占据了所有失学人数的很大比例，① 更应该注重对成人的教育。陈礼江曾指出，国内少数学者在借鉴各国成人教育事业的基础上，通过撰文创造了民众教育。② 在此意义上，中国借鉴西方成人、社会教育的理念，不断发展民众教育，实现了与西方成人教育的"对接"。

南京国民政府成立后，一些欧美归来的留学生不断撰文介绍西方成人教育制度及理念，并结合中国的实际问题，进行"本土化"的创造。他们发表期刊文章宣传西方成人教育。以江苏省立教育学院创办的《教育与民众》刊物为例，涉及国家既有成人教育办理较好的国家，如英、美、丹麦、德国、意大利、日本、苏俄、瑞士等，也有成人教育较为落后的国家，如南非、西班牙等；还有欧战后兴起的捷克等国，甚至英国殖民地印度的成人教育都有所介绍。尽管对各个国家成人教育发展的介绍侧重点不同，但最终均会引出对中国成人教育发展的思考，并将其作为改造社会与再造国民的重要因素。西方成人教育的传入无疑给我国民众教育带来新的契机，从而为上海民众教育的发展给予方向的指引，形成推进民众教育思潮发展的汇聚力。西方的成人教育引起中国先进知识分子的关注，他们在介绍与引入西方成人教育与社会教育的同时，结合中国实际进行本土化创造，民众教育便是这一创造的结果。

---

① 周慧梅. 近代民众教育馆研究 [M]. 北京：北京师范大学出版社，2012：25.
② 陈礼江. 近百年来中国之民众教育及今后应取之途径 [C] //陈礼江论文选集. 上海：中正书局，1946：37.

近代民众教育于域外观念与传统社会教化的交互作用下发生发展。也正是内、外两个因素交互作用，民间社会和传统知识界对近代社会教育的兴起并没有太强烈的抵制情绪。无论从形式、功能抑或内容来看，近代社会教育与传统社会教化都有诸多内在的牵连。我国自古就有"化民成俗""劝课农桑"的传统社会教化思想，助推着近代民众教育思想的产生，从先秦诸子百家对底层民众的教育主张，到家规族法、乡约、戏剧、小说等教化方式的探究，都蕴含民众教育的主张与实施形式。一些有识之士借鉴域外成人教育理念进行本土化探索，对中国教育进行改造，民众教育在此背景下实现了和西方成人教育的"对接"。在中国传统社会教化与西方近代文化的融合碰撞下，上海民众教育在南京国民政府时期得以兴起并发展。上海民众教育馆作为实施民众教育的机构也应时而生。

二、民众教育思潮的持续推动

在学习与借鉴西方成人教育以及社会教育的基础上，中国学者开始关注民众教育发展，形成民众教育思潮。推动这一思潮的群体既有俞庆棠、高践四、李蒸、雷沛鸿、孟宪承、陈礼江、董渭川等民众教育家，也有孙中山、蒋介石、钮永建、吴稚晖等政府派代表人物，还有平民教育派的晏阳初、乡村建设派的梁漱溟、生活教育派的陶行知、职业教育派的黄炎培等一些其他教育流派代表人物。民众教育思潮的持续推动，促进了上海民众教育馆的形成与发展。

（一）政府派代表人物的民众教育理念

国民政府为进一步推动民众运动，以孙中山的"革命程序论"为愿景，继承孙中山遗训，借用中国传统社会教化，强调国民自治能力和建设能力的养成。此时，孙中山的"三民主义"思想被视为中华民国革命和建国纲领。长期饱受军阀混战之苦的民众对此种体制感到耳目一新，费正清对此评论道:"对许多中国人来说,国民党统治表明一个新时代的开始。"① 按照孙中山先生制定的建国路线图,完成民主政治的目标需要经历三个时期:一为军政时期,二为训政时期,三为宪政时期。军政、训政两个时期为过渡时期,培养人民维护四权的能力,最终实现还政于民的民主共和国,进入宪政时期。孙中山先生提出:"不经训政时代,则大多数之人民,久经束缚,虽骤被解放,初不了知其活动之方式,非墨守其放弃责任之故习,即为人利用,陷于反革命而不自知。"② 可见训政阶段,自有其必要性和紧迫性。训政的使命,即是训练人民成为民治国家中健全的国民,能行使四权,建设真正的民治国。民治是训政的目的,训政是民治的桥梁,也是国民建设养成的时期。按照孙中山的设计,"训政"是包括思想训导、颁行约法、地方自治在内的政治建设、经济建设、文化建设等一整套行动。实施训政,即是为了打破阶级差别,利用一切权力,教化民众,使他们对于政治有判断力和管理力。高阳在《教育与民众》发刊辞中提到:

> 今世民治主义盛行,社会与个人之关系愈密,而期望个人为社会的能员之心亦愈切。民众教育者,将藉各种教育方法,使人人皆成为社会的能员,且随时世之递进以增进其能力者也。……民众教育与民治主义之关系,其密切如气候寒暖之与寒暑表之降升,寒则降,暖则升,毫厘无爽。故从社会或成人的立足点而言,皆当提倡教育,而尤当提倡民众教育。③

民众教育是在三民主义指导下的革命教育,是应三民主义新国家的伟大需要而起的教育。它的方针:"对于失学的青年成人,施以三民主义的教

---

① [美]费正清. 剑桥中华民国史(1912—1949)(下)[M]. 刘敬坤,等译. 北京:中国社会科学出版社,1994:134.
② 孙中山. 孙中山全集(第11卷)[M]. 北京:中华书局,1986:102.
③ 高阳.《教育与民众》发刊辞[J]. 教育与民众,1929,1(1):1.

育，养成具民治资格的健全公民，以完成三民主义国家的建设。"① 故此，训政的实施唤起民众教育。郭荣生认为："民众教育是以完成训政为目的，训政完成就是人民自治，所以我们的民众教育应当以'实现自治'为旨归。"② 民众教育为什么要以训政为目的呢？时人赵冕认为："训政与训政时期民众教育根本上是一件事。……就训政说，应以民众教育为主要的工作；就民众教育说，应以完成训政为目的。总之，训政与民众教育必须保持密切的关系。民众教育的设施，应当依照训政的需要；训政的进行应以民众普及的程度为标准。这样办去，民众教育普及之时即训政完成之日了。"③ 强调"训政"与民众教育共生共长，要有效实施训政进而顺利达到宪政，就必须注重民众教育的实施。

此外，一系列国民政府行政制度将"民众教育"纳入其中。如1928年6月，国民政府公布的《修正中华民国大学院组织法》中，规定大学院下设"社会教育处"，其管理事业第五条即是"关于民众教育及其他美化教育事项"。1928年冬，废止大学院制，恢复教育部制度。1935年5月，国民政府公布了《教育部组织法》，规定下设"社会教育司"，掌管的事项第1条即是"关于民众教育及识字运动各事项"。同年在教育部公布的各司分科规程中，规定社会教育司设置第一科和第二科，其中第一科掌管的事项包括"关于民众教育事项""关于民众读物事项"等；第二科包括"关于民众教育馆事项""关于改良风俗及民众娱乐事项"，④ 民众教育得到制度上的支持，彰显了它在教育中的突出地位。可见，孙中山训政构想中的民众角色对国民政府推进民众教育起到直接影响，使得南京国民政府肯定了民众教育对训政的作用。

在孙中山先生"唤起民众"遗训下，一些政府派代表人物也主张重视民众教育。蒋介石在奉行孙中山三民主义主旨下，提出："'国以民为本'，

---

① 范望湖. 民众教育ABC [M]. 上海：世界书局，1929：21.
② 郭荣生. 民众教育思潮之转变 [J]. 南大半月刊，1935 (19)：3.
③ 杨开道. 训政时期民众教育方针之商榷 [J]. 教育与民众，1929，1 (2)：3—5.
④ 蒋建白，吕海澜. 中国社会教育行政 [M]. 上海：商务印书馆，1937：59—61.

我们要救国先要救民，先要把全不觉悟漫无组织的民众救起来。唤起民众，'救起民众'的唯一办法，即教育。"① 可见，他也重视民众教育的作用，但他将民众教育看作是一种政治手段，纳入自己的政治需要中。在上海最具代表性的是时任江苏省政府主席的钮永建，他一生重视国民素质，倡导民众教育。针对国民革命，他提出："在于求中国之自由平等，以平民之势力谋平民之解放，何所容其骄横，党员个人或有一二败类，党律具在，民意可畏，绝不容其祸民贼革命之羞也；即使退一万步言，全党既得政权，或且流于专断，然党为民众利益而生存，以民众之势力为势力，民不可欺。"②在乡村民众教育建设上他提出："只有国民大众的知识水平提高了，方有社会之进步，国家之兴旺。……民众教育并非仅是使失学青少年和成人完成基础教育的补习，并使已受基础教育的青少年获得继续教育的机会，而是要在传统思想文化的基础上，推行乡村建设，创造新的文化，再造农村和谐。"③ 他也指出，"国以人民而立""人民有能力，而后国家有力量""欲使人民'能干'，纯为教育问题"，④ 从国家的立场出发，强调民众教育对国家建设的重要性。在实施民众教育的方法上，钮先生提出要"政教养合一，做学教合一"⑤的原则。可见，政府派代表人物极其重视民众教育事业，从而促进上海民众教育事业的向前发展。

（二）民众教育家的教育理念

国民政府实施训政以后，当局颁行许多推动民众教育的政策，但真正发挥重要推动力的则是民众教育家。正如时任中国社会教育社第三届年会常务理事的赵冕所指出："1928年以来推行民众教育的动力不是在朝的党和政府，倒是在野的学者和实际工作人员，他们不是江苏省立教育学院的师生，便是中国社会教育社的社员。各级政府的社会教育主管人员、江苏省

---

① 蒋介石. 先要把民众救起来［C］//钮长耀，陆盖. 钮惕生先生民众教育言论集. 上海：中华书局，1937：14.
② 钮永建. 国人应有之新觉悟［N］. 民国日报，1927-01-01.
③ 张乃清. 钮永建与俞塘民众教育馆［M］. 上海：上海人民出版社，2011：71.
④ 钮永建. 应该努力的几件乡村工作［J］. 教育与民众，1935，7（2）：207.
⑤ 钮长耀，陆盖. 钮惕生先生民众教育言论集［C］. 上海：中华书局，1935：137.

立教育学院的师生和中国社会教育社的社员是三位一体的构成了中国民众教育运动的一个新兴的力量。"① 随着西方民主自由观念、成人教育理念的不断传入，不少有识之士结合自身留学经验，意识到民众教育对于提升民众文化水平和生活能力的重要性。1928年3月，江苏省立教育学院作为我国培养民众教育专业人才的第一所高等学府成立，聚集了俞庆棠、傅葆琛、李蒸、雷沛鸿、孟宪承、陈礼江、高践四、林宗礼等一大批从事民众教育理论研究的民众教育家。他们致力于民众教育理论研究与实践活动，形成较为整体的理论体系，对上海民众教育的形成发挥了重要作用。

俞庆棠出于对民众的同情与怜爱及受到历代西方教育家的启示，带着根植民众教育的决心与唤醒民众的使命，在任大夏大学教授时提出："中国的教育，只顾到一部分学龄儿童，踏进学校大门的，在城市大都是中产以上的子弟，在乡村大都是地主的子弟，至于劳苦大众和他们的子女，绝大多数被拒在学校大门之外。"② 为此，她时刻寻找机会，决心办劳动人民的教育——民众教育。俞庆棠在担任扩充教育处处长期间，受孙中山"唤起民众"遗嘱的启迪，积极推行识字教育和广泛的工人教育及农民教育，在全省遍设民众学校和民众教育馆，③ 推动民众教育运动。陈礼江认为民众教育不仅仅是成人教育，提出民众教育有三种特质，它是全民的教育、终身的教育、整个人生的教育。④ 这就说明民众教育对象的全民性，也提出了民众教育活动的无边界性以及内容的全面性。高践四也竭力提倡民众教育，"使一般成年的男女民众，不论有钱无钱，有知识无知识，有权位无权位，都有继续受教育的机会"。⑤ 他提出民众教育对于人生整个过程的重要性。孟宪承在为什么重视民众教育的思考中提出："实施民众教育，岂不是因为

---

① 赵冕. 民众教育 [M]. 北京：中华书局，1948：83—84.
② 茅仲英. 俞庆棠 [M] //中国现代教育家传（第四卷）. 长沙：湖南教育出版社，1987：160.
③ 江苏省立教育学院的始末 [C] //人民教育家俞庆棠与江苏省立教育学院. 苏州：苏州大学出版社，1987：125.
④ 陈礼江. 民众教育 [M]. 上海：正中书局，1935：9—11.
⑤ 高践四. 三十五年来中国之民众教育 [J]. 教育与民众，1932，4（3）：405.

我们四万万人中间，成人失学的占大多数吗？岂不是因为我们学龄儿童四千万人中间，就学的只有三百六十余万，失学的还是大多数吗？我们的政治，要逐渐建筑于广大的民众基础之上，希望它迈进得那样的快，而我们的民众，离教育普及这样的远，革命还会成功吗？"① 为此，他提出要重视民众教育的发展，向生计娱乐出发，向科学艺术探寻。赵冕认为："社会是全体民众组成的，尤其是百分之八十以上的成年民众握着左右社会的实力。他们的健全与否，决定着社会是否健全……所以我们应当大规模的来教育他们，使他们能够追赶时代的进化，适应新社会秩序的生活。"② 同样，李蒸提出："民众教育是唯一的救国道路。"③ 这些民众教育家从社会发展的角度，提出建设民众教育的重要性。

具体的民众教育实施过程中，他们均提出针对性的行动计划以及愿景。如陈礼江提出民众教育的内容包括语文教育、生计教育、政治教育、健康教育、家事教育。④ 通过这些活动，使民众教育达到两个方面的目的：其一是个人方面，民众教育应当使社会各分子不论性别、年龄以及程度的高低，对其智识技能态度习惯均予适当的训练，使得国民生计得以发展，人民生活得以充实；其二是社会方面，民众教育当使社会各分子均能成为社会有效的成员，使得民族生命得以延续，社会生存得以扶植。⑤ 民众教育家基于培养国民的使命感，从而对民众教育的推行发挥巨大作用，同时也使得民众教育得到各省市地方的支持，形成"举国一致提倡民众教育"⑥的形势。

（三）其他教育流派代表人物的理念

除了政府派代表人物与主力军民众教育派推动民众教育思潮外，晏阳初、梁漱溟、陶行知、黄炎培等其他教育派代表人物也曾发挥重要影响。他们不仅与民众教育家保持密切交往，而且均曾对上海教育产生过重要影

---

① 孟宪承. 民众教育：为什么？怎么样？[J]. 福建教育周刊，1929（44）：2.
② 赵冕. 民众教育[M]. 上海：商务印书馆，1947：12—24.
③ 李蒸. 题字：民众教育是唯一的救国道路[J]. 民众教育，1930，2（8）：1.
④ 陈礼江. 民众教育[M]. 上海：正中书局，1935：136.
⑤ 陈礼江. 民众教育[M]. 上海：正中书局，1935：151.
⑥ 秦柳方，武葆邨. 民众教育[M]. 上海：世界书局，1933：76.

响。例如晏阳初 1920 年回国后就任上海青年会平民教育科主任，将在法国实施华工补习教育的经验，率先在上海试办，对上海平民教育发挥了重要作用。他曾在俞庆棠创设的民众学校及江苏省立教育学院均作过演讲。他认为："我国目前存在愚、穷、私三种阻碍发展弊端，而要扑灭它们，应该做一种切实的工作，把民众教育计划起来。民众教育就是要把今天所说的二万万以上失学的青年男女，叫他们个个都有受教育的机会。"[①] 他强调民众教育对于改善平民愚、贫、弱、私的重要性。梁漱溟被聘为中国社会教育社理事后，多次参加民众教育活动，甚至与民众教育家陈礼江、孟宪承、高践四等一起起草《民众教育在教育系统上的地位草案》，对民众教育发挥了极大影响。他从乡村建设的角度说明民众教育对乡村发展的重要性："在除旧布新的时期，应着重成人教育，应以全力办民众教育、社会教育。你不对成年的农人作教育的功夫，又能如何呢？所以要创造文化，故施以成人教育；施以成人教育，即所谓创造文化，即所谓乡村建设，即所谓民众教育（社会教育）。"[②] 通过民众教育来对成年人实施教育，进而进行乡村建设，将乡村建设与民众教育等同。生活教育派代表人物陶行知在上海时间仅有 5 年多，但他在宝山创办的"山海工学团"贴近农村生活，受到当地民众的赏识，并践行"小先生制"，对民众教育的实施方法产生重要影响。陶行知从大众的角度来论述民众教育意义，"民众教育即是教人把知识传播给大众，而不是集中于少数人。做民众教育，便是要把教育、知识当作空气一样，普及众生，人人都能呼吸"[③]，强调民众教育与大众教育的统一。他认为民众教育是一件大事，必须予以相当重视，通过民众教育将教育普及到劳苦大众，实现真正民主。职业教育派与民众教育派的交往更为密切。民众教育家在设置江苏省立教育学院的必修科时，专门设置了"民众职业指导"。职业教育派代表人物黄炎培在上海创办中华职业教育社，突破了单

---

① 晏阳初. 民众教育 [J]. 兴华，1928，25（19）：5—6.
② 唐现之. 梁漱溟先生教育文录 [M]. 邹平：山东乡村建设研究院出版股，1935：275.
③ 陶行知. 陶行知全集（第三卷）[M]. 成都：四川教育出版社，1991：302—303.

一系统职业教育的局面,试办丰富且灵活的职业教育形式,① 这就为实施民众教育的机构提供了范例。他从民众最急切的生存需求出发,"民众教育,要着眼于最深刻的民族历史遗传性"②,论述民众教育的重要性。这些教育流派代表人物均从各自的角度对民众教育的重要性给予关注,切实推动了上海民众教育的发展。

随着西方文化的不断输入,无论是民众教育思想家、政府派的代表人物,还是其他教育流派的专家,都从民众教育的重要性、实施路径、目的方面不断构建本土的民众教育理念,为上海民众教育的兴起奠定了理论基础,从而推动了上海民众教育馆的兴起。

三、政策法令的强力助推

民众教育馆的产生得益于政府各种政策法规的助推。根据戴维·伊斯顿(David Easton)的政治系统理论,公共政策过程是一种"输入—转化—输出"的系统过程。在这一政治系统模型中,公共政策可以被视为政治系统的一种输出。具体而言,其包括各种法律、法规和条例以及政府决议。而这一公共政策可以被看作是政治系统对各类输入因素、外部环境提出的要求或支持所做出的反应。③ 因此,政治系统的功能在于将社会各类需求转化为政策决定。政府颁布民众教育馆的政策法规也是基于社会需求。南京国民政府成立后,民众教育迅速发展。"民众教育亟须有中心工作机关,以收协同工作效能之效,多方设法推进民众教育馆之设立。"④ 在中央政府统一要求下,国内一些省份设置民众教育馆来实施民众教育,或以"民众教育馆",或以"通俗教育馆"为名来作为实施民众教育的综合机构。

---

① 田正平.中国教育通史·中华民国卷(上)[M].北京:北京师范大学出版社,2013:127.

② 田正平,李笑贤.黄炎培教育论著选[M].北京:人民教育出版社,1993:371.

③ [美]戴维·伊斯顿.政治生活的系统分析[M].王浦劬,译.北京:华夏出版社,1999:34—41.

④ 国民政府教育年鉴编纂委员会.第一次中国教育年鉴(丙编"教育概况")[M].上海:开明书店,1936:697.

（一）若干地方政府政策的先行示范

1928 年，江苏省率先以民众教育馆取代民国初期的通俗教育馆。此后，各省市便纷纷效仿。1929 年浙江省在中央命令取消大学区制的指令下，浙江大学行政处改组为浙江省教育厅，其中第三科掌管社会教育事业。该厅成立后的第一件事就是改组省立公众运动场为省立民众教育馆，作为民众教育的中心设施。① 此外，该厅还专门颁发了《各省市十八年度社会教育设施注意要项》，此要项规定各县市旧有通俗教育馆一律改称为民众教育馆，省、市通俗教育馆都应归并于民众教育馆；同时颁布《浙江省立民众教育馆暂行规程》，指出："此馆是为实施民众教育，备各省市民众教育馆之辅导而设。"② 可见，浙江省也对通俗教育馆改组民众教育馆赋予行政规范，同时将民众教育馆作为实施民众教育的中心机关。北平市教育局颁布了《北平大学区民众教育馆暂行规程》（1929 年），此规程规定："民众教育馆为实施民众教育之中心，省立民众教育馆须择交通便利、民众繁盛之地设立之；县立民众教育馆在县城或繁华市镇社设立之。"③ 同年，青岛特别市教育局也颁布了《民众教育馆规程》，规定："民众教育馆隶属青岛特别市教育局职掌，民众教育之设施与宣传以启迪民智，改良社会习惯。"④ 河南省也颁布《县立民众教育馆暂行规程》，规定："县立民众教育馆隶属教育局，为实施民众教育之中心。"⑤ 吴县教育局为普及民众教育起见，也颁布《民众教育馆暂行规程》规定："每学区设立民众教育馆一处。"⑥ 可见，各地方基于本省、市实际，制定相关政策引导各地民众教育馆发展。

总体来看，此时地方性法令政策立足于地方本土实际，对通俗教育馆的改组以及民众教育馆地位的确立作出了具体化规定。换言之，在中央政府颁布正式规程以前，民众教育馆地位确立的推进过程中，地方政府发挥

---

① 浙江省教育厅第三科. 浙江的社会教育[M]. 浙江省教育厅第三科，1930：1—4.
② 浙江民众教育馆规程[N]. 申报，1929-09-26.
③ 北平大学区民众教育馆暂行规程[J]. 教育月刊（哈尔滨），1929，3（5）：24.
④ 青岛特别市教育局民众教育馆规程[J]. 青岛特别市政府市政公报，1929（4）：76.
⑤ 河南县立民众教育馆暂行规程[J]. 河南教育，1929，2（6）：3—4.
⑥ 吴县教育局民众教育馆暂行规程（十八年十月）[J]. 民众教育，1929（1）：35.

了重要作用，为中央政府进一步制定相关政策法规奠定了坚实基础。

（二）国民政府政策的统一规定

由于国民政府对民众教育馆未作整体统一规定，各省市只能依据自身实际情况而作出具体规定，因而民众教育馆具有鲜明的地域差异。为了结束这种"各自为政""自行其是"的局面，1932年2月，南京国民政府教育部制定《民众教育馆暂行规程》来规范和引导全国各省市民众教育馆事业的发展。此规程对民众教育馆的设立、命名、组织与事业作出政策上的规定，使民众教育馆成为一种法定的制度，具有社会合法性。各省市地方行政以此为皈依，不断修正与厘定地方性的民众教育馆政策章程，使得各省市民众教育馆制度由"各自为政"的混乱局面转向统一规范。从其制度变迁的视角分析，国民政府用"政策法令"为民众教育馆的发展铺设了路径，赋予其社会合法性的制度环境。此规程明确规定了民众教育馆是实施民众教育的综合机关，这也就说明政府给予民众教育馆优先发展的"权威性资源"。在民众教育的政策执行中，教育部在1932年9月《关于全国社会教育实施概况报告》中也指出民众教育馆"为实施民众教育之中心机关之一，……本部计划拟全国各县分区设立民众教育馆，为各区永久的社会教育中心机关"。[①] 如此看来，国民政府政策的统一规定使繁杂的民众教育事业有了"中心"。从此民众教育馆进入了制度化的建设，渐趋统一化与规范化，拥有了社会合法地位。

各省市为了促进民众教育馆效能的发挥，以中央政府颁布的政策规程为基准，纷纷制定民众教育馆设施事项及标准工作规定。如江苏省教育厅于1932年先后颁布《各县社会教育设施标准》《各县划区推行民众教育办法大纲》《各县民众教育区中心机关标准工作》《各县民众教育区中心机关普及民众教育办法》等文件，有力推进了江苏省各县民众教育馆发展。奉化县教育厅颁发《奉化县立民众教育馆章程》，以"就民众实际生活施以补充

---

① 中国第二历史档案馆. 中华民国史档案资料汇编（第五辑第一编教育）[G]. 南京：江苏古籍出版社，1994：724.

教育，使获得多方面之健全发展为宗旨"。① 在各地省政府"行政力"的规范下，全国民众教育馆迅速发展。

全面抗战爆发后，国民政府将民众教育纳入战时教育领域。教育部根据抗战需要，在《民众教育馆暂行规程》的基础上颁布了《民众教育馆规程》（1939年）。此规程不仅对民众教育馆的各条规则作了补充性说明，而且对民众教育馆馆长、干事、主任与职员的任职资格作出特别规定。相比《民众教育馆暂行规程》，《民众教育馆规程》从主旨、设立、管理、组织、人员资格及工作方针六个方面作了更为明确的规定。在民众教育馆实施民众教育事业、设立数量、工作人员工作时间及休假、县市的具体规定、人员的任职、工作方针等方面均作了详细规定，而前者未作出这些规定。国民政府通过总体性的政策安排，对民众教育馆的创建发挥重要作用。总体而言，民众教育馆地位得到了中央政府和各地方政府的支持和制度化的保障。

具体到社会组织机构，其工作大纲、治理的程序与辅导任务等技术层面也至关重要。政府从国家政策出发，进一步从民众教育馆的微观层面颁布专门化规程支持民众教育馆的筹办、调整与发展。如《民众教育馆工作大纲》《民众教育馆每月中心工作实施要点表》《民众教育馆辅导各地社会教育办法大纲》《民众教育馆举行社会辅导会议办法要点》等，从民众教育馆的内部运行以及辅导外部社会教育的角度对民众教育馆事业进行具体的规定。政府对民众教育馆的微观层面进行制度化规定，使得民众教育馆事业活动更加具体有效。

各省市立足于自身实际，以国民政府法令为纲领，对民众教育馆工作方案与实施标准作出更为微观和具体化的规定。此外，民众教育馆作为实施民众教育的中心机关，政府还赋予其辅导社会教育其他机关的责任。其中浙江省是实施辅导制最早的省份，其在1931年将全省划分为11个学区，每区设置一民众教育馆对本区的民众教育事业进行辅导，取得很好效果。

---

① 奉化县立民众教育馆章程［J］. 奉化教育，1932（32）：79.

在此基础上，教育部于1939年专门颁布《民众教育馆辅导各地社会教育办法大纲》对民众教育馆的辅导办法进行具体规定："民众教育馆应以辅导各地社会教育为主要任务之一。"[①] 为了进一步推动后方民众教育馆事业的顺利开展，1941年，国民政府教育部制定了《民众教育馆举行社会辅导会议办法要点》，此办法规定："辅导会议应于每年一月间举行或于每年一月及七月各举行一次，省市立民众教育馆举行者为各该馆辅导区内各县立民众教育馆及其他有关社会教育机关与各学校，县市立民众教育馆举行者为各该馆辅导区内各公私立民众学校及其他有关社会教育机关与各学校。"[②] 通过辅导会议的召开，展览各区教育成绩或民众教育工作，以资互相观摩学习，从而更加有效地促进本区内民众教育工作。同年，教育部规定各民众教育馆要注重举办"为民众服务"事项，包括日常生活、保健、战时需要和一般者四个方面。[③] 希望通过此四项服务工作，增进与民众的感情并改善民众生活。总之，民众教育馆辅导社会教育其他机关也彰显了其独特地位。

国民政府基于"训政"的实行以及开展民众教育的需求，将社会这些需求转化为政策的决定，分别从宏观和微观上对其进行政策输出。宏观层面，国民政府重在强调民众教育馆的重要性及其中心机关的确立，先后三次颁布民众教育馆规程，为民众教育馆的社会合法性提供保障。微观层面，国民政府从民众教育馆的内部设施及事业活动进行政策规定，为民众教育馆事业活动的正常运行提供法律依据。国民政府通过对民众教育馆颁布宏观和微观的政策规定，确保民众教育馆的创办、工作大纲、治理程序及辅导任务的重要地位，给予其"行政力"铺设，为民众教育馆设立及地位确立提供长久支持。

（三）上海政策法令的制度保障

在国民政府以及江苏省政府影响下，上海政府也对民众教育馆的地位给予制度化的保障。1929年，上海县首先颁布《民众教育馆计划大纲》，确

---

① 民众教育馆辅导各地社会教育办法大纲[J]. 民教之友，1939（3）：20.
② 民众教育馆举行社会教育辅导会议办法要点[J]. 浙江教育，1941，4（4）：76—77.
③ 刘英杰. 中国教育大事典（1840—1949）[G]. 杭州：浙江教育出版社，2001：716.

立了民众教育馆的宗旨:"作为本县民众教育之中心,根据科学参酌实际研究最经济、最简便、最普遍之方法,以适合民众生活上之需要及身心上之受领;直接图民众智识之向上,使社会进化上受良好之影响;养成民众有运用四权之能力;灌输三民主义养成健全国民。"① 1931年,上海市颁布《上海市立民众教育馆计划大纲》,其中规定:"此馆为本市实施民众教育之中心机关,实施及研究城市民众教育事业之方法。"② 可见,上海市区及沪郊各县皆将民众教育馆作为实施民众教育的中心机关。

为了促进市与县民众教育馆效能的发挥,上海市区及沪郊各县以中央政府颁布的政策规程为基准,制定民众教育馆设施事项、组织规则及标准工作等章程。1929年,上海县颁布《上海县民众教育馆组织大纲》,规定本馆"以启发民众智识、陶冶民众性情、改良社会习尚、促进社会文化"为宗旨。③ 1933年,上海市政府颁布了《上海市立民众教育馆组织规则》,对组织设置、人员设置、管理等作了具体的规定。"在组织设置上,规定设立总务部、教导部、生计部、艺术部、研究教导部五部;在人员设置上,规定设馆长一名、会计一名、每部设主任一名、干事二到三名,并对各职务的资格进行了具体的规定;在管理方面,规定设立社会教育研究会、经费稽核委员会。"④ 在具体实施层面,1934年,上海市市立民众教育馆颁布了《上海市市立民众教育馆章则汇编》,对民众教育馆内部组织作出具体规定,如民众剧社简章、组务会议细则、展览室借用办法、美术展览会简章、弈棋研究会简章、失学儿童教导团办法大纲、邻谊会办法、图书室借书办法、音乐会简章、职员须知、组织规则、儿童读书会简章、常识顾问处简则、经济审核委员会简章、馆内办事细则、主任干事任免服务细则、馆务会议细则、消费合作社简则等。

---

① 民众教育馆计划大纲[J]. 上海县教育月刊,1929(24):15.
② 王义耕. 上海市立民众教育馆计划大纲草案[J]. 民众教育通讯,1931,1(9):43.
③ 上海县民众教育馆组织大纲[J]. 上海县教育月刊,1929(16):11.
④ 于述胜. 民国时期社会教育史料汇编(第12册)[G]. 北京:国家图书馆出版社,2017:35—37.

民众教育馆负有对各县社会教育进行辅导的职责。1934年，江苏省教育厅制定了《江苏省立民众教育馆及教育学院辅导各县社会教育办法》，其中第六民众教育区俞塘民众教育馆负责辅导沪郊各县的民众教育，具体划分见表1-1。

表1-1　江苏省立民众教育馆辅导各县社会教育分配表

民众教育区	省立民众教育馆	辅导县份
第一民众教育区	镇江民众教育馆	镇江、丹阳、扬中、江都、泰兴、泰县、崇明、海门、启东、如皋、南通
第二民众教育区	南京民众教育馆 汤山民众教育馆	江宁、江浦、六合、仪征、句容、金坛、溧水、高淳
第三民众教育区	徐州民众教育馆	铜山、萧县、汤山、丰县、沛县、睢宁、邳县、宿迁、东海、赣榆、灌云
第四民众教育区	靖江民众教育馆	淮阴、淮安、涟水、阜宁、盐城、宝应、兴化、东台、高邮、沭阳
第五民众教育区	省立教育学院	无锡、武进、吴县、昆山、溧阳、江阴、靖江、常熟、吴江、宜兴
第六民众教育区	俞塘民众教育馆	上海、松江、南汇、青浦、奉贤、金山、川沙、宝山、嘉定、太仓

本表资料来源：江苏省省立社会教育机关辅导各县社会教育办法[J]．上海县教育月刊，1933（49）：3—5．

省立俞塘民众教育馆于1934年奉令办理辅导事业，划定以上海、松江、青浦、宝山、金山、嘉定、南汇、川沙、太仓、奉贤等10个县为辅导区域，对于各县社教机关所办之社教事业，进行深度调查。如"1. 各县社教机关主管人员对于其他社教机关联络之程度如何？2. 各县社教机关对于其他社教机关民教事业合作进行如何？3. 各县教育局长对于各该县所属之社教机关行政上措施如何？4. 各县各社教机关所在地之民众对于各机关及人员之舆论如何？"[1] 经过调查后，对各地社教机关予以协助或指导进行民众教育

---

[1] 省立俞塘民众教育馆．省立俞塘民众教育馆概况[M]．省立俞塘民众教育馆，1935：30．

事业。总体来讲，上海市政府及上海各县通过颁布《民众教育馆计划大纲》《民众教育馆组织大纲》《民众教育馆最低标准工作》等各项政策法令，为民众教育馆地位的确立及实施活动给予制度化保障。

第二节 上海民众教育馆的历史演进

民国成立后，蔡元培提倡注重社会教育，设立社会教育司，规定通俗教育馆作为实施社会教育的中心机构。上海市区及沪郊各县在此环境下也纷纷组建通俗教育馆以开启民智，为民众教育馆的设置及事业作出诸多有益探索。南京国民政府成立后，在民众教育实施机构层面，江苏省率先提出以民众教育馆取代民国初期的通俗教育馆。通俗教育馆作为民众教育馆的前身，两者在实施民众教育的理念和组织形式上存在一定的继承性。1930年后，民众教育馆基本容纳了旧有的通俗教育馆，成为实施民教事业的中心机关，数量呈逐年上升趋势。上海民众教育馆亦发生了如此转变，经历了前身期、建立与发展期、转型与衰落期。

一、上海民众教育馆前身期——通俗教育馆（1912—1928）

从民国肇始到南京国民政府成立，在中央政府与社会教育知识分子的联合推动下，社会教育得到制度化和理论化支持。此时社会教育以"通俗易懂"为主要宗旨，开通民智，改良社会。教育部针对通俗教育设立通俗教育研究会，研究通俗教育实施方法，促进通俗教育各类事务有效开展。1915年7月，教育部在设立通俗教育研究会呈总统文中，作了如下表述：

> 考究教育普及之方法，学校之外，尤藉社会教育以补其不逮。……吾国学校既远不逮各国，而一般人民之未尝学问毫无训育者，实居多数，其所需于通俗教育者，自视他国为尤急；又值国基甫定，民习未纯之时，使非于此项教育，积极提倡，不徒人民之德慧不开，社会将日趋于下，而蚩蚩者氓，乏适宜之训化，尤惧无以志气而正趋向，

其与国家前途，关系甚巨。故通俗教育，实为现今刻不容缓之图。①

可以发现，通俗教育作为通俗教育会的主要内容被提出，随之各种实施机构亦萌生，如通俗教育馆、通俗讲演所、简易识字学校、阅报处、通俗图书馆。据1915年全国统计结果显示："通俗教育会有200处，会员12289人；通俗图书馆236所；阅报所2808处；图书馆22所；通俗演讲所1464所；巡回讲演团723团；半日学校1186所；简易识字学塾3407所"，②有效地促进了通俗教育的开展。其中通俗教育馆无论从组织设置还是教育活动方面，都为民众教育馆的设立及事业活动提供了范式，可视为民众教育馆的前身。

（一）通俗教育馆的创建发展

蔡元培任教育部长时，除在教育部添设社会教育司外，还令各省兴办通俗教育馆。各省市根据实际情况设立通俗教育馆，其中江苏省立通俗教育馆成立最早。1915年8月，江苏省政府在南京创办第一所通俗教育馆，"江宁城东有韬园，前清蔡和甫所建筑也。园内风景绝佳，较上海之张园、愚园有过之无不及。今以省款改为通俗教育馆矣，馆内分四部，曰体育、博物、图书、演讲"。③此种集多种设施为一体的社会教育实施机构，产生很好效果。随后，其他各省市也纷纷设立通俗教育馆。

此后，上海、宝山、川沙、嘉定、南汇、奉贤、松江、青浦、金山及崇明等县也相继创办通俗教育馆。1916年，上海县公署训令各市乡筹备设立通俗教育馆，"每星期日下午二时演讲社会教育，晚时添开影剧藉以娱乐"。④次年，宝山县于邑庙东楼成立宝山县通俗教育馆实施社会教育。1920年，浦东川沙县境教育逐渐发达，由劝学所长杨应环、县立高小校长

---

① 戴子钦. 通俗教育与通俗讲演 [J]. 民众教育季刊, 1931, 2 (2): 21—22.
② 马宗荣. 现代社会教育泛论 [M]. 上海：世界书局, 1934: 281.
③ 陈昌颐. 江苏省立通俗教育馆游记 [J]. 少年（上海1911），1916, 6 (12): 7.
④ 上海通俗教育馆近事 [N]. 新闻报, 1916-11-24.

陆叔昂等组织通俗教育馆,"吸收各种图书外,对于新文化书籍,尤广事搜集"。① 1926 年,"崇明外沙德风乡南清和镇商业繁盛、人烟稠密,为一大市场,惟崇明社会教育,向未有人注意,遂付阙如。兹闻商董石庆时暨该乡校长吴鸣逵等,发起募捐,创设通俗教育馆,以启民智"。② 1927 年,青浦县政府意识到在国民政府之下,解决各项问题,需借助社会上民众的力量。教育当局深知社会教育的重要性,将"中山图书馆合并在内,选至县立第二小学旧址,馆址较为适宜,范围自亦扩充。后以庸材,蒙熊局长委以重任。自不得不勉为其难,为社会效力,惟是通俗教育馆,所包所事,既广且琐"。③ 可见,通俗教育馆作为一种社会教育机构在当时受到沪郊各县教育部门的关注。各县颁布通俗教育馆规程,给予其制度保障。如金山县通俗教育馆规程对通俗教育馆的宗旨、组织设置、人员设置、经费管理、事业活动、开放时间等作了详细规定,规范了各种活动设置。④ 各县通俗教育馆根据县域内实际状况设立相应的宗旨,如青浦县通俗教育馆宗旨为"普及民众的智识,增加民众的活动力,涵养民众的德性,树立国家的精神,锻炼强健的身体,所谓改善人生之一切必须教育智、德、体、群、美均已包括在内"。⑤ 嘉定县通俗教育馆宗旨为"速谋普及全县。任何公共事业,使全县民众,都得享到利益"。⑥ 宝山县通俗教育馆"提供正当娱乐之提倡、社会习俗之改良、民众智识之灌输、公众集会之宣传"。⑦ 为此,各馆设置组织部门来开展事业活动,大多集中于图书部、演讲部、体育卫生部,具体到不同县略有不同。如嘉定县通俗教育馆设演讲、图书博物、体育卫生三部;青浦县通俗教育馆设图书部、博物部、推广部、讲演部、艺术部及体育部;宝山县通俗教育馆设图书部、宣传部、总务部、扩充部、自然部;

---

① 川沙组织通俗教育馆[N]. 申报,1920-04-02.
② 崇明外沙等筹设通俗教育馆[N]. 申报,1926-08-29.
③ 茅宗俊. 通俗教育馆之进行计划[J]. 青浦教育,1927(1):25.
④ 金山县通俗教育馆规程[J]. 宝山县教育月刊,1925,2(5):24—25.
⑤ 茅宗俊. 通俗教育馆之进行计划[J]. 青浦教育,1927(1):25—30.
⑥ 吕云彪. 参观本邑通俗教育馆后的希望[J]. 通俗教育月刊,1928(1):1.
⑦ 陈被禄. 宝山县通俗教育馆十七年度进行计划[J]. 宝山县教育月刊,1928(9):16.

金山县通俗教育馆设图书部、博物部、讲演部。人员设置上，各馆基本设馆长1人，各部设主任1人，管理员若干人。有的设置较为详细，如嘉定通俗教育馆馆内设馆长1人、主任3人、编辑1人、事务员2人、演讲员若干人、指导员3人、巡回演讲主任若干人、固定演讲主任若干人、民众阅书报室主任若干人、民众问字处主任若干人。[①] 在组织与人员保障下，各馆积极宣传，鼓励民众参与通俗教育馆内活动。时人在参观嘉定通俗教育馆后，提出："通俗教育馆，是指导民众避去黑暗，共向光明大道去行走的处所。因此民众在工作完毕的时候，都应当跑往前去，或自己研究，或听人指导，普通的某馆酒店或赌场等处，是耗费时间金钱，堕落人格的黑暗地方，我们都应远而避之。"[②] 嘉定通俗教育馆为吸引民众入馆还编制了通俗歌曲：

老伯伯小弟弟你们可曾听见吗嘉定城中学堂里有个通俗教育馆空闲来走去白相好适意

不读书真苦恼有好眼睛不识字写信算账要请人现有民众夜学校去求学不要铜钱还送书

夫子庙改公园团叙香茗谈桑麻围棋一局散散心远望一座魁星亭应奎山绿色反映水色青

博物馆真邪气标本图书密密齐卫生须要讲生理种种病体有模型参观仔包你大家笑嘻嘻

人身体要强健体育场上运动去足球篮球网球呀秋千杠子件件有指导员教你枪刀教你拳

化装呀演讲灌输知识警人心中西乐器都置备哀丝豪竹涤烦尘留声机唱歌唱罢再唱戏

图书馆阅报室藏书挂图数不清申报新闻与民国还有壁报贴街旁看看末时事新闻都晓得[③]

---

① 嘉定通俗教育馆简章[J]. 通俗教育月刊, 1928 (1): 1.
② 吕云彪. 参观本邑通俗教育馆后的希望[J]. 通俗教育月刊, 1928 (1): 1.
③ 李寿祺. 通俗教育馆[J]. 通俗教育月刊, 1928 (2): 3.

针对当时男女受教育的不平衡性，部分通俗教育馆鼓励女子入馆接受相当程度教育。如宝山县通俗教育馆除普遍地举行识字运动外，特别注意于女子入学之宣传，以期实现男女平等。[①] 对于入馆的民众，各馆通过各种形式的事业活动进行民智开启与风俗改良。

（二）通俗教育馆的教育活动

上海各县通俗教育馆活动集中于讲演、阅览、展览方面，尤其是通俗讲演，涉及国民知识、卫生、时事与健康等内容，注重开通明智、剔除陋习、改良风俗、丰富生活，为南京国民政府时期的民众教育馆提供样本，并奠定了坚实基础。

第一，识字教育活动。通俗教育馆以"通俗"为旨，对民众实施潜移默化的教育，主要通过图书部与博物部，设置各种形式的演讲、宣传以增长民众智识，促进社会进步。其一，各馆通过设置图书部，为民众提供图书阅览的便利。如上海县通俗教育馆自开馆以来一直注重图书部图书的陈列，并得到社会上一些热心人士及组织的捐赠。"商务印书馆捐赠图书十四种，价洋二十六元零四分，曹树臣君捐赠松江府志三十二本，张贤清君捐赠身世准绳二本，尤黛娟女士捐赠高等性理学教科书一本、普通学初阶一本、普通学进阶一本，上海市经董办事处捐赠修身做模型二十座、上海地方自治志一部。"[②] 书目涉及历史、社会、宗教、科学、美术、小说等，使民众可以阅读不同类型书目，丰富其知识。宝山通俗教育馆图书部将图书分为旧籍与新籍两大部，以达到"促进社会进化，输入国民知识"[③] 为目的。青浦县通俗教育馆设立图书部，搜集并保管有益的图书，使一般社会民众都可以自由阅览，自由学习。同时，为了读者阅读的方便，该图书部对于各种图书分类，采用十进法。儿童读物分类，采用拼音字母。各项图

---

① 宝山县通俗教育馆编. 宝山县通俗教育馆概况 [M]. 江苏宝山县执行委员会宣传部，1930：45.
② 通俗教育馆近讯 [N]. 新闻报，1916-11-16.
③ 本县通俗教育馆图书部简章 [J]. 宝山县教育会年刊，1925 (6)：53.

书的采购，以通俗图书为主，研究图书次之，具体图书目录见表1-2。

表1-2　青浦县通俗教育馆图书分类

类别	百分比	类别	百分比
类书	10%	语言学	2%
哲学	4%	理科	10%
宗教	4%	美术	3%
社会学	10%	文学	15%
传记	7%	历史	10%
小说	10%	实业	5%
医学卫生	5%	杂志	5%

本表资料来源：茅宗俊. 通俗教育馆之进行计划［J］. 青浦教育，1927（1）：25—30.

另外，该部专门针对儿童设有儿童阅览室。同时还设立巡回文库，以便书籍流通，使更多的民众可以阅览图书以增长知识。

其二，除提供图书阅读外，各馆还注重通过演讲对民众宣传知识，其形式主要是巡回演讲与设置民众宣传栏等。如宝山县通俗教育馆不断扩大市乡宣传队，由各市乡小学教师组成，属义务性质，"而诸先生利用课余闲暇致力宣传，热忱良可钦佩，其市乡较大而未能普遍者，拟扩大组织"。[①] 通过邀请全体教师及热心宣传人士加入赞助，深入民众内心，增加宣传功效。嘉定县立通俗教育馆为实施通俗教育起见，特由"馆长严子嘉，赴沪敦邀请青少年宣讲团来馆举行化装演讲，并于每一剧前后插入宣讲，有时来宾不下千余人"。[②] 为使民众了解馆内消息及国内外消息，各馆还创办通俗教育报，设立露天阅报处、阅报牌等。如青浦县通俗教育馆设立了通俗教育报作为民众的言论中心，记载国内外消息，每月出版一期，分言论、专载、一月间大事记、常识及小说余墨等栏目。其目的在于"以最简单的方法，使民众于最速期内，得阅最新的报纸，沾染国内国外的新智识，国

---

① 陈被禄. 宝山县通俗教育馆十七年度进行计划［J］. 宝山县教育月刊，1928（9）：16—19.
② 嘉定通俗教育馆化装演剧［N］. 新闻报，1924-02-19.

际间的新形势,各地方的新消息"。① 如此使得民众快速了解本馆近况、进行计划以及国内外时事,且可以作为学校儿童的补充读物,增加一般民众的知识。宝山县通俗教育馆也在各市乡设置通俗教育壁报,由通俗教育馆宣传部负责编辑,按期分送各市乡张贴。材料分文字和图书两种,"视社会教育程度之高下为取材之标准,以合于通俗教育意味为原则"。②

其三,通过创建民众学校或民众问字处进行识字教育活动。如青浦县通俗教育馆设立民众学校,用最简单的方法教民众识字,提高民众文化知识水平。嘉定县通俗教育馆设民众问字处,主要负责代写书信,"不必再请求拆字先生而受他们的欺骗;解释书信:不必再请求拆字先生识破他们的欺瞒与胡释;代写文据,不必再请求讼师们,被他们敲诈;指导法令规定手续,既不致再受人欺负,并可领略法律常识;代写租票借据,不致再花无谓的笔墨费;代算账目,不致再有账目错误,受人欺骗的发生;解释字句,不致再有字句不明白的困苦;代写一切招贴、牌号、柬帖、对联等。"③

第二,休闲教育活动。各通俗教育馆从休闲教育入手,注重对民众实际生活的调查,有针对性地进行教育活动,丰富民众生活,使其形成良好的生活习惯。如宝山县通俗教育馆于1927年3月筹备民众娱乐院,据周向回忆:"民众娱乐院里面有一个规模较大的茶场,场的一面,有一个表演台,台上平常的事业有说书、演讲、民间的音乐会、留声机、幻灯,有时也有附近各校的歌舞和新剧。场的围壁,既有人家送的对联和到日本购来的各种挂画,也有各种长期短期的标语和图画。另外还有两块小黑板,是平日摘登新闻和指导识字发表布告等用的。还有两份报纸,一份是民国日报,一份是时事新报,是供民众阅读的。在茶场的上面有一个民众图书馆,里面藏书有二百余册,挂画数十幅,是一所专门供给民众阅读的场所。楼

---

① 茅宗俊. 通俗教育馆之进行计划 [J]. 青浦教育,1927 (1):25—30.
② 宝山县通俗教育馆壁报办法 [J]. 宝山县教育月刊,1928 (12):55—56.
③ 嘉定县通俗教育馆民众问字处 [J]. 通俗教育月刊,1928 (2):4.

的下面,有四间小屋供民众用。"① 此民众娱乐院通过如此丰富的设置,为民众提供娱乐环境,主要活动有说书、演讲、民间音乐会、留声机和幻灯、歌舞和新剧、弈棋看报,增加民众乐趣。金山县通俗教育馆也搜集或定制各种仪器标本模型图表等,并给予简显说明,有时在讲演时为鼓舞民众兴味利于进行起见,还"穿插各种游技,如幻术歌曲双簧等辅助品,如留声机音乐图书标本改良风俗画片等",② 如此以供民众观览,传播先进文明理念。

第三,健康教育活动。随着近代社会发展,一些新的卫生、体育理念成为通俗教育馆的工作。有的通俗教育馆设置卫生体育部,举办各种事业活动,来宣传新的卫生、体育理念。如嘉定县通俗教育馆卫生体育部在体育方面举行公开足球锦标比赛、公开篮球比赛、田径公开比赛,组织国术研究班,张贴各种标语等;在卫生方面联合各机关举行清洁运动、布种牛痘、注射防疫等。③ 也有通俗教育馆实施除蝗和宣传各种防疫知识,如宝山县通俗教育馆"编制图画文字宣传品分发各处宣传减除蝗害,施送痢疾药膏请医生调制癫痫膏施送患者,计除本城施送外兼送市乡民众,此种药膏敷涂之后功效立见索取者甚众"。④ 通过这些事业活动的举办,宣传健康生活理念,引起民众对体育卫生的注意,并养成良好的生活习惯。

民国初期,社会教育以"通俗易懂"的内容为主,在教育部通俗教育会策划下,与之相关的各种通俗教育规章、政策、法令相继颁布,为通俗教育的创建及发展提供政策保障。此时,通俗教育馆以馆的形式作为推动通俗教育发展的机关,受到政府重视。在此基础上,上海各县根据本县实际情况纷纷创办通俗教育馆。作为民众教育馆的前身,通俗教育馆无论从组织建设还是教育功能方面,都为民众教育馆的教育事业作了积极的探索,

---

① 周向. 扩充部简要报告[C]//宝山县通俗教育馆概况. 江苏宝山县执行委员会宣传部,1930:47—48.
② 金山县立通俗教育馆各部规则[J]. 金山县教育月刊,1925,2(5):26—28.
③ 嘉定县通俗教育馆十七年度进行历[J]. 通俗教育月刊,1928(2):1—2.
④ 十七年度第二学期视察指导报告:扩充教育·通俗教育馆[J]. 宝山县教育月刊,1929(21):138—140.

奠定了坚实基础。

二、上海民众教育馆的建立与发展期（1928—1937）

南京国民政府成立后，社会教育"由教育改造进而达到社会改造"的理念受到国民政府重视，并将其纳入国民政府政治统治范畴。同时，在遵循孙中山先生"唤起民众"遗训上，民众教育成为社会教育的中心，受到政府的重视，"社会教育到此和民众教育合流"。[①] 此时，在实施民众教育的机构上，不同省份或以"民众教育馆"，或以"通俗教育馆"来作为实施民众教育的中心机关。1928年，江苏省率先提出将通俗教育馆一律改为民众教育馆。随之各省市县对旧有社教机构进行整理改组，或是新建民众教育馆这一组织机构。民众教育馆的业务，虽仍系"社会教育的全部设施，而其名称已取得独特的意义而普遍存在了"。[②]

通俗教育馆要改为民众教育馆，固然是民众运动和民众教育的时代要求，同时也因为通俗教育馆存在一些不尽如人意的地方，必须进行改组。如刘述尼所言："在通俗教育方面，省县各地方虽然多半有通俗教育馆，一般的以'开通民智、改良风俗'为宗旨，但是因为意义的含浑，对象的狭隘，和办法的呆笨，究竟开通了民智多少？改良了风俗多少？谁也不敢恭维。结果还只是花上整千整百元办些标准的模型；更花上整万整千元去建筑房舍，把这些标本模型拿来藏着；又更花上加了几倍的整万整千元去设置人员，把这些房舍和标本模型，一古拢儿的管着，就算是完了使命。也不问自信已有知识的人们，不肯来光顾；也不问自信没有知识的人们，不敢来瞻仰。更老死的抱着'礼闻来学不闻往教'的传统观念，再也没有向门外望一望，想一想，是该当做些什么事情？"[③] 他对通俗教育馆的对象、方法、设置等提出批评。李蒸通过对北方通俗教育馆进行调查，认为刘述

---

① 陈礼江. 社会教育的意义及其事业 [J]. 教与学，1937，3（1）：1—12.
② 黄楚青. 当前的民教范畴 [J]. 教育导报，1931（2）：6.
③ 刘述尼. 民众教育馆的意义与使命 [J]. 民众教育，1930，3（2）：35—36.

尼对通俗教育馆作出最确当的批评。① 就连一直办理较好的江苏省的通俗教育馆也出现了萧条，"当时的命令是拿每县县文庙为馆址，经费每县一律，经常费大约每月五十元，一概在内，也没有增加，所以有兴趣的人，办到没兴趣，没兴趣的人，就当他养老堂"。② 可知，各地设置通俗教育馆的状况各不相同，整体效果未能很好地满足民众需求。

据国民政府1928年的调查统计，"全国各省市已有民众教育馆185所。但其中有属新设的，有属改组的，也有沿用旧称的通俗教育馆，名称与组织既形庞杂，而事业设施更茫茫不知所云"。③ 面对此种混乱繁杂的民众教育机构设置，有人提出政府应该对实施民众教育的机构进行统一化与规范化。江苏省通俗教育馆联合会最先提出："各县办理民众教育事业，有称通俗者，有称民众者，有称扩充者，性质相同，而名称不一，殊失教育统一之精神；且教育馆之设施，原希与民众接近，方能收得相当之效，惟以名称庞杂，通俗扩充字样，易起民众怀疑，不如直接命名之民众，使民众一目了然，知用意之所在，较为妥当。"④ 江苏省通俗教育馆联合会随之改为"江苏省民众教育馆联合会"。在联合会的统一规定下，江苏省立通俗教育馆一律改称为民众教育馆。此举在全国范围内起到示范作用，尔后全国各地亦纷纷进行改组。时任山东省立民众教育馆馆长的董渭川对这次改组给予了极高评价："把旧有的通俗教育馆改称为民众教育馆，并且要普遍推广，大量设立，更要把旧来静的意味尽量变为动的。于是各省除省馆之外，还有些县分设县馆，私人且有提倡者。不论省馆县馆，多半是以旧有的图书馆、体育场、讲演所等作基础，是一种化零为整，使之有组织有系统的改革。"⑤ 到1930年，各地旧有社教机关基本整理与改组完毕，民众教育馆几乎容纳了旧有的通俗教育馆。上海在全国改组与新建民众教育馆的浪潮

---

① 李云亭. 民众教育馆概论：民众教育概论的一段 [J]. 教育与民众，1931，2 (8)：18—19.
② 杨锡类. 民众教育馆改进问题的商榷 [J]. 教育与民众，1931，2 (8)：39—40.
③ 黄竞白. 民众教育回顾与前瞩之分析：五年来之教育馆 [J]. 教育与民众，1934，5 (8)：11.
④ 黄楚青. 当前的民教范畴 [J]. 民众导报，1931 (2)：6.
⑤ 董渭川. 论我国民教馆之特性与问题 [J]. 教育通讯（汉口），1939，2 (40、41)：8.

下，各县也纷纷改组通俗教育馆，并且新建各种形式的民众教育馆。

(一)沪郊各县民众教育馆的改组与创建

沪郊各县在相关法令规约下，将民众教育馆的触角延伸向农村。各县的民众教育馆来源有二：其一，由通俗教育馆改组而来。1929年，宝山县教育局局长浦文贵呈县政府公告，将通俗教育馆奉令改为民众教育馆："因此共同议决依据第一次常会呈请成案再行呈请校长鉴核通令各县所有通俗扩充教育馆改称民众教育馆，比名称统一，并议决于十八年开始时一律改称。"① 同时，在宝山县民众教育馆下设民众夜校，对民众实施补习教育。② 同年，嘉定县通俗教育馆奉省令改称县民众教育馆；1930年9月，又改为奎山区民众教育馆，分设总务、阅览、讲演、健康、生计、游艺、陈列、教学、出版等部。③

其二，各县创建新民众教育馆和农民教育馆。县立最早的民众教育馆是1923年金山县创办的朱泾民众教育馆，内设民众夜校，吸收当地失学青年入学。此后金山县部分乡镇也陆续新建民众教育馆，如张堰民众教育馆、干巷民众教育馆等。④ 1927年，青浦县创建青浦民众教育馆，由县教育局管理。此后，珠葑、练塘、金泽、重固民教馆和杜村农民教育馆相继成立，青浦民众教育馆成为县的中心民众教育馆。⑤ 1928年10月，上海县立闵行民众教育馆成立。其后数年，颛桥、塘湾、俞塘、三林、马桥、陈行民众(农民)教育馆相继开办。次年8月，该县又设塘湾民众教育馆。全县被划分为6个民众教育区，以民众(农民)教育馆作为各区中心机关，负责办理本区民众教育事业。⑥ 奉贤县教育局于1930年拨款200元，创建县立奉城民众教育馆。同年，该县又设立庄行民众教育馆和县立四团民众教育馆，

---

① 浦文贵,吴葭. 报通俗教育馆奉令改称民众教育馆[J]. 宝山县教育月刊,1929(19):19—20.

② 宝山县教育志编写组. 宝山县教育志[M]. 宝山县教育局,1987:114.

③ 上海市嘉定县县志编纂委员会. 嘉定县志[M]. 上海:上海人民出版社,1992:834.

④ 上海市金山县县志编纂委员会. 金山县志[M]. 上海:上海人民出版社,1990:800—801.

⑤ 上海市青浦县县志编纂委员会. 青浦县志[M]. 上海:上海人民出版社,1990:655.

⑥ 王孝俭. 上海市·上海县志[M]. 上海:上海人民出版社,1993:880.

主要活动为图片、图书展览，出刊墙报，开办民众茶园和民众夜校。① 南汇县民众教育馆始建于1932年，下辖城厢民众教育馆、黄路农民教育馆、周浦民众教育馆、新场民教实验区、大团民众教育馆、鲁汇民众教育馆、六灶民众教育馆，各馆置图书、报刊、乒乓、棋类等，设阅览室、活动室、标本陈列室等。② 1933年，嘉定县外冈、马陆、徐行、奎山四区先后成立民众教育馆。次年8月，奎山区民众教育馆改为县立中心民众教育馆，统辖全县各区社教机关，1935年，增设南翔区民众教育馆。③ 川沙县抗日战争前，有区民众教育馆，龚路、小湾、横沙民众教育馆四处，另在化入地区的朱家店、高桥、洋泾、杨思等区也设有民众教育馆。民众教育馆建立之初，创办民众学校，设立医疗所、图书馆、阅报处，改良茶园，组织通俗讲演团，出版墙报，开展体育竞赛，④ 对于宣传抗日救国与普及卫生常识，推广体育活动均有积极作用。

沪郊各县为推动乡村民众教育发展，还纷纷成立农民教育馆。1929年7月，嘉定县教育局为"增进农民的知识技能及改良农民之生活"，奉令在戬浜桥建立县农民教育馆。到1935年，全县有徐行、外冈、娄塘3个区农民教育馆。⑤ 同年9月，松江县也创办农民教育馆。⑥ 是年10月，宝山县筹设农民教育馆，在积福桥（今罗南社区王家村）租用民田7亩，建馆屋7间，分总务、成人、妇孺等部，并附设农民补习学校、书报阅览处、农民娱乐会。⑦ 1931年，川沙县也创建龚路农民教育馆，次年又建立小湾、横沙两所农民教育馆。南汇划入地区的朱店和浦东的高桥、洋泾、杨思等地，也先

---

① 奉贤县文化局《奉贤县文化志》编写组. 奉贤县文化志［M］. 上海：上海市卫生局印刷厂，南汇县育才印刷厂，1988：31—32.
② 上海市南汇县县志编纂委员会. 南汇县志［M］. 上海：上海人民出版社，1992：539.
③ 上海市嘉定县县志编纂委员会. 嘉定县志［M］. 上海：上海人民出版社，1992：834.
④ 川沙县教育局. 川沙教育志［M］. 川沙教育局，1987：126.
⑤ 上海市嘉定县县志编纂委员会. 嘉定县志［M］. 上海：上海人民出版社，1992：834.
⑥ 松江县教育志编纂委员会. 松江县教育志［M］. 上海：上海社会科学院出版社，1989：119.
⑦ 上海市宝山区地方志编纂委员会. 宝山县志［M］. 上海：上海人民出版社，1992：891.

后建馆。① 1930年3月，奉贤县也创设青村农民教育馆，后改名为青村民众教育馆。② 1933年，南汇县开始相继在黄路、祝桥建立县、区农民教育馆，在北蔡建立农民教育实验区，辟有实验田，展出农作物标本模型，介绍防治病虫害常识，开展副业示范和耕牛比赛活动，有的馆还开设农民识字班。③ 可见，沪郊各县或改组通俗教育馆，或新建民众教育馆（农民教育馆），使实施民众教育的机构规模不断扩大。

（二）上海市区民众教育馆的新建

1928年1月，市教育局在市区各乡镇着手创建民众茶园，以求训政期内学校教育与社会教育并重。次年，市教育局感于民众茶园的局限性，开始设立简易民众教育馆。馆内除附设民众茶园外，并开办了民众识字班。④ 到1931年，市内共有4所简易民众教育馆（见表1-3），各馆内部设有书报部、娱乐部、通问部、演讲部，每部都设有主任1人，分别负责"日常及偶发事项，举行定期巡回演讲；日常生活一切事项分别指导；深入民间藉以联络感情洞悉民隐；举行社会调查，造成浅显统计"。⑤

表1-3 上海市简易民众教育馆一览表

馆名	地址	主任姓名	职员人数	每月经费
第一简易民教馆	吴淞镇	王愚诚	2	127
第二简易民教馆	严家桥	唐庆彭	1	107
第三简易民教馆	漕河泾	陆清泉	1	106
第四简易民教馆	北新泾	陈震	1	112

本表资料来源：郑绍元. 上海市社会教育概况［J］. 教育与民众，1932，4（1）：153.

简易民众教育馆相较于民众茶园的效果更好，但仍与社会教育的实施

---

① 朱鸿伯. 上海市川沙县志［M］. 上海：上海人民出版社，1990：791.
② 奉贤县文化局《奉贤县文化志》编写组. 奉贤县文化志［M］. 上海：上海市卫生局印刷厂，南汇县育才印刷厂，1988：31.
③ 上海市南汇县教育局. 上海市南汇县教育志［M］. 上海：上海古籍出版社，2005：169.
④ 筹设简易民众教育馆［N］. 申报，1929-09-12.
⑤ 郑绍元. 上海市社会教育概况［J］. 教育与民众，1932，4（1）：152—153.

计划"相去甚远"。上海市教育局最终将 4 所简易民众教育馆撤销，集中财力创建一所规模较大的民众教育馆。1931 年 7 月，教育局将文庙和市立明伦小学的校舍改为上海市立民众教育馆，任命李大超任馆长。同年 12 月，教育局公布市立民众教育馆组织方案，决定设立总务、演讲、编辑、展览、健康五个组，以及艺术、图书、仪器标本、通俗演讲、学术演讲、语文、图画、通问、体育、卫生、休闲十一个股；后又陆续开辟了健康教育展览室、"八一三"战迹展览室、时事展览室和祀孔葬器陈列所等。① 此馆作为上海最早由政府设立的群众文化机构与设施，以普及民众识字教育为主要任务，也开展群众文艺活动。上海市立民众教育馆不仅仅全面规划全市的民众教育事业，还为市民直接参与教育活动创建了灵活多样的形式，从而满足普通民众多层次需求，使得民众获得现代社会知识、掌握现代化技术、形成现代化品格。1936 年 10 月 1 日，市立民教馆归市社会局领导。全面抗日战争开始后，上海市立民众教育馆停止活动。此外，鉴于妇女教育的特殊性，1934 年，上海妇女补习学校与中华妇女社联合创办了专门针对妇女的民众教育馆——妇女民众教育馆。经各社员之努力，共募捐到 1274 元供开办之用。创办人周振韶自任馆长，主持一切馆务活动；聘兼任干事 5 人，分任各股工作。② 此馆作为实施妇女教育的中心机关，旨在"充实妇女的实用知识、增进妇女的生产技能、陶冶妇女的良好品性、培养妇女的勤劳习惯、提倡妇女的健身运动、改善妇女的休闲娱乐、指导妇女的治家方法、训练妇女的团体生活、引起妇女的服务兴趣、养成妇女的爱国思想"。③ 如此，妇女民众教育馆对妇女素质的提高与技能的掌握产生了重要影响，从而促进整个民众教育的发展。针对职工教育，上海市还设立职工教育馆，其馆址在南门外卫生局，中华职业学校内，分为楼上和楼下两层。楼上为讲演厅，为私人或团体集合演剧之用，可容纳 1500 人。楼下分为二部，一部为科学馆，内分教室和试验室；一部为图书馆，内分音乐、戏剧、阅报、

---

① 习文，季金安. 上海群众文化志 [M]. 上海：上海文化出版社，1999：54—55.
② 上海妇女教育馆. 上海妇女教育馆概况 [M]. 上海妇女教育馆，1935：2.
③ 周振韶. 上海妇女教育馆之试办 [J]. 社友通讯，1935，3 (12)：7—11.

台球室。馆内管理员由中华职业学校管理员兼任，馆内活动丰富多样。时人对此馆进行视察时，评价道："适值该校学生为日灾演剧，所表演各节，如来宾两江女师之舞蹈优美活泼，该校之国乐，音韵幽扬，最后泼妇一剧，表演既往，布景亦合。嗣由家庭日新会邀毅讨论，就泼妇剧情而论，如主张一夫一妻制。"[①] 该馆能于学校教育之外，顾及职工的教育，使学校与社会得以有效沟通，使多数职工有机会接受平等教育。

（三）俞塘民众教育馆的设立

20世纪30年代，农民、农村与农业问题逐渐凸显，从而引起整个上海经济的恐慌。面对此种局面，江苏省政府主席钮永建于1929年3月专程巡视上海县，邀请亲朋好友参加其"六十大寿"。在寿宴上，他当众宣布捐出宅基地6亩，房屋2间，在俞塘集资造屋，创办一所符合农民实际需要的民众教育馆。11月初，钮永建又提出举办"双亲百年冥寿"，借此机会为俞塘民众教育馆筹资。经过紧张的筹办工作，私立俞塘民众教育馆于1932年5月正式开放。馆内开展各种民众事业活动，在江苏省引起巨大反响。1933年夏，经钮永建本人同意，董事会呈请江苏省教育厅收归为公立。同年7月，申请被批准，改为江苏省立俞塘民众教育馆，直属江苏省教育厅领导，任钮长耀[②]为馆长。改为省立后，俞塘民众教育馆兼负周边11个县的民众教育辅导工作，连续组织民众教育工作者进行专业培训，为上海各县民众教育馆工作开创了新局面。全面抗战爆发后，俞塘民众教育馆毁于一旦，众多师生迎着战火，发出抗日救亡的强烈呼声，慷慨走上抗日战线。

三、上海民众教育馆的衰落与恢复期（1937—1949）

全面抗战爆发后，上海市区或沪郊各县民众教育馆、农民教育馆有毁于炮火，有被抢掠、馆舍被拆毁，各项教育事业活动停止。抗战胜利后，为了统一民众思想，国民政府极其重视民众教育，教育部通令各地迅速恢

---

① 上海社会教育之状况 [J]. 通俗旬报，1924（16）：13—15.
② 钮长耀：钮永建之侄儿，上海法学院及日本大学社教系毕业。

复民众教育馆。上海市立民众教育馆及沪郊各县民众教育馆得以恢复重建，馆内各种经常性事业和活动性事业也逐渐开展，发挥其应有功能。

（一）民众教育馆的衰落

全面抗战爆发后，民众教育被纳入了战时教育体系。国民政府对民众教育予以高度重视。"为了坚定抗战决心，以及最后胜利之信心；为了树立正义，挽救国族生命，以及统一全民意志；为了一般人民文化水准过低，国族观念薄弱，对抗战意义不够认识，而须广大宣传；为了战时消耗大于平时，必需增加生产，以裕物资，需要社会教育来尽其效能。"[①] 民众教育作为抗战建国的主要力量被国民政府列入总体规划，并且对民众教育体系进行战时调整，赋予其为抗战服务的重要职能。但由于受到战火影响，民众教育馆大部分停顿其教育事业活动。

在"八一三"战争中，上海的各项事业均遭到破坏，学校自然也不例外，上海经济与教育文化事业均遭到前所未有的创伤。据美国经济专家调查统计，"当在30亿以上（闸北、浦东不计在内），而闸北的损失至少在2亿元以上；南市浦东的损失，约达5亿元以上"。[②] 三者合计，损失大约在37亿元以上。为此，上海形成众多的抗日救亡团体，从政府机关到各地同乡会，从工界、商界到农界，从教师到学生，从艺人到舞女，从职业妇女到居民、儿童，从慈善团体到寺院僧侣，都积极投身于抗日救亡中。民众教育馆也进行抗战宣传，明确提出了"唤醒民众、复兴民族、解救国难"的口号。如上海市立民众教育馆为唤起民众救亡意识，组建了国民歌咏救亡动员运动。[③] 为统一救国运动，此馆还发布告市民书，内容包括为什么要统一救国、怎样实现统一救国，同时举办了统一救国宣传周。到1937年秋季，市立民众教育馆停办，馆内图书馆与总办公室全部被毁。伪政府虽恢复重建，但极其简陋。"大成殿里陈列的祀孔乐器、古物，与图书馆珍藏的

---

① 陈礼江. 抗战十年来中国的社会教育［J］. 中华教育界, 1947（2）: 20.
② 杨国强, 张培德. 上海通史（第7卷 民国政治）［M］. 上海: 上海人民出版社, 1999: 337.
③ 上海市市立民众教育馆为唤起救亡意识所创［N］. 晶报, 1937-07-19.

古今图书，这些富有历史价值的名贵物品全部散失。"①

"八一三"淞沪战争后，上海成为沦陷区。各民众教育馆与农民教育馆被拆毁，教育事业活动停止。如金山县朱泾民众教育馆的馆舍被占用改为养马场，②其他乡镇民众教育馆都纷纷停办。也有部分民众教育馆坚持进行民众教育活动，如青浦县民众教育馆 1939 年借城内熊姓民房为馆舍，次年陆续迁回原址，③开办民众教育。1942 年，宝山县在宝山中学内开办民众教育馆，设有图书馆、展览室，曾举办儿童健康比赛等活动，1943 年后停办。④同年，奉贤县南桥民众教育馆迁入南街民众茶园内，下设推广部、图书部、公共演讲厅与公共体育场。公共演讲厅内设少量通俗书刊供阅读，"每天下午，农民上镇来此歇脚，给他们讲解文化、卫生等知识"⑤，以此来提升民众的文化知识与健康卫生理念。

由于民众教育面向广大民众，是民众生活最为切近的教育形式，受到日伪当局的极度重视。一些民众教育馆被日伪政府接手，作为进行奴化教育的场所。此种行为遭到民众反抗，大多形同虚设。如日伪政权在金山朱泾设民众教育馆推行奴化教育，受到人民的抵制，馆务废弛，基本是名存实亡。⑥1940 年 12 月，日军为推行奴化教育，由奉贤特别区公署拨款，借南街彭姓民房重建民众教育馆，设有阅览室、图书室、娱乐室及乒乓室等。⑦同年，日伪上海特别市政府还成立了闵行、奉贤、南桥等民众教育

---

① 徐则骧. 复员以来的民众教育馆 [J]. 上海教育，1946（1）：11.
② 上海市金山县县志编纂委员会. 金山县志 [M]. 上海：上海人民出版社，1990：800.
③ 上海市青浦县县志编纂委员会. 青浦县志 [M]. 上海：上海人民出版社，1990：655.
④ 上海市宝山区地方志编纂委员会. 宝山县志 [M]. 上海：上海人民出版社，1992：891.
⑤ 奉贤县文化局《奉贤县文化志》编写组. 奉贤县文化志 [M]. 上海：上海市卫生局印刷厂，南汇县育才印刷厂，1988：31.
⑥ 上海市金山县县志编纂委员会. 金山县志 [M]. 上海：上海人民出版社，1990：764.
⑦ 奉贤县文化局《奉贤县文化志》编写组. 奉贤县文化志 [M]. 上海：上海市卫生局印刷厂，南汇县育才印刷厂，1988：31.

馆，① 市立实验民众教育馆，实施民众教育。② 1944 年，伪申江县政府第三科社会教育股下一度设民众教育馆 3 处，因经费无着也徒有其名。③ 总体来讲，全面抗战时期上海市区及沪郊各县民众教育馆遭到严重破坏，其推行民众教育的活动受到极大限制，几乎处于停顿状态。

（二）民众教育馆的恢复与蜕变

1940 年教育部通令各省市，凡在战区或接近战区的，应设法恢复民众教育馆，在后方省份，应酌量增设。④ 抗战胜利后，各省市开始着手回迁、恢复和新建民众教育馆，全国民众教育馆数量逐渐恢复到全面抗战前的数量。在此基础上，全国民众教育馆数量不断增加。详见表 1-4。

表 1-4　全面抗战时期民众教育馆一览表（1937—1945）

年份	1937	1938	1939	1940	1941	1942	1943	1944	1945
数量（所）	828	774	836	909	995	1059	1148	1093	1269

本表资料来源：赵冕. 民众教育［M］. 上海：中华书局，1948：81—82.

由表 1-4 可知，全面抗战时期，相对国民政府前十年民众教育馆数量有所减少，但总体呈现上升趋势，到 1945 年基本接近全面抗战前的数量。1947 年全国各省市有民众教育馆计 1391 所，其中属于省立者 104 所，市立者 34 所，县立者 1240 所，私立者 13 所。⑤ 上海市教育局成立社会教育机构，由长期从事社会教育工作的俞庆棠出任上海市教育局社会教育处处长。俞庆棠作为民众教育专家，特别重视上海民众教育发展，短期内恢复各种民众教育机构，使得民众教育取得迅速发展，见表 1-5。

---

① 日伪上海特别市政府关于北桥闵行奉贤南桥等民众教育馆各项经费的文件（1940）［A］. 上海：上海市档案馆，R1-8-580：10.
② 日伪上海特别市政府关于筹设市立实验民众教育馆的文件［A］. 上海：上海市档案馆，R1-8-568：12.
③ 褚半，农主. 上海县教育志［M］. 上海：上海社会科学院出版社，1989：112.
④ 刘英杰. 中国教育大事典（1840—1949）［G］. 杭州：浙江教育出版社，2001：715.
⑤ 全国民众教育馆　现有千三百余所　教育部最近调查统计［N］. 申报，1947-04-19.

表 1-5　1945 年第二学期与 1946 年第一学期社会教育概况

项目 \ 年份	1945 年第二学期	1946 年第一学期	增加数
机构数（所）	218	270	52
参与人数（人）	270647	378858	108211
教职员数（人）	1372	1654	282

本表资料来源：上海市教育局. 上海市教育统计（民国三十五年度）[M]. 上海市教育局，1947：2.

到 1946 年，上海市实施民众教育的机构分为学校式和社会式，其中学校式民众教育机构包括民众学校、补习学校、各机关兼办民校、实验民校、社教人员训练班、中心站等；社会式民众教育机构包含有图书馆、博物馆、民众教育馆、体育馆、体育场、浦东乡村民教实验室、电化教育队、科学馆等。[①] 其中最具特色的是上海市立实验民众学校的设立，由俞庆棠先生亲自任校长，推动民众教育发展。上海市立民众教育馆及各县民众教育馆也纷纷恢复建设。

首先，上海市立民众教育馆进行整理充实，徐则骧任馆长。馆内开展各种经常性事业和活动性的事业，进行民众教育。负责经常事业的主要是教导部、艺术部、生产部三部。它们的事业活动见表 1-6。

表 1-6　上海市市立民众教育馆 1946 年教导部、艺术部、生产部经常事业活动

组织设置	事业活动
教导部	民众学校：分儿童班、妇女班、男子班、青年班，有学生 312 人，完全免费。因教室不够分配，故自上午八时到下午八时，各班采用轮流上课制。教员由本馆职员义务担任，儿童班的课程相当于完全小学。其他各班学生已逾学龄，系以业余时间接受识字教育，课程简单实用。
	幼稚园：有 28 个学生，全部免费，惟设备不够椅子由学生自备，教员由本馆女职员义务兼任。

① 上海市教育局. 上海市教育统计（民国三十五年度）[M]. 上海市教育局，1947：7.

续表

组织设置	事业活动
	聋哑学校：本馆与中华聋哑协会合办。暂以文庙魁星阁为办公室，侧面平方一座为教室，共分五级，有学生58人。
	书报阅览室：暂以中山堂的阅览室，陈列各种定期刊物及本市各家日报，供市民阅览。据本年3月份统计，每日平均阅览人数达200人。
	民众问讯处：帮助民众解答各种疑难。
	民众代笔处：代民众写信，写各种应用文件。
	民众壁报：有两种，一为按日张贴的国内外新闻，一为每半月出版一次的壁报，以通俗文字介绍科学、卫生、修养、求学各种常识，并附插图漫画，调节读者兴趣。
	运动场：开辟本馆东侧的宽广隙地为民众运动场，作联系球类之用。
	国术场：设于本馆西侧，请刘德生为导师，编组国术基本队，现有队员43人，并有假山及游戏器械多种，供儿童游玩。
	弈棋室：设于旧钟鼓室内，组有象棋队，有队员33人，并常举行比赛。
	各种球队：乒乓球队71人，排球队18人，羽毛球队12人，小足球队27人，均由本馆职员协助民众组成，聘专人指导按日练习。
艺术部	中山堂：改原来的大成殿为中山堂，除暂做阅览室外，更陈列孙中山遗像及革命史料。
	教育电影：本馆与教育局的电教队联合举办放映教育电影，于每星期六、每星期日来馆放映一次，每次两场。第一场下午二时半，第二场下午四时半。三月份起每逢星期二，加请美国新闻处来馆放映两场，时间与电教队相同。内容有新闻、卡通、科学、教育等片，观者积极踊跃。为使维持秩序，后改为售票，每票50元，一场可容300人。
	播音教育：本馆民众电台于一月二十四日正式成立，原设南京西路，现已迁设本馆。逐日播送教育节目，计划中的有教育讲座、医学常识、法律常识及平剧、话剧、音乐、歌咏等娱乐节目。
	时事画片展览室：设总办公正厅内，由美国新闻处供给多种时事画片，随时交换，统计每天前来参观的有一千人之多。
	话剧团：有团员25人，请李健吾先生指导。目前正排演播音剧，准备充实民众电台的节目。二月间会以《重逢》与《佳偶天成》两剧参加本市社教机关的春节同乐会，在虹口省立剧场演出，颇得好评。

续表

组织设置	事业活动
	平剧团：有团员 15 人，聘张剑秋先生指导，每天下午三时以后，平剧研究室洋溢着一片丝管笙歌之声。
	口琴队：有队员 35 人，请陈剑晨先生指导，练习时间每周两次。
	国乐队：有 12 人，分国乐、粤乐两小组，每星期日练习。
	歌咏队：只有 8 个队员，正积极征求中。
生产部	示范农场：利用图书馆后面隙地，辟为示范农场，先从花卉、园艺两项着手培育，渐谋推广。花籽、树苗均已下种。
	菜圃：本馆西面空地遍种各种菜蔬，并立插标木牌，分别说明其种法及营养效用，供民众参考。
	民众储蓄会：为提倡节俭和储蓄的习惯，发起此组织。现有会员 140 人，储蓄款额已达 15 万元以上。规定每一会员半月储款一次，14 元起码，最多一万元，每半年结算利息。
	小本贷款处：为协助贫民谋生，利用储蓄会存款以低利贷给市民，作为小本营业的资本，试办以来，已贷出款项六万五千元。
	消费合作社：第四区是本馆的基本施教区域，为谋本区全体民众的福利，正由本馆发起组织合作社，以团体的力量去解决日用必需品的恐慌，请政府供给平价物品，免除居间商人的剥削。

本表资料来源：徐则骧. 复员以来的民众教育馆［J］. 上海教育，1946（1）：12—13.

可以看出，市立民众教育馆民众教育活动包含识字教育、生计教育、娱乐健康教育与时事教育，其途径丰富多样。如此有利于提高民众识字率、提升民众健康意识、唤起他们公民意识、增强他们的生产技能。除了经常性事业活动外，馆内还组织了各种活动性事业，如国庆、孙中山诞辰、民族复兴节、新年团拜、孙中山逝世纪念、黄花岗以及新生活运动宣传周、儿童节庆祝会等，鼓励民众关心国事及明了本身的责任。在公民教育方面，1946 年，市立民众教育馆举行为期三天的庆祝新年活动。"1. 元旦上午十时举行民众团拜礼，请教育局长主持；下午二时至六时，举行民众同乐会。节目有口琴演奏、平剧清唱、国乐演奏、话剧表演等。2. 二日上午举行国术表演，下午举行民众学校学生家长恳亲会。3. 三日上午举行播音宣传，下午放映电影。该馆除在施教区附近张贴春联外，全馆张灯结彩，焕然一新。"① 在文化知识方面，馆内举办全市公私立小学及民众学校学生的国语演讲竞赛会。"市长、副市长、各局局长、市参议会、参议长、副参议长、各大公司、商场、报馆、书局、出版社都很热心捐赠许多宝贵的奖品。"② 此外，馆内还设立各种展览会，如新生活运动书展、党义图书展览、书画展览、胜利照片展览、第二次世界大战史书展等。1946年9月15—30日，该馆在文庙路展览室，举办"美国的教育"影展，"由美国新闻处供给最新巨幅教育照片二百帧，内容包括美国之幼稚、小学、中学、大学，各阶段学校生活、课外活动、上课情形以及各种理化、农事、医学、实验等实地摄影，系统分明，国文均积极生动"。③ 在健康教育方面，为预防天花，卫生局每日派员来馆免费施种牛痘，还举办卫生防疫宣传周，向各卫生机关及药厂征求各种图表及药品，并由该馆绘制通俗漫画百余幅，在该馆展览，同时邀请医学专家公开演讲。④ 在生计教育上，市立民众教育馆为辅导市民普遍就业起见，特与社会部上海职业介绍所合作，设立"南市职业介绍所"于文庙路民众教育馆内。⑤ 民众教育馆还将工作范围逐步扩展到市郊以外，成立了高桥分馆。由于经费限制，分馆最先从民众学校、体育活动及各种展览和集会办起，极大地推动了民众教育发展。

沪郊各县民众教育馆也不断恢复重建。南汇县积极筹办恢复城关民众教育馆以提高民众文化水准，加强民众民族意识，倡导民众正当娱乐。馆内设置总务部、教导部、生计部，⑥ 举行经常性事业和临时性事业。其中经常性事业包括民众学校、特约民众茶园、阅览室、陈列室、娱乐室、壁报、

---

① 市民众教育馆热烈庆祝新年[N]. 申报，1946-01-01.
② 徐则骧. 复员以来的民众教育馆[J]. 上海教育，1946（1）：13.
③ 市民众教育馆举办教育影展[N]. 申报，1946-09-15.
④ 民众教育馆举办防疫卫生宣传周[N]. 申报，1946-06-19.
⑤ 民众教育馆设职业介绍所[N]. 时事新报（上海），1947-01-11.
⑥ 日伪上海特别市政府关于南汇区开办城关民众教育馆的文件（1943）[A]. 上海：上海市档案馆，R1-8-593：13—14.

民众代笔处；临时性事业包括举行集会、农村改进会、筹办合作社、举办各项比赛。① 此类事业活动旨在提升民众文化水平，供给民众高尚业余娱乐，增加民众生产。城厢民众教育馆于1946年恢复，附设民众学校、识字班、简易图书馆、民众阅报处、简易体育场及棋类活动室等。② 同年，宝山县也恢复设立县立民众教育馆，在县党部院内附设一图书室，举办夜校，并出版街头壁报。③ 次年3月，嘉定县民众教育馆恢复活动，先后举行各种教育事业活动，如补习教育、展览活动、比赛活动。④ 此时的民众教育馆活动面较小，有的活动脱离民众生活实际。如1948年10月，青浦县民众教育馆附设失学儿童识字班，因排队买户口米等原因，办班不到两月，80名学生所剩无几。⑤ 据1948年金山县统计，全县有文盲、半文盲13.15万人，占人口总数的79.28%。⑥ 可见，民众教育事业成效甚微。

战时民众教育馆在教育部政策法规指引下，"为抗战服务"成为其关键的事业活动，旨在"宣传抗战需要、动员民众参与、提高民众知识水平、唤起民众民族意识"。其时民众教育馆主要通过戏剧、电影、展览等活动形式进行抗战宣传，鼓舞了民众对于救国的信心，加强了民众的爱国意识，增加了民族的凝聚力。与此同时，由于战时社会局势的动荡、经济的萧条与工作人员的贪鄙等问题，民众教育馆事业受到一定的阻碍。但从总体上讲，民众教育馆对抗战发挥了积极的作用。"抗战就是伟大的新文化运动。"⑦ 历史证明，抗战时期的中国文化确实在五四新文化运动的基础上大大前进了一步。

---

① 日伪上海特别市政府关于南汇区开办城关民众教育馆的文件（1943）[A]. 上海：上海市档案馆, R1-8-593：14—16.
② 上海市南汇县县志编纂委员会. 南汇县志[M]. 上海：上海人民出版社, 1992：539.
③ 上海市宝山区地方志编纂委员会. 宝山县志[M]. 上海：上海人民出版社, 1992：891.
④ 上海市嘉定县县志编纂委员会. 嘉定县志[M]. 上海：上海人民出版社, 1992：834—835.
⑤ 上海市青浦教育志办公室. 青浦教育志（1902—1985）[M]. 上海：文汇出版社, 2006：124.
⑥ 上海市金山县县志编纂委员会. 金山县志[M]. 上海：上海人民出版社, 1990：764.
⑦ 文天行. 国统区抗战文艺运动大事记[M]. 成都：四川省社会科学院出版社, 1985：159.

中华人民共和国成立后，原有的民众教育馆作为当时社会教育的中心文化机构，大多被政府接管，进而改设或合并为图书馆与文化馆等机构。1951年左右，中央政府着手对旧有包括民众教育馆在内的文化教育机构进行改造。其中除一些自行关闭的民众教育馆外，大多数民众教育馆改设为公立图书馆与文化馆。1949年，上海市军事管制委员会政教处接管了市立民教馆及其真如分馆，进行馆内交接与移交，包括移交总册、财产清册、文卷清册、会计卷宗清册、员工清册、工作概况等，[①] 并改名为上海沪南群众文化馆（今南市区文化馆）和上海市沪西群众文化馆（今普陀区真如文化馆）。同年5月，川沙县人民政府接管"城厢民众教育馆"，初期沿用原名和馆舍，设图书、辅导部，有职工3人。次年，川沙县民众教育馆改为川沙县文化馆。1950年，嘉定县将民众教育馆改称"人民教育馆"，有职工5人，1952年底，更名为"人民文化教育馆"，1953年改名为"人民文化馆"，1954年3月，全国统一正名为"县文化馆"。青浦县人民政府也接管了民众教育馆，于1950年2月，命名为青浦人民教育馆，同年9月，更名为青浦人民文化馆，1954年，改称为青浦县文化馆，下设7个区文化站。可以看出，随着对旧教育改造的完成，民众教育馆已成为一个历史名词，退出历史舞台，终结其时代使命。

---

① 上海市教育局关于市立民众教育馆及分馆交接情况及移交清册［A］. 上海：上海市档案馆，B105-5-245：42—44.

第二章　上海民众教育馆的运行及其管理

在政府"强制性制度安排"下的各省市民众教育馆,已然成为地方性事业单位。政府发布一系列法律法规对各省市民众教育馆馆内组织设置以及馆内人员设置与管理进行详细规定。民众教育馆作为各省市实施民众教育的综合机关,要与特定的环境相适应。没有任何组织可以做到不与外界发生关系,所有组织的生存都取决于其与其所在的各种外在的系统建立的各种关系。[①] 在不同环境中,不同组织在内部管理上存在差异性,即使是同一省市,也会因当地行政部门的推行力度有别而存在不同。上海民众教育馆作为实施民众教育的一个社会组织机构,有其自身内部的运行体系与管理体系。完善的内部组织管理有利于组织的顺畅运行,上海民众教育馆内部主要通过完善的组织设置、人员管理及经费管理,来推动整个民众教育事业的实施,保障其在基层社会"播扬"功能的有效发挥。

第一节　上海民众教育馆运行的组织管理

现代管理的整合原理认为,"组织结构合理则其整体功能大于各构成要素功能的机械之和,即系统整体的功能等于各组成部分功能之和再加上各

---

① [美] W. 理查德·斯科特,杰拉尔德·F. 戴维斯. 组织理论:理性、自然与开放系统的视角 [M]. 高俊山,译. 北京:中国人民大学出版社,2011:22.

部分相互联系形成结构产生的功能"。① 因此，组织机构设置是否科学合理是组织开展事业活动成败的关键要素。上海民众教育馆内部的组织设置既遵循国民政府颁布的标准，同时也服务于地方的特色需求，从而更好地推动馆内民众教育事业的开展。组织设置作为民众教育馆内部的重要组成部分，得到国民政府的高度重视。每一次民众教育馆规程的颁布，组织设置均作为调整重点。民众教育馆组织设置的变迁也与当时特定的社会环境息息相关。随着社会环境的变迁，组织设置也会相应作出调整。

一、上海民众教育馆的组织设置

民众教育馆组织设置作为其实施民众教育的部门，在民众教育馆兴起之初，并没有统一规定。各民众教育馆随意分部设组，使得部组名称种类繁多，即使是同一事业名称也存在差异。各地民众教育馆组织真是"错综复杂，各尽其能"。② 据1932年黄裳君对江苏省54个县65所民众教育馆的组织进行的统计，分部最多的有9部，最少则有2部，出现最多的为5部。其中最常见的有总务部（58次）、推广部（45次）、图书部（44次）、科学部（31次）、艺术部（28次）、讲演部（25次），总计部别名称43个。③ 由于各民众教育馆内部组织不同，其所掌管事业也各有差异。上海市区及沪郊各县民众教育馆的内部组织设置也各不相同。如1929年4所上海市市立简易民众教育馆的组织设置也各不相同，见表2-1。

表2-1 上海市立简易民众教育馆组织设置一览表

名称	第一简易民众教育馆	第二简易民众教育馆	第三简易民众教育馆	第四简易民众教育馆
主任	王愚诚	唐庆彭	陆清泉	陈震
地址	吴淞镇火车站	浦东塘桥区严家桥镇	沪西漕河泾镇	沪西蒲淞镇

---

① 王琳，涂成生. 行政管理学 [M]. 北京：北京理工大学出版社，2012：60.
② 许牟衡. 民众教育馆实施问题谈片 [J]. 教育与民众，1931，2（8）：2.
③ 庄泽宣，徐锡龄. 民众教育通论 [M]. 上海：中华书局，1934：91.

续表

开办年月	1929年11月	1929年11月	1929年11月	1929年12月
组织	书报部、娱乐部、游艺部、演讲部、通讯部、茶园部	演讲部、茶园部、书报部、娱乐部、通问处、施药处	演讲部、娱乐部、书报部、问字部、茶园部	讲演部、娱乐部、书报部、通问部

本表资料来源：王燕来，谷韶军. 民国教育统计资料续编（第16卷）[G]. 北京：国家图书馆出版社，2012：557.

  各馆根据民众教育活动需求，设置不同的组织部门开展民众教育活动。上海市立民众教育馆着手筹备时，组织设置分为总务、展览、健康、编辑、演讲等五组。后又由于分组过多，各组事业不容易联络，同时造成人员负担，进行改组。"以组织力求简单，事业富于弹性为原则。关于行政方面，觉得组织在民众教育馆非其他行政机关可比，关于行政事务绝少，遂将总务组改设事务处，以文书会计庶务等事务员组织而成。关于事业方面，仅设展览教导两组。以展览组去考察民众需要，依据目标，搜集材料，分别陈列展览。以教导组去注意实施活动的教育，把展览组的陈列品——活动起来，所以在名义上虽然分为两组，其实质仍然是一个整体的活动事业。其他如调查宣传设计编辑实验等，则另由展览教导两组合组，分别需要，设立各项委员会，临时进行各项该工作。"[1] 后改为设立事务处、展览组与教导组三部。具体到沪郊各县民众教育馆组织设置，也不尽相同。上海县立民众教育馆1929年不设部，直接设六股，分别为总务股、宣传股、艺术股、图书股、推广股、体育股。[2] 嘉定县奎山区民众教育馆，分设总务、阅览、讲演、健康、生计、游艺、陈列、教学、出版等部。[3] 松江民众教育馆设有宣传、自然、图书、事务四部。[4] 由此可见，在民众教育馆规程颁布以前，上海市区及沪郊各县民众教育馆内部组织设置各不相同，即使掌管事

---

[1] 王义耕. 上海市立民众教育馆计划大纲草案[J]. 民众教育通讯，1931，1（9）：44.
[2] 上海县民众教育馆组织大纲[J]. 上海县教育月刊，1929（16）：12.
[3] 上海市嘉定县县志编纂委员会. 嘉定县志[M]. 上海：上海人民出版社，1992：834.
[4] 松江民众教育馆. 松江民众教育馆概况[M]. 松江民众教育馆，1933：1.

业相同，组织的名称也存在差异。

1932年，教育部颁布《民众教育馆暂行规程》，对民众教育馆组织设置及其各部职责进行详细说明。此规程规定各民众教育馆设立阅览、讲演、健康、生计、游艺、陈列、教育、出版八部，并对各部职责作出具体规定。① 同年，江苏省政府也颁布各县县立民众教育馆组织暂行规程，规定各县县立民众教育馆为办事便利起见得分设下列各部：总务部、阅览部、讲演部、健康部、生计部、游艺部、陈列部、教学部、出版部。② 各县民众教育馆在江苏省颁布教育规程基础上加强各自内部组织设置，沪郊各个县内民众教育馆组织在遵循江苏省民众教育馆规程的基础上进行适当调整。据1934年统计，沪郊各县民众教育馆（包括农民教育馆）的组织设置见表2-2。

表2-2　沪郊各县民众教育馆组织设置概况表

县域	民众教育馆名称	组织设置
嘉定县	中心民众教育馆	总务、教导、研究
	外冈民众教育馆	总务、教导
	徐行民众教育馆	总务、教导
	马陆农民教育馆	总务、事业
上海县	闵行民众教育馆	生计、康乐、知能
	塘湾民众教育馆	总务、教导
	颛桥民众教育馆	总务、教导、农事
	三林农民教育馆	总务、教导、生计
	陈行农民教育馆	常务、教导
	马桥农民教育馆	总务、教导、农事

① 民众教育馆暂行规程 [J]. 上海县教育月刊，1932 (42)：19.
② 江苏省教育厅秘书室. 江苏省教育法令汇编 [G]. 江苏省教育厅秘书室，1932：136.

续表

县域	民众教育馆名称	组织设置
松江县	松江民众教育馆	总务、生计、教导、公民
	泗泾民众教育馆	推广、教导、总务
	天马山民众教育馆	语文、生计、康乐
	枫泾农民教育馆	总务、教导、研究
	亭林农民教育馆	总务、教导、推广、农事
	山阳民众教育馆	总务、宣传、陈列、推广
金山县	朱泾民众教育馆	教导、展览
	张堰民众教育馆	总务、宣传、文书、纠察、布置
青浦县	中心民众教育馆	教导、辅导、总务
	珠街阁民众教育馆	总务、教导、推广
	金泽民众教育馆	总务、教导
	杜村农民教育馆	总务、成人、妇女、儿童
	重固民众教育馆	总务、教导、推广
奉贤县	南桥民众教育馆	总务、教导、图书、演讲、科学、卫生
	奉城民众教育馆	总务、推广、图书
	奉贤县农民教育馆	生计、语文、康乐
宝山县	城区民众教育馆	教导、总务、生计
	县立顾村民众教育馆	生计、教导、康乐
	实验农民教育馆	总务、生计、教导、研究推广
川沙县	城区民众教育馆	康乐、教导、生计
	龚镇农民教育馆	总务、教导、推广
南汇县	惠南民众教育馆	教导、生计、图书、康乐
	朱典民众教育馆	教导、康乐、生计
	六灶民众教育馆	教导
	周浦民众教育馆	教导、康乐、生计
	新场民众教育馆	教导、康乐、生计
	大团民众教育馆	教导、康乐、生计

本表资料来源：江苏省立俞塘民众教育馆. 江苏省第四民众教育区二十三年度社教概况 [M]. 江苏省立俞塘民众教育馆, 1935：9, 23, 30, 34, 57, 63, 99, 111, 113,

115，123，133，139；陈国保. 南汇县社教事业之检阅与展望 [J]. 社交通讯（上海），1936，2（1）：7.

江苏省政府对所属各县民众教育馆的组织设置进行规定，各县民众教育馆应设总务、阅览、讲演、健康、生计、游艺、陈列、教学、出版九部。沪郊各县在此基础上根据各馆经费及人员情况进行组织设置，基本设 2—4 部。各馆组织设置各不相同，设置最多的为总务部（24 所）和教导部（29 所）。其中总务部掌管着馆内一切管理事项，是民众教育馆最基本的组织设置。从表 2-2 也可以发现不同民众教育馆组织根据不同标准设定。有根据实施对象为标准进行设置的，如杜村农民教育馆分设成人、妇女、儿童；有根据活动种类为标准来设置的，如闵行民众教育馆分设生计、康乐、知能，奉贤县农民教育馆设生计、语文、康乐；也有以工作性质作为设置标准的，如山阳民众教育馆分设总务、宣传、陈列、推广；也有以实施方法作为分类标准的，如朱泾民众教育馆分设教导和展览两部。也存在即便是同一民众教育馆所设组织也不是同一分类标准进行设置的，如南桥民众教育馆设总务、教导、图书、演讲、科学、卫生。还有的在部下进行分股设置，如徐行民众教育馆组织设总务及教导两部，各设主任 1 人，总务分文书、会计、庶务、交际、推广、保管、调查统计七股，教导分图书、编审、演讲、民校、康乐、生计、指导、公民八股。① 或者直接设股，如张堰民众教育馆设有总务、宣传、文书、纠察、布置五股。可见，各民众教育馆内组织设置种类繁多、形式多样。

上海市政府根据本市实际状况制定《上海市市立民众教育馆组织规则》（1933 年），规定民众教育馆设立总务、展览、教导、演讲、康乐五个组，并就每个组所包含教育内涵及事业活动进行了规定。各组又包含不同的股，见下图。

---

① 江苏省立俞塘民众教育馆. 江苏省第四民众教育区二十三年度社教概况 [M]. 江苏省立俞塘民众教育馆，1935：30.

```
                                    ┌─教导股
         ┌─教导组—主任干事—干事─┤─编辑股
         │                          └─通问股
         │                          ┌─公民教育股
         │                          │─生计教育股
         ├─展览组—主任干事—干事─┤─健康教育股
         │                          │─艺术教育股
上海市    │                          └─特种展览股
立民众─馆长┤                          ┌─文牍股                ┐
教育馆    ├─总务组—主任干事—干事─┤─会计服                 ├ 雇员
         │                          └─庶务股                │
         │                          ┌─学术演讲股            │
         │                          │─通俗演讲股            │
         ├─演讲组—主任干事—干事─┤─巡回演讲股            │
         │                          └─化装演讲股            │
         │                          ┌─体育股                │
         └─健康组—主任干事—干事─┤─卫生股                │
                                    └─休闲股                ┘
```

图 2-1　上海市立民众教育馆组织系统图

本图资料来源：上海市立民众教育馆概况（1932 年 6—12 月）；组织及规则 [A]. 上海：上海市档案馆，Y8-1-98-16.

由上图可知，上海市立民众教育馆共设立五个组，每组下分 3—5 个股。总务组作为事业的首要组织，有利于其他事业开展。展览组负责展览活动，主要针对公民、生计、健康与艺术进行展览，这样的实物展览给民众留下形象直观的印象。教导组负责教学和指导活动，施以语文与公民教育，以孙中山先生的"唤起民众"为遗嘱教导民众，分为教导股、编辑股、通问股，引导民众参与改进社会及文化生活，培养健全国民。演讲组负责演讲活动，分为学术演讲、通俗演讲、巡回演讲与化装演讲四股，通过语言、实物和文字对民众实施系统的教育，增进民众智识。健康组旨在对民众实施健康教育，包含体育股、卫生股与休闲股，目的在于培养民众健全体格。同时除了总务组负责统筹整个馆的运行外，其他每一组都分为固定事业和活动事业。此外，此馆就五个组织部所办理事项进行详细规定，如表 2-3。

表 2-3　上海市立民众教育馆各组织掌管事项

组织设置	办理事项
总务组	撰拟文书，收发文件，典守图记，保管案卷，掌管出纳，编造预决算，购置并保管用品，管理工役，其他不属于各部事项。
演讲组	举行化装演讲，组织民众剧社，举行巡回演讲，举行时事演讲，举行学术演讲。
教导组	编辑各种通俗丛书，编辑白话报，编辑各种传单标语，编辑通俗画报，设立民众问字处代笔处。
展览组	举办民众艺术展览，设立阅书报处，设置壁报，设置巡回文库，布置标本模型室。
健康组	提倡民众体育，举行婴儿健康比赛，举行市民同乐会，组织音乐研究会，举行弈棋乒乓等竞赛会，设立改良说书场，放映教育影片，组织民众旅行团，组织摄影研究会，组织画图研究会。

本表资料来源：上海市立民众教育馆概况（1932 年 6—12 月）：1933 [A]．上海：上海市档案馆，Y8-1-98：7—9.

至于私立民众教育馆，其组织是在创建者思想理念的指导下结合当地实际需求进行设置的。如私立俞塘民众教育馆在创办者钮永建的规划下，其组织设置形成了独具特色的风格。此馆致力于建设新乡村，设置农艺馆、园艺馆、合作馆三个专馆以及适合乡村民众需求的股或部。在钮永建全民教育普及理念的指导下，俞塘民众教育馆成立之初便确立其工作目标，具体包含："1. 从农民的实际生活上出发，谋'增进农村生活'；2. 从完成地方自治上着眼，谋'改良农村组织'；3. 根据三民主义，以完成训政，促进世界大同。"① 为了实现这一目标，办馆之初馆内分设五个股，分别为教育股、生计股、健康股、家事股、事务股，掌管馆内不同事务。具体见表 2-4。

---

① 省立俞塘民众教育馆. 省立俞塘民众教育馆概况 [M]. 省立俞塘民众教育馆，1935：3.

表 2-4　俞塘民众教育馆 1930 年各股掌管事务情况

股项	掌管事务
教育股	民众学校：补习班、训练班等。 图书报章杂志：读书会、问字处、代笔处、巡回文库等。 展览会、讲演会、研究会等。 其他：民众茶园、民众俱乐部等。
生计股	农业改进：示范农田、试作场、采种场、农品展览会、农业演讲等。 合作社：信用合作、消费合作、生产合作、运销合作。 副业提倡：养蚕、饲畜、养蜂、养鱼、养鸡、农产制造、家庭工业等。
健康股	民众医院：体格检查、防疫、巡回治疗、布种牛痘、产科等。 体育场：各种球类、体育会等。 清洁运动：大扫除、扑灭蚊蝇等。 武术：拳、棒、枪、棍等技术。
家事股	乡村幼稚园（托儿所）。 模范家庭：家庭教育、家庭清洁卫生。 母道学校或家事短期讲座。 主妇会或少女会。
事务股	文书报馆、庶务会计、其他杂务。

本表资料来源：陆盖. 俞塘民众教育馆计划大纲（附图表）[J]. 教育与民众，1930，1（9）：2—3.

可知馆内五股的设置以及所掌管事务，涵盖民众日常生活各个方面，如此一来满足了民众对教育、生计、健康、家事、休闲等方面的需求。各股在以俞塘村为全民教育实验区的基础上，同时兼顾马桥、北桥及其他周边区域，不断探索实施民众教育途径，致力于建设新的乡村生活。升格为省立俞塘民众教育馆后，馆内组织规模不断扩张，并遵照教育厅颁发的组织规程，分设生计、教导、研究辅导、总务四部，并设乡村实验区，兼办民众教育服务人员训练班。该馆根据乡村民众实际需求，成立了农艺馆、园艺馆与合作馆三个专馆。此外，为扩大施教区域及推广民教事业，此馆还成立瓶山分馆和荷溪分馆。该馆为完成馆内任务及施教宗旨，于 1934 年将附近的俞塘、二紫、竹溪、端方、沙溪五乡作为实验区区域,同时以"全区为学校、全区区民为学生,全区田野村庄为教室,全区各项事业为教材,以全区之知识分子为教师,以调查访问联络感情为入手方法,以组织训练化民成俗为基本功夫,而以充实民众生活,培起国民力量为最终目的"。① 为实现这一目的,馆内设立民众教育服务人员训练班,招收初中毕业生及有相当程度的学生为学员,并将学员分为各民众教育服务团分赴各实验区内工作,推动民众教育事业发展,达到"播扬"功效。

此后,教育部对《民众教育馆暂行规程》(1932年)进行修正,颁布了《修正民众教育馆暂行规程》(1935年),对民众教育馆内部组织设置进行调整。俞庆棠认为"民众教育馆组织之健全与否,并不在于分部之众多,而在于严密有系统。盖组织庞杂,则经费不敷,事权分散,事业不易发生效率"。② 因此,她指出1932年的《民众教育馆暂行规程》分部繁杂,设置34个部,16个组,并且每组还有两三个不同名称,"此种繁复分歧的现象,可以略窥其组织是否健全。实际上办理民众教育馆并不是办理一个机关,而是要注重民众教育的事业。因此馆的组织应表明工作进展和努力之方向,内包事业须有平衡之发展,分部须简要,职责须分清,更须富有弹性而能普遍的适应。最后各种活动,尤须有整个联系"。③ 也许正是俞庆棠的意见发挥了作用,教育部对《民众教育馆暂行规程》进行修正,其主要体现在以下几个方面:(1)由十九条减为十三条;(2)设立责任者除省县市私立外,增加了地方自治机关一项;(3)行政手续更为严密,即公立民教馆设立变更也须经过备案的手续,按期呈报的手续也增多,人员任用手续也进行了改正;(4)组织进行了紧缩,将阅览、讲演、健康、生计、游艺、陈列、教学、出版八部改为教导、阅览、健康、生计、事务五组;(5)对应举办事业条例进行删除,之前列举应办事业健康、文字、生计、家事、社交、休闲各种教育事业,修正规程略举例说明各组任务外,由原来规定的

---

① 省立俞塘民众教育馆. 省立俞塘民众教育馆概况 [M]. 省立俞塘民众教育馆,1935:7—8.
② 俞庆棠. 民众教育 [M]. 南京:正中书局,1935:132.
③ 熊贤君. 民众教育的践履者俞庆棠 [M]. 太原:山西人民出版社,2020:163.

八部改为设立教导、阅览、健康、生计和事务五个部分。

以上五组视地方情形全设或设置一部分，或合并设置。省市（行政院直辖市）立民众教育馆除设置前列五组外，并得酌量增设他组，其名称由各省市自定。上海市社会局在1937年颁布《修正上海市市立民众教育馆组织规则》，对上海市立民众教育馆的组织设置进行调整，分为教导组、阅览组、康乐组、生计组与事务组五个组，基本与教育部规定组织设置相吻合，将总务组改为事务组，展览组改为阅览组，健康组改为康乐组，删减演讲组，增加生计组。此般调整，将组织进一步规范化，将包含相近工作的组织进行合并。如康乐组中对于民众卫生、清洁、防疫等事项的宣传需要讲演，教导组对民众知识的宣传也需要讲演，同样生计组对于消费合作、工农产品介绍均需要讲演。这样讲演组贯穿于其他各组，不需要单独设置一组，减少了组织的繁琐性。此外，将健康组改为康乐组，将娱乐融入健康中，使民众身心愉快。由于农村经济破产，解决民众生计问题成为当时的首要任务。故此，结合时代背景增加生计组，对民众生产生活进行指导。

上海市区及沪郊各县民众教育馆的组织设置既符合教育部对民众教育馆组织的总体设计原则，同时也彰显了地方的独特风格。馆内根据社会时局与当地需求设计不同分部，负责不同事项。各部互相协调，适时进行调整，使得组织设置具体化、标准化与高效化。在组织建设的过程中，对各部性质、地位、职责、权力、编制与设置都有明确规定，并且不断进行调整，避免部门设置的交叉重叠，精简组织设置，加快信息传递，充分发挥各部的主观能动性，积极有效地完成各自所承担的职责任务。如此组织保障了民众教育馆成为基层社会的"播扬"者，各部通过教学活动、宣传活动、竞赛活动、展览活动与指导活动施以民众语文教育、生计教育、公民教育、健康教育及休闲教育，有效促进了民众教育发展，达至塑造新型的上海民众，进而促进城市现代化建设以及新农村建设探索。

二、上海民众教育馆的组织运行

从教育社会学角度出发，民众教育馆不仅是一个社会体系，也是一种正式的教育组织。在日常生活分析中，我们很难将各种复杂的社会关系剖成一张张切片，通过显微镜来观察，也难以像柯林斯（R. Collins）那样，把生活实践分割成无数的互动仪式，再联结成链条，用来解释这个社会生活的运作过程。事实上，各种组织关系不是静止的分部状态，而是时空和情境变化中的动态过程。民众教育馆作为基层社会的"播扬者"，其内部组织也不是孤立地各自运行，而是通过各种机构设置、人员设置、会议、与外界的联络等方式而展开动态的教育过程。

其一，民众教育馆内部各组织部门是通过设置各种机构或设施开展民众教育活动的。教育固然是精神事业，但必须依靠物质设备才能发挥其效能。譬如我们要使一般民众信仰科学，若没有科学仪器做试验供给民众观赏体验，就难以收到很好的效果。因此，民众教育馆组织内的设施对于实施民众教育发挥着重要影响。各馆针对各部具体职责设置不同机构或设施来开展相应的民众教育。对于民众教育馆设施应遵循的原则，教育部社会教育司作出具体规定：

> 就民众方面：1. 设备能改良民众生活习惯，如卫生挂画中所示饮酒之害，缠足之害等；2. 设备能助长民众知识，如各种读物及图表标本等；3. 设备能促进民众生计的改善，如农事标本，生产技术之模型及书籍等；4. 设备能培养民众进化观念，如衣食住行的演进图等；5. 设备能启发科学思想，如水、旱灾的成因及预防的图书等；6. 设备能培植民众革命精神，如先烈照片及各种革命历史挂图；7. 设备能陶冶民众的性情，如嘉言懿行的书籍，先贤挂图等；8. 设备能增进民众的康乐，如运动器具，娱乐用品等；9. 设备能激发民众爱乡及爱国观念，如乡土博物及国耻史、中国地图等；10. 设备能减少民众受教的疲劳，民校上课时用的桌凳等。就教者方面：1. 设备能帮助教者便

于直观教学；2. 设备能帮助教者引起民众的注意；3. 设备能减少教者无谓的浪费；4. 设备能帮助教者促进教育的功效；5. 设备能减少教者生活上的苦闷；6. 设备能增进教者自身的知识及能力。[①]

从受教者和教者两个层面对民众教育馆的设施进行标准化说明，既包括设备能促进民众知识、陶冶民众性情、丰富民众生活、培植民众精神等，也包含设备可以帮助教者增强直观教育的效果，使得教学生动有趣。上海市区及沪郊各县民众教育馆根据民众实际生活需求以及推动民众教育活动的需要设置了充足且丰富的内部设施设备。上海市立民众教育馆各组织内部根据所开展的民众教育活动，进行了多样的机构设施设置，如表 2-5。

表 2-5 上海市立民众教育馆组织内部设置概况

组织	事业类别	组织内部机构设施设置
展览组	固定事业	时事展览室、艺术教育展览室、生计教育展览室、健康教育展览室、民众教育展览室、祀孔彝器陈列所
	活动事业	革命纪念展览会、国耻展览会、农产品展览会、绘画摄影展览会、展览品实验讲演会
教导组	固定事业	民众法律常识顾问处、民众问事代笔处、儿童阅书室、民众学校、巡回文库、发行新民旬刊、发行新民画册、阅报处
	活动事业	儿童阅书竞赛会、儿童演说竞赛会、妇女编织传习班、妇女缝纫传习班、注音符号传习班、应用文传习班
演讲组	固定事业	民众剧社、特约讲座、巡回演讲、学术演讲、化装演讲、通俗演讲
	活动事业	商人谈话会、工人谈话会、市乡区巡回访问团、七项运动宣传会、民众演说竞赛会
健康组	固定事业	国术传习班、无线电播音、娱乐室、幼童乐园、改良说书社、民众诊疗所、戏剧研究会、摄影研究会
	活动事业	国术表演会、民众远足会、音乐会、儿童交谊会、儿童歌舞会、音乐奏演会、电影会、弈棋竞赛会、民众旅行团

---

① 彭大铨. 民众教育馆[M]. 南京：正中书局，1941：52—53.

本表资料来源：上海市立民众教育馆概况（1932年6—12月）：1933［A］．上海：上海市档案馆，Y8-1-98：11—12．

该馆基于组织内教育事业，分别于展览组、教导组、演讲组、健康组设置各种机构或设施。在展览方面，该馆鉴于"一·二八"事变在我国历史上的重大意义，为了促进民众认识沪战及激发民众爱国思想，派职员赴战区内搜集与沪战有关的各种纪念物布置"一·二八战绩展览室"。后又由于市民对于卫生常识的忽视，该馆设计各种模型图画，布置"健康教育展览室"，还布置"公民教育展览室"、祀孔彝器陈列所、时事展览室等，继而筹备生计、艺术、日本研究与改良社会礼俗等各项展览，不断完成其展览活动。在教导方面，针对民众知识浅薄，不断筹备有关生计方面的各项传习班及改良民间旧小说图画等。在演讲方面，该馆主要举行通俗演讲、学术演讲、巡回演讲，扩大受教民众的范围。在健康方面，该馆举办民众远足会、施种牛痘等健康活动；还会同国术馆开办国术传习班，同时设置娱乐室，布置幼童乐园，组织民众音乐会，利用民众的休闲时间，进行无形教育。

沪郊各县民众教育馆也针对具体的民众教育活动在各组织内部设置形式多样的机构或设施。松江县民众教育馆在三个股中针对民众识字教育、健康教育、休闲教育、公民教育与生计教育等创建各种设施机构。"在宣传股中，设有说书卖技人员登记、各种集会、标语牌、壁报、演讲会、巡回教育队、小丛书、民众月刊；展览股中设有各种展览会、谈艺室、国货室、国耻室、健康室、自然室；教导股中设有民众音乐团、代书文件处、民众问字处、巡回文库、揭示牌、民众状况调查会、民众业余运动会、春风书画会、社会童子军、理化实验室、娱乐室、特约民众茶园、民众学校、民众图书馆等。"[①] 各组织内部机构设施较为多样，基本满足民众日常生活需求。如壁报、巡回教育队、民众问字处、民众学校、民众图书馆等设施可以提高民众的知识水平；谈艺室、春风书画室、娱乐室、特约民众茶园等

---

① 松江民众教育馆．松江民众教育馆概况［M］．松江民众教育馆，1933：8．

可以丰富民众的日常生活；国货室、国耻室、各种集会等展览可以增强民众的民族意识。嘉定县奎山民众教育馆同样附设各种机关，如"公共体育场、儿童游戏场、公共演讲厅、民众治疗所、公园、民众茶社、民众阅书报室、民众学校、职工补习班、民众识字处、民众问字处、美术展览室、博物陈列室、动物陈列室、娱乐室、书信代写处"。[①] 上海县民众教育馆设有"礼堂、民众茶园、民众诊所、合作社、妇女传习所、无线电机室、图书馆及陈列室、农事特约实验区、流动学校等"。[②] 在机构设置时，各馆注意经济与人力的境况，并不是种类越繁多，民众教育事业开展效果越好。同时购置设备也要注意使用效率，所有设备馆内应有职员能有效使用。如馆中没有懂医药学的人员，则医药用品无需购置，即使购置也发挥不到应有功效。孟宪承先生曾说："每个民众教育馆，都可以布置一些图书、表册，或其他展览的物件，举行几次演讲和宣传；开设至少一个识字的夜校，也可以组织若干娱乐的活动，或者还可以刊印一点民众书报之类。但，这就算尽了民众教育馆的能事吗？不，决不，这只是一个'机关'，一个失掉生命的躯壳罢了。"[③] 因此，民众教育馆的设施要对民众发挥作用，不仅仅是设施的设置问题，更重要的是设施设备与民众生活发生作用，能激发民众兴趣。如此，民众才能发生信仰，才会积极参与其中。馆内设置机构设备，对于人才及事业，应力求互融互通，进而才能表现其功效。

上海市区及沪郊各县民众教育馆内部各组织通过设置形式多样的机构或设施，直观且有趣地来开展各种民众教育活动。各机构设施在各自发挥作用的基础上协调合作，开展民众所需的各种教育活动，使得各组织形成一个动态系统，致力于基层社会的"播扬"，开展上海民众所需的各种教育事业。

[①] 于述胜. 民国时期社会教育史料汇编（第5册）[G]. 北京：国家图书馆出版社，2017：123—124.

[②] 上海各图书馆概览：上海县民众教育馆图书馆（1934）[A]. 上海：上海市档案馆，Y8-1-8-40：29.

[③] 孟宪承. 民众教育[M]. 上海：世界书局，1934：69.

其二，馆内为进行有效"播扬"，各组织就民众生活实际注重增进与社会各界的紧密联络，包括社会机构、职业团体、自治机关及普通民众等。尤其是民众教育馆馆长，更需要和社会各界进行充分联络。俞庆棠对此谈道："民众教育馆之经济不足，人材缺乏，欲举办生计、健康等事业，必得随时与生产机关、科学机关、卫生机关，或其他谋民众福利的机关，联络合作，方能顺利。"① 故此，民众教育馆各组织者注重多方面与社会各界进行联络。譬如经济组织与生产技术改进，从事民众教育工作者可与生产机关、科学机关或建设机关协助进行，专门技术要靠科学机关与生产机关来指导。如此，民众教育馆可以通过联络、介绍、组织与传播使民众获得新技术。

上海市立民众教育馆与中华业余无线电社联合举办上海国防无线电训练班，培养无线电通讯工程人才。其中"中华业余无线电社负责本班教务及经济之事，上海市立民众教育馆负责训育管理及水电教室供应之责"。② 此外，市立民众教育馆还与民营亚美电台合办教育节目，③ 传播文化教育和科技知识；还与中华聋哑协会合办上海南市聋哑学校，④ 提供校舍，收取一定租金作为馆内经费。沪郊各县民众教育馆内各组织也特别注重与外界各机关、机构及组织的联络，内部各部在开展民众教育事业时注重与各相应机关进行联合举办，共同促进民众教育事业的有效开展。如嘉定徐行区民众教育馆联合各机关组织联合办事处，该馆为谋求与各机关充分联络，特联合第三区公所、公安第四派出所、徐行中心校、合作示范区办事处、徐行乡公所等机关组织联合办事处，⑤ 为民众提供各种便利，增强工作效能。

具体到各项事业，各馆注重与专业机关进行合作联络。在进行语文教

---

① 俞庆棠. 民众教育 [M]. 南京：正中书局，1935：147.
② 上海市社会局关于民众教育馆与中华业余无线电社合办上海国防无线电训练班简章、教职员一览表（1937）[A]. 上海：上海市档案馆，Q6-18-269：8.
③ 上海市人民政府参事室文史资料工作委员会. 上海地方文史资料（五）[G]. 上海：上海社会科学院出版社，1986：20.
④ 马建强. 中国特殊教育史话 [M]. 北京：新华出版社，2015：226.
⑤ 嘉定徐行区民众教育馆二月来设施概况 [J]. 社教通讯（上海），1935，1（3）：46.

育时，民众教育馆注重联合各界举行识字运动、办理民众学校。如朱泾民众教育馆协同各乡村小学办理民众学校。① 干巷农民教育馆联络中心小学、公安局与区公所同时举行识字运动，② 提高民众文化素质。

在进行生计教育时，各馆注重与乡村改进社、农业推广所、各类银行及各乡镇村民等联合开展各种事业活动。如嘉定区外冈民众教育馆与疁西乡村改进社合作集股；③ 马陆农民教育馆积极参加各种集会，每到中心民教馆召开社教机关主任人员联席会议、农业推广所召开各种会议、全县棉花产销联合社各种集会及其他有关社教方面的会议时，该馆均派员出席，共同进行；④ 泖港农民教育馆联络县农业推广所，共同合作实行稻作试验；⑤ 宝山实验农民教育馆联合积福农村改进会及附近各小学教师农民，举行农事改良讨论会，⑥ 以此来提高民众的生产技能；川沙城区民众教育馆联合政府第三科共同举办甲组乙组商余补习学社。⑦ 此外，各馆还联合各村村民进行养殖，以提倡民众副业。如松江民众教育馆与农业推广所合作组织城区园艺畜养指导处；⑧ 徐行民众教育馆联合各村村民发起养鱼，联合村民组织野泾养鱼合作社，⑨ 通过多方合作，共同推动馆内生计教育的开展。

---

① 江苏省立俞塘民众教育馆. 江苏省第四民众教育区二十三年度社教概况［M］. 江苏省立俞塘民众教育馆，1935：102.
② 江苏省立俞塘民众教育馆. 江苏省第四民众教育区二十三年度社教概况［M］. 江苏省立俞塘民众教育馆，1935：108.
③ 江苏省立俞塘民众教育馆. 江苏省第四民众教育区二十三年度社教概况［M］. 江苏省立俞塘民众教育馆，1935：25.
④ 江苏省立俞塘民众教育馆. 江苏省第四民众教育区二十三年度社教概况［M］. 江苏省立俞塘民众教育馆，1935：36.
⑤ 江苏省立俞塘民众教育馆. 江苏省第四民众教育区二十三年度社教概况［M］. 江苏省立俞塘民众教育馆，1935：105.
⑥ 江苏省立俞塘民众教育馆. 江苏省第四民众教育区二十三年度社教概况［M］. 江苏省立俞塘民众教育馆，1935：153.
⑦ 江苏省立俞塘民众教育馆. 江苏省第四民众教育区二十三年度社教概况［M］. 江苏省立俞塘民众教育馆，1935：155.
⑧ 江苏省立俞塘民众教育馆. 江苏省第四民众教育区二十三年度社教概况［M］. 江苏省立俞塘民众教育馆，1935：71.
⑨ 江苏省立俞塘民众教育馆. 江苏省第四民众教育区二十三年度社教概况［M］. 江苏省立俞塘民众教育馆，1935：39.

在进行公民教育时，各馆注重与社会其他机关组织进行协调联络。如徐行民众教育馆联络区内各机关领袖及热心人士，组织地方事业改进委员会，也联络区内党政机关及各级学校举行新生活运动大会；① 松江县民众教育馆与松江县童子军理事会理事周经宇先生协商，成立社会童子军，又特请几位热心于童子军事业人士，担任本团职务，联络了社会各行各业人士，吸引了众多民众参与。②

在进行健康卫生教育时，各馆注重与医院、区公所公安局及外界热心人士联络，以此增强全体民众的健康意识，丰富民众日常生活。如枫泾民众教育馆协同区公所公安局改良村镇茶园。③ 松江县民众教育馆教导股民众剧社联络一些对于戏剧有兴趣的民众，组织民众剧社，④ 以研究剧艺，并进行化装宣传，提倡民众正当娱乐，使民众生活逐渐丰富。也有民众教育馆联合各机关举行卫生运动，如干巷民众教育馆联络区公所公安局中心小学共同举行卫生运动，⑤ 唤起民众注意整洁的意识。徐行民众教育馆联络区内优秀妇女，组织妇女协进会，与县立医院合作组织民众助产处，由该馆担任宣传调查工作，由医院担任接生、医药以及流产室等设置。⑥ 同时，民众教育馆还与各地机关办理造林与疏浚河道等民众事业。如宝山县立顾村民众教育馆，协助顾村镇公所办理征工浚河，⑦ 以此来解决民众防旱与防灾等困难。

总之，上海市区及沪郊各县民众教育馆各部组织注重与外界各机关、

---

① 江苏省立俞塘民众教育馆. 江苏省第四民众教育区二十三年度社教概况［M］. 江苏省立俞塘民众教育馆，1935：72—75.
② 松江民众教育馆. 松江民众教育馆概况［M］. 松江民众教育馆，1933：138.
③ 江苏省立俞塘民众教育馆. 江苏省第四民众教育区二十三年度社教概况［M］. 江苏省立俞塘民众教育馆，1935：82.
④ 松江民众教育馆. 松江民众教育馆概况［M］. 松江民众教育馆，1933：138.
⑤ 江苏省立俞塘民众教育馆. 江苏省第四民众教育区二十三年度社教概况［M］. 江苏省立俞塘民众教育馆，1935：109.
⑥ 江苏省立俞塘民众教育馆. 江苏省第四民众教育区二十三年度社教概况［M］. 江苏省立俞塘民众教育馆，1935：73.
⑦ 江苏省立俞塘民众教育馆. 江苏省第四民众教育区二十三年度社教概况［M］. 江苏省立俞塘民众教育馆，1935：141.

机构与人员广泛联络，充分利用外界有效资源推广民众教育事业。这样不仅可以增加民众教育馆的实力，而且对于民众来说，如果馆内组织能与外界各机关组织取得联络，也会使民众对民众教育馆较为信赖，乐于积极主动参与其中。

其三，民众教育馆内还通过人员设置及各种馆务会议来协调各组织的事业运行。各民众教育馆设馆长1人，主管馆内一切事务。各股或各部设主任干事1人，干事若干人，具体负责所在组织的事业活动。在民众教育组织管理中，社会组织中大部分领导工作都由理事会完成。一个正常运行与健全发展的理事会，可以保障社会组织具有明确的发展方向，监督社会组织日常各项行为，带领社会组织成员共同奋斗、携手合作，从而实现组织目标。① 各馆设由馆长以及各部助理干事组成的馆务会议组织，馆内的一切事务，都由馆务会议议决施行，并设馆务设计委员会，对全馆事业进行总体规划。松江县民众教育馆同样设立馆长1人，各股设主任1人，设立干事4人。② 也有民众教育馆不设立主任干事，设置助理干事。如朱泾民众教育馆设馆长1人，干事1人，助干1人。③ 除了馆内各组织人员的设置，馆务会议也是保证事业正常运行的主要条件。由馆务会议决定馆内一切事宜，保障馆内一切民众教育事业活动的有效推进。如川沙县城区民众教育馆颁布了馆务会议规程，以推进馆内各项事业，具体负责"1. 报告馆务进行状况；2. 报告经济状况；3. 报告省县命令及现行规程；4. 讨论各种馆务进行办法；5. 讨论各项计划、规程细则；6. 关于全区民教方面之各项事务"。④ 可见，馆务会议囊括了馆内各项计划、事业进行状况，经济状况及民众教育事务进行办法等，使得每一项活动都有章可循。

"一个组织是一个在结构与功能上相互依存的完整系统，一个组织由团

---

① 郁建兴，王名. 社会组织管理［M］. 北京：科学出版社，2019：107.
② 松江民众教育馆. 松江民众教育馆概况［M］. 松江民众教育馆，1933：9.
③ 江苏省立俞塘民众教育馆. 江苏省第四民众教育区二十三年度社教概况［M］. 江苏省立俞塘民众教育馆，1935：99.
④ 陆砥平. 川沙县城区民众教育馆二十二年度工作概况［M］. 川沙县城区民众教育馆，1934：7.

体所构成,一个团体又由必须协调工作的个人组成。每个人必须知道别人在干什么。每个人必须能接受信息,并必须受到足够的约束以服从整体。"①民众教育馆作为基层社会的"播扬者",为有效实施民众教育,其内部各组织设置相互联络,通过多维教育路径施予民众语文教育、生计教育、公民教育、健康教育、休闲教育。馆内组织不是孤立地各自运行,而是通过各种机构设施、人员设置、馆务会议、与外界的联络等相互作用的动态运作方式,保证馆内民众教育事业活动的有效开展。

第二节 上海民众教育馆运行的人员管理

自现代管理学之父彼得·德鲁克(Peter F. Drucker)提出"人力资源"概念以来,各行各业都非常重视人力资源的管理,社会组织也不例外。人力资源管理的对象是人,且人正是社会组织中最为宝贵的资源。在社会教育组织机构中,人员的编制、构成与职责非常重要,对于社会组织的高效运行发挥着必不可少的作用。高践四曾指出:"实施社会教育机关内的工作人员是民政、建设、农矿、财政,及其他行政机关的先锋队、宣传者、劝导者、介绍人、赞助人,因为他们能够指导民众奉行功令。"②可见,人员设置对社会组织机构实施民众教育的重要性。人员间相互配合,共同完成民众教育的管理、办学等一系列事业工作,有利于推动民众教育馆内民众教育的健康发展。民众教育馆作为基层社会的"播扬者",须有严密的组织和人员来执行,旨在谋求民众教育事业有效开展。

一、馆长的聘任资格及职责

美国学者 E. 马克·汉森(E. Mark Hanson)指出:"组织的基调通常是由最高管理者决定的,事业的成功将依赖于他对整个组织注入的远见卓

---

① [美]罗伯特·欧文斯. 教育组织行为学[M]. 孙绵涛,译. 武汉:华中师范大学出版社,1987:69.

② 高践四. 社会教育实施目标及方法之商榷[J]. 教育与民众,1929,1(6):1—4.

识和精力,他的不称职或玩忽职守会使组织停滞不前。"① 民众教育馆馆长,既是教育馆内实施民众教育的首脑,也是民众教育馆内教育活动的总参谋和总指挥,决定着民众教育的发展方向。在组织人员设置中,馆长是民众教育馆的重要领导人。领导人作用的发挥是明确方向、创建一致性,在共同工作的团队中提出愿景,并引领团队实现愿景的过程,故此,民众教育馆馆长的选择至关重要。上海各民众教育馆馆长是德行并重的典范,有效推动馆内各项事务的开展。

教育部以及各省市对民众教育馆馆长的聘任尤为重视,对其资格进行严格的规定。教育部规定省市立民众教育馆馆长须品格健全,才学优长,且具有下列资格之一者:"1. 师范学院教育学院或教育科系毕业曾任社会教育职务二年以上著有成绩者;2. 大学或教育专修科毕业曾任社会教育职务三年以上著有成绩者;3. 专科学校或专修科毕业曾受社会教育训练并曾任社会教育职务四年以上著有成绩者。"② 上海各省市立民众教育馆也对馆长的聘任予以高度重视,如俞塘民众教育馆成立之初的馆长高阳,曾受俞庆棠之邀,担任江苏省立教育学院院长及教授,极力推动民众教育事业。在理论方面,高阳发表多篇民众教育论文,并著有《民众教育》一书,对近代中国民众教育作出卓越贡献。也有悉力于民众教育实践的推动者,如副馆长钮长耀长期从事一线教育实践,早期曾到日本的大学社教系深造,为后期从事民众教育活动奠定了扎实的基础。他还曾帮助黄梅仙、钮恂言创办审美女子中学并任校长,又担任过市立敬业中学校长三年,具有一定的实践管理经验。升格为省立俞塘民众教育馆后,钮长耀任馆长,将其在日本社教系的学习经验运用到民众教育馆的民众教育活动推广中,注重民众教育实践。1936年沪郊十县成立社会教育社,钮长耀任理事长,研究并实验适合沪郊各县推行的社教方法。他提出社会教育的任务为"研究并实

---

① [美] E. 马克·汉森. 教育管理与组织行为 [M]. 冯大鸣,等译. 上海:上海教育出版社,1993:188.

② 教育部社会教育司. 社会教育法令汇编(第2辑)[G]. 上海:商务印书馆,1940:22.

验施行社教之确切有效方法、以为改进张本；调查各社员工作地点工作情形与各地农村状况；编译名著或撰述专集，编辑社教丛书及各种刊物；训练并介绍社教工作人才等"。① 他们作为俞塘民众教育馆实施民众教育活动的智囊团和实践家，极大推动了馆内民众教育事业的发展。

上海市立民众教育馆对此也作出相应规定。上海市立民众教育馆馆长由教育局局长遴选合格人员呈请市长进行委任，并对其资格进行规定："民众教育馆馆长须品格健全、才学优长、服膺党义并具有下列资格之一者为合格：1. 相当于大学或专科学校之社会教育学术专门训练之学校毕业，并具有办理社会教育一年以上经验者；2. 大学教育学院教育科系师范大学或高等师范学校毕业，并具有办理社会教育二年以上之经验者；3. 大学或专科学校毕业对于社会教育确有研究，并具有办理社会教育二年以上之经验者；4. 师范学校本科高级中学师范科毕业，对于社会教育确有研究并具有办理社会教育三年以上之经验者。"② 可见，对于馆长的选择注重品德、学历学识以及社会教育经验三个方面。同时，规定又对馆长遴选绝对禁止的条件作了说明："1. 剥夺公权尚未复权者；2. 亏空公款尚未清偿者；3. 曾因贼私处罚有案者；4. 吸用鸦片或其代用品者。"③ 如有上述四条禁令中之一的即不能担任民众教育馆馆长。此外，如果在任职期间有下列各项发现者即停止其职务："1. 违背中国国民党党义者；2. 违背国民政府或本市教育法令者；3. 服务不力改进无方者；4. 玩忽职务发生重大错误者；5. 操守不谨侵蚀公款者；6. 发现犯有禁止条例中各款情事之一者。"④ 该馆馆长的选择不仅仅注重遴选时的条件，并且注重过程性考核，尤其是注重人格的考核。可见，上海市立民众教育馆在馆长的聘任上强调德才兼备，

---

① 沪郊十县社会教育社成立 选举钮长耀为理事长发表工作志趣并宣言 [N]. 申报，1936-01-16.

② 潘公展. 上海市市立民众教育馆馆长任免及服务规则 [J]. 上海市教育局教育周报，1933 (222): 9—10.

③ 潘公展. 上海市市立民众教育馆馆长任免及服务规则 [J]. 上海市教育局教育周报，1933 (222): 10.

④ 潘公展. 上海市市立民众教育馆馆长任免及服务规则 [J]. 上海市教育局教育周报，1933 (222): 10.

注重对品格、学历及资历的考核。历任馆长李大超、杨秉文、徐则骧都是德才兼备之人。

表 2-6　上海市立民众教育馆历任馆长情况

姓名	任职时间	历略
李大超	1931.12—1932.2	北京大学政治系毕业，历任上海市教育局督学科长、市府秘书兼第一科科长和市建设委员。
杨秉文	1932—1936.10	中央大学民众教育院修业民众教育学程，曾任上海市教育局民众教育股主任。上海市党义教师资格审查委员，惠灵中学训育主任，上海金山、宜兴等县民众教育讲习会讲师。
徐则骧	1936.11—1937.7	曾充国立暨南大学、上海美术专门学校教授，上海市市立图书馆馆长，上海晨报教育编辑，上海市社会教育局督学等职。

本表资料来源：梅州市地方志办公室. 梅州人物传［M］. 梅州市地方志办公室，1989：392；上海市立民众教育馆. 上海市立民众教育馆概况（二十一年六月至十二月）［M］. 上海市立民众教育馆，1933；上海市立民众教育馆概况：本馆现任及退休职员一览表［A］. 上海：上海市档案馆，Y8-1-98-222；上海市市立民众教育馆现任职员一览（二十五年十一月）［J］. 上海民众，1936（1）：33—34.

上海市立民众教育馆历任馆长均毕业于大学或专科学校，并具有相当的教育经历，都曾对民众教育事业有着重要贡献。如李大超，学识精湛，声誉卓著，待人接物尤极和蔼可亲，尤为注重社会教育。[①] 同时，他也关心乡村教育事业，热心公益。徐则骧曾任国立暨南大学、上海美术专门学校教授，上海市市立图书馆馆长，上海晨报教育编辑，上海市社会教育局督学等职，社会教育与服务经验丰富，既有担任教授与馆长的经历，也有社会督学与编辑的经历，方能全面地规划馆内事务。

除对省市立民众教育馆馆长的资格规定外，教育部对县立民众教育馆馆长资格也作出具体规定，规定县市立民众教育馆馆长须品格健全才学优良

---

① 超然. 李大超注意社会教育［N］. 上海报，1931-03-10.

且具有下列资格之一者："1. 师范学院教育学院或教育科系毕业者；2. 大学或教育专修科毕业者；3. 专科学校或专修科毕业曾受社会教育训练者；4. 师范学校毕业曾任社会教育职务一年以上者。"① 在此基础上，江苏省对各县县立民众教育馆馆长的任免也作了规定，民众教育馆馆长以人格高尚服膺党义并具有下列资格之一者为合格："1. 大学或专门学校毕业并于社会教育具有相当研究者；2. 社会教育专科以上学校毕业成绩优良者；3. 中等学校毕业曾任社会教育职务三年以上著有成绩并有相当之研究者；4. 曾任教育职务五年以上著有成绩并于社会教育有深切之兴趣及相当之研究者。"② 同时对民众教育馆馆长撤换进行了说明，民众教育馆馆长以久任为原则，但有下列情事之一经省督学县政府或教育局查明属实者呈准教育厅撤换之："1. 违背本党党义或中华民国教育宗旨者；2. 违背法令者；3. 治事不力改进无方者；4. 操守不谨侵蚀公款者；5. 行为不检人格堕落者；6. 身心缺陷不能执行职务者。"③ 可见，江苏省对民众教育馆馆长的任免相比教育部规定更为详细具体，更加强调馆长对民众教育的研究兴趣，如第一条中强调对社会教育有相当研究，第二条中强调有学习社会教育的经历，第三条中注重任社会教育职务的年限及对社会教育有相当研究者，第四条同样强调对社会教育有研究兴趣者。职是之故，江苏省各县民众教育馆在选聘馆长方面既注重人员学历与社会服务，同时也注重人员对民众教育的理论研究。江苏省1930年对各县市民众教育馆馆长学历进行调查，具体情况见表2-7。

表2-7 1930年江苏省各县民众教育馆馆长学历之比较

学历	人数
省立师范毕业者	21人

---

① 教育部社会教育司. 社会教育法令汇编[G]. 上海：商务印书馆，1940：23.
② 江苏省各县县立民众教育馆馆长任免及待遇暂行规程[J]. 上海县教育月刊，1932（45）：18—19.
③ 江苏省各县县立民众教育馆馆长任免及待遇暂行规程[J]. 上海县教育月刊，1932（45）：18—19.

续表

学历	人数
民众教育院实习生	18人
大学毕业者	5人
美术专门毕业者	3人
中大社会教育讲习会毕业者	3人
高等师范毕业者	2人
体育学校毕业者	2人
小学教育讲习毕业者	2人
高级商业学校毕业者	1人
水产学校毕业者	1人

本表资料来源：江苏各县市民众教育馆馆长学历之比较（十九年二月）［J］. 教育与民众，1930，2（2）：5.

江苏省各县民众教育馆馆长的学历均符合教育部和江苏省政府对民众教育馆馆长学历选聘的要求，其中毕业于省立师范者占36.2%，民众教育院实习生占31.0%，大学毕业者占8.6%。据1934年统计，沪郊各县部分民众教育馆（包括农民教育馆）的馆长设置见表2-8。

表2-8 沪郊各县民众教育馆馆长情况统计表

县域	民众教育馆名称	馆长
嘉定县	中心民众教育馆	金殿藩
	外冈民众教育馆	戴聿壮
	徐行民众教育馆	戴志高
	马陆农民教育馆	钱文瑞
上海县	闵行民众教育馆	金作宾
	塘湾民众教育馆	丁鸿章
	颛桥民众教育馆	张翼
	三林农民教育馆	向尚
	陈行农民教育馆	陈良
	马桥农民教育馆	张櫆

续表

县域	民众教育馆名称	馆长
松江县	松江民众教育馆	陆鼎荣
	泗泾民众教育馆	史儒珍
	天马山民众教育馆	徐烈扬
	枫泾农民教育馆	沈业昌
	亭林农民教育馆	黄兴道
	山阳民众教育馆	金之玉
金山县	朱泾民众教育馆	沈士雄
	张堰民众教育馆	徐胥钦
	泖港农民教育馆	王鸿恩
	干巷农民教育馆	曹绂
奉贤县	南桥民众教育馆	张公允
	奉城民众教育馆	于庆贵
	县立民众教育馆	何宇海
宝山县	城区民众教育馆	张维瓒
	顾村民众教育馆	王庆钺
	县立民众教育馆	季钟和
川沙县	城区民众教育馆	陆砥平
	龚镇农民教育馆	钱成章
	青墩农民教育馆	朱有福
	横沙农民教育馆	张元善

本表资料来源：江苏省立俞塘民众教育馆. 江苏省第四民众教育区二十三年度社教概况［M］. 江苏省立俞塘民众教育馆，1935.

他们中既有毕业于大学者，如川沙县城区民众教育馆馆长陆砥平毕业于持志大学；[①] 也有毕业于师范学校者，如徐行民众教育馆馆长戴志高毕业于嘉定县立甲种师范；也有毕业于高中师范科者，如嘉定县中心民众教育馆的金殿藩毕业于江苏省立太仓中学高中师范科；还有专门学校毕业的，

---

① 陆砥平. 川沙县城区民众教育馆二十二年度工作概况［M］. 川沙县城区民众教育馆，1934：3.

如颛桥民众教育馆的张翼毕业于闵行农业中学，闵行民众教育馆馆长金作宾毕业于江苏省立水产学校；也有中学毕业的，如马陆农民教育馆的钱文瑞毕业于江苏省立四中。同时他们均有服务社会的经历，如金殿藩，曾任宝山县公共体育场场长，宝山县城区民教馆教导主任，宝山县立初中教员，嘉定城市公共体育场场长；① 戴志高，曾任嘉定县公立第一小学校教员，曹王小学校主事，县教育局局员；② 钱文瑞，曾任南翔中心总务，南翔公共体育场场长；③ 张翼，历任小学校长、县乡村师范和乡村中学教员，县农民教育馆馆长；④ 沈本千，曾任浙江省嘉兴县教育局第三课长及县立图书馆长；⑤ 丁宗齐曾任小学教员，民众教育实验区主任等职。⑥ 更为重要的是，他们对民众教育均有浓厚的研究兴趣，具体涉及民众教育目的、内容、方法及农村民众教育等。

第一，民众教育目的研究。松江民众教育馆馆长陆鼎荣有独到见解。他从我国文盲数量、国家政治与民众民生三个层面论述了民众教育的重要性，认为我国应努力推行民众教育以唤起民众，使民众人人自觉，共同担负救亡的责任。他提出民众教育的目的分为三个："为失学的人，谋补习的机会，使他们得受为现代人所不可少的最低限度的教育；为教育程度低下的人，谋提高程度的机会，使他们有继续求学的可能；为因经济、生活种种关系，不能研究高深学问的人，谋相当的机会，使他们可求得相等而且实用的科学教育。"⑦

第二，民众教育内容研究。闵行民众教育馆馆长金作宾认为："健康教

---

① 江苏省立俞塘民众教育馆. 江苏省第四民众教育区二十三年度社教概况 [M]. 江苏省立俞塘民众教育馆，1935：10.
② 江苏省立俞塘民众教育馆. 江苏省第四民众教育区二十三年度社教概况 [M]. 江苏省立俞塘民众教育馆，1935：31.
③ 江苏省立俞塘民众教育馆. 江苏省第四民众教育区二十三年度社教概况 [M]. 江苏省立俞塘民众教育馆，1935：35.
④ 褚半农主. 上海县教育志 [M]. 上海：上海社会科学院出版社，1989：191.
⑤ 松江民众教育馆. 松江民众教育馆概况 [M]. 松江民众教育馆，1933：9.
⑥ 泗泾民众教育馆概况 [J]. 松江县教育季刊，1933（5）：78.
⑦ 陆鼎荣. 民众教育述要 [J]. 松江县教育季刊，1934（9）：73—74.

育为民众教育中主要工作之一，关系民族盛衰。惟设施方法，苟不得宜，则难收实效。健康教育之内容，以性质之不同，得分为体育、医药、卫生三方面。"① 陆鼎荣提出了民众教育的内容，有为识字的，有为补助的，有为职业的，也特别重视民众教育与乡村建设的关系，提出了实施民众教育应注意的事项；② 同时也发表了《民众健康教育的研究》，③ 提出应增长民众健康知识和培养民众健康习惯。

第三，乡村民众教育研究。颛桥民众教育馆馆长张翼对乡村民众教育给予特别关注，致力于乡村建设。塘湾民众教育馆馆长丁鸿章，对于发展农村民众教育有独到见解。他认为："国家应该奖励农民，荒地宜从事开垦，设立农业银行，宜广设农校，河道宜开通。"④ 张堰民众教育馆馆长徐胥钦也对乡村民众教育有充分的研究，发表《暑假补习之一得》《整顿北乡教育之计划》《乡村学校暑假的商榷》《乡村小学之二大建议》《由调查学龄儿童联想到农村民众教育的重要》等一系列文章表达其观点，提倡积极推广农村民众教育。宝山县立民众教育馆馆长季钟和对农村民众教育也尤为重视，撰写《合作社是什么》《实用种棉法》《农业教育是否要呢》《宝山县农业状况》等论文，强调农村民众教育的重要性，并提出实施生计教育的各种途径。

第四，民众教育其他相关研究。松江民众教育馆馆长陆鼎荣对民众学校教学法有一定认识，对于民众学校能不能应用小学教学法颇有创见，同时提出适于民众学校的七个普通教学原则和五个要点。⑤ 朱泾民众教育馆沈士雄发表《本县推行平民教育的管见》，从推广学校和经费问题两个方面对金山县推行平民教育发表了看法。⑥ 奉贤县县立民众教育馆馆长何宇海对民众教育的一系列问题见解颇深，发表《改进农村教育实施之刍议》《民众教

---

① 金作宾. 关于健康教育方面之建议 [J]. 社教通讯（上海），1935，1（5）：32.
② 陆鼎荣. 民众教育述要 [J]. 松江县教育季刊，1934（9）：77—82.
③ 陆鼎荣. 民众健康教育的研究 [J]. 社教通讯（上海），1935，1（5）：7—11.
④ 丁鸿章. 发展中国农业的我见 [J]. 松属旅苏学界同乡会半月刊，1920（2）：10—12.
⑤ 陆鼎荣. 民众学校教学法通论 [J]. 松江县教育季刊，1935（10）：70—76.
⑥ 沈士雄. 本县推行平民教育的管见 [J]. 金山县教育月刊，1923，1（4）：5—6.

育之时代性及其实施之途径》《改进地方教育行政刍议》《地方教育中之一个实际问题：私塾制度之改良》等文章，对地方民众教育的推行提出可行性建议。宝山县顾村民众教育馆馆长王庆钺对民众教育的工作发表了《民教工作者应有之警觉》《改进健康教育之管见》等文章，提出："从事民众教育，对于民众之实际生活，必先有深切之认识，欲认识民众之生活，当有深入民间之精神，此为实施民教之基本原则，亦为必经之历程。"[①] 川沙县青墩农民教育馆馆长朱有福对民众学校、壮丁的训练与识字教育进行研究，发表如《我们的民众学校》《我对壮丁训练的心得》《实施强迫识字教育时几个实际问题的商榷》等文章。

除对民众教育馆馆长任职资格进行严格的规定外，教育部及各省市政府对馆长的任务职责也进行具体说明，以此来明确馆长所发挥的作用，以便更好地促进馆内民众教育事业的开展。江苏省政府对各县民众教育馆馆长的任务进行明确规定：

> 1. 每学期开始前制订本馆教育实施方案；2. 每学期开始前制订本馆行事历及各项活动预定表；3. 每年度开始前支配馆员之任务及俸额；4. 每年度开始前及终了后编制本馆预算及决算；5. 每月开始前公布本馆本月重要工作；6. 每月召开馆务会议一次并为主席；7. 每月终召开经济稽核委员会稽核本月收支报告；8. 每月终造送本馆工作报告；9. 每月记载本馆大事记及重要教育消息；10. 每日考查馆员服务状况并加以指导；11. 领导馆员组织并参加各种民众活动；12. 定期考察本区民众教育状况；13. 随时裁决馆员之建议与工作；14. 制订本馆各项规程及章则；15. 代表本馆对外接洽；16. 办理教育局指定事项；17. 处理日常馆务。[②]

[①] 王庆钺. 民教工作者应有之警觉［J］. 教育新路，1934（65、66）：1.
[②] 江苏省各县民众教育馆馆长服务细则［J］. 昆山县教育汇刊，1933（12）：94—95.

可见政府对民众教育馆馆长职责规定较为细致，具体到每学期、每年度、每月、每日的任务。上海市教育局也对此进行说明："民众教育馆馆长除特定休假日（一切例假日之次日）外应每日按照办公时间在馆内办公，但因公外出不在此限，因故请假须呈经教育局局长核准方得离职并须于馆中指定代理人负责执行职务。"① 在此基础上，对馆长的职务进行具体规定：

> 甲、关于馆务之设施者：1. 规划馆务设施之方针方案；2. 编拟各项工作纲要工作历；3. 支配指导各组业务并督促考核其实施进行；4. 实验并推广社会教育之设施；5. 指导编辑各种刊物并负最后核稿之责；6. 指导编制各种统计图表并负最后审定之责；7. 召集关于馆务设施之各项会议并为主席；8. 监督指导推行业务之各种委员会；9. 执行馆务会议及各种委员会决议案；10. 领导组织并参加与馆务有关之各项研究会及民众活动；11. 审订馆内各项规章；12. 其他关于馆务设施事项。乙、关于事务之处理者：1. 代表民众教育馆处理对外一切事务；2. 核定对内对外一切文书；3. 考查记录各工作人员服务状况并于年度终了前一个月内呈报教育局；4. 商承教育局局长进退主任干事及干事并支配其职务及薪额；5. 每年度两个月前拟具全年度工作计划呈报教育局核定；6. 每月终了后一星期及每年度终了后一个月内编造一月及一年内工作经过呈报教育局查核；7. 保管馆产及支配全馆经费；8. 编造预算决算呈报教育局审核；9. 核定经费出纳事项；10. 注意馆内公共卫生事项；11. 注意馆内公安及消防事项；12. 其他关于事务处理事项。②

上海市教育局是从馆务设施与事务处理两个方面对馆长应负职责作出

---

① 潘公展. 上海市市立民众教育馆馆长任免及服务规则［J］. 上海市教育局教育周报，1933（222）：11.

② 潘公展. 上海市市立民众教育馆馆长任免及服务规则［J］. 上海市教育局教育周报，1933（222）：10—11.

细致明确规定的。馆长的主要职责是针对整个馆内馆务设施和事务的处理，统筹馆内一切事务。

做一个成功或是称职的民众教育馆馆长，应该善用他的学识与智慧，时时思考怎样使馆员工作增加效能，怎样使一般民众获得福利，怎样使教育力量充分发挥。正如芮麟所指出，民众教育馆馆长应："1. 对于民众教育，应有正确的认识，并领导馆员，养成统一的意志和信仰；2. 对于事业，应有通盘的计划，并随时随地视察社会实况，力求改进；3. 应尽量吸收各地教育馆的新资料、新智慧，并养成特立独行，不阿世好的毅力；4. 应以身作则，忠于职务，并督率馆员，不使空闲；5. 应担负训练馆员的责任，凡事循循善诱，养成馆员自己找工作做的能力和习惯，并消除馆员鄙视农工劳苦大众的心理；6. 应了解馆员的性情和特长，支配适当的工作，并使馆员认识自己的一切；7. 对于馆员，应设法提高读书兴趣，打浓研究空气，激发乐业精神；8. 应每天办公前后，各思考半小时，预定并省察一日间的工作；9. 应于每天上午下午，各巡视馆内外一次或二次；10. 对于往来函牍，及事业记载，应亲自审阅。"[①] 上海市政府从人格、学历、社会经验、研究兴趣等方面对各民众教育馆馆长任职资格进行规定。民众教育馆馆长，必须有强健的体魄，丰富的学识，优良的品性和足以胜任的能力与技术。

上海市区及沪郊各县民众教育馆馆长对民众教育理论有着深刻认识，并且有过教育工作经历，德行并重，对馆内各项事业活动能发挥统领作用，是智囊与实干家的有效结合，其通过掌管馆内各项事务，促进上海民众教育的发展。

二、职员的任职资格及职责

民众教育馆除馆长外，馆内通过设置各部组织来推行民众教育活动，

---

① 芮麟. 民众教育馆之各方面：怎样做一个教育馆长 [J]. 教育与民众，1933，5（2）：323—330.

而在各部中，重要人员还有各部主任和干事。他们在各部组织民众教育活动中扮演着重要角色，对馆内民众教育的开展发挥着极其重要的作用。上海各民众教育馆在职员选聘中，除注重学历资格外，更加注重职员的服务意识，体现术业专攻的特色。

教育部对馆内各部主任及其干事的资格有明确规定，省市立民众教育馆各部主任须品格健全，其所任职务为其所擅长，且具有下列资格之一者："1. 师范学院教育学院或教育系毕业者；2. 大学或教育专修科毕业者；3. 专修学校或专修科毕业曾受社会教育训练者；4. 师范学校毕业并曾任社会教育职务二年以上者。省市立民众教育馆干事须品格健全且具有下列资格之一者：1. 具有前条各款资格之一者；2. 师范学校或乡村师范毕业者；3. 中等学校毕业曾任社会教育职务二年以上者；4. 具有精炼技能者（专适用于艺术教育）。"[1] 教育部对省市立民众教育馆主任及干事学历资格及服务年限以及对县市立民众教育馆主任及干事的任职资格皆进行规定，除品格健全外，还需要满足下列资格之一："1. 具有前列各款资格之一者；2. 师范学校、乡村师范或简易师范毕业者；3. 中等学校毕业曾任社会教育职务一年以上者；4. 具有精炼技能（专适用于艺术教育）。"[2] 相比省市立民众教育馆各部主任及干事，县市立的要求增加简易师范毕业，并且对服务年限要求也有所降低。

俞塘民众教育馆作为上海唯一一所省立民众教育馆，在整个办馆历程中，取得了显著的社会成效。究其原因，一是创办者钮永建对农村及农民有深入研究，一直秉持其普及全民教育的思想，不断倡导民众教育事业；二是拥有服务地方特色且完备的组织设置；三是馆内拥有一个具有先进思想、作风踏实、敢于实践的团队建设。这一团队既包括像俞庆棠、高阳、陶行知、江问渔、晏阳初等智囊团，也包括像黄梅仙、钮长耀、张翼、陆盖、冯国华、钮恂言等实干家，他们共同致力于俞塘民众教育馆民众教育

---

[1] 教育部社会教育司. 社会教育法令汇编（第2辑）[G]. 上海：商务印书馆，1940：22—23.
[2] 教育部社会教育司. 社会教育法令汇编（第2辑）[G]. 上海：商务印书馆，1940：23.

事业的推进。俞塘民众教育馆成立之初,其中"翟君籍靖江,为人忠厚朴质,韦君籍江阴,任事勤恳活泼,皆系前民众教育院第二届同学"。① 此时,馆内职员"总干事(或主任)以下设干事或指导员三四人。或因一时人才经费关系,可以一个干事兼任两股以上之事务,但至多不能超过三股,以免因过忙而误事"。② 可见当时馆内职员设置完备,既有江苏省立教育学院的职员和毕业的学生作为智囊团,也有致力于从事民众教育的专业人士。

升格为省立俞塘民众教育馆后,随着馆内规模的扩张、施教区域的增大,馆内专业人员也随之增加,钮长耀任馆长,馆内调入一批专业工作者。其中教导部主任为陆盖,总务部干事为李宗孟和孙建君,乡村新生活实验区主任为冯国华,还设立各分馆馆员和办事处助导。此时,馆内人员设置相比私立时期较为完善,分工较为明确,除生计、教导、研究辅导、总务四部都设有干事外,其各分馆、实验办事处兼有若干职员,根据其毕业院校及履历,从事相应的民众教育工作。教导部主任陆盖,长期从事民众教育事业,撰写了一系列民众教育的相关文章,如《民众学校目前的病象及将来的路线》《办理民众教育者应有怎样的观念》《在中国现社会中应如何努力民教》《民众教育者应有的观念》等,对民众教育理论有深刻认识,对馆内民众教育活动提供理论性指导。总务部干事毕业于上海正风文学院,曾在读书期间担任上海敬业中学校学生会主席。③ 再如生计部兼合作馆主任冯赞元曾任沪郊农村工协会理事会组织干事、④ 江苏省农民银行合作指导员,⑤ 同时他还撰写一些关于生计与合作方面的文章,发表其对农村民众教育的见解,如《如何提倡农业生产合作》《对于合作社的几个要求》《如何推进运销合作》《养成合作指导人员的目标》《产销合作纲要》《合作运动与各种社会主义的不同性和他的优越性》等,对农村生计合作有相当的理论

---

① 翟家酞韦瑞墀任俞塘民众教育馆干事 [J]. 教育与社会(无锡),1930,1(1):9.
② 陆盖. 俞塘民众教育馆计划大纲 [J]. 教育与民众,1930,1(9):3.
③ 张乃清. 上海乡绅李待问 [M]. 上海:学林出版社,2016:133—134.
④ 陶行知. 陶行知全集(第3卷)[M]. 成都:四川教育出版社,2005:365.
⑤ 苏农行派冯赞元赴嘉定等县视察 [J]. 农行月刊,1934,1(2):76.

研究与实践经验,对馆内生计部与合作馆事业能起到助推作用。训练班兼实验区主任冯国华毕业于龙门师范,曾任和安小学教务主任、宝山县教育局局长,对宝山县大场地区所创办的山海工学团、棉花工学团给予热心的支持。当年"国难教育社"的中共核心人员、后来的国务委员张劲夫回忆道:"当时冯国华对大场工学团给予资助,但对其活动不予干预。这在当时国民党教育局这样的机关里,是不多见的,足见冯先生的态度是开明的,倾向是进步的。"① 可知,其对民众教育训练及其实验有积极的热情与情怀,有利于训练班民众教育的实施。

省立俞塘民众教育馆中各部馆员都有相当的经历,从而使得专业的人从事专业的事。抗战胜利后,钮永建亲自协调,恢复俞塘民众教育馆的建设。时有"苏怪人"②之称的张翼积极参与到馆内的事业活动中,身为县参议员,他创办地方《明心报》报纸,一直呼吁当局兴利除弊,重视保障民众生活和安全,勇于担当推进民众教育的特殊使命。此外,有留学日本社教系的钮恫言返回俞塘,参与馆内管理工作。同时,该馆还聘请当时致力于从事民众教育活动的人员如董承千、孙健君、邹宗孟、刘平、瞿伯然等加入共同管理馆内民众事业活动,有效推动了馆内民众教育事业活动的开展。

上海市教育局遵照教育部规程对各馆职员进行选聘,设立主任、干事、助理干事、书记等人员,均由馆长遴选并呈请社会局核委。馆内对主任干事及干事的资格进行明确的规定。主任干事及干事由馆长遴选合格人员呈请教育局委派之,须品格健全、才学优长、服膺党义并具有下列之一者为合格:"其中主任干事需符合:一、相当于专科以上学校之社会教育,学术专门训练之学校毕业者;二、中等以上学校毕业,对于社会教育确有研究

---

① 宝山小学校庆筹备组. 宝山小学校史(初稿)1903.02—1988.07 建校八十五周年纪念册[M]. 出版者不详,1988:99.

② 张翼:文思敏捷,口才亦佳,办事干净利索,每天工作20个小时以上,倦意来时便大声吼叫。他食不择精细,居不嫌陋室,出门安步当车,四季一身布中山装,冬不穿棉,抗寒试志。他家没有买过一亩田,也没造过一幢楼,以致日后"家庭成分"被评为"贫农",故有"江苏怪人"之称。(张乃清. 钮永建与俞塘民众教育馆[M]. 上海:上海人民出版社,2011:102—103.)

并于所任职务具有一年以上之经验者。干事需符合：一、相当于中等以上学校之社会教育，学术专门训练之学校毕业者；二、中等以上学校毕业对于所任职务具有经验者。"[①] 各馆强调对主任干事及干事的品格、学历、经验的审查，相对馆长降低要求；同时对绝对禁止条件作出与馆长同样规定，并对其进行相同的过程考核。

上海市立民众教育馆承担着教育改造和城市改进的双重职能，其馆内人员作为教育"民众的导师"，基本符合德才兼备的要求。1933年馆内共有19个职员，虽经历不一，但都有从事社会服务经历或者拥有一定教育经验，具体见表2-9。

表2-9 上海市立民众教育馆现任职员一览（1933年3月）

职别	姓名	籍贯	年龄	略历
总务组主任干事	刁庆恩	上海市	40	江苏省立第一师范毕业，曾任宝山县第四区第五区教育委员，上海特别市党部总干事。
展览组主任干事	张京石	江苏宝山	36	震旦大学毕业，曾任宝山县立民众教育馆馆长，宝山县党部执委。
教导组主任干事	徐亚倩	江苏金山	28	江苏省第二师范专科毕业，曾任儿童书局编辑等职。
健康组主任干事	沈祖培	江苏太仓	36	江苏省立教育学院毕业，曾任太仓县教育局社会教育科主任，宝山县立师范教员。
演讲组主任干事	钱景绿	江苏上海	22	曾在少年宣传团及上海市牙刷业工会干事。

---

① 上海市教育局关于民众教育馆暂行规程（1931）[A]. 上海：上海市档案馆，Q235-1-352：18—19.

续表

职别	姓名	籍贯	年龄	略历
总务组干事	孙葆琪	福建闽侯	52	曾任福建公立工业学校教员，女子职业学校教务长，广东印花税处科员，江防司令部秘书，河南长途电话局通信科科长，海军江南造船所秘书，上海市教育局科员。
展览组干事	赵福淦	江苏吴县	28	江苏省立教育学院毕业，曾任吴县县立民众教育馆馆长。
展览组干事	严永延	江苏吴县	24	交通大学预科毕业，曾任宝山县县立师范教员等职。
展览组干事	唐容恺	浙江湖州	24	浙江省立第三中学毕业，苏州艺术专校修业，曾任吴兴女子职业学校艺术教员，湖州报馆美术股主任。
教导组干事	陈友琴	安徽南陵	31	北平中国大学文学士，曾任上海市立敬业、务本等校教员。
教导组干事	钱超	江苏江阴	28	爱国女学高中文科毕业。
健康组干事	陈耿济	浙江衢县	22	浙江省立第八中学毕业。
健康组干事	曹效贤	上海市	25	宝山师范学校毕业，曾任市立培基、湾北等校校长。
演讲组干事	黄建平	浙江绍兴	35	国立东南大学毕业，曾任世界书局编辑，承天中学教员等职。
雇员	张叔珍	江苏嘉定	40	前南京民国大学毕业，曾任新加坡道南学校、嘉定普通学校等教员。
雇员	陆玮	江苏上海	29	七县共立女子师范毕业。
文库管理员	赵龙标	江苏嘉定	23	上海私立群治大学附中毕业，曾任嘉定马陆区及南翔区小学教员。
文库管理员	李书章	浙江绍兴	33	上海私立民光小学教员，上海市染业职工会理事。

续表

职别	姓名	籍贯	年龄	略历
民众学校教员	郑沛余	江苏太仓	26	太仓毓娄师范毕业,任新丰小学校校长。

本表资料来源:上海市立民众教育馆概况(1932年6—12月);1933[A]. 上海:上海市档案馆,Y8-1-98:211—212.

由表可知,1933年上海市立民众教育馆的19名职员,主要是从国内大学、国内专科、师范学校、中学毕业,符合教育部及上海市教育局对民众教育馆职员任职资格的要求。同时各部职员所任职务基本与其专长相符,对所任职的部门拥有专业化知识和技能。如总务组主任干事刁庆恩曾任宝山县第四区第五区教育委员、上海特别市党部总干事,曾从事党部和教育委员的工作,对总务工作较为熟悉。教导组主任干事徐亚倩曾任儿童书局编辑,有利于教导组编辑各种通俗丛书、白话报、传单标语、通俗画报等工作的开展。1936年,上海市市立民众教育馆事业活动实施,根据民众教育目标与现实环境的需要,分设教导、康乐、展览、图书、总务五部,具体人员设置见表2-10。

表2-10 上海市市立民众教育馆现任职员一览(1936年11月)

职别	姓名	籍贯	年龄	略历
总务部主任干事	郑於凤	安徽盱眙	33	曾充安徽盱眙县小学校长,盱眙县教育局第二科科长,盱眙县县立图书馆主任,上海市市立图书馆总务组主任。
教导部主任干事	汪春溪	安徽盱眙	31	曾充中国国民党安徽省党部皖西地区党部设计委员、皖北党务视察员,上海安徽中学训育主任,安徽泗县中学、六安中学公民国文教员。
展览部主任干事	刘瑞昌	安徽五河	29	中国公学、法学学士,曾充上海育青中学教导员兼公民教员。

续表

职别	姓名	籍贯	年龄	略历
康乐部主任干事	龙英杰	四川奉节	28	中国公学毕业,教育部电化人员,训练班毕业,曾充本馆职务三年。
图书部主任干事	宓革故	上海市	33	上海法政学院法律系毕业,曾充上海持志学院总务主任。
总务部干事	查济民	浙江海宁	45	曾充海宁国民小学校长,上海县政府科员铨叙部委任职,铨叙及格。
总务部干事	朱全清	江苏吴县	21	上海民立女中毕业,曾任清心中学附小教员,上海市市立图书馆总务组干事。
教导部干事兼民校主任	俞坚	江苏南汇	39	上海正风文学院毕业,曾任上海市立三修小学、觉群小学校长,上海市教育局办事员。
教导部干事	钱超	江苏江阴	31	上海爱国女子高中文科毕业,曾任本馆教导部干事四年。
教导部干事	卓贞慧	四川华阳	35	河南省立女子师范毕业,曾充上海特别市党部第四区党部妇女部干事,上海市教育局办事员。
教导部助理干事	俞创硕	浙江平湖	26	上海美术专科学校西画系毕业,曾充宝山县民教馆干事。
教导部助理干事	沈斌才	江苏南汇	29	上海大同大学文科毕业,曾充中国基督教女青年会全国协会翻译,服务本馆两年。
展览部干事	严永延	江苏吴县	28	上海交通大学预科毕业,教育部电化教育人员训练班毕业,历任本馆干事。
展览部干事	夏昌祺	浙江海盐	27	上海南洋中学毕业,曾充真如实验学校教导干事级任教员,上海市教育局办事员。

续表

职别	姓名	籍贯	年龄	略历
展览部助理干事	许英	浙江天台	27	天台县立中学毕业，曾充天台县党部委员，武义县政府科员。
康乐部干事	陈耿济	浙江衢县	25	浙江省立八中毕业，教育部电教训练班毕业，服务本馆五年。
康乐部助理干事	李子洋	江苏镇江	31	曾充商务印书馆申报馆大陆报馆摄影记者，本馆服务二年。
康乐部助理干事	蔡俊圻	江苏吴县	23	上海正风中学毕业，服务本馆展览组四年。
图书部编目	徐秉鲁	江苏吴县	28	上海震旦大学肄业，曾充商务印书馆出版科科员、东方图书馆编目，上海市市立图书馆编审组主任干事四年。
图书部管理	陈念会	上海市	35	上海持志大学肄业，国立暨南大学中国文学系助理，服务上海市市立图书馆三年。
总务部助理员	王树之	安徽盱眙	29	曾任上海市市立图书馆典藏组书记三年。
图书部助理员	石中玉	浙江浦江	29	上海持志大学肄业，国立暨南大学中国文学系助理，服务上海市市立图书馆三年。
图书部助理员	戴天一	江苏松江	23	江苏松江中学毕业，服务上海市市立图书馆五年。
图书部助理员	吴祥麟	浙江杭县	40	浙江定安学校毕业，曾任浙江软志学校、浙江省立民教馆干事，服务上海市市立图书馆三年。
图书部助理员	丁秀璨	浙江绍兴	42	浙江绍兴第五中学毕业，服务上海市市立图书馆四年。

续表

职别	姓名	籍贯	年龄	略历
图书部助理员	朱蕊芬	上海市	25	上海爱国女学高中毕业,曾任申秋小学、报工小学、明德女中附小等校教员。
图书部助理员	邹宛贞	浙江余姚	31	上海进德女学肄业,服务上海市市立图书馆三年。

本表资料来源:上海市市立民众教育馆现任职员一览(二十五年十一月)[J].上海民众,1936(1):33—34.

  1936年该馆共有28名职员,主要毕业于大学、学院、师范(包括女子师范)、中学等。各职员都有从事社会教育的经验,对实际工作和问题有充分认识与应付能力,能很好地促进民众教育馆事业开展。总务部主任干事郑於凤曾担任安徽盱眙县小学校长、盱眙县教育局第二科科长、盱眙县县立图书馆主任和上海市市立图书馆总务组主任,有从事总务组主任的经历,熟悉文书、文件、出纳、预决算等事项,符合总务部所负责事项的要求。图书部很多职员都有从事图书馆工作的经历,如图书部编目徐秉鲁曾任商务印书馆出版科科员、东方图书馆编目,上海市市立图书馆编审组主任干事;图书部管理陈念会曾服务于上海市市立图书馆三年;图书部助理员石中玉、戴天一、吴祥麟、丁秀璨、邹宛贞都有服务于上海市市立图书馆的经历。总之,上海市立民众教育馆馆内职员因拥有相应的工作服务履历,拥有专业化的知识和熟练技能技术,发挥他们独特的作用,体现了术业专攻的特色。专业化的团队建设保证了民众教育馆对民众实施"播扬",推动馆内民众教育事业活动顺畅地开展。

  江苏省政府也对所属各县县立民众教育馆馆员聘任作出相应要求,民众教育馆馆内职员分主任与干事两种,均由馆长聘任呈县教育局报厅备案。民众教育馆馆员以人格高尚服膺党义并具有下列资格之一者为合格:"1. 社会教育专科以上学校毕业者;2. 中等以上学校毕业并于社会教育具有相当之兴趣与研究者;3. 有特殊技能曾任社会教育职务二年以上著有成绩并有相当之研究者；4. 曾任教育职务三年以上著有成绩并于社会教育有相当之兴趣与研究者。"① 相比教育部对民众教育馆馆员的要求，江苏省政府更为注重馆员对民众教育的研究兴趣。民众教育馆馆员聘任时间以一年为期，新聘馆员以半年为一期，期满经考查确有成绩者得继续聘任。民众教育馆馆员在聘约时间未满时不能任意撤换，但有下列情事之一经查明属实者由馆长呈准教育局长撤换之："1. 违背本党党义或中华民国教育宗旨者；2. 违背法令者；3. 治事不力改进无方者；4. 操守不谨侵蚀公款者；5. 行为不检人格堕落者；6. 身心缺陷不能执行职务者。"② 可见，无论是馆内各部主任还是干事，人格品德是首要考虑的。

沪郊各县民众教育馆内职员满足了政府对其资格的要求以及具有民众教育服务的经历，具有专业化的知识引领实践。例如南汇县民众教育馆内的职员资格均满足教育部及江苏省对职员资格的规定，他们或是从大学、专科学校、各级学校毕业，拥有丰富的服务经历，或是中学教员、小学教员，抑或是服务于社教机关，经验较为丰富，能很好地推动民众教育事业发展。具体社教服务人员的学历与经历见表2-11。

表2-11 南汇县民众教育馆职员履历一览表

经历	人数	资格	人数
曾任中学教员	3	社教专科以上学校毕业	3
曾任完全小学校长	1	大学本科毕业	4
曾任完全小学教员	7	高中师范科毕业	3
曾任乡村小学校长	5	旧制中学毕业	5
曾任地方自治机关职员	4	县立师范毕业	3
曾服务社教机关	7	初级中学毕业	1
曾任乡村小学教员	5	专科以上学校肄业	2
		中等学校毕业	2

---

① 江苏省教育厅秘书室. 江苏省现行教育法令汇[G]. 江苏省教育厅秘书室，1932：148—149.

② 江苏省教育厅秘书室. 江苏省现行教育法令汇编[G]. 江苏省教育厅秘书室，1932：149.

续表

经历	人数	资格	人数
		小学毕业	1
		高级中学毕业	6
		其他	2

本表资料来源：陈国保. 南汇县社教事业之检阅与展望[J]. 社教通讯（上海），1936，2（1）：8.

沪郊其他各县民众教育馆职员履历均满足政府对民众教育馆职员的资格要求，均有着与部门相适应的社会经验，具体见表2-12。如此专业化的队伍，体现了术业有专攻的特色，使得专业之人从事专业的事，更好地发挥其职能。

表2-12 上海地区部分县民众教育馆职员一览表

姓名	职务	履历
张乃璋	嘉定县中心民众教育馆教导部主任	嘉定县立师范毕业。
许士铺	嘉定县中心民众教育馆研究部主任	无锡公益中学毕业，国立杭州艺术专科学校肄业，曾任无锡锡钟中学训育员兼教员，尚德小学、久益小学教务主任。
周元林	嘉定县中心民众教育馆干事	苏州晏成中学高中商科毕业。
朱舜英	嘉定县中心民众教育馆干事	崇明商业学校毕业。
戴志高	徐行民众教育馆总务部主任	嘉定县立甲种师范毕业，曾任本县公立小学校教员，曹王小学校主事，县教育局局员。
王得一	徐行民众教育馆教导部主任	上海邮务海关学校毕业，曾任嘉定县孟晋小学校教员三年半，俞湾小学校主事二年半。
吴蒓鼎	徐行民众教育馆干事	上海国医学院毕业。
张元	徐行民众教育馆名誉体育指导员	崇明县中师范科毕业，现任徐行中心学校教员。

续表

姓名	职务	履历
张震球	马陆农民教育馆主任	江苏省立苏州农校毕业,曾任浙江富阳县蚕业改良所指导员。
孙德昌	马陆农民教育馆干事	江浙三省中学毕业,曾任上海新华银行总行办事员。
沈本千	松江县民众教育馆教导股主任	浙江省立第一师范学校及上海美术专门学校毕业,曾任浙江省嘉兴县教育局第三课长及县立图书馆馆长。
于小连	松江县民众教育馆展览股主任	上海美术专门学校毕业。
许仲安	松江县民众教育馆宣传股主任	浙江省立工业专门学校毕业。
沈明若	松江县民众教育馆总务股主任	浙江省立第二中学毕业。
盛延龄	松江县民众教育馆干事	曾任小学教员。
朱稚川	松江县民众教育馆干事	曾任小学教员。
沈本南	松江县民众教育馆干事	嘉兴秀州中学毕业。
严镜明	松江县民众教育馆干事	松江县立师范毕业。
陆砥平	川沙县城区民众教育馆康乐部主任	持志大学文学士。
吴樾	川沙县城区民众教育馆生计部主任兼会计	上海徐汇中学毕业,曾任小学校长及教员十八年,徐公桥社教专员二年。
曹维周	川沙县城区民众教育馆教导部主任	宝山县立师范毕业,中国公学大学部肄业三年。
赵徵祥	川沙县城区民众教育馆干事	江苏省立第二师范毕业,上海闸北安生医院实习五年。
金作宾	上海县民众教育馆总务部主任	江苏省立水产学校毕业,曾任小学教职十年。
宋其纲	上海县民众教育馆艺术部主任	上海美术专门学校毕业。
彭永康	上海县民众教育馆图书部主任	上海县立师范毕业。
庄觉	上海县民众教育馆卫生部主任	江苏省立医科大学毕业。
徐咏连	上海县民众教育馆艺术部主任	上海新华艺术大学毕业。
吴恭莹	上海县民众教育馆总务部干事	上海师范毕业,曾任小学教职多年。

续表

姓名	职务	履历
杨益三	上海县民众教育馆总务部干事	江苏省立第二师范肄业，曾任市立小学教员三年。
余一青	上海县民众教育馆宣传员	上海民立中学肄业，曾任小学教员一年。
蒋关挑	上海县民众教育馆勤务	上海县第一民校毕业。
裴勉	奉贤县立奉城民众教育馆总务部主任	江苏省立民众教育学院毕业，曾任本邑县立师中教职员。
沈书绅	奉贤县立奉城民众教育馆图书部主任	奉贤县立农村师范毕业，曾任本邑高桥小学、川沙安基小学校长。
裴尚德	奉贤县立奉城民众教育馆推广部主任	奉贤县立师范毕业，曾任本邑齐贤桥小学校长等。
韩关祥	奉贤县立奉城民众教育馆特约演讲员	检定正教员，曾任本邑奉城小学教员。
张恭允	奉贤县立南桥民众教育馆科学部主任	复旦大学文学士，曾任复旦义务小学主任，奉贤县党部指导干事，奉贤县教育会常务干事。
张尊益	奉贤县立南桥民众教育馆总务部主任兼民众读物编辑主任	上海青年会中学毕业，曾任农民教育馆代理馆长，奉贤县农整会常务委员。
徐之望	奉贤县立南桥民众教育馆教导部主任兼民众茶园主任、民众学校主任	上海师范毕业，曾任通俗教育宣讲员，农民教育馆代理馆长。
陆振	奉贤县立南桥民众教育馆图书部主任兼阅览室指导员	第四中山大学社会讲习科毕业，曾任西湾、砺金等校校长，通俗演讲团主任。
顾振邦	奉贤县立南桥民众教育馆宣讲部主任兼公共演讲所主任	惠南师范毕业，曾任南桥小学教员。
孙克钟	奉贤县立南桥民众教育馆卫生部主任	南洋医科大学毕业，历任上海叶露医院医师，本邑公立医院西药主任。

续表

姓名	职务	履历
席德润	奉贤县立南桥民众教育馆民众治疗所主任兼产科主任	大德产科学校毕业，曾任陆海空军总司令部廿五后方医院上尉军医官，上海福民医院产科主任。
沈克勤	奉贤县立南桥民众教育馆课业用品消费合作社主任	前省立第三中学毕业，曾任本邑邬家桥小学校校长，及上海塘湾中心小学教务主任。
沈厚润	亭林农民教育馆馆长兼总务部主任	江苏省立教育学院毕业，曾任松江民教馆推广部主任。
蔡洪根	亭林农民教育馆农事部主任	前省立第二农业学校毕业，浙江省立治虫人员养成所毕业，曾任小学校长及浙江上虞治虫专员。

本表资料来源：江苏省立俞塘民众教育馆. 江苏省第四民众教育区二十三年度社教概况［M］. 江苏省立俞塘民众教育馆，1935：10、31、35；松江民众教育馆. 松江民众教育馆概况［M］. 松江民众教育馆，1933：9；陆砥平. 川沙县城区民众教育馆二十二年度工作概况［M］. 川沙县城区民众教育馆，1934：3；社会教育：上海县民众教育馆职员一览表（十八年度）［J］. 上海县教育局年报，1931（4）：84；概况：奉贤县立奉城民众教育馆二十一年度实施概况［J］. 奉贤教育，1933（9）：3—4；概况：奉贤县立南桥民众教育馆二十一年度实施概况［J］. 奉贤教育，1933（9）：144—145；社教机关概况：亭林农民教育馆概况［J］. 松江县教育季刊，1933（4）：78.

各部职员基本根据其所长来执掌馆内具体事务，如各馆教导部负责教学、出版、演讲、阅览等事项，以扫除文盲，这就需要从事教育的人来掌管内部民众教育事业。如徐行民众教育馆教导部主任王得一曾任嘉定县孟晋小学校教员、俞湾小学校主事，具有丰富的教学经验；松江县民众教育馆教导股主任沈本千任过浙江省嘉兴县教育局第三课长及县立图书馆馆长，对于部内教学和出版有丰富经验。奉贤县立南桥民众教育馆卫生部主任孙克钟历任上海叶露医院医师，本邑公立医院西药主任，有从事医学的丰富经验；奉贤县立南桥民众教育馆民众治疗所主任兼产科主任席德润毕业于大德产科学校，也有从事产科治疗的专业经验，曾任陆海空军总司令部廿五后方医院上尉军医官及上海福民医院产科主任，对馆内卫生健康教育活动具有重要的推动作用；亭林农民教育馆农事部主任蔡洪根于浙江省立治虫人员养成所毕业，曾任小学校长及浙江上虞治虫专员，有相当的治虫经验。也有职员在此之前有从事民众教育的经验，如奉贤县立南桥民众教育馆教导部主任兼民众茶园主任、民众学校主任徐之望曾做过通俗教育宣讲员及农民教育馆代理馆长；川沙县城区民众教育馆生计部主任吴樾曾任职徐公桥社教专员。他们对于馆内各项民众教育活动的开展有丰富经验，能针对性地对民众实施知识与文化的"播扬"。

上海各民众教育馆职员除满足人格品德、学历、服务期限等要求外，他们都热心于民众教育事业，具有为民众服务的精神。同时，他们拥有从事民众教育各项活动的经验，如蚕业改良所指导员、上海新华银行总行办事员、县立图书馆馆长、上海闸北安生医院实习员、奉邑（应为"贤"——编辑注）县农整会常务委员、通俗演讲团主任、各中小学校长教员等经历。从而这些专业人员在馆内从事民众教育活动有扎实的经验基础，有效推动了馆内各项民众教育活动的开展。

总体而言，上海各民众教育馆在人员管理方面较为严格。首先，对于馆内馆长的任职资格强调德才兼备，注重人格品行、学识学历与服务经验的考核，注重理论与实践相结合的素养；对其他职员的选聘同样注重人格品德、学历、经历及研究兴趣等条件。具体到馆内各部的职员，体现了术业专攻的特点，有利于馆内人员队伍的专业化构建。其次，注重对馆长和职员的过程性考核，如有违反规定停止其职务，同时对请假制度也作出规范性说明。最后，对于人员职责也有具体说明，各司其职。如此严格且专业化的群体管理，保证了民众教育馆内民众教育各项事业的顺利开展，从而更好地对基层民众实施"播扬"。

第三节 上海民众教育馆运行的经费管理

经费能为各级各类教育的顺利运作提供物质保障，是推进各项教育活动的有力支持。同样，经费对于民众教育的实施也尤为重要。"社教不比学校教育有一定的范围，应根本求其普遍化，只有普遍的推行，才能收教育的效果。普遍化的先决条件，端在人力和财力，而财力又为人力问题的先决条件。因为没有充分的社教经费，就不能设立多数社教机关；机关不多，社教师资难多，亦无充分容纳的余地。故我们认为推行社教，应首先解决经费问题。"① 因此，社教事业经费的多寡决定了机构内师资和各种设施的数量及质量，从而影响民众教育事业的有效开展。

一、上海民众教育馆的经费来源

民众教育馆经费主要来源于社会教育，并且占最大比例，而社会教育经费主要来源于各省市的教育经费。上海民众教育馆经费主要采取分级承担制，即省市立民众教育馆的经费由省财政负责拨款，县市立（包含区立）民众教育馆由县财政或其他方式来承担，其大致来源于政府拨款、各种税收、地方自筹、个人捐助、民众教育馆自筹等。

《地方教育经费保障办法》对各省市及各县市教育经费的保障进行规定："现有教育经费必须用于教育事业，无论何人及何项机关，均不得挪借或移作别用。在某项统征之捐税中，地方教育定案所占成数，永远不得减少。教育经费成数，应按照比例数同时增加。……凡私人已捐出之教育资产，不得收回，并不得转移或抵押他人。"② 这就以法规形式保证了地方教育经费，使得教育经费来源有政策保障。从全国范围来看，当时各省市教育经费来源虽不尽相同，但主要是来源于省市县库款、田赋及附加税、屠宰及牙贴税、契税营业税及杂税收入、基金及学产租息、学宿费、地方行政收入、捐助款及乡村自筹经费、其他收入及临时捐款。具体见表2-13。

---

① 充实社教经费［N］.世界日报，1936-12-26.
② 地方教育经费保障办法［J］.上海县教育月刊，1931（37）：27.

表 2-13 全国地方岁入经费来源一览表

比例 来源	1933 年 省市	1933 年 县市	1934 年 省市	1934 年 县市
省市县库款	69.0%	13.2%	68.3%	15.5%
田赋及附加税	8.3%	39.5%	7.7%	47.3%
屠宰及牙贴税	5.0%	0.6%	4.8%	0.6%
契税营业税及杂税收入	8.5%	25.1%	10.8%	10.4%
基金及学产租息	6.3%	11.6%	5.7%	12.1%
学宿费	1.5%	0.3%	1.4%	0.2%
地方行政收入	1.0%	3.9%	0.6%	3.8%
捐助款及乡村自筹经费		3.1%		8.3%
其他收入及临时捐款	0.4%	2.7%	0.7%	1.8%

本表资料来源：教育部统计室. 中华民国二十二、二十三年度全国教育经费统计[M]. 上海：商务印书馆，1937：10—13，108—109.

从表 2-13 可以发现，省市教育经费主要来源于省市库款，而县市教育经费主要来源于田赋及附加税、契税营业税及杂税收入、基金及学产租息。具体到各省市、县市来源又有所差异，如江苏省县市的教育经费主要来源于田赋附税、亩捐、屠宰牙契等附税、杂捐、款息、行政收入、寄附金、临时收入。[①] 上海市教育经费主要来源于市库拨款。沪郊各个县来源也略有不同，如松江县教育经费来源于忙漕附税、屯田附税、普及教育亩税、地方带征、杂捐附税、款产租息、学宿费、松市、亭市及善堂补助，具体如下表。

表 2-14 1931 年和 1940 年松江县教育经费来源一览表

比例 来源	1931 年 经费数	1931 年 所占比例	1940 年 款项	1940 年 经费数	1940 年 所占比例
忙漕附税	74750	27.34%	田赋	27015	45.98%

---

① 教育部统计室. 中华民国二十二、二十三年度全国教育经费统计[M]. 上海：商务印书馆，1937：109.

续表

比例 来源	1931年 经费数	所占比例	款项	1940年 经费数	所占比例
屯田附税	642	0.23%	屠宰附税	1056	1.8%
普及教育亩税	95243	35.21%	牙贴附税	260	0.44%
地方带征	10936	4%	契附税	600	1.02%
杂捐附税	27262	9.97%	学田田租	8000	13.61%
款产租息	42488	15.54%	学费	8000	13.61%
学宿费	20475	7.49%	省补助款	13829	23.53%
松市、亭市、善堂补助	1160	0.42%			

本表资料来源：松江县教育志编纂委员会. 松江县教育志[M]. 上海：上海社会科学院出版社，1989：155—156.

再如上海县教育经费，来源于"国税、地方附税、教育特捐等收入项下的拨款以及公学、祠庙款产的租息、学费收入等"[1]几个部分。嘉定县"1930年教育经费总收入为187321.28元，其中忙漕项下附征教育费为160220.06元，占85.5%；杂税附税为3200元，占1.7%；特捐为4626.22元，占2.5%；学费为16575元，占8.8%；款产为2400元，占1.3%；寄附金为300元，占0.2%"。[2]上海市区及沪郊各县均通过各种拨款及补助来保障教育经费，虽各县区来源有所差别，但总体来讲，农业税收是各县区教育经费的关键来源。无论是嘉定县忙漕项下附征教育费还是松江县的田赋及附加税，都属于农业税收。在教育经费中，社会教育经费所占比例较少。1929年，教育部第848号训令中明确指出："自十八年度起，社会教育经费，应切实执行，占全教育经费的10%至20%。新辟教育来源，社教经费应占成数，在各省市最少为30%，在各县市最少应为30%至50%。"[3]其

---

[1] 褚半农. 上海县教育志[M]. 上海：上海社会科学院出版社，1989：179.
[2] 《嘉定县教育志》编纂组. 嘉定县教育志[M]. 上海：上海社会科学院出版社，1995：160.
[3] 李景文，马小泉. 民国教育史料丛刊316（世界教育事业·教育制度）[G]. 郑州：大象出版社，2015：369.

中民众教育馆经费自然来源于社会教育经费中，取决于社会教育经费的占比。

表2-15 1929年各省市社会教育经费比较表

省市	社会教育经费占比
江苏	12.35%
广东	6.64%
山东	3.50%
河北	3.32%
河南	2.26%
山西	2.37%
福建	2.82%
四川	8.11%
湖南	6.07%
湖北	4.45%
江西	1.65%
安徽	1.31%
浙江	4.75%
天津	1.18%
汉口	5.75%
北平	5.82%
上海	16.51%
东省特别区	6.71%
云南	1.34%

本表资料来源：王燕来，谷韶军. 民国教育统计资料续编［G］. 北京：国家图书馆出版社，2012：214.

由表2-15可知，1929年各省市社会教育经费中达到教育部所要求的社会教育经费占比只有江苏省和上海市，并且上海市最高，达到16.51%。可见，当时各省市对社会教育经费投入较少。"以初等教育1933年所占58%，1934年占65%为最高，中等教育约占10%左右，社会教育约占8%至9%，事业费 1933 年占 14％，1934 年降为 9％，教育行政费约占 7％至 8％之间。"① 但总体上，社会教育经费总数在不断增加。从 1928 年开始到 1930 年已由 360 万元增至 1400 余万元，② 相比之前，约增加 4 倍。

在社会教育经费中，"以一般的社教机关占 70％以上为最多，社教人材训练机关次之，学校式社教机关复次之，其他事业补助费约 4％—5％为最少"。③ 可见，在社会教育经费中，一般社会教育机构所占比例最大，而民众教育馆即属于一般社会教育机构。上海市区及沪郊各县的社会教育经费来源也各有差异，且在社会教育经费中，民众教育馆所占比例最高。上海市教育经费主要来源于市库拨款，其中 1933 年社会教育经费占 5.17％，在社会教育经费中一般的社教机关占 59.1％，学校式社教机关占 40.9％；1934 年社会教育经费占 5.72％，在社会教育经费中一般的社教机关占 57.4％，学校式社教机关占 42.6％。④ 1933 年，松江县社会教育经费预算计 19540 元，占全县教育经费之 14.41％。主要来源于"亩捐（三成）为 10090 元，占 51.6％；箔类税为 1820 元，占 9.3％；田房租息为 7390 元，占 37.8％；农产收入为 240 元，占 1.2％；而在社会教育经费支出中，民众教育馆为 14454 元，占 74.0％；民众学校为 3392 元，占 17.4％；资送学员为 206 元，占 1％；基金为 988 元，占 5.1％；临时费为 500 元，占 2.5％"。⑤ 可以发现，民众教育馆在所有社教机构中经费占比最高。1935 年金山县社会教育经费 12490 元，其中民众教育馆经费为 3400 元，农民教育馆经费为 3100 元，占总经费的 52.0％；民众体育场经费为 1250 元，占

---

① 教育部统计室. 中华民国二十二、二十三年度全国教育经费统计 [M]. 上海：商务印书馆，1937：2.
② 李景文，马小泉. 民国教育史料丛刊 316（世界教育事业·教育制度）[G]. 郑州：大象出版社，2015：370.
③ 教育部统计室. 中华民国二十二、二十三年度全国教育经费统计 [M]. 上海：商务印书馆，1937：2.
④ 教育部统计室. 中华民国二十二、二十三年度全国教育经费统计 [M]. 上海：商务印书馆，1937：150—152.
⑤ 松江县教育志编纂委员会. 松江县教育志 [M]. 上海：上海社会科学院出版社，1989：61.

10.0%；民众图书馆经费为540元，占4.3%；民众学校经费为2160元，占17.3%；补助费为320元，占2.6%；临时费为720元，占5.8%；社教基金为1000元，占8.0%。① 同年，嘉定县社会教育经费为15505元，其中民众学校830元，占5.4%；民众教育馆（包含农民教育馆）11480元，占74.0%；公共体育场1500元，占9.7%；图书馆800元，占5.2%；童子军津贴165元，占1.1%；电化教育600元，占3.9%；教育学院县额生用费130元，占0.8%。② 上海县的社会教育经费主要来源于亩捐、箔类税、田房租息、农产收入等，共19540元，其中民众教育馆为14454元，占74%；民众学校3392元，占17.4%；资送学员206元，占1%；基金988元，占5.1%；临时费500元，占2.5%。③ 可见，在各县社会教育经费中，民众教育馆占到50%至75%，所占比例最高。

20世纪30年代，政府并没有对社会教育经费分配作出详细规定。民众教育馆相比于其他实施社会教育的机关，其经费明显占据优势地位。如从1933年政府对民众教育馆经费的投入上看，当年政府拨给民众教育馆的经费达到2905244元，居各种社会教育事业经费之首。④ 关于民众教育馆的经费标准，《民众教育馆暂行规程》第九条提到："省市及县立民众教育馆视地方区域之大小，经费之多寡，得分甲乙丙三等，其标准：省市立者，由各省市教育厅局规定，呈准教育部施行；县市立者由县市教育局规定，呈准教育厅施行。"⑤ 民众教育馆教育经费取自于各省市及县市的社会教育经费中，主要采取分级承担制。即省市立民众教育馆的经费由省财政负责拨款，县市立（包含区立）民众教育馆由县财政或其他方式来承担。从各地区民众教育馆的实际状况来讲，民众教育馆的经费大致来源于政府拨款、

---

① 江苏省立俞塘民众教育馆. 江苏省第四民众教育区二十三年度社教概况 [M]. 江苏省立俞塘民众教育馆，1935：95.
② 江苏省立俞塘民众教育馆. 江苏省第四民众教育区二十三年度社教概况 [M]. 江苏省立俞塘民众教育馆，1935：3.
③ 江苏省立俞塘民众教育馆. 江苏省第四民众教育区二十三年度社教概况 [M]. 江苏省立俞塘民众教育馆，1935：61.
④ 马宗荣. 社会教育纲要 [M]. 上海：商务印书馆，1937：156.
⑤ 民众教育馆暂行规程 [J]. 上海县教育月刊，1932（42）：19.

各种税收、地方自筹、个人捐助与民众教育馆自筹等。相较而言，省市立民众教育馆的经费来源较为单一，主要以政府拨款为主；而县市立民众教育馆的经费来源较为复杂，其筹措渠道较为多样。总体来看，上海各民众教育馆年均经费为2000—4000左右。如松江民众教育馆，"1928年度经费为3236元，1929年因业务发展，增加至4929元，1930年又因事业需要，增至5542元，1931年略减，为5388元"。[①] 如此的经费投入，远远超过了教育部对社会教育经费的投入。嘉定县各民众教育馆的经费维持在2000到4000多元，见表2-16。

表2-16　1933年嘉定县民众教育馆经费一览表

机关名称	临时费	经常费	共计
奎山区民众教育馆	500	4200	4700
徐行区民众教育馆	200	2000	2200
马陆区民众教育馆	200	2000	2200
外冈区民众教育馆	200	2000	2200
南翔区民众教育馆	200	2000	2200
娄塘区民众教育馆	200	2000	2200
纪王区民众教育馆	200	2000	2200
方泰区民众教育馆	2000	2000	4000
新庙区民众教育馆	2000	2000	4000

本表资料来源：于述胜. 民国时期社会教育史料汇编（第5册）[G]，北京：国家图书馆出版社，2017：111—112.

由表2-16可知，嘉定县民众教育馆的经常费用基本在2000元左右，且根据各馆不同需求，增加临时费用，满足教育部规定的社会教育经费标准，从而保障馆内各项民众教育事业顺利开展。

具体到上海各民众教育馆的经费也采用分级承担制，上海市立民众教育馆主要是市政府拨款，1930年由市教育局拨给25000元得以创建。[②] 沪郊

[①] 松江县教育志编纂委员会. 松江县教育志[M]. 上海：上海社会科学院出版社，1989：61.
[②] 杨世瑞. 上海市立民众教育馆概述[J]. 乡村改造，1935，4（12、13）：76.

各县的民众教育馆经费来源较为多样,有政府拨款,也有各种税收及地方自筹。如嘉定县民众教育馆经费主要来源于锡箔捐、亩捐、文庙田租等;奉贤县民众教育馆经费主要来源于锡箔捐、亩捐和其他文庙田租;① 川沙县龚镇农民教育馆经费来源由锡箔捐及社教数亩捐项下拨给。也有靠私人捐助创建的,如俞塘民众教育馆经费来源除创办者钮永建出资外,其他社会人士或社会组织也纷纷捐款补助其事业开展。个人如张之江捐款 500 元、任应岐捐款 200 元,社会组织如镇江工商、苏省人民银行、华洋袜厂、眉州学校等都纷纷捐款。

更为重要的是,民众教育馆内经费除由政府供给、地方自筹外,自身指导民众及社会造产,亦能设法成为一个生产的机关,如开辟农场、经营园艺、养鸡、养猪、养蜂等均可以增加馆内的经费。如外冈民众教育馆组织民众试种薄荷,"1934 年各户吊出油量及售得金额,总计油量为 294 斤,出油量为 26.15 斤,共售得金额为 133.95 元"。② 马陆农民教育馆特约农田种植黄蜀葵和百万华棉,"秋收三十一担黄蜀葵,脱售于上海江南造纸厂,每担价格自三元半至四元不等。种植百万华棉四十五亩,秋收二千五百六十四斤,打包运装嘉定农业推广所销售"。③ 宝山县立顾村民众教育馆试种薄荷,品质优良,获得了很高的利益。④ 此外,还有民众教育馆饲养各种牲畜,来增加馆内教育经费。南汇县立新场民众教育馆开设新生蓄殖场,试养"来格亨鸡十余只及羊、兔、鹅等多种,来格亨鸡系意大利种,重可五六斤,年能产卵二百余枚,为鸡类中产卵最多者"。⑤ 也有不少民众教育馆

---

① 江苏省立俞塘民众教育馆. 江苏省第四民众教育区二十三年度社教概况 [M]. 江苏省立俞塘民众教育馆,1935:121.
② 江苏省立俞塘民众教育馆. 江苏省第四民众教育区二十三年度社教概况 [M]. 江苏省立俞塘民众教育馆,1935:26.
③ 江苏省立俞塘民众教育馆. 江苏省第四民众教育区二十三年度社教概况 [M]. 江苏省立俞塘民众教育馆,1935:39—40.
④ 江苏省立俞塘民众教育馆. 江苏省第四民众教育区二十三年度社教概况 [M]. 江苏省立俞塘民众教育馆,1935:140.
⑤ 南汇县立新场民众教育馆近讯 [J]. 社教通讯(上海),1935,1(6):49.

设立储蓄会，如松江县枫泾民众教育馆每月储蓄 240 元。[1] 同时还有部分民众教育馆向银行借用，如宝山县城区民众教育馆组织合作社，试办养兔、养羊、养鸭与种瓜等生产事业，资本一部分由社员缴纳社股充用，一部分向农民银行借用。[2] 可见，民众教育馆自身乃是经费来源的一个方面，其通过各种生产、养殖与储蓄等方式来补充馆内教育经费。

二、上海民众教育馆的经费分配

民众教育馆经费支配，主要是用于职员的薪资、办公费及各项事业活动费用。教育部在《修正民众教育馆规程》第十一条中规定："民众教育馆经费分配之标准，薪工不得高于 50%，事业费不得低于 40%，办公费占 10%。"[3] 可见，民众教育馆的经费支出范围主要为薪工费、事业费和办公费，并对其各占比例也作出明确规定。但在具体工作中，为了留住优秀职员，不少省份进行适度调整。如江苏省在《江苏省各县民众教育逐渐发展办法》的第四条中规定："各县民众教育馆、图书馆、体育场之经费支配，以 50% 至 60% 为薪工，30% 至 40% 为事业费，10% 为办公费。"[4] 具体到沪郊各个县的民众教育馆，在基本遵循此项规定的基础上结合馆内实际情况进行适度调整。各馆为吸引优秀人才加入民众教育事业的建设，对职工的薪资给予特别重视，职员薪工费占到 50%—70%，占经费的最大比例，事业费作为馆内的主要教育活动费用占到 30%—50%，办公费占到 5%—10%。具体见表 2-17。

---

[1] 江苏省立俞塘民众教育馆. 江苏省第四民众教育区二十三年度社教概况 [M]. 江苏省立俞塘民众教育馆，1935：80.
[2] 江苏省立俞塘民众教育馆. 江苏省第四民众教育区二十三年度社教概况 [M]. 江苏省立俞塘民众教育馆，1935：138.
[3] 教育部社会教育司. 民众教育馆重要法规 [M]. 教育部社会教育司，1939：6.
[4] 林宗礼. 民众教育馆实施法 [M]. 上海：商务印书馆，1936：119.

表 2-17　沪郊各县部分民众教育馆经费分配概况表

民众教育馆名称	经费分配		
	薪工费	事业费	办公费
嘉定县中心民众教育馆	50%	40%	10%
嘉定县外冈民众教育馆	50%	40%	10%
嘉定县徐行民众教育馆	50%	40%	10%
嘉定县马陆农民教育馆	50.4%	43.6%	6%
松江县立民众教育馆	49.7%	41.8%	8.5%
金山县朱泾民众教育馆	50%	40%	10%
青浦县中心民众教育馆	66%	34%	
青浦县珠街阁民众教育馆	62%	38%	
青浦县金泽民众教育馆	70%	30%	
青浦县杜村农民教育馆	68%	32%	
青浦县重固民众教育馆	70%	30%	
青浦县坍石桥简易农民教育馆	50%	50%	
奉贤县南桥民众教育馆	54.7%	40.0%	5.3%
奉城民众教育馆	50.2%	40.0%	9.8%
奉贤县农民教育馆	50%	40%	10%
宝山县立顾村民众教育馆	50%	40%	10%
宝山县实验农民教育馆	43.25%	48.18%	8.57%
川沙县城区民众教育馆	50%	40%	10%
川沙县龚镇农民教育馆	50%	40%	10%

本表资料来源：江苏省立俞塘民众教育馆．江苏省第四民众教育区二十三年度社教概况 [M]．江苏省立俞塘民众教育馆，1935：9，23，31，35，69，99，111，112，114，115，117，123，125，126，139，149，155，158．

表 2-17 中数据显示，沪郊各县民众教育馆基本符合教育部对民众教育馆内薪工、事业及办公费用分配比例的规定，如嘉定县中心民众教育馆、嘉定县外冈民众教育馆、嘉定县徐行民众教育馆、奉贤县农民教育馆、宝山县立顾村民众教育馆、川沙县城区民众教育馆、川沙县龚镇农民教育馆。也有不少民众教育馆薪工费超过 50% 甚至达到 70%，如青浦县金泽民众教

育馆和青浦县重固民众教育馆，从而导致事业费用的减少。民众教育馆作为教育民众的机构，职员至关重要。如陈国保曾提到："担任社教工作的人材，需要极为复杂，学识上、经验上以及精神上、品行上，无一不须有适合的条件，得人，则百事并举，不得其人，则无所事事。"[①] 因此，充足的薪工费可以吸引优秀人才投入到社教事业。具体到各部分经费的使用，薪工费包括职员薪俸、工友工资、津贴；事业费包括器具、图书、仪器、标本、杂品的购置及其他活动之所支付费用；办公费包括文具、纸张、邮资、印刷、膳食、茶水、薪炭、灯烛、修缮等各种杂费。

第一，职员薪俸占了民众教育馆经费支出的大部分。南京国民政府成立后，教育部并未对各级社会人员的薪资待遇作出明确统一规定。教育界基本是按照职位、学历与服务年限来决定职员的薪资，各地根据实际的经费情形发放薪水。具体到民众教育馆职员薪资，虽然占据馆内经费一半以上，但相对其他各级教职员薪资仍属较低。江苏省各县县立民众教育馆职工薪俸待遇如表 2-18 所示。

表 2-18 江苏省各县县立民众教育馆职工薪俸表（单位：元）

薪金等级 \ 职别	馆长	主任	干事
第一级	55—60	40—45	30—35
第二级	50—55	35—40	25—30
第三极	45—50	30—35	20—25
第四级	40—45	25—30	15—20
第五级	35—40	20—25	12—15
第六级	30—35		

说明：1. 以上俸额，包括膳费在内；2. 以上级别，依个人学历、成绩及各县经费情形，为区别之标准；3. 各县遇有特殊情形，得由教育局长另拟标准呈县转厅核准施行。

本表资料来源：彭大铨. 民众教育馆 [M]. 南京：正中书局，1941：39—40.

---

① 陈国保. 南汇县社教事业之检阅与展望 [J]. 社教通讯（上海），1936，2(1)：8.

由表 2-18 可知，各县民众教育馆馆长的最高薪俸为 60 元，最低为 30 元，平均为 45 元；各部主任的最高薪俸为 45 元，最低为 20 元，平均为 32.5 元；干事的最高薪俸为 35 元，最低为 12 元，平均为 23.5 元。而同时期江苏的小学教员月薪中数为 26.75 元。郭枏先生 1929 年调查了 1609 名中学教职员，其薪金中数为 37.96 元，1008 个小学教职员薪金中数为 26.53 元。其中中学校长月薪中数为 90 元，主任月薪中数为 49.19 元，教员月薪中数为 53.67 元，职员月薪中数为 27.10 元。实验小学校长月薪中数为 57.86 元，普通小学月薪中数为 24.3 元，级任或单级级任实小中数为 39.39 元，普通小学为 21.11 元，教师实小中数为 42.98 元，普小中数为 20.52 元，职员实小中数为 30.31 元，普小中数为 13 元。① 可见民众教育馆的馆长、主任及干事相比中小学校长、教职员的薪资相对较低。具体到沪郊各县民众教育馆的职员待遇根据实际情形各有不同。如嘉定县徐行民众教育馆馆长兼总务部主任年薪 420 元，教导部主任年薪 288 元，干事年薪 196 元，工食年薪 96 元。② 金山县朱泾民众教育馆馆长月薪 40 元，干事月薪 25 元。③ 北桥区闵行民众教育馆 1940 年馆长月薪 65 元，主任月薪 50 元，干事月薪 35 元，工役月薪 20 元。④ 南汇区城厢民众教育馆 1943 年馆长每月 40 元，主任每月 30 元，干事每月 26 元，勤务每月 18 元。⑤ 此外，相对学校经费，社会教育经费占比本就较少，而且被拖欠、挪用现象时有发生。如上海市立民众教育馆在"因战争税收无着，极度紧缩重编预算"下，"市长面谕"该馆"即日结束"，"通知本馆职员一律停职，并面谕各工役即日停工"。⑥

---

① 郭一岑，黄裳. 民众学校教职员待遇的调查与研究［J］. 东方杂志，1938，31（14）：20.
② 江苏省立俞塘民众教育馆. 江苏省第四民众教育区二十三年度社教概况［M］. 江苏省立俞塘民众教育馆，1935：27.
③ 江苏省立俞塘民众教育馆. 江苏省第四民众教育区二十三年度社教概况［M］. 江苏省立俞塘民众教育馆，1935：99.
④ 日伪上海特别市政府关于北桥闵行奉贤南桥等民众教育馆各项经费的文件（1940）［A］. 上海：上海市档案馆，R1-8-580：13.
⑤ 日伪上海特别市政府关于南汇区开办城关民众教育馆的文件（1943）［A］. 上海：上海市档案馆，R1-8-593：9.
⑥ 上海市社会局关于市立民众教育馆资历审核及人事任免请假等问题的文件（1937）［A］. 上海：上海市档案馆，Q-6-18-22.

第二，馆内的事业以及办公用品也占据了一定的经费，其主要用于开展各项民众教育事业活动以及购置各种设备设施。事业费具体包括各种陈列室的设置及陈列品费用，布置环境产生的费用，各种巡回演讲宣传的费用，各种指导事业费用，购买书籍费用，购买药品费用，职业培训班所需费用，集会宣传所需费用，馆内办刊的印刷费用，开展语文教育、生计教育、公民教育、健康教育、休闲教育、家事教育等所产生的各种费用。办公费用包括日常的纸张、笔墨、文具、邮资、茶水、电报、灯火等开销。如川沙县城区民众教育馆，全年经常费共计2765元，由县政府第三科拨给，薪给占50%，事业费占40%，办公费占10%，具体分配见表2-19。

表2-19　川沙县城区民众教育馆1933年度经常费支出决算表

项目		决算数（元）	备注
职员薪给		1380	馆长1人，干事3人年支薪
事业费	体育场	110	设备修理等均在内
	民众图书室	110	购置图书及设备均在内
	民众学校	80	两班，设备及课业用品等均在内
	阅报室	65	设备及各种报纸均在内
	民众代用茶园	55	布置环境
	娱乐室	35	丝竹棋子等均在内
	小公园	10	添置花卉
	农事试验	10	种子肥料均在内
	壁报问字及代笔处	50	纸张笔墨颜料等均在内
	活动事业	120	举行各种集会及出外宣传等费
	陈列室	50	各种陈列品之购置
	种痘活动	70	购置疫苗及防疫血清等费，每年两次
	简易药库	70	购置各种药品施送民众
	联合进行事业	34	
	职业训练班	110	举办职业补习学校、职业训练班等费
	生活指导	130	举办裁缝训练班刺绣训练班等费

续表

项目		决算数（元）	备注
办公费	役费	144	馆役 1 人支出
	购置	25	办公用具均在内
	修理	30	用具及馆舍修理等均在内
	文具	37	纸张笔墨印刷等均在内
	邮电	10	邮票电报信封笺等均在内
	零耗	30	茶水车资等均在内
总计经常费		2765	由县政府第三科拨给

本表资料来源：陆砥平. 川沙县城区民众教育馆二十二年度工作概况 [M]. 川沙县城区民众教育馆，1934：8—10.

由此可见，民众教育馆内的经费支出包罗万象。这既是因为民众教育馆内活动丰富多样，同时也是因为民众教育馆对象的复杂性。所支出经费除职员的薪俸，包括各种设备的购置及修缮，像体育场、民众图书馆、民众学校、阅报室、民众茶园、陈列室、药库等各种费用的支出。如外冈民众教育馆民众夜校由事业费下拨 80 元，平均每班 32.3 元。[1] 闵行民众教育馆的办公费主要包括文具、邮费、消耗、修缮、购置、房租、杂支。[2] 上海市立民众教育馆的经费支出包括薪工费、事务处办公费、事业费、特别费、预备费等，具体见表 2-20。

表 2-20　上海市立民众教育馆经常费收支一览表（单位：元）

	科目	全年预算费
薪给	馆长薪俸	1440
	职员薪俸	10800
	工友工俸	900

---

[1] 江苏省立俞塘民众教育馆. 江苏省第四民众教育区二十三年度社教概况 [M]. 江苏省立俞塘民众教育馆，1935：27.

[2] 日伪上海特别市政府关于北桥闵行奉贤南桥等民众教育馆各项经费的文件（1940）[A]. 上海：上海市档案馆，R1-8-580：14.

续表

科目		全年预算费
事务处办公费	纸张	120
	笔墨	72
	簿籍	48
	印刷	60
	杂件	60
	邮费	180
	电话	120
	电报	60
	茶水	120
	灯火	144
	薪炭	96
	土木	120
	杂修	120
事业费	公民教育系	720
	生计教育系	480
	语文教育系	600
	健康教育系	300
	艺术教育系	480
	公民训练	120
	职业指导	600
	语文教学	840
	卫生指导	360
	娱乐指导	660
	周报	288
	画报	144
	月刊	600
	其他刊物	168
特别费	旅费	720

本表资料来源：王义耕.上海市立民众教育馆计划大纲草案 [J]. 民众教育通讯，

1931,1(9):59—62.

由表 2-20 可知,上海市立民众教育馆的经费开支除职员薪资外,重点放在各种民众教育事业上,而不仅仅是消耗在各种设备的设置以及修缮上。主要是集中于公民教育系、生计教育系、语文教育系、健康教育系、艺术教育系、公民训练、职业指导、语文教学、卫生指导、娱乐指导上。再如 1943 年南汇县城厢民众教育馆每月预算经费如下表所示。

表 2-21　1943 年南汇县城厢民众教育馆每月预算经费表(单位:元)

科目		每月预算费
职工薪给		1920
办公费	文具	80
	邮费	80
	差旅	80
	什支	60
	其他	30
事业费	民众学校	100
	书籍杂志	150
	特约茶园津贴	100
	宣传费	200
	其他	50

本表资料来源:日伪上海特别市政府关于南汇区开办城关民众教育馆的文件(1943)[A].上海:上海市档案馆,R1-8-593:9—10.

由表 2-21 可知,南汇县城厢民众教育馆的经费除大部分供给职员外,主要用于办公费和事业费。其中事业费占比较大,用于开办各种民众教育事业。正如邰爽秋所希望:"民众教育的一切设施将有裨于民生者先办,不要把百分之九十的经费化在人员的薪水和不关痛痒的装潢门面的东西上去。"① 要将教育经费重点放在开展民众教育事业活动上,提高民众教育馆工作效率。民众教育馆最基本的原则即是"以最少的经费,办最多的事业,

---

① 邰爽秋.希望中今后之民众教育:对于今后民众教育的十种希望[J].教育与民众,1934,5(8):1430.

获得最大的效果",因此经费与效果应当是成正比的。林宗礼等人曾专门拟订了民众教育馆效率的计算公式,也即经费效率公式 $\frac{T}{S} \times 100\%$,T 代表工作的总成绩,S 代表一年内馆内所支出的经费数。如某民众教育馆工作成绩为 72,经费数为 4800 元,那么此馆的经费效率便是 $\frac{72}{4800} \times 100\% = 1.5\%$。而民众教育馆工作的总成绩又是各项事业活动的成绩,即(V+L+H+C+HO+R)÷6,其中 V 代表生计教育成绩,L 代表语文教育成绩,H 代表健康教育成绩,C 代表政治教育成绩,HO 代表家事教育成绩,R 代表休闲教育成绩。[1] 因此,民众教育馆的效率主要是取决于各项事业活动的成绩,而各项事业活动的成绩又取决于经费投入的多寡。合理规范的经费分配能有效协调民众教育馆内各项事业活动的开展,保证馆内语文教育、生计教育、公民教育、健康教育、休闲教育等教育的实施,提高馆内教育工作效率。

---

[1] 林宗礼. 民众教育馆实施法[M]. 上海:商务印书馆,1936:294—296.

第三章 上海民众教育馆的目标定位与内容建构

只有"深入民间","才能'唤起民众',才有法可以谈'训练'","新国家的建设,才有了基础"。① 民众教育馆作为基层社会中的"播扬者",不断深入民间,扎根基层开展符合民众生活的各种教育实践活动。上海市区及沪郊各县民众教育馆在国民政府民众教育目标指引下,改进民众的社会生活,从上海民众实际需求出发,积极构建包含民众语文教育、生计教育、公民教育、健康教育、休闲教育等内容的现代教育知识体系,以期实现促进民众全面发展的教育目标。

第一节 促进民众全面发展：上海民众教育馆的目标指向

实施民众教育,必须有目的、计划、步骤与方法。各民众教育馆注重体察民众生活状况、心理状态以及民间现实所存在的困难,继而对症下药,去施以适宜的教育。美国政治社会学家西摩·马丁·利普塞（S. M. Lipset）指出,对于一个社会问题的深入探究,历史学家从社会学家处借鉴,强调历史社会学研究方法,将归纳和定量方法结合起来,不仅可以运用社会学概念及分析技术,而且能从合理的历史数据中获益。② 各民众教育馆实

---

① 祁锡勇. 发刊词［J］. 民间旬刊,1930（1）：1.
② ［美］西达·斯考切波. 历史社会学的视野与方法［M］. 封积文,等译. 上海：上海人民出版社,2007：417.

地调查各实施区域的真实境遇，并通过归纳总结区域内所存在的各种困境，使民众教育发挥最大效益。上海各民众教育馆以自身所辖实验区及推广区为范围，对区域内实况如户口、人口、经济、生活、教育程度、重要职业、医药卫生、家庭生活、宗教信仰及政治观念等逐一展开调查，进行实时统计，并将统计结果作为制定民众教育目标的重要依据。民众教育馆目标是根据民众教育目标而发生变化的，而民众教育目标又与当时的社会环境紧密相关。1930年教育方案委员会所拟订民众教育目标从中华民国教育宗旨出发，对民众各项教育作出相应说明。1931年国民会议确定教育设施趋向案中民众教育部分唯一特点，在指示民众教育须与国民实际生活相应，以符合国家需要。1934年民众教育专家会议重在强调从民众实际需求出发，培养其组织力，从而促进整个民族自信力提升。1938年国民政府所拟订各级教育实施方案中社会教育部分所体现的特点，在指示社会教育须在知识、技能、品德与健康各方面，兼筹并顾，且注意继续教育，也注重实施民众教育的各种工具、机构与组织的建立。而民众教育馆作为基层社会的"播扬者"，自然应遵循民众实际需求，以民众教育目标为宗旨，来保证民众教育有效实施。

为满足上海民众需求，上海市区及沪郊各县民众教育馆基于民众的实际生活，施以民众教育，促使民众全面发展，从而达到改进社会的旨归。教育部于1939年4月17日正式公布民众教育馆规程，规定："民众教育馆应遵照中华民国教育宗旨及其实施方针与社会教育目标，实施各种社会教育事业，并辅导各该地社会教育之发展。"[1] 同年，教育部颁布《民众教育馆工作大纲》，指出："民众教育馆之施教目标在养成健全公民，提高文化水准，以改善人民生活，促进社会发展。民众教育馆之施教范围，应以全区民众为对象，各种设施，应尽量巡回区内各地，以期事业之普及。"[2] 民众教育馆作为实施民众教育的中心机构，其通过各种教育活动促进民众知

---

[1] 教育部社会教育司. 民众教育馆 [M]. 教育部社会教育司，1940：18.
[2] 民众教育馆工作大纲 [J]. 社教通讯（杭州），1939（7）：12.

识的增长、生产率的提高、公民素质的提升、健康生活的养成。

一、扫除文盲，提高民众文化知识水平

清末新政后，随着我国近代化转型进程的加快，乡村教育问题日益成为知识界关注的重点问题。然而，新式学校教育内容与民众日常生活相脱离，普通民众对其较为陌生，从而对新式教育产生抵触情绪。新式教育并没有改善乡村文盲率高这一现状，反而产生消极影响，"成为吸收乡间人才外出的机构，有一点像'采矿'，损蚀了乡土社会"。① 具体到上海也面临同样问题，民众知识文化水平相对较低。如马陆农民教育馆对马陆镇民众进行识字调查，包括民众整体教育程度、各村农民识字不识字、各村儿童入学失学、各村学龄儿童入学率等的调查，民众教育程度如表3-1所示。

表3-1 马陆镇民众教育程度统计

程度	人数	
大学毕业	男	2
	女	0
大学肄业	男	1
	女	0
中学毕业	男	18
	女	2
高中肄业	男	2
	女	0
初中肄业	男	6
	女	3
师范毕业	男	8
	女	0
师范肄业	男	1
	女	0

---

① 费孝通. 乡土重建［M］. 上海：上海观察社，1948：72—74.

续表

程度	人数	
高小毕业	男	72
	女	4
高小肄业	男	11
	女	2
初小毕业	男	42
	女	3
初小肄业	男	89
	女	2
民校毕业	男	20
	女	13
相当程度	男	146
	女	10

本表资料来源：江苏省立俞塘民众教育馆. 江苏省第四民众教育区二十三年度社教概况［M］. 江苏省立俞塘民众教育馆，1935：40.

由表 3-1 可知，马陆镇女性教育程度普遍低于男性，并且总体教育程度较低，高小毕业以下的占到 87.4%。并且各村识字人数比例均低于 50%，学龄儿童入学率在 50%。[1] 又如松江民众教育馆也对所属基本区域民众教育情况进行调查，发现全区识字人数加正在求学之儿童均计算在内，共计 1894 人，占全区人口数的 44%。其中，不识字的农人最多，全区平均每户识字人数不到两名。而在所有识字人数中，大学的占到 3%，小学程度的最多，占到 60% 以上。[2] 山阳民众教育馆对所在区域进行调查发现："1. 曾受中等教育者 3 人，2. 曾受义务教育以上之小学教育者 8 人；3. 曾受私塾教育三年以上者 12 人；4. 民众学校毕业者 14 人；5. 年龄在 35 以上之不识字者男女 366 人；6. 年龄 16 岁以上 35 岁以下不识字者男子 168 人，女子

---

[1] 江苏省立俞塘民众教育馆. 江苏省第四民众教育区二十三年度社教概况［M］. 江苏省立俞塘民众教育馆，1935：41.

[2] 江苏省立俞塘民众教育馆. 江苏省第四民众教育区二十三年度社教概况［M］. 江苏省立俞塘民众教育馆，1935：69.

158 人；7. 入学儿童数 15 人；8. 失学儿童 201 人。"[①] 南汇新场民众教育馆也对基本施教区的民众识字情况进行调查，其结果显示：1399 人中，识字者 612 人，不识字者 787 人；其中识字男子占男子全数的半数以上，女子识字人数尚不足女子全数的 29%。[②] 由此可知，各区域失学民众占到一半以上。为此，普及民众知识成为民众教育的主要任务。

民众教育作为教育的一部分，其目的符合国家教育目的。除此之外，民众教育也有其独特的意义和使命。1930 年 3 月，教育部在送请中央审核并提交全国教育会议讨论的文件中，对社会教育目标进行订定，提出以社会民众及社会全体为对象，并对各项具体的民众教育事业提出具体目标。当时教民识字成为民众教育的主要目的。"其一，为失学民众谋补受教育的机会；其二，为教育程度低下的民众谋提高教育的机会；其三，为因经济生活种种关系不能继续受专门或大学教育的民众谋满足教育的机会。"[③] 可知，民众教育既是对于成年失学者的一种补受的基础教育，也是对于幼年或成年曾受基础教育者的一种补充的继续教育，其对象指向全体成人。但这并不意味着全体成人应当受教育，儿童就不应接受教育。儿童也应接受应有教育，即若在儿童时未受到教育，成人时要补受教育。民众教育馆作为基层社会的"播扬者"，其所实施的民众教育应根据民众实际需求而展开，其目的也在于增进民众知识。如上海市立民众教育馆提出："以增进民众智识陶冶民众性情促进社会文化事业之发展为目的。"[④] 具体而言，民众要"1. 能当众陈述简单的意思；2. 能了解并默写常用文字；3. 能阅读浅近民众读物；4. 能用文字表示简单意思"。[⑤] 沪郊各县民众教育馆也提出具

[①] 江苏省立俞塘民众教育馆. 江苏省第四民众教育区二十三年度社教概况 [M]. 江苏省立俞塘民众教育馆，1935：69.
[②] 南汇新场民众教育馆基础施教区识字调查 [J]. 社教通讯（上海），1935，1 (8)：64.
[③] 商致中. 民众教育 [M]. 上海：大华书局，1933：11—13.
[④] 上海特别市市立民众教育馆简则 [J]. 上海特别市市政府市政公报，1939 (20)：89.
[⑤] 上海市立民众教育馆概况（1932 年 6—12 月）：1933 [A]. 上海：上海市档案馆，Y8-1-98：113.

体目标。如外冈民众教育馆的目标在于"训练全区民众有运用文字的能力"。① 徐行民众教育馆提出民众文字教育的目标:"1. 能了解普通话(国语);2. 能当众发言;3. 能认识并能应用日用文字;4. 能了解浅近书报及日用文件;5. 能用文字表示简单的意思;6. 有爱用文字的习惯。"② 松江民众教育馆提出:"以就民众实际生活,施以补充教育,使获得多方面之健全发展为宗旨。"③ 可知,民众教育馆旨在促进民众识字以达基本教育的普及,以促进民众全面与健全的发展。

总之,民众教育主要针对不识字的民众,或迫于生活离开学校的民众,或有志深造而阻于环境的民众,给予相当的补受基础教育,使民众能了解日常生活基本知识,能阅读浅近的字报并能当众表达简单的意思。上海民众教育馆作为基层社会的"播扬者",其通过识字运动、民众问讯处、国语竞赛、口头演讲、书籍报刊等向民众实施语文教育,以达至知识普及与民众文化知识水平的提高。

二、改善生计,增进民众生产知识技能

国家富强与经济发展息息相关,稳固的经济基础有助于国家兴盛,不论是工业国还是农业国皆是此理。我国作为农业国,农业破产或农村金融凋敝对整个国民经济影响不言而喻。在沪郊农村,存在"农产物价低落、农民购买力减少、生产力降低、生活困难等问题"。④ 而沪郊农村经济的破产趋势,也进一步拉大了城乡之间的差距。因此,提高农村农民的生产技能及经济能力是当时民众教育的主要任务。

1931年5月,国民会议议决确定教育设施趋向案,其中有关社会教育目标表述为:"社会教育,应以增加生产为中心目标,就人民现有之程度与

---

① 嘉定县十九年度社会教育概况 [G] //于述胜. 民国时期社会教育史料汇编(第5册). 北京:国家图书馆出版社,2017:165.
② 嘉定县十九年度社会教育概况 [G] //于述胜. 民国时期社会教育史料汇编(第5册). 北京:国家图书馆出版社,2017:196—197.
③ 松江民众教育馆. 松江民众教育馆概况 [M]. 松江民众教育馆,1933:3.
④ 胡雅夫. 怎样利用上海现金救济农村 [J]. 前途,1935,3(4、5):92—93.

实际生活，辅助其生产知识与机能之增进。"① 此次会议关于社会教育目标较为关注民众生产增加，重在提高民众生产知识和技能。同年11月国民党第四次全国代表大会对中华民国教育宗旨及其实施方针进行了修正，其中第八条涉及社会教育，指出："农业推广须由农业教育机关积极实施。凡农业生产方法之改进，农民技能之增高，农村组织与农民生活之改善，农业科学知识之普及，以及农民生产消费合作之促进，须以全力推行。并应与产业界取得切实联络，俾有实用。"② 由此可见，国民政府教育部尤为重视农民生产方法、农业知识、生产技能等内容，旨在改善农民生活。

沪郊各县民众教育馆为制定较有针对性且明确的民众教育目标，对所属区域民众生活状况，如各村的户数、人口数、田亩、农民生活状况、每户耕种田亩、每户畜养、农户主业、农民从事职业人数、每户每年主业收入、每户每年副业收入及每户每年支出进行了调查统计。马陆农民教育馆针对农村经济崩溃，农民生活艰难的境况对区域内农户进行了调查，以便"对症然后发药"。调查发现："马陆镇农民主要从事农业的生产，20%的农户存在亏空或贫困状态，主要收入以农业为主。"③ 为此，马陆民众教育馆提出具体目标："第一，我们先着手调查农家经济状况，生产力量；第二，认清固有缺点，然后从事改进；第三，革除不良习俗，节省消费；第四，提倡副业，辅助农家收入，俾使农村经济发展，以裕农民生计。"④ 上海县马桥农民教育馆的目标在于使民众"能采用改良种子及种植方法、有合作知识能组织合作社、有相当副业、能利用道旁河堤植树并有相当之管理、池沼多数养鱼并有合法之经营及佃农与地主能互谋利益"。⑤ 显而易见，该

---

① 教育部.第一次中国教育年鉴（甲编）[M].上海：开明书店，1934：17.
② 教育部.教育法令汇编（第1辑）[G].上海：商务印书馆，1936：20.
③ 江苏省立俞塘民众教育馆.江苏省第四民众教育区二十三年度社教概况[M].江苏省立俞塘民众教育馆，1935：37—38.
④ 江苏省立俞塘民众教育馆.江苏省第四民众教育区二十三年度社教概况[M].江苏省立俞塘民众教育馆，1935：37.
⑤ 上海县第六民众教育区马桥农民教育馆进行计划及实施程序[J].上海县教育月刊，1932(44)：5—6.

馆注重民众具体生产能力的提高与利益的增长。松江民众教育馆也针对民众的实际，提出："设法救济失业，并提高其从事职业能力，并积极设法增加生产，减少消费，此为本区推行生计教育的两条路线。"① 易言之，该馆旨在通过救济民众失业和设法增加生产，进而提高民众生产职业能力。上海县闵行民众教育馆提出"使民众能改善生活的能力"，② 旨在借助生计教育，提高民众的生活水平。徐行民众教育馆则提出具体目标："1. 能选择职业；2. 能选择作物优良种子；3. 能采用改良培植法及应用新农具；4. 能利用休闲间余力从事简单之农产制造及其副业；5. 了解养蜂养鱼养蚕造林之利益并有实行之能力；6. 能编制用款预算能记账；7. 能实行省钱合理的婚丧等仪节；8. 能节省靡费能储蓄。"③ 值得注意的是，该馆根据区域内民众的生活实际，对生计教育提出更为具体的目标，具体涵盖选择职业、选择优良种子、应用新农具、改良培育法与各种养殖技术能力的养成。南汇县立民众教育馆提出民众要"有立身之技能、能选择职业、能利用余暇谋职务上技术之增进、了解并能从事训练、能编制用款预算、能为日常简单之计算并能运动算盘之类、能使用日常通用之度量衡、能组织各种合作社、能节省靡费、能储蓄"。④ 可见，沪郊各县民众教育馆均注重缓解民众生计之急，提高民众生产知识和技能。

除解决农村生计问题外，民众教育馆还重视城市生计问题的破解。费孝通认为："解决中国的经济应该从都市下手，在都市方面，最急的也许是怎样把传统的市镇变质，从消费集团成为生产社区，使市镇的居民在地租和利息之外找到更合理、更稳定的收入。"⑤ 然而，上海市区内民众所从事的大多是工商业，需要的是职业技能的改进。因而，上海市立民众教育馆

---

① 江苏省立俞塘民众教育馆. 江苏省第四民众教育区二十三年度社教概况 [M]. 江苏省立俞塘民众教育馆，1935：71.
② 上海县闵行民众教育馆第一试验区实施计划及进行步骤 [J]. 上海县教育月刊，1932 (44)：2.
③ 嘉定县十九年度社会教育概况 [G] //于述胜. 民国时期社会教育史料汇编（第5册）. 北京：国家图书馆出版社，2017：195—196.
④ 黄豫才. 南汇县立民众教育馆计划草案 [J]. 教育与民众，1931，2 (8)：103.
⑤ 费孝通. 乡土重建 [M]. 上海：上海观察社，1948：22.

在生计教育方面提出具体的教育目标:"1. 有改进自身职业技能之意愿与能力;2. 了解生产事业之改良;3. 能为简单日用之计算;4. 能记账,能开单据。"① 该馆旨在加强民众改进职业、改良生产事业与记账开单据等能力的发展,以实现改善民众生产生活的目标。

总体来讲,上海市区及沪郊各县民众教育馆针对民众生活景象,提出具体的民众生计教育目标。如指导民众组织生产消费信用合作社等,指导民众副业;提高民众生产知识及技能,以增高其生产率;教会民众使用基本的度量单位及运用珠算、笔算、心算记账的能力与习惯。如此助力民众各种职业发展,发展国民生计,从而促进民众生产知识与技能的提升。

三、改良风俗,培养民众优良行为习惯

五四运动后,我国知识界开始倡导"到民间去"。而"到民间去"不仅仅是传播先进的文化知识和改善生计,也与知识分子当时的忧患意识有关,提倡青年担负起教育民众的义务。② 在全国教育会议上(1928年),赵冕提出民众教育旨在"唤起民众,使成为健全国民";③ 郑洪年认为民众教育要养成"健全之公民"。④ 1931年11月国民党第四次全国代表大会对中华民国教育宗旨及其实施方针进行了修正:"社会教育必须使人民认识国际情况,了解民族意义,并具备近代都市及农村生活之常识,家庭经济改善之技能,公民自治必备之资格,保护公共事业及森林园地之习惯,养老恤贫防灾互助之美德。"⑤ 此修正案对民众教育养成健全国民的教育宗旨进行详细的具体说明,从国际认识、民族意义、公民自治与日常美德等方面作出细致规

---

① 上海市立民众教育馆概况(1932年6—12月):1933[A]. 上海:上海市档案馆,Y8-1-98:111—112.

② [美]洪长泰. 到民间去——1918—1937年的中国知识分子与民间文学运动[M]. 董晓萍,译. 上海:上海文艺出版社,1993:21.

③ 赵冕. 请组织民众教育设计委员会案[R]//中华民国大学院. 全国教育会议报告. 上海:商务印书馆,1928:387.

④ 郑洪年. 实施成人教育案[R]//中华民国大学院. 全国教育会议报告. 上海:商务印书馆,1928:389.

⑤ 教育部. 教育法令汇编(第1辑)[G]. 上海:商务印书馆,1936:20.

定。1934年1月,教育部民众教育专家会议通过民众教育实施途径,拟订民众教育目标为:"从民众生活之迫切需要出发,积极充实其生活力从而培养其组织力,并发扬整个民族自信力,以达到民族独立,民权普遍,民生发展之教育宗旨。"① 民众教育专家注重对民众民族意识的培养,以达到民族、民权与民生的协调发展。1938年4月,中国国民党临时全国代表大会通过抗战建国纲领暨战时各级教育实施方针纲要,对于社会教育要求:"力求有计划之实施。"其整理及改善教育方案项为:"确定社会教育制度,并迅速完成其机构,充分利用一切现有之组织与工具,务期于五年内普及识字教育,肃清文盲并普及适应于建国需要之基础训练。"② 此次对民众教育目标的调整重在制度、机构、组织等内容的实施,以便扫除文盲,适应建国需求。

上海作为中国经济与文化的中心城市,所面临的改造社会风气和培养新型民众的任务尤为艰巨。在全国民众教育目标指引下,上海市区及沪郊各县为了塑造现代化市民,培养民众优良的行为习惯和态度,从公民教育、健康教育、休闲教育三个方面改良民众风俗。

在公民教育方面,上海市立民众教育馆重在培养公民意识、权利意识及良好美德。"1. 能了解三民主义之大意;2. 明了各级政府之组织及职权;3. 明了并参与地方自治活动;4. 知道中国历史,领土大小,及近代领土丧失概况。"③ 外冈民众教育馆旨在"训练全区民众有行使政权的能力";④ 马陆农民教育馆在于"训练全区民众有行使政权的能力,指导全区民众注意康乐活动,指导全区民众养成良好习惯",⑤ 该馆旨在使民众有行使政治权利的能力以及养成良好的生活习惯。徐行民众教育馆则注重民众

---

① 教育部社会教育司. 民众教育馆 [M]. 教育部社会教育司,1940:15.
② 教育部社会教育司. 民众教育馆 [M]. 教育部社会教育司,1940:16.
③ 上海市立民众教育馆概况(1932年6—12月):1933 [A]. 上海:上海市档案馆,Y8-1-98:112.
④ 嘉定县十九年度社会教育概况 [G] //于述胜. 民国时期社会教育史料汇编(第5册). 北京:国家图书馆出版社,2017:165.
⑤ 嘉定县十九年度社会教育概况 [G] //于述胜. 民国时期社会教育史料汇编(第5册). 北京:国家图书馆出版社,2017:187—188.

能"了解并深信中华民族应当自求解放、了解并能力行忠孝仁爱信义和平等美德、有与人合作精神、有尊重社会上的多数幸福的态度、对于社会有功之人物表示敬意、了解民众组织的力量与意义"。① 奉城民众教育馆的目标在于："1. 养成民众勤俭刻苦之习惯；2. 养成民众爱国利群之观念；3. 养成民众强毅勇敢之精神；4. 灌输国民应有之常识；5. 训练团结自卫之能力。"②

在健康教育方面，1930年3月教育部试图通过健康教育，增强民众体质，养成优良卫生习惯，对医药常识有相当的认识。上海市立民众教育馆对健康教育目标提出相应要求："1. 了解清洁卫生之重要，戒除有损健康之嗜好；2. 了解疾病之由来，并能信从医生；3. 了解预防传染病之必要，并知使用普通消毒法；4. 能作一种简易健身运动。"③ 上海县闵行民众教育馆提出："使民众了解各项疾病之浅显病理及简易治疗法、看护病人法，以破除迷信；使民众能戒除不良嗜好及有卫生习惯。"④ 该馆注重民众道德品质、正当娱乐及健康的卫生习惯等意识的提升。南汇县立民众教育馆也对民众健康教育提出具体目标："1. 有保持个人家庭及公共场所整洁的习惯；2. 有作简易运动和健康的习惯；3. 了解各项疾病之浅显病理兼能信从医生；4. 有预防传染病之智识与能力；5. 有通常急救之智识与技术；6. 能了解人体构造；7. 能安心看护病人；8. 能使用普通消毒法；9. 有一种自娱娱人之技能；10. 能戒除有损健康之嗜好。"⑤ 可以看出，各民众教育馆在健康教育方面，致力于培养民众清洁的习惯、戒除不良嗜好及预防各种传染病的能力，并加强民众对疾病预防和诊治的了解，以增强民众体能素质。

---

① 嘉定县十九年度社会教育概况［G］//于述胜. 民国时期社会教育史料汇编（第5册）. 北京：国家图书馆出版社，2017：195—196.
② 奉城民众教育馆救国教育实施方案［J］. 奉贤教育，1934（5）：2.
③ 上海市立民众教育馆概况（1932年6—12月）：1933［A］. 上海：上海市档案馆，Y8-1-98：111.
④ 上海县闵行民众教育馆第一试验区实施计划及进行步骤［J］. 上海县教育月刊，1932（44）：2.
⑤ 黄豫才. 南汇县立民众教育馆计划草案［J］. 教育与民众，1931，2（8）：102.

在休闲教育方面，1930年3月教育部规定民众休闲教育目标在于充实人民生活延续民族生命。各民众教育馆注重提倡正当娱乐，形成良好的生活习惯，养成健全的民众。如干巷农民教育馆提出："1. 使民众于业余之暇，锻炼强壮体魄；2. 使民众养成爱于运动的习惯；3. 使民众乐于运动，富有健康的精神；4. 使民众以运动为业余嗜好，减少不正当之消遣。"① 以此养成健全的民众。上海县马桥农民教育馆的休闲教育目标在于使民众有正当的娱乐组织习惯。② 各民众教育馆的休闲教育目标都在于提倡正当娱乐，培养民众优良行为习惯，形成积极向上的生活作风。

上海民众教育馆通过国耻演讲、劝用国货会、政治标语牌、纪念会、清洁运动、国术比赛、业余运动会及民众治疗会等事业活动的开展，激发民众有强烈的民族意识，养成健康的生活习惯并有正当娱乐，以此养成健全的国民，促进民众全方位健全发展。

第二节 体贴民众生活需要：上海民众教育馆的内容建构

在教育目标指引下，各民众教育馆在运行中，有其自身的教育内容建构。民众教育是民众生活的教育，生活的教育内容应该包括人生生活活动的全部。因此，民众教育内容的建构也应基于人生生活活动的全部。民众教育馆作为基层社会的"播扬者"，其事业活动便是根据基层民众生活来开展的。结合上海民众生活样态，上海民众教育馆将教育内容概括为语文教育、生计教育、公民教育、健康教育、休闲教育。同时，各种教育教材取材广泛，凡是民众日常生活中的事务，都是民众教育所学的内容与知识。可以说民众教育重视就实地生活取材。"何谓就地取材？譬如某地本产米麦蚕桑。在编辑课本时便应当以米麦蚕桑为材料。在经济组织方面，便应当指导组织养蚕合作社、粮食仓库及运销合作等。如某地宜于森林、果树、

---

① 半年来之干巷农民教育馆、民众体育场 [J]. 教育季刊，1933，1 (4)：135.
② 上海县第六民众教育区马桥农民教育馆进行计划及实施程序 [J]. 上海县教育月刊，1932 (44)：5—6.

畜牧等，则无论课本或经济组织都宜以此数项为材料。又如某地治安不好，交通不便，水旱等灾常见，则在课本及政治组织方面即宜以此为材料。何谓就生活取材？农民种棉，收花售花或纺纱织布售布，以及完粮防盗贼、防风雨、防水旱之患、储蓄、借贷款、婚姻、生老疾死等日常生活。"① 但每一项教育内容并非各自为政，互不相谋，而是具有统整性和连贯性。人生生活活动是整个的，任何一项活动只是人生生活活动的一面，此一面活动又与其他各种活动均有密切关系。同样民众教育内容也是整个的，任何一项教育只是民众教育的一面，此一面与其他各面发生密切的关系。故此，民众教育馆的内容建构是一个系统的工程，各类教育建设相互联系，共同协作完成馆内民众教育任务。

一、语文教育：普及民众文化知识

语文教育即语言文字活动，准备这一活动的教育为语文教育。关于语文教育这一名词，"有人曾定义为语言文字教育，因名字太长反太累赘，不如语文教育来得简单明了。又有人以文字教育的一部分工作的识字教育来代替全部的语文教育，这当然也是不相宜，所以近代的民众教育家都是主张用语文教育而不用其他名词的"。② 因此，民众教育馆语文教育即是所有有关语言文字活动的教育。关于语文教育所包含的重要事项，则可举办各种事业活动。如民众阅书所、民众阅报所、巡回文库、读书团、民众问字处、民众代笔处、壁报牌、演讲竞赛会、注音符号研究会、识字运动、民众小报、读报班、民众读物研究会及民众学会。为了普及民众文化知识，语文教育主要以举办民众学校为中心工作。不同阶段学习内容侧重点不同，如松江县民众教育馆举办民众学校，分为职业班和初级班，职业班关于语文教育的课程主要有国语、写信、习字等；初级班课程为识字、习字、写信、常识等。③ 具体课程所用教材及课时分配见表3-2。

---

① 高践四. 民众教育 [M]. 上海：商务印书馆，1934：83—84.
② 商致中. 民众教育 [M]. 上海：大华书局，1933：95.
③ 松江民众教育馆. 松江民众教育馆概况 [M]. 松江民众教育馆，1933：71—72.

表 3-2　松江民众教育馆职业班课程设置一览表

科目	教材	第一学月 每周次数	第一学月 每次分数	第二学月 每周次数	第二学月 每次分数	第三学月 每周次数	第三学月 每次分数	第四学月 每周次数	第四学月 每次分数
国语	新主义国语读本	3	60	3	60	3	60	2	60
尺牍	商业尺牍	3	60	3	60	3	60	2	60
书法	活动教材	0	0	0	60	1	60	1	60
党义	活动教材	1	60	1	60	1	60	1	60
常识	活动教材	1	60	1	60	1	60	1	60
周会	活动教材	2		2		2		2	
工业常识	活动教材	1	60	1	60	1	60	1	60
商业常识	活动教材	1	60	1	60	1	60	1	60
珠算	活动教材	1	60	1	60	1	60	2	60
笔算	活动教材	2	60	2	60	1	60	1	60
记账	活动教材	1	60	1	60	1	60	2	60

本表资料来源：松江民众教育馆. 松江民众教育馆概况［M］. 松江民众教育馆，1933：77.

可知，职业班课程中国语每周开设次数最多，所用课程采用《新主义国语读本》。其第一册采用儿童、民众生活口语组成的韵文与歌谣，文字简短，多反复，穿插大量生动活泼的图画，课文没有标题。从第二册开始课文添加标题，其内容由浅入深，由易到难。此教材编入了童话、寓言、笑话、自然故事、生活故事、传说、历史故事、儿歌及民歌等，多采用与民众生活比较贴近的故事与诗歌形式编写。如《我叫蚯蚓我姓蚯》《时钟先生》《猴子请狼保护》《猴子自强》《猴子种葡萄》等，都是以民众多彩的生活为材料，使得民众较容易接受。如第二册第二十八课：

蜘蛛坐在网里，看见蜜蜂、蝴蝶、蚊子飞过。蜘蛛道，请进来，请进来；蜜蜂道，我要去采花蜜，不进来；蝴蝶道，我要去采花粉，不进来；蚊子道，我来罢，我来罢。蚊子飞进网里，蜘蛛把他吃掉。

再如第二册第四十五课：

> 冬天过，春天到，春天桃花好，燕子飞来喳喳叫；春天过，夏天到，夏天荷花好，大树底下听蝉叫；夏天过，秋天到，秋天菊花好，墙边唧唧虫声闹；秋天过，冬天到，冬天梅花好，小狗喜欢雪地跑。

选材贴近民众生活气息，不仅使得民众识字，同时以物话形式表达了对劳动的赞扬，对大自然的欣赏。该教材也结合时代的特性，加入了反帝反封建的爱国主义思想内容，如第三册中《猴子自强》中写道："靠别人保护，不如自己图强。"还有《热血歌》："四万万同胞呀，洒着你的热血去除强暴。"第八册的《鸦片毒》更是号召："同胞快醒来，同心除害物，精神抖擞金钱足，从此不受外人辱。"

表 3-3 松江民众教育馆初级班课程设置一览表

科目		第一学月		第二学月		第三学月		第四学月	
		每周次数	每次分数	每周次数	每次分数	每周次数	每次分数	每周次数	每次分数
国语	识字	6	50	6	50	6	50	6	50
	习字	4	30	4	30	回家练习			
	写信								
算术		4	30	4	30	4	30	4	30
记账		0	0	0	0	1	30	1	30
常识		2	30	2	30	2	30	2	30
党义		2	30	2	30	2	30	2	30
阅读		无定时							
唱歌		无定时							
体育		无定时							

本表资料来源：松江民众教育馆. 松江民众教育馆概况［M］. 松江民众教育馆，1933：77.

初级班较为注重民众基本知识的学习，如识字、习字、算术、常识与阅读等，启发民众文化知识，提高识字率。同时馆内还确立各科教材的选择标准：

> 国语：1. 要切合民众日常生活必需的文字；2. 要有职业的分类；3. 要足以修养公民资格。党义：1. 可以鼓起其革命的热忱；2. 可使其明了国民党的概要；3. 可使其明了国际的大势。算术：1. 为实际生活上所最应用得到的；2. 合于民众生活的；3. 可以自力学习的。常识：1. 日常可见得到听到的；2. 为民众所不注意，而日常很重要的；3. 足以探索进化顺序，而发生改革和创造思想的。尺牍：1. 各种的称呼；2. 写信的方法和格式；3. 日常应用的书信。书法：1. 要日常应用的；2. 要合于基本练习的；3. 要平正美观的。写信：1. 能启发民众思想的，而自由发表的；2. 和民众生活有关系的；3. 社会活动上所需要的。唱歌：1. 富有兴味的；2. 革命化的；3. 民众文艺的。记账：1. 日常应用的；2. 新旧记账式。工业常识：1. 普通必要之工业知识；2. 普通日用工业品之制造法。商业常识：1. 合于商业的需要；2. 关于商业上普通所用之簿记等。[1]

嘉定县外冈民众教育馆为促进民众文化知识的学习，在民众夜校课程设置中有"谈话、康乐常识、算术识字等，教材采用三民主义千字课"，[2]其余均选用与民众生活紧密结合的教材。马陆农民教育馆内的民众夜校开设国语、珠算、农事、乐歌、体育，识字教材采用中华平民教育促进会出版的《农民千字课》。[3]《农民千字课》旨在："1. 使学生识得最常用的单字

---

[1] 松江民众教育馆. 松江民众教育馆概况 [M]. 松江民众教育馆，1933：79—81.
[2] 江苏省立俞塘民众教育馆. 江苏省第四民众教育区二十三年度社教概况 [M]. 江苏省立俞塘民众教育馆，1935：27.
[3] 江苏省立俞塘民众教育馆. 江苏省第四民众教育区二十三年度社教概况 [M]. 江苏省立俞塘民众教育馆，1935：42.

及复字,并能练习运用;2. 使学生练习简单的写信(明信片);3. 使学生练习记账。"① 其主要内容见表 3-4。

表 3-4 《农民千字课》教材内容

课时	目录	内容
第一课	我的姓名年岁	我姓×,我的名字叫××,我今年是×岁。
第二课	我的家	我是中华民国人,我的家在××省,××县,××村。
第三课	我家里的人	我家里的人:有我的父亲,我的母亲,我的哥哥,我的弟弟,我的姐姐,我的妹妹,还有我。
第四课	一家人吃饭	我一家,有七口,有老的,有少的,有男的,有女的,有大的,有小的,老老少少,大大小小,男男女女,同吃饭。
第五课	乡村	一去二三里,烟村四五家,亭台六七座,八九十枝花。
第六课	一年四季	一年共有十二个月,分春夏秋冬四季,一季是三个月。
第七课	农民	种田的人,叫做农民。有时耕,有时种,有时收,有时藏,春夏秋冬,一年四季,都是忙。
第八课	七种物	有七种物是人人家里都要的,这七种是柴米油盐酱醋茶。
第九课	平民学校	我村里有一平民学校,我不识字,同哥哥弟弟天天读书,一天读一课,读的是农民千字课。
第十课	读书做工	读书好,做工好。你读书,我读书,大家读书知识高,你做工,我做工,大家做工不会穷。同读书,同做工,天天做完工,读书一点钟。
第十一课	老王的菜园	老王有一个菜园,三亩地大。他种的有冬瓜,西瓜。老王爱他的菜园,天天要去看他的菜。
第十二课	好光阴	好光阴,好光阴!一寸光阴一寸金,寸金难买寸光阴。光阴一去不再来,少年应当爱光阴。爱光阴,要读书,爱光阴,学做人。

---

① 中华平民教育促进会. 农民千字课(第一册)[M]. 中华平民教育促进会刊印,1931:3.

续表

课时	目录	内容
第十三课	温习千字课	我从平民学校回家,温习千字课。我的弟弟妹妹看见我读书,也要读书。举我做先生,他们做学生。我同他们都读千字课。
第十四课	爱干净	一个人要爱干净,牙要刷干净,手要洗干净,脸要擦干净。爱干净的人,都不易生病。
第十五课	书中有黄金	家有黄金用斗量,不如大家进学堂。黄金有价书无价,人人读书知识强。
第十六课	东西南北	一早起来,面向日光,前面是东,后面是西,左手是北,右手是南。东西南北,东北西北,东西南北,前后左右。
第十七课	李家的果木园	李家的果木园,十亩地大。园里种的有桃,有李子,有柿子。这些果花又香,果子又甜,又好看,又好吃。我们要学李家,也要种些果木。
第十八课	客来了	先生贵姓?我姓孙,孙先生从那里来?我从南京来。你的父亲在家吗?他不在家,请你多坐一会!不坐了,再见!
第十九课	数目字	正写的数目字是一二三四五六七八九十零,大写的数目字是壹贰叁肆伍陆柒捌玖拾。
第二十课	上学带去的东西	张报田要到平民学校去。他的父亲对他说:有四个东西,你不要忘记带去:一是看书的目,二是听讲的耳,三是读书的口,四是写字的手。
第二十一课	明信片	田民生在平民学校读了一个月的书,就学会写信了。这是他写的一张明信片。
第二十二课	粮食	常吃的粮食,除了米、麦,有小米,黄米,高粱米,玉米。还有许多豆子。农民不种田,大家就没有粮食吃的。
第二十三课	日记账	金京生在平民学校读了一个月的书,就学会记账了,这是他中秋那天的日用账。
第二十四课	高老太太的生日	高家老太太七十岁,做生日。客人送的礼:鸡、鸭、花、果子都有。他们杀猪,请客吃饭。因为猪光会吃同睡,不比别的东西有用。

本表资料来源:中华平民教育促进会. 农民千字课(第一册)[M]. 中华平民教育

促进会刊印,1931:1—59.

由此可知,民众所受教育均与民众日常生活紧密结合,突显民众生活需求。此外,每一课后都配有插图,较为形象生动地反映民众日常生活。每六课结束后均有生字和练习安排,使得民众所学知识得到及时复习,免于遗忘。再如上海市民众教育馆进行语文教育时采用《上海市民众识字读本》,具体内容如表 3-5。

表 3-5　《上海市民众识字读本》有关语文教育内容

目录	内容	问题	写字
做工	一二三四五,一二三四五,人人要做工,天天有工做。	要做工?有工做?	一、二、三、四、五、工人
团结	一二三四五,六七八九十,大家肯做工,还要肯团结。	大家肯团结?	六、七、八、九、十、做工
生活	人人做工,方能生活。要能有衣,还要有食。有住有行,方能生活。衣食住行,劳动方得。	有衣有食?有住有行?能劳动?	生活、衣食住行
姓名	我姓___,我的名字叫___,你说:你姓什么?你的名字叫什么?他姓什么?他的名字叫什么?	你的姓?你的名字?	我的名字叫___
家庭	我的家庭,一夫一妻,上有父母,下有子女。夫爱妻,妻爱夫,父母爱子女,子女爱父母,大家人人亲爱,家庭方团结。	你爱你的父母么?他爱他的子女吗?	夫妻、父母、子女、家庭、团结
写信	三弟:我每天做了工,又去读书,现在为了能识字,就能写信,好不快活!你现在能写信不能?你如要写信,先要快快读书,多多识字!	为什么要写信?你收得了你的朋友的信么?	写信一次
复习: 读的:1. 工人、上下、姓名、生活、父母、夫妻、子女、劳动;2. 五六七、八九十、人人劳动方得食;3. 人生四要:一要衣、二要食、三要住、四要行;4. 人人能亲爱,大家方团结,天天肯勤劳,人人能生活。口填的:5. 我肯做工,还( )团结;6. 夫妻能亲( ),家庭( )团结;7. 你我要( )( ),方( )有衣食住行;8. 他说:( )的名字( )什么。			

本表资料来源：上海市教育局. 上海市民众识字课本［M］. 上海：商务印书馆，1935：1—6.

同样地，教学内容也是围绕民众最基本的生活而展开，每一课后都有问题和写字的练习。可知，上海市区及沪郊各县民众教育馆内的民众学校所学语文教育的内容与民众生活紧密结合，满足民众日常生活对知识的需求，并且所用教材符合时代特色，结构较为合理，对所学知识都能及时巩固与检验。除了民众学校外，民众教育馆还通过其他各种场所实施语文教育。上海各民众教育馆通过民众学校与巡回文库指导民众进行语言文字学习，其内容贴近民众日常生活的各个方面，运用各类书籍、练习与复习，不断提升与普及民众文化知识。

二、生计教育：提高民众生产效率

生计问题是一种社会问题。"生计教育便是为了应付这种社会问题而设施的。"① 其内容不仅仅包括职业教育的各种问题，其他如生产方法的研究、经济组织的改进都在生计教育范围之内。当时上海职业分布的基本趋向是："产业工人仍是人数最庞大的职业大军，中产阶层职业趋于多元化，苦力和无业群体无序膨胀。"② 上海工人数量庞大，就业层次相对偏低，加之无业人口数量的激增，严重影响民众生活程度的改善。1934—1947 年上海无业人口统计数据显示，无业人口分布主要在市区，而不是郊区。其中无业人口较多的区为："嵩山（11202 人），江宁（9212 人），新成（8094 人），榆林（7759 人），闸北（7546 人），洋泾（7260 人），蓬莱（6780 人），杨浦（6285 人），在全市 30 个区中，上述 8 个区的无业人口占总无业人口的 52.95%。"③ 无业是造成都市民众贫困的重要原因。而无业人口队伍的不断膨胀，毫无疑问加剧了他们生存条件的恶化。其中最能体现贫富差距的是

---

① 朱坚白. 生计教育的认识［J］. 教育辅导，1935，1（4）：10—11.
② 罗苏文，宋钻友. 上海通史（第 9 卷　民国社会）［M］. 上海：上海人民出版社，1999：106.
③ 罗苏文，宋钻友. 上海通史（第 9 卷　民国社会）［M］. 上海：上海人民出版社，1999：140.

住房，资产阶级上层的住房却十分宽敞，布置极其豪华和奢侈。如淞沪护军使卢永祥之子的沪宅在英租界慕尔鸣路3号，朝南三层巨大洋房，"占地七亩一分，建筑精致，屋内浴室、自来水、火炉、下房、花房、汽车房一应设备齐全。且有庭园花圃、草地、树木，足资娱乐"。① 甬帮巨商薛润生1927年新购一宅，在新闸白克路35号，乃"巍巍巨厦，一洋式大住宅……宅前有草地一方，满植花草、树木，绿荫缤纷，境至清雅。宅内停有自备汽车三辆"。② 和这些上层资产阶级相比，社会底层市民连吃饱都是奢望。他们没有固定职业，连满足最基本生存需求也较为困难。一位作者曾很形象地描写住房困难的情形：

> 上海房价真不口强（口强就是价格低的意思），曾听周瘦鹃先生说端详，一楼一底石库门，有时十户在里面。替他们算算怎么住，列个表在下方：
> 楼上前房一户张，楼上后房一户黄；楼下前房一户唐，楼下后房一户杨。
> 厨房改造一户庄，梯半阁楼一户桑，亭子间，一户郎，晒台改造一户孀。③

南京国民政府建立后，没有触动农村封建经济基础，工商业固不能和各国竞争，即便是农产物也非靠外国运入不可。以粮食而论，据1929年实业部的统计："外米输入者有91583603担，外麦有5663868担，其余如棉货烟草等更是不在少数。"④ 此外，连年天灾也加剧了农村经济破产。1928年，水旱之灾遍及21个省，灾民7000多万。1929年，西北诸省大旱，川鲁洪水、豫皖旱虫并发。1930年水旱虫雹风诸灾肆虐黄、淮、长江流域，灾民

---

① 高等住宅出让[N]. 晶报，1927-03-18.
② 薛润生被绑与家庭[N]. 小日报，1927-10-22.
③ 丹翁. 住房分租笑唱[N]. 晶报，1929-07-03.
④ 冯锐. 民众生计教育[J]. 教育研究（广州），1932（33）：52.

3000多万。1931年长江中下游八省洪灾，三十多万平方公里面积被淹，灾民超过1亿。凡此都使内地农民贫困化大大加剧。据1933年《农情报告》中披露的22省材料："靠借债度日的农户占56%，以借粮糊口的农民占48%，自耕农破产率在50%以上的有16个省，无法维持生存的农户占50%以上的有9个省。"① 农村经济的破败，极大萎缩了上海工业品的国内市场。所以办民众教育，固然要使各项教育平均发展。同时，希望能格外注意"设法增加他们的生产效率，来宽裕他们的生计为是"。② 在此意义上，上海市区及沪郊各县民众教育馆注重对民众进行生计教育，以提高民众的生产效率。

各馆内关于生计教育主要举办各种"合作社、平民银行、民众借贷处、储蓄会、习艺所、职业指导所、职业介绍所、节俭会、农事改良所、出品展览会、生产用具改良会、生产技能改进会"，③ 传授职业教育的各种知识、生产方法的研究、经济组织的改进以及日常做工的知识。在此理念指引下，上海市立民众教育馆传授民众一些基本生计知识。具体如表3-6所示。

表3-6 上海市民众教育馆生计教育相关内容

目录	内容	问题	写字
银钱	商人：你做一天工，能得几个钱？工人：做了七天工，得了四银元。商人：你要买什么？工人：三元买柴米，一元买油盐。	人是要做了工方能得工钱么？你有了钱要买什么？	我做工，天天可得（ ）（ ）。他有了工钱，叫他的（ ）（ ）买（ ）。我有银（ ）元，你有银（ ）元，他有银（ ）元。

---

① 杨国强，张培德.上海通史（第7卷 民国政治）[M].上海：上海人民出版社，1999：172—173.
② 中才.对于上海社会教育的新希望[J].上海民友，1932（53）：5—7.
③ 商致中.民众教育[M].上海：大华书局，1933：90.

续表

目录	内容	问题	写字
尺升秤	要知长短，用尺；要知多少，用升；要知轻重，用秤。大家用市尺，大家用市升，大家用市秤。我说：要用市尺。你说：要用市升。他说：要用市秤。	尺升秤做什么用？什么叫市尺，市升，市秤？	兄弟、朋友、银钱、市尺、市升、市秤、柴米油盐。
记账	我家每日用钱多少，我是记账的，上面是记收，下面是记付，每天记了账，算一次，每月结算一次，如有多下的钱，还能储蓄。	银钱上什么收付你能记账么？你能多下钱储蓄么？	他用钱（　），我用（　）（　）少，我的妻子能记（　），你的弟弟能（　）蓄。
劳动	我种田，你织布，大家要活大家做。劳动不必是为己，人生实在要互助。劳动以后当读书，读书以后当休息。	你做了什么劳动的事？读了书没有？你每天有好好的休息么？	人生是要（　）（　）的。做了（　），就读书，（　）了，（　）休息。父（　）做工，子女（　）（　），是一个好家庭。

复习：

读的：1. 长短、多少、轻重、工商、银元；2. 我有三兄弟，大家我助你，每天做了工，就肯读书去；3. 一二工人做，不行，几个朋友做就行了；4. 你要知：如为了要生活，先得每日做工。

口填的：5. 有了家庭，又有了朋（　），就要能识（　）写（　），方能快活；6. 一家人家用了银钱，就要（　）（　）；7. 你买米用尺么？买柴用升么？买（　）用秤么？

本表资料来源：上海市教育局. 上海市民众识字课本［M］. 上海：商务印书馆，1935：1—6.

可知，上海市立民众教育馆生计教育内容与民众日常职业有着密切的联系。如做工所得银钱、做工所用尺升秤及家庭每日记账等。沪郊各县民众教育馆也通过各种方式传播生计知识，有通过张贴标语传授生计知识的，如松江县民众教育馆教育内容如下:"1. 三百六十行,种田为上行;2. 不怕人不请,只怕艺不精;3. 不出血汗,不能吃苦;4. 春不种,秋不收;5. 着暖吃饱,只要种花稻;6. 教子教孙须教艺,载桑载柘少载花;7. 起早不忙,稻早不荒;8. 早起三光,迟起三忙;9. 若想富贵,只要本领来赚;10. 田要冬耕,子要亲生;11. 着勿穷,吃勿穷,算计勿通一世穷;12. 人穷志不穷,情愿做长工;13. 男勤耕,女勤织,足衣足食。"① 也有通过课程或训练传授各种职业知识与技能的,如川沙县城区民众教育馆注重对民众职业的训练,除传授职业训练的基本知识如公民常识、国语、珠算与应用文写作外,还加入各种生产技术的训练,使民众在理论与实践方面均有增进。具体实施见表3-7。

表3-7 川沙县城区民众教育馆职业训练日课表

曜日	上午科目	下午科目
月	珠算	技术训练
火	应用文	技术训练
水	公民常识	技术训练
木	珠算	技术训练
金	应用文	技术训练
土	公民常识	技术训练

本表资料来源:陆砥平. 川沙县城区民众教育馆二十二年度工作概况[M]. 川沙县城区民众教育馆,1934:19.

各民众教育馆在注重基本生计知识传授的基础上,还注重对生产方法的介绍和各种优良品种的试种。如外冈民众教育馆于1935年2月,组织棉花产销合作社,"以江阴白子棉及百万华棉种,先行推广,改善棉产,同时县农业推广所,收买大量百万华棉子,以备各区民众试种"。② 马陆农民教育馆试行养蚕、园艺、果树与养鱼四种,指导民众学习养殖技术。除此之

---

① 松江民众教育馆. 松江民众教育馆概况[M]. 松江民众教育馆,1933:158—159.
② 江苏省立俞塘民众教育馆. 江苏省第四民众教育区二十三年度社教概况[M]. 江苏省立俞塘民众教育馆,1935:23.

外，该馆不断对民众灌输农事知识，"农闲时，农民来馆游览日有数十，本馆职员借此机会，授以选种及改良种植等方法，已得了多数农友们的同情，悉由认识而酌予采用了"。① 各馆还注重各种农产技术的指导，如宝山县顾村民众教育馆指导民众试种薄荷并指导特约农户收割薄荷。② 除了对生产方法的介绍、优良品种的介绍与指导农业技术外，还有民众教育馆注重对民众合作知识的传授，如信用合作、消费合作、生产合作、运销合作、利用合作。钮长耀在俞塘民众教育馆就合作社业务进行、业务经营与合作训练等对民众进行教育，介绍"信用合作社、购买合作社、运销合作社、生产合作社、利用合作社、合作社的兼营与联合社的运行、资金、社员、意义等"，③ 以此启发民众合作思想，使民众了解合作意义。与此同时，民众教育馆还对妇女实施家事教育。如川沙县城区民众教育馆组织妇女进行各种编织、裁缝、刺绣等生产，"棉织品，如土布、毛巾、线袜等；编织品，如织线所制之衣裤帽袜等花边等；裁缝，如女子自制之各种衣服类料，织国货为限，洋货不陈列；刺绣：如女子自制之各种应用品"，④ 提高她们的生计能力，进一步改善家政。

　　生计教育是整个社会的教育问题。民众教育馆注重从民众实际生活出发对民众实施不同形式的教育，用各种教育方法与力量，来训练或指导民众，使其有谋生的知识和技能。其内容不仅仅包括理论层面的知识，更重要的是操作层面的知识，如对生产知识的介绍、优良品种的试种、农业技术的指导与各种合作社的运行等。上海各民众教育馆在实施生计教育时，无论是理论还是实践均结合民众实际生活予以教育，体现民众的职业本位。

---

　　① 江苏省立俞塘民众教育馆. 江苏省第四民众教育区二十三年度社教概况 [M]. 江苏省立俞塘民众教育馆，1935：40.
　　② 宝山县顾村民众教育馆最近事业概况 [J]. 社教通讯（上海），1935，1 (6)：48.
　　③ 钮长耀. 合作社 [M]. 上海：商务印书馆，1937：29—57.
　　④ 陆砥平. 川沙县城区民众教育馆二十二年度工作概况 [M]. 川沙县城区民众教育馆，1934：76.

三、公民教育：培养民众民族意识

民众教育重的大使命在于养成健全公民。公民教育目的即在造成健全公民，其"不仅仅包括之前的政治组织，还注重明了团体生活中属于社会性与公民性的活动，就是今之所谓社交教育，其次复须注重发展对于社会利益的态度与动作的趋势，即今之所谓道德教育，此三者相关相联，缺一不可"。① 因此，实施公民教育在于使民众明了对社会各种组织及其性质的相关知识，发展民众社会责任心，培养民众对于社会生活应有的态度与动作。上海各民众教育馆通过不同的事业活动实施公民教育，其中最为重要的是各种民主政治组织及其性质的相关知识。如嘉定县外冈民众教育馆采用《三民主义千字课》教材传授民权的政治知识，其具体内容如表 3-8。

表 3-8 《三民主义千字课》第二册目录

科目	内容	科目	内容
五一	什么是民权	七四	什么是民主主义
五二	民权是世界潮流	七五	民生是历史的重心
五三	中国的民权思想	七六	中国人的生存现状
五四	四万万人做皇帝	七七	械器世界的潮流（一）
五五	阿斗和诸葛亮	七八	械器世界的潮流（二）
五六	权能分立	七九	械器世界的潮流（三）
五七	电阻与发电机	八〇	地价的增加
五八	四个民权	八一	澳洲的第一个大富翁
五九	选举权（一）	八二	地价增加之来源
六〇	选举权（二）	八三	上海县公民会议平均地权（一）
六一	罢免权	八四	上海县公民会议平均地权（二）
六二	创制权	八五	资本的功用
六三	复决权	八六	私人资本与国家资本
六四	五权宪法	八七	第一计划

---

① 徐念轩. 民众公民教育之理念与实施 [J]. 民众教育，1931，3 (11): 6.

续表

科目	内容	科目	内容
六五	行政权	八八	第二计划
六六	立法权	八九	第三计划
六七	司法权	九〇	第四计划
六八	考试权	九一	第五计划
六九	检察权	九二	第六计划
七〇	民权新世界	九三	三民主义就是大同主义
七一	民权与自由（一）	九四	知难行易
七二	民权与自由（二）	九五	国民政府建国大纲
七三	民权与平等	九六	国民政府建国大纲（一、二、三、四、五续）

本表资料来源：晓庄学校民众教育研究会. 三民主义千字课第 2 册 [M]. 北京：新时代教育社，1928.

嘉定县外冈民众教育馆关于公民教育主要是传授民权的政治知识，如"什么是民权""中国的民权思想""民权是世界潮流""四万万人做皇帝""什么是民生主义""民生是历史的重心""四个民权""民权与平等""中国人的生存现状""上海县公民会议平均地权""国民政府建国大纲"。① 如此，民众对社会的各种组织及其性质有了一定了解，从而发展起民众的社会责任心，使其能行使选举、罢免、创制及复决权等。上海市立民众教育馆实施公民教育涉及政治组织、政治领导人物、三民主义大意等，具体见表 3-9。

表 3-9 上海市立民众教育馆关于公民教育的内容

目录	内容	问题	复习
中华民国	中华民国是我们的国家，中华民族是我们的民族。我是中华国民，我爱中华民国，我爱中华民族。中国的地方大，中国的人民多。青天白日满地红，国旗大家要爱重。	你实在爱中华民国么？中华民国的国旗，你们都见了没有？	写：青天白日满地红，国旗大家要爱重。填字：我们当（　）中华（　）（　）的国（　）。

① 晓庄学校民众教育研究会. 三民主义千字课第 2 册 [M]. 北京：新时代教育社，1928：目录.

续表

目录	内容	问题	复习
孙中山	孙中山先生,是中华民国的国父,我们大家读后面的"国父歌"。国父孙文,中山先生。三民主义,救国救民。四十多年,尽力革命。天下为公,亲爱精诚。	孙中山先生为什么要尽力革命?你们要信三民主义么?	写:天下为公,国民革命。我们的国父是( )( )( )( )( ),他是实行( )( )为公的。
中国国民党	中国国民党,是革命的党,是救国的党。中国国民党的三民主义,是救国主义。中国国民党的三民主义,是救国主义。青天白日旗,是中国国民党的党旗。孙中山先生是中国国民党的总理,也是中华民国的第一任大总统。我们民众应共同信仰三民主义,努力奋斗。	中国国民党是做什么的党?你们是不是共同信仰三民主义?	青( )白( )是我们的党( ),青天白日( )( )( )是我们的国旗。我们信仰( )( )( )( )( )是能救( )( )的主义。
三民主义	三民主义,第一是民族主义,要使各个民族都得到自由平等。第二是民权主义,要使人民有权利治理国事。第三是民生主义,要使人民的衣食住行一切生活都得到满足。我们实行三民主义,中华民国才可以得到自由平等。	三民主义是三种什么主义?你的生活都得到满足了没有?	( )( )主义是救( )救( )的主义。( )( )三民( )( ),中国才能得到( )( )( )( )。
蒋中正	中华民国十五年七月九日,国民革命军总司令蒋中正统军北伐,不到二年,统一全国。这几年,他努力剿匪①,救国救民,所以国民都敬仰他。他实在是总理以后中华民国的第一人。我们敬仰蒋总司令,就应大家实行新生活,救我们的国家。	你们敬爱国民革命军的总司令么?新生活是什么人先叫我们实行的?	( )( )军的总( )( )是蒋中正先生。( )( )成功,( )( )统一。

① 注:国民党围剿红军称"剿匪"。

续表

目录	内容	问题	复习
国民政府	国民政府是中华民国的中央政府。主席以下，分为五院，院有院长。现在训政时期，由中国国民党治理国事，所以国民政府是以党治国的政府，他应当为人民除痛苦，谋幸福的。我们国民，读书识字，有了能力以后，国家的大事都可由我们自己来治理，这才真是完全民治的国家了。	没有能力的国民可以治理国事么？党治和民治有什么不同？	造句：用"能力""中央""幸福""政府"等字各造一句。
省市政府	中华民国有二十八省，四市，和蒙古、西藏。中央政府在南京，各地方，省有省政府，市有市政府。省政府的首领是省主席，市政府的首领是市长。一省的人口有几千百万，一市的人口有几百十万。省市地方能不能进步，人民有没有幸福，这都要看省市政府的行政好不好了。	国民政府设在什么地方？我们要大家能进步，有幸福，先要做到什么？	造句：用"进步""首领""市""省"等字各造一句。
双十节	每年十月十日，同庆民国建立。当年起义武昌，革命精神壮烈。国体民主共和，自由平等可得。无分男女老少，不忘双十佳节。	民国建立在多少年以前？什么是民主共和国？	造句：用"不忘""精神""共和""佳节"等字各造一句。
国耻	我国的国耻，自鸦片战争起始，一百年来，有了多次，我国和他国间，全无自由平等可说。九一八后，东北四省被占，国人没有一个不痛心的。忠勇的将士，勤奋的国民，大家要同心合力，才能救国。	你能知鸦片战争以后的事么？东北四省的省名你能说出来么？	造句：用"鸦片""痛心""东北""合力"等字各造一句。

本表资料来源：上海市教育局. 上海市民众识字课本［M］. 上海：商务印书馆，1935：1—6.

由上表可知，上海市立民众教育馆主要传授政治的基本常识，加深民众对政治组织、民族知识、领导、国耻、救国的认识。

除了民族知识外，救国知识也是当时各馆最为重要的公民教育内容。如松江县民众教育馆不断宣传抗日救国的知识，以期给民众以国际形势之概念，而唤起抗日救国之决心。如日寇罪行包含内容如下：

> 1. 亡我台湾；2. 侵略朝鲜；3. 灭我琉球；4. 中日之战；5. 迫订航行条约，夺取领事裁判权；6. 化我福建为势力范围；7. 参加八国联军；8. 日英缔约；9. 迫订满洲善后协约；10. 建立南满会社及关东州府；11. 侵略延边；12. 二辰丸运械事件；13. 鸭绿江伐木问题；14. 满洲五案协约；15. 灭我朝鲜；16. 要求满蒙五路建筑权；17. 强占胶州湾；18. 提出二十一条；19. 日俄协约；20. 郑家屯惨杀案；21. 蓝辛石井协定；22. 投资条约；23. 军事协定；24. 长春惨杀案；25. 福州惨杀案；26. 中日庙街交涉；27. 强占珲春；28. 对于青岛胶济路之要胁，与旅大之抗议；29. 长沙六一惨案；30. 地震时惨杀华人案；31. 设文化专局实行文化侵略；32. 五卅惨案；33. 三一八惨案；34. 汉口惨案；35. 济南五三惨案；36. 刺死水杏林惨案；37. 万县惨案；38. 侵占东省。①

上海市立民众教育馆也为统一救国运动发布告市民书，从"为什么要统一救国""怎样实现统一救国"②两个方面呼吁民众担起救亡图存和复兴民族的使命。同时，为唤起市民努力参加爱国工作起见，特编印"国难宣传纲要"散发全市市民，对"如何共赴国难"对民众实施教育，传授民众如何通过自己的实际行动参加爱国运动的知识。此外，不少民众教育馆也注重民众社交教育和道德教育的实施。如干巷农民教育馆通过组织民众品

---

① 松江民众教育馆. 松江民众教育馆概况 [M]. 松江民众教育馆，1933：210—211.
② 上海市市立民众教育馆为统一救国运动告市民书 [J]. 上海民众，1937（5）：3.

茗、纳凉、演讲、谈话、听收音机,①让民众懂得如何社交。宝山县城区民众教育馆推行新生活运动,组织新生活实行团,团员先以身作则并随时向民众宣传劝导有关日常生活的良好习惯,如"革除衣服肮脏、帽子歪斜,行路时吸烟,随地吐痰便溺等不良习惯"。② 如此,培养民众对社会生活有良好的态度和习惯。

四、健康教育:增强民众体能素质

健康教育作为民众教育中的主要工作之一,与卫生教育、体育教育的意义不同,其包含一切和身体健康有关系的知识、习惯及设施等,范围较广,具体包括"清洁运动、卫生会、民众治疗所、大扫除、拒毒会、天足会、防疫会、捕蝇团、运动会、国术研究所、球类比赛、各种儿童游戏场、远足队、民众救护队、游泳池、童子军、业余运动会、公共体育场"。③健康教育之内容,以"性质之不同,得分为体育、医药、卫生三方面"。④健康教育的实施主要从体育、医疗与卫生三个方面进行建构,从而改善民众生活,提高民众体能素质。

当时,我国民众相比其他国家健康较弱。据1935年统计,各国民众健康年龄如下:"美国:58岁;英国:50岁以上;德国:50岁以上;瑞典:50岁以上;挪威:50岁以上;印度:30岁;中国(南京、上海、北平、天津、广州):30岁以下。"⑤ 可以看出,健康年龄在50岁以上最为普遍,但中国和印度却同样地处在30岁左右,这是证明中国民众的健康年龄小。1928年各国人口死亡率统计:意国,0.95%;英国,1.17%;德国,1.20%;美国,1.21%;法国,1.65%;日本,1.98%;印度,3.00%;

---

① 江苏省立俞塘民众教育馆. 江苏省第四民众教育区二十三年度社教概况[M]. 江苏省立俞塘民众教育馆,1935:109.
② 江苏省立俞塘民众教育馆. 江苏省第四民众教育区二十三年度社教概况[M]. 江苏省立俞塘民众教育馆,1935:134.
③ 商致中. 民众教育[M]. 上海:大华书局,1933:21.
④ 金作宾. 关于健康教育方面之建议[J]. 社教通讯(上海),1935,1(5):32.
⑤ 陈礼江. 民众教育[M]. 上海:商务印书馆,1935:201—202.

中国（南京、上海、北平、天津、广州），3.00%；各国死亡总数中传染病所占比率统计：美国，9%；日本，10%；德国，11%；英国，11%；法国，14%；中国（南京、上海、北平、天津、广州），72%。① 换言之，各国每一百个死亡中，因传染病而死的不过在 10 人左右。而中国 100 个死亡中竟有 70 人以上是因传染病而死。在上海一些地区，民众的生活状况较差，如上海的棚户区，就缺乏医疗设备，生活环境较差。

> 上海棚户区是怎样一块地方：余姚路棚户区共有一千多家，因为民众事先没有计划，并且各人只顾到自己的方便，所以房屋的建筑显得杂乱而不合理。有些小弄堂，甚至屋檐接着屋檐，一个火星就会引起一场巨大的灾祸。二十五年就这样平白地，丧失了几百家全部的财产，连唯一躲避风雨的草棚也只剩下一片赤地了。阴沟弯弯曲曲地穿过棚户区的腹地伸展向马路，污水淤塞得太久，已经发黑而腥臭了。到了夏天，一切的疾病，就从这里发源。而棚户区却缺乏任何医药的设备，就是一个最简陋的诊疗所都没有，人民病了，就只有靠着自己的体力和细菌搏斗，或是求乞于神的怜悯和护佑。饮水也是不方便的，八千多人都依赖着在马路边不能自由开放的水龙头。而且一下雨路就成了河，屋子里也变成池塘了。成人们在工厂里做工，拉人力车，或当苦力。小孩子也免不了是家庭的生产者，他们大都以拾荒、卖棒冰和做小贩为生。这里的居民没有好的吃，好的穿，但他们却把这一切归之于命运，这就是我们的推广区。②

健康教育旨在传授民众相关的体育健身、清洁卫生、疾病医疗等知识，促进民众良好生活习惯的养成。如此说来，健康教育对民众的重要性不言而喻。上海市区及沪郊各县民众教育馆在教育部及上海政府、教育局的健

---

① 陈礼江. 民众教育 [M]. 上海：商务印书馆，1935：202—203.
② 沈吕默. 民众教育馆 [M]. 上海：中华书局，1948：90.

康教育目标指引下,开展各种事业活动对民众施以健康教育。

在卫生方面,上海市立民众教育馆关于健康教育内容的建构主要包括卫生、清洁、运动及空气等,具体见表3-10。

表3-10　上海市立民众教育馆健康教育的相关内容

目录	内容	问题	写字
空气	空气,空气,什么东西?大家不见,呼吸不难。人生所要的东西,每月能和他相比。有了食,有了衣,大家还要好空气。	人为什么不能没有空气?空气为什么不能看见?	我吸好（　）（　），我方有快活的生（　），有什么东西能和（　）（　）相（　）?
清洁	我们的生活,第一要清洁。吃的要清洁,穿的要清洁,住的要清洁。一切都清洁,病痛就能少。实行新生活,大家都说好。	为什么吃的穿的住的都要清洁?是不是要家家清洁?为什么?	读（　）的人要清洁,做（　）的人要（　）。商人（　）人都要实行（　）生活。相信新生活的人（　）都能（　）（　）。
运动	天天能运动,身体就强壮;身体强壮精神旺,两人的事一人当。父母夫妻和子女,还有朋友和兄弟,大家运动身体强,人生快活当无比。	身体强壮有什么用处?要身体强壮,为什么先要运动?	我天天运动,我的（　）体强（　）。你没（　）运（　）,你的（　）神不（　）。他有一天（　）（　）,有一天不运动,还是没（　）用。
烟酒嫖赌	我们大家不问吸什么烟,喝什么酒,总是伤身费钱,嫖赌两事,害人也是不浅。一二工人爱烟酒,好嫖赌,精神身体都是了结。朋友,你要实行新生活,切不要爱烟酒,好嫖赌!	人为什么不能爱烟酒,好嫖赌?烟酒嫖赌你爱好过没有?现在不爱好了么?	我不爱吸（　）,他不（　）（　）酒。（　）嫖（　）赌,不（　）身体。没有（　）（　）（　）（　）四事,是新生活。

续表

> 复习：
>
> 读的：我有四个朋友，是弟兄，大家都不爱吸烟，也不喝酒，嫖赌二事，也不必说，都不爱好去做的。一个是种田的人，一个是织布工人，第三和第四两个是商人，他们每日都肯读书去。我每月总要去他们家一次。他们吃的，穿的，住的，一切都能清洁，还爱运动。为了如是，就能一无病痛，身体强壮，精神也旺，他们好算得实行新生活了。

> 口填的：1. 空气是（ ）（ ）所不能离的好（ ）（ ）。2. 有了（ ）（ ）以后，储蓄能力，方能劳动。3. 我问你：什么事是（ ）身（ ）钱，害人不浅？
>
> 笔填的：4. 我们要能互助，（ ）（ ）为己；5. 我去见（ ），他在（ ），呼吸新空气；6. 人人当有（ ）（ ），没有一事比有（ ）朋友还要快活。

本表资料来源：上海市教育局. 上海市民众识字课本［M］. 上海：商务印书馆，1935：13—18.

由表3-10可知，上海市立民众教育馆在实施健康教育时，注重与民众日常生活相勾连，倡导民众注重清洁的习惯。如"吃的要清洁，穿的要清洁，住的要清洁。一切都清洁，病痛就能少"，[①] 教育民众要注重日常运动，增强体质，告诫民众戒烟酒嫖赌实行新生活。沪郊各县民众教育馆也注重对民众实施卫生教育，如松江县民众教育馆通过标语对民众宣传卫生知识，具体内容如下：

> 1. 勤剃头，勤沐浴，郎中先生见了哭；2. 苍蝇一只脚，蚂蚁吃一百；3. 日常伸伸腿，老来不驼背；4. 跑跑跳跳，身体包好；5. 饭后走百步，胜于吃了补；6. 眼睛不做不瞎，耳朵不做不聋；7. 多衣多多寒，少衣薄薄寒；8. 若要小儿安，常带三分饥与寒；9. 少吃多自慰，多吃坏肚皮；10. 早饭吃多早，中饭吃得饱，夜饭吃得少；11. 恼一恼，老一老，笑一笑，少一少；12. 苦苦恼恼得了病，嘻嘻哈哈活了命；13. 勿近烟赌酒，年纪活到九十九；14. 咳嗽吐痰，性命总难；

---

① 上海市教育局. 上海市民众识字课本［M］. 上海：商务印书馆，1935：14.

15. 一夜勿困，十夜勿醒；16. 早困早起身，赛过吃人参。①

松江县民众教育馆通过各种标语简明扼要地向民众宣传健康的生活习惯，从日常生活小事做起，如剃头、沐浴、运动、饮食、休息、戒烟酒等，使民众对健康生活有深刻认识。也有民众教育馆组织卫生运动，以引起民众对卫生的重视。如徐行民众教育馆鉴于本镇民众忽视公众卫生，联合各机关举行卫生运动，② 希望农民养成清洁习惯，健康身体。马陆农民教育馆联络乡公所举行大扫除，"沿途添设垃圾箱，以免垃圾随地堆积，有碍于公共卫生，举行卫生演讲，分发宣传品，向民众宣传卫生常识"。③

在医药方面，各馆注重对民众疾病的预防及诊治知识的传授，如嘉定县奎山民众教育馆成立健康指导会，给予民众健康指导，分为医师检验体格和医师答复问题。④ 上海市立民众教育馆还通过各种讲座对民众传授各种疾病预防知识。如霍乱预防法，"霍乱是什么？霍乱是一种急性的传染病，他的名称非常的多，如绞肠痧、吊脚痧、痛瘰痧，等等不同的发痧，实在就是一种病症，叫做霍乱"⑤，进而呼吁民众要熟煮饮食、注重消毒、减少不必要的往来。还有民众教育馆通过设立民众诊疗所传达疾病的预防及诊治方法，如张堰民众教育馆购备各项普通药品，如金鸡纳霜、痧药水、橡皮等十余种，⑥ 随时施送民众，并说明其用途。

在体育方面，各民众教育馆组织各种体育运动，向民众传授体育运动知识。如马陆区民众教育馆"极力宣传注意体育的好处，同时请马陆附近

---

① 松江民众教育馆. 松江民众教育馆概况 [M]. 松江民众教育馆，1933：157—158.
② 江苏省立俞塘民众教育馆. 江苏省第四民众教育区二十三年度社教概况 [M]. 江苏省立俞塘民众教育馆，1935：33.
③ 江苏省立俞塘民众教育馆. 江苏省第四民众教育区二十三年度社教概况 [M]. 江苏省立俞塘民众教育馆，1935：42.
④ 嘉定县十九年度社会教育概况 [G] //于述胜. 民国时期社会教育史料汇编（第5册）. 北京：国家图书馆出版社，2017：158.
⑤ 上海市立民众教育馆. 女子卫生讲座：霍乱预防法 [J]. 女子月刊，1933，1（5）：147.
⑥ 江苏省立俞塘民众教育馆. 江苏省第四民众教育区二十三年度社教概况 [M]. 江苏省立俞塘民众教育馆，1935：104.

青年，组织体育集团"。① 如此，一面可以作为民众的模范，一面引起民众对体育的重视。松江县民众教育馆除在民众学校每星期日加授国技一小时外，还随时协助体育场办理各项活动。② 各民众教育馆还组织各种体育运动，如篮球、踢毽、足球、武术团、举重队、赛跑队等进行练习，并由指导员担任各项具体指导，以增强民众对体育运动的热爱。

总体来讲，上海各民众教育馆都注重对民众健康教育知识的传授，从体育运动、卫生知识、疾病预防与治疗三个方面予以实施，采取民众易于接受的国术团、各种球队组织、健身班、民众运动会、健康教育宣传队、各种运动比赛、简易医药库、巡回医疗、特约诊病所、保健防病、民众生活环境指导、卫生运动等形式，增进民众健康知能和培养民众健康习惯，使他们习得卫生常识，并拥有预防各种传染病的能力。

五、休闲教育：丰富民众日常生活

民众教育所包含的内容广泛，除了教给民众各种日常知识、生产技能、公民及健康常识外，还注重提倡民众正当的娱乐兴趣。当时社会中一般人的休闲生活多数是不适当的消磨。"烟酒""赌场""妓院""舞厅""酒馆"……遍地皆是，戕害民众身心。休闲教育，便是解决以上弊病的良药。所谓休闲教育，就是"在民众休闲时间，寻求娱乐的当儿，供给他们各种趣味的知识"。③ 休闲教育就是要利用民众休闲的时候，施以种种教育，使民众在娱乐之中，获得各种文化知识和健康生活习惯。

上海市立民众教育馆对休闲教育作如此规定："1. 有一种简易的娱乐技能；2. 有参加各种娱乐事宜之意愿习惯；3. 能讲述故事；4. 有欣赏民

---

① 嘉定县十九年度社会教育概况［G］//于述胜. 民国时期社会教育史料汇编（第5册）. 北京：国家图书馆出版社，2017：194.
② 江苏省立俞塘民众教育馆. 江苏省第四民众教育区二十三年度社教概况［M］. 江苏省立俞塘民众教育馆，1935：74.
③ 周晓天. 休闲教育与民众娱乐［C］//章辉，陆庆祥. 民国休闲教育文萃. 昆明：云南大学出版社，2018：15.

众艺术的能力。"① 徐行区民众教育馆也对休闲教育提出了要求："1. 有一种自娱娱人的技能；2. 有参加各种娱乐事宜之意愿与习惯；3. 有欣赏音乐图画戏剧等艺术之能力；4. 有静观事物以娱身心之习惯。"② 在此要求下，上海市区及沪郊各县民众教育馆根据地方及馆内人力与物力进行各种事业活动来实施民众休闲教育，如设立民众茶园、教育电影、组织平剧研究会、音乐研究会、纪念会、郊游队、弈棋比赛及民众同乐会等。

其一，开设民众茶社实施休闲教育，改良社会风俗。民众茶社不是借此以牟利，而是用以招揽民众。民众来此不只是喝茶，还可以赏书画、话桑麻、听看书报、奏乐弈棋、听讲开会。如嘉定县奎山区民众教育馆开设民众茶社，娱乐品有象棋、围棋、丝竹、台球及留声机片等，以此实施休闲教育，丰富民众日常生活，且"每三日或每周派员演讲，每周表演游艺或杂耍，自编教材开讲评话，利用机会随时谈话"。③ 此外，社内组织各种纪念会，敦请擅长说书者，开讲通俗评话，扩大宣传，推行休闲教育。为改良社会风气，嘉定县民众教育馆设立民众茶社，设有"图书报章及象棋围棋等各种正当娱乐器具"。④ 天马山民众教育馆设特约民众茶园，"由馆内布置教育环境，津贴管理费，每周派员前往演讲，或时事报告两次"，⑤ 向民众传达各种休闲娱乐知识。宝山县顾村民众教育馆也设特约茶园六处，"每周派员轮流作通俗演讲，及改良风俗之谈话，并进行改良说书，听众颇多"。⑥ 各馆借助民众茶园抑或是民众茶社，设置系列娱乐品，并通过各种通俗演讲，指导民众进行正当娱乐。

---

① 上海市立民众教育馆概况（1932年6—12月）：1933［A］. 上海：上海市档案馆，Y8-1-98：113.
② 嘉定县十九年度社会教育概况［G］//于述胜. 民国时期社会教育史料汇编（第5册）. 北京：国家图书馆出版社，2017：197.
③ 嘉定县教育局. 嘉定县十九年社会教育概况［M］. 嘉定县教育局，1931：20.
④ 嘉定县民众教育馆民众茶社暂行办法［J］. 嘉定县政公报，1929（16）：20—21.
⑤ 江苏省立俞塘民众教育馆. 江苏省第四民众教育区二十三年度社教概况［M］. 江苏省立俞塘民众教育馆，1935：82.
⑥ 江苏省立俞塘民众教育馆. 江苏省第四民众教育区二十三年度社教概况［M］. 江苏省立俞塘民众教育馆，1935：152.

其二，设置娱乐室供民众进行休闲娱乐。如徐行区民众教育馆设娱乐室三处，分别为："音乐处，设有三弦子、琵琶、二胡、笛、双清、笙、京胡、点子鼓、碰钟、月琴、响板、箫、留声机、唱片；弈棋处，设有象棋、围棋、军棋、战棋等数种；乒乓球处，设有乒乓球台一只，供民众拍球，以娱身心。"[1] 除此之外，马陆农民教育馆鉴于当地农民在田头工作后，身心均感到疲劳，不能得到消解，特设立娱乐室，供农民娱乐休闲，室内备有"丝竹乐器，台球，象棋桌，供农民玩弄"。[2] 松江县民众教育馆设娱乐室，室内设置各种乐器和棋类，弈棋为民间固有的休闲娱乐，同时也是民间提倡高尚娱乐最有价值者。[3] 可见，各馆通过设立民众娱乐室，并配备各种娱乐设备，提倡民众正当娱乐，戒除民众不良嗜好，从而激发他们接受教育的兴趣。

其三，举办各种联欢会或音乐会，引起民众娱乐兴趣。如马陆农民教育馆举办民众联欢，"聊备茶点，席间参与农民余兴，藉以联络感情"。[4] 宝山县顾村民众教育馆为改良社会恶习，于每年最闲时间，召开同乐会。"农友自动组织之申曲研究会，加入表演，同时由本馆职员，参与改良恶习的演讲，观众每场五六百人，妇女为多。"[5] 也有民众教育馆举办歌唱队，吸引民众参与。奎山区民众教育馆举办歌唱队，赴各乡演讲，颇受一般民众欢迎。"各乡花鼓剧盛行，利用固有之习俗，组织歌唱队，编唱各种改良通俗歌曲，随时出发歌唱，以推行休闲教育，转移社会风尚为实施目的。"[6]

其四，张贴各种标语，实施民众休闲教育。如松江县民众教育馆张贴标语，试图通过醒目的短语以唤起民众正当娱乐的兴趣。"1. 胡琴一声，

---

[1] 嘉定县十九年度社会教育概况[G]//于述胜. 民国时期社会教育史料汇编（第5册）. 北京：国家图书馆出版社，2017：201—202.

[2] 江苏省立俞塘民众教育馆. 江苏省第四民众教育区二十三年度社教概况[M]. 江苏省立俞塘民众教育馆，1935：45.

[3] 松江县教育志编纂委员会. 松江县教育志[M]. 上海：上海社会科学院出版社，1989：118.

[4] 江苏省立俞塘民众教育馆. 江苏省第四民众教育区二十三年度社教概况[M]. 江苏省立俞塘民众教育馆，1935：45.

[5] 江苏省立俞塘民众教育馆. 江苏省第四民众教育区二十三年度社教概况[M]. 江苏省立俞塘民众教育馆，1935：152.

[6] 嘉定县教育局. 嘉定县十九年社会教育概况[M]. 嘉定县教育局，1931：35.

眼目清凉；2. 闲来弄弄棋，陶情作乐两相宜；3. 音乐听听，可以涵养性情；4. 有空勿赌，弗会吃苦。"①再如上海县民众教育馆搜集民间文学，以民众日常生活中事迹，编为文学短语用以慰藉或娱乐民众。如：

  天上星，地上星，太太叫我吃点心，弗高兴买糕饼：糕饼甜，买斤盐。盐未咸，买只篮。篮未漏，买升豆。豆未香，买块姜。姜未辣，买只鸭。鸭未叫，买只鸟。鸟未飞，买只鸡。鸡未啼。买只光梨。②

娱乐是民众消闲的生活，也可说是民众的安慰剂。且闲暇时间最易造成罪恶，一般民众工作休闲之时，无正当娱乐以调节精神，必致陷于烟酒赌博等不正当娱乐。所以休闲教育的提倡对于纠正民众生活，提供正当娱乐是十分必要的。

综上所述，上海民众教育馆的教育内容主要包括语文教育、生计教育、公民教育、健康教育与休闲教育。但任何一项教育都只是民众教育的一面，此一面与其他各面均有密切的关系。如语文教育开设的课程中包括基本工业常识、商业常识、珠算、笔算、记账等，旨在使民众掌握基本的职业知识，同样属于生计教育，有助于民众生计知识的提升。再如进行休闲教育时，在民众娱乐场所，把卫生常识，尽量供给他们，养成一种卫生的习惯。或于身体方面的，如饮食、运动、工作、休息、衣住、清洁、呼吸等，这又属于健康教育；属于心理方面的，如安闲、勇敢、忍耐、愉快、诚恳等，这又属于公民教育，既有改良风俗的意义，也有灌输常识的意义，还有宣传政治的意义。再如在进行生计教育、公民教育、健康教育、休闲教育时各种标语的宣传，同时也是民众识字的机会，也属于语文教育范畴。因此，民众教育馆各类教育建设相互联系、相互影响，构成一个系统的现代知识教育体系，共同推动馆内民众教育事业的发展。

---

 ① 松江民众教育馆. 松江民众教育馆概况 [M]. 松江民众教育馆，1933：161.
 ② 上海县民众教育馆研究部. 民间文学 [J]. 上海民友，1932（57）：90.

第四章　上海民众教育馆的多维实践路径

民众教育馆作为基层社会中的"播扬者",以灵活多样的教学方法和手段,提供民众各种受教育机会。民众教育馆实施民众教育广泛存在于各种内部机构及设施中,如民众学校、职业补习学校、识字学校、图书馆、展览室等,施教方法注重基于当地民众的实际需求及风俗习惯,采用各种形式,联络各界相关机构、社会团体及对民众教育有兴趣者,提高工作效率。[①] 民众教育工作切实为民众服务这是毋庸置疑的,民众教育馆实施民众教育必须视察当地情形,尽力提倡当地民众需要的活动。譬如当地特产丰富,市价低落,就提倡组织运销合作社;当地匪窃众多,即组织保卫事业等。总之,民众教育馆实践路径并没有一定成规,具有弹性和灵活性,具体包括教学活动、宣传活动、比赛活动、展览活动、指导活动等。

第一节　兼具系统性与针对性的教学与指导活动

教学活动是民众教育馆实施民众播扬中最严谨的一种教育方式,有固定对象,有系统课程,有一贯教材,有一定教学时间,如民众学校与职业补习学校等属于此类。指导活动目的在提示与辅导民众进行一切日常生产生活活动,针对性地帮助民众解决生活中遇到的诸如识字、写信、生产与

[①] 教育部社会教育司. 民众教育馆重要法规 [M]. 教育部社会教育司,1939:8.

卫生等困难，如家事指导、职业指导、农业指导、卫生指导等。

一、开设民众学校

清除文盲、供给失学民众基础文化知识，是各类民众教育馆事业的关键点。在所有民众教育馆开展的知识文化传授方式中，民众学校是最常见，也是最为正规与系统的。宗秉新曾调查，江苏省各县民众教育馆实施语文教育中占最大比例的便是民众学校，占到98%。[①] 各级民众教育馆根据所在区域实际情况，设置各种民众学校，旨在对民众实施补习教育，提高他们的知识文化水平。1929年，教育部公布民众学校的对象在招收超过义务教育年龄的失学民众，是给予民众公民教育、识字教育及自卫训练的民众教育机构。[②] 随后，上海市教育局公布《民众学校办法大纲》（1933年），对民众学校的宗旨、对象、课程、教材、课时、修业年限、成绩考核、会议、经费等进行详细说明，使得各民众学校实施民众教育有章可循。上海各民众教育馆为提高民众文化知识水平，扫清文盲，分别在馆内设立民众学校对民众实施教育，且减免学费。如1934年泖港农民教育馆在区内筹设戴库、浦滨、太平、三召、思益、施楼等六处民众学校。[③] 朱泾民众教育馆共办理西林、青浦、泖濆、斜泾、贺埭、赵浜六所民众学校。[④] 干巷农民教育馆共设立本馆附设民校、楼屋、白米、六桥、蒋巷五所民众学校，统由本馆负责指导。[⑤]

俞塘民众教育馆深入农村，趁着青年农民求知欲高时，先后成立区域不同性质略异的六所民众学校，除授以实际生活技能外，并注意服务社会智识的训练与公民道德的指导，具体如表4-1所示。

[①] 宗秉新. 江苏的民众教育馆[M]. 江苏省省立镇江民众教育馆，1933：71.
[②] 赵厚勰，刘训华. 中国教育活动通史（第七卷）[M]. 济南：山东教育出版社，2017：436.
[③] 江苏省立俞塘民众教育馆. 江苏省第四民众教育区二十三年度社教概况[M]. 江苏省立俞塘民众教育馆，1935：106.
[④] 江苏省立俞塘民众教育馆. 江苏省第四民众教育区二十三年度社教概况[M]. 江苏省立俞塘民众教育馆，1935：101.
[⑤] 江苏省立俞塘民众教育馆. 江苏省第四民众教育区二十三年度社教概况[M]. 江苏省立俞塘民众教育馆，1935：108.

表 4-1　俞塘民众教育馆附设民众学校一览表

校名	学生数	课程	用书
俞塘民校	32	国语、算术、常识	人人读
瓶山民校	41	国语、常识、国术	农民读本
合作社民校	30	国语、珠算、常识	农民千字课
北桥妇女校	38	国语、算术、家事	民众读本
荷溪民校	32	国语、算术、国术	人人读
荷溪女校	22	国语、算术、家事	农民千字课

本表资料来源：省立俞塘民众教育馆. 省立俞塘民众教育馆概况［M］. 省立俞塘民众教育馆，1935：26.

民众教育馆所设民众学校重在向民众推行识字教育，灌输生活常识。在招生方面，各馆主要采用劝导和宣传吸引民众入学，如马陆农民教育馆的民众学校主要采用举行识字运动、联合乡长劝导、张贴招生广告、利用机会宣传引起识字需要、托识字人劝导等方法。① 奎山区民众教育馆分赴各地进行劝导，包括分赴各家劝导、分赴附近乡村劝导、分赴各工厂商店劝导。② 松江县民众教育馆则通过："1. 举行识字运动，并表演属于劝人识字之化装演讲；2. 联络地方人士，互相劝导；3. 全体教师聚众讲演；4. 全体教师按户劝导；5. 利用校友聚众讲演；6. 张贴图画及文字标语，散布图画及文字宣传品。"③ 其宣传要点包括下列内容：

　　1. 民众学校是不要钱的；2. 书籍、讲义、文具都由校里供给；3. 晚上上课二小时，四个月毕业；4. 不识字的苦处，识字的好处；5. 识字的人快劝不识字的人来报名读书；6. 不识字的成年人，不进民众学校，是永无识字的机会；7. 成年读书，是很容易收效果的；

---

① 江苏省立俞塘民众教育馆. 江苏省第四民众教育区二十三年度社教概况［M］. 江苏省立俞塘民众教育馆，1935：41.
② 嘉定县教育局. 嘉定县十九年社会教育概况［M］. 嘉定县教育局，1931：26.
③ 松江民众教育馆. 松江民众教育馆概况［M］. 松江民众教育馆，1933：72—73.

8. 成绩优良，按月可以得到奖品。①

又如川沙县城区民众教育馆编制"劝识字歌"来劝导民众入民众学校接受教育：

> 开场白：山歌好唱口难开，为人在世吃饭难。问：做生意的人为啥要识字，种田朋友为啥要识字？做手艺的这般木匠铁匠铜匠泥水匠，为啥道理也要识得字？答：做生意的识字好，识得字智识程度就提高，进出贸易自家可以马上账来记，账台先生可以来取消。种田朋友识字好，识得字智识程度就提高，利用械器要把种田方法来变换，免灾荒丰收玉谷乐陶陶。做手艺的识字好，识得字智识程度就提高，模型发明要把外国人巧妙来胜过，畅销国货又巧又灵又坚牢。问：大人读书啥地方，白天无不工夫上学堂，几化时候来毕业，勿指导学钱书钱要多少？答：民众学校为了大人开，夜里上课家家全空闲，四个月读完一千个字好毕业，勿要你铜钱只要你人来。②

上海县塘湾民众教育馆于1935年对该馆基本施教区25个村落分别举行文盲调查，"共计文盲318人，占全区32.9%"。③ 为扫除文盲，该馆举行识字宣传三天，并会同保甲长警士，挨户劝学，同时开放留声机，发张贴标语，分发传单，号召民众入学。张堰民众教育馆通过发放传单劝导进入民众学校识字，具体内容如下：

> 不识字的人，真苦呀！写信，要请教人家写；记账，要请教人家计；要算……要……都要请教人家！总之，不读书的人，便什么事都

---

① 松江民众教育馆. 松江民众教育馆概况 [M]. 松江民众教育馆，1933：75—76.
② 陆砥平. 川沙县城区民众教育馆二十二年度工作概况 [M]. 川沙县城区民众教育馆，1934：35—36.
③ 上海塘湾民众教育馆调查文盲 [J]. 社教通讯（上海），1935，1（2）：42.

难赶,遇到比较重大的事情,非请教人家不可,有人说,不识字的人是开眼瞎子,这话真对呀!做了开眼瞎子,还算健全的国民么?不要说不能算健全的国民,简直不是我们张堰的好民众。所以朋友们呀!赶快教那些目不识丁的开眼瞎子去上学,要是他们问起你到那里去读书的时候,你就可以和他们说:现在东街湾的民众教育馆里办一个民众学校,他们所要招收的学生,便是你们不识字或稍识字的朋友,那个学校,一切费都不要的,四个月便可毕业,真是个好机会呀!唉!热心的朋友们呀!劝人读书识字,功德无量!我们切望你们做做这件事,因为我们张堰减少一个不识字的民众,便是增加我们张堰的一分幸福,也就是我们中华民国多一分幸福![1]

各馆内民众学校根据对象的不同,将其分为民校男子班和民校女子班等,如上海市立民众教育馆最初设立民众学校分设成人、儿童与妇女三个班;宝山县立顾村民众教育馆分为民校女子班和民校男子班;外冈民众教育馆设立妇女识字班。有的馆根据民众知识程度不同,将民众学校分为初级班和高级班,或者初级班和职业班,如宝山县城区民众教育馆根据民众程度的差异,将民众学校分为高级和初级两班。松江县民众教育馆举办民众学校,分为职业班和初级班。也有民众教育馆根据民众工作时间不同,将民众学校分为日间班与夜间班,如宝山县立顾村民众教育馆将女子班分为日夜两班上课,以此来协调民众的空闲时间,保证民众正常的工作时间。

同时,各民众学校根据不同对象、时间与性质授予不同的知识,如职业班授予日常职业知识,初级班授予民众基本常识。松江民众教育馆职业班课程为国语、党义、尺牍、珠算、笔算、写信、记账、工业常识、商业常识、习字等;初级班课程为识字、习字、珠算、写信、记账、常识等。[2]马陆农民教育馆中金家油车民众夜校课程为"国语、珠算、农事、谈话、

---

[1] 半年来之张堰民众教育馆[J]. 教育季刊,1933,1(4):125.
[2] 松江民众教育馆. 松江民众教育馆概况[M]. 松江民众教育馆,1933:71—72.

娱乐，教材除国语采用中华书局之平民千字课外，余均自编"。① 张家村民众夜校所授课程"中国语占五小时，珠算占三小时，农事占一小时，书法占一小时，乐歌占一小时，体育占一小时，其余为举行纪念周及周会，教材方面识字课本采用中华平民教育促进会出版之农民千字课，其余均属选用"。② 干巷农民教育馆开办民众学校"在识字及算学方面，偏重实用；在常识及党义方面注重兴趣"。③ 外冈民众教育馆的民众学校所设课目分"识字占 270 分，珠算 180 分，作文 90 分，写字 90 分，常识 210 分"。④ 宝山县民众教育馆附设民众夜校，以"补救本馆附近年长失学民众使得受教育训练"，课程为"国语、算术、常识、音乐四科"。⑤ 可见，馆内民众学校教育内容不仅仅包括基本的常识科目，如识字、写字、常识、算术、作文、体育与音乐等，也囊括与民众生活联系紧密的珠算、农事、谈话与娱乐等。松江县民众教育馆除进行日常教学外，还加入时事教育。每周第一节一律为纪念周，时间为 20 分钟至 30 分钟。除举行仪式外，还加入时事报告、校务报告、精神讲话等。每天第一节提前三分钟上课，举行国难问答，教师问，学生答。问答材料如下："问：你们知道我们的敌人是谁？答：日本帝国主义；问：你们还忘记我们的敌人么？答：永不忘记。问：我们将怎么来挽救国难？答：努力识字，爱用国货。"⑥

各馆内民众学校教授时间均基于民众空闲时间，或开在夜间，或开在周末节假日，时间较为灵活。如宝山县立顾村民众教育馆民众男子班分日夜两班上课，其中夜间上课时间为晚七时至九时，日班为上午七时至九时，均在馆礼堂上课。如中途需料理家务者，也可申请寒假和春假学习。女子

---

① 江苏省立俞塘民众教育馆. 江苏省第四民众教育区二十三年度社教概况 [M]. 江苏省立俞塘民众教育馆，1935：41.
② 江苏省立俞塘民众教育馆. 江苏省第四民众教育区二十三年度社教概况 [M]. 江苏省立俞塘民众教育馆，1935：42.
③ 半年来之干巷农民教育馆、民众体育场 [J]. 教育季刊，1933，1 (4)：134.
④ 江苏省立俞塘民众教育馆. 江苏省第四民众教育区二十三年度社教概况 [M]. 江苏省立俞塘民众教育馆，1935：26.
⑤ 宝山县民众教育馆附设民众夜校暂行简则 [J]. 宝山县教育月刊，1929 (20)：55.
⑥ 松江民众教育馆施教区民众学校实施办法 [J]. 社教通讯（上海），1935，1 (9)：34.

班所招学生以女工居多，上课时间为每日晚上七时至九时。① 因日间需要做工，晚上入民众学校可使得读书时间和做工时间不相冲突，如此保证民众入馆学习的便利性。可以看出，民众学校授课时间取决于民众的空闲时间，较为灵活，满足不同工作时间的民众。

教学方面，各馆民众学校主要采用注入式与启发式教学。在学习一段时间后，各校对民众进行成绩测验，一般分为普通测验与标准测验，或是定期测验与无定期测验，总体成绩在六十分以上得以毕业。也有民众教育馆对民校毕业要求进行规定，如松江民众教育馆对初级班和职业班的民众毕业标准都进行详细的说明。

表4-2　松江县民众教育馆民众学校毕业标准设立表

班级	课程	毕业标准
初级班	识字	能了解一千个日用文字
	习字	能默写千字课上所有的文字
	写信	能写简易的便条
	算术	能运用简易的加减乘除法
	记账	能记日常普通的账目
	常识	能明了最普通的实用常识
	党义	能略解三民主义大要
职业班	国语	能了解课本上各课意义；能检查字典和普通演讲；能写楷书及简易行书；能知普通汉字的笔顺；能认识字的俗体，破体和帖体
	尺牍	能明了各种称呼；能写简易的便条；能写普通的信札
	算术	能运用四则应用等法；能背诵珠算上的各种口诀及各种算法
	记账	能明了新旧式的簿记法和应用
	工商业常识	能明了工商业上的普通知识和应用
	党义	能略解三民主义大意；能明了中国现况

本表资料来源：松江民众教育馆. 松江民众教育馆概况［M］. 松江民众教育馆,

---

① 江苏省立俞塘民众教育馆. 江苏省第四民众教育区二十三年度社教概况［M］. 江苏省立俞塘民众教育馆，1935：142.

1933：82—83.

民众学校作为民众教育馆内系统且免费的民众教育方式，采用各种劝导和宣传方式吸引民众入学，利用灵活的时间授予民众各种日常生活知识和技能，注重农事和家事等实际生活经验的交流，以启发民众智识，阐发社会文化。

二、举办职业补习学校

职业补习学校作为民众学习职业知识与技能的场所，是民众教育馆内实施生计教育的主要方式。1930年代前后，我国整个农业水平较为低迷，普通农户收入菲薄难以维持整个家庭开销。一些民众教育馆为缓解困境，在馆内设立各种职业补习学校或职业补习班，以教授民众各种职业知识与技能。上海市教育局公布《职业补习学校办法大纲》（1933年），对职业补习学校宗旨、入学标准、课程、教学、设备、管理等作出具体规定。各馆所开设职业补习班根据性别分为女子训练班和男子训练班，也有的根据职业性质分为农业补习班与商业补习班。当时大部分妇女缺乏固定且长久的职业，如川沙县城区内"妇女们大多没有职业可做，之前他们都靠着织毛巾来维持自己并且还要养活家庭，自三友毛巾厂停开，使城区内增加了失业的女子好几百人，而其余的小厂家降低工资，所以现在几个好手每天所得工资不过二角小洋左右，这样劳动工作而报酬这样的低微，但要找个位置，却大非易事"。[①] 宝山县城区内妇女事业也存在困境："一般妇女，除一部居家处理家庭事务者外，大半入毛巾厂做工，惟近几年来，本县毛巾事业，受社会经济不景气的影响，而销路迟滞，原有工厂以无法维持而相继停闭，致赖于生存之妇女工人，均告失业。闲居家庭，无事可做。"[②] 宝山县顾村"农隙之际，往往从事纺织，自朝至暮，工作无间，东邻西舍，机

---

① 陆砥平. 川沙县城区民众教育馆二十二年度工作概况 [M]. 川沙县城区民众教育馆，1934：21—22.
② 江苏省立俞塘民众教育馆. 江苏省第四民众教育区二十三年度社教概况 [M]. 江苏省立俞塘民众教育馆，1935：137.

杼声相应和。除供家人自衣之外，每以余布入市求售，以资家用。年来洋布畅销，土布被打倒，手工纺织，已趋末路，副业收益，宣告绝望，农家经济，大受打击"。① 由此可见妇女职业训练的紧迫性。

为了解决这种困境，各民众教育馆分别开设妇女刺绣班、妇女缝纫班、妇女编织班、妇女职工训练班等对妇女实施职业训练。如亭林农民教育馆创办妇女职业训练班，招收"十六岁至四十岁失学无业之妇女，举行四小时的训练"，② 以此扫除文盲，增进生产能力，以造就健全的国民。泗泾民众教育馆开设女子职业班教以针织刺绣及缝纫，"学生精神振作，兴趣极浓，且在校能守规则，出外颇知礼貌，与本馆感情极好，成绩亦可满意"。③ 川沙县城区民众教育馆组织妇女刺绣训练班，"招收凡年满十六岁以上三十五岁以下之女子，眼目清明，手足灵敏，身体健全者进入学习。学费免收，每人纳学习材料费二元。针线、剪刀、缝纫架、竹布等由本馆供给，学习期内之材料完全由本馆供给。学习期满，由本馆发给材料，在家工作代为销售，照给工资，如成绩优良，而出品特快者，逢节加给奖金"。④ 宝山县城区民众教育馆为适应地方需要，开设妇女缝纫和刺绣两班，聘请专业技师，详细指导，广为传习，使失业妇女谋得生计技能。"每日授予技术六小时，知识二小时，每日下午三时举行周会，施行公民训练。惟学习期间，所有工资收入，由馆保管，俟毕业时，视学生工作之勤惰，成绩优劣，仍分别奖给学生，以资体恤，而藉鼓励。"⑤ 嘉定县中心民众教育馆也于1934年设立妇女缝纫训练班，并开设业余补习班，聘请技术指导员传授缝纫技术。"报名学生甚为踊跃，分甲乙两组授课。开办藤工训练班，加以训练，

---

① 江苏省立俞塘民众教育馆. 江苏省第四民众教育区二十三年度社教概况 [M]. 江苏省立俞塘民众教育馆，1935：140.

② 亭林农民教育馆二十三年度普及民众教育计划 [J]. 松江县教育季刊，1934 (8)：6.

③ 江苏省立俞塘民众教育馆. 江苏省第四民众教育区二十三年度社教概况 [M]. 江苏省立俞塘民众教育馆，1935：77.

④ 陆砥平. 川沙县城区民众教育馆二十二年度工作概况 [M]. 川沙县城区民众教育馆，1934：21—23.

⑤ 江苏省立俞塘民众教育馆. 江苏省第四民众教育区二十三年度社教概况 [M]. 江苏省立俞塘民众教育馆，1935：137—138.

养成编藤技能,以增生产力量,使失业者得有职业。其制成的藤器,吸引了各界纷纷来馆定货,前途甚为乐观。"① 宝山县顾村民众教育馆也举办妇女缝纫训练班,聘请苏州私立女子中学缝纫科毕业的万绳仪先生为技师,"一面训练裁制普通衣着,及新式童装,西式衬衫、裤,学生装,兼教结绒刺绣等技能,一面授以日用文字,生活常识"。② 综上所述,各民众教育馆为实施妇女生计教育,发扬其固有美德,不同程度地开办适宜的职业技能训练班,提倡女子副业,以谋区内民众家庭幸福,生活充裕。

各民众教育馆还开设了各种针对男子的职业补习班。上海市立民众教育馆与中华业余无线电社合办上海国防无线电训练班,以最经济的时间和方法造就一般电讯工程人才。培训班教职员见表4-3。

表4-3 上海国防无线电训练班职员一览表

姓名	职别	出身	略历
徐则骧	班主任	大夏大学毕业	现任上海市市立民教馆馆长,上海市社会局督学。
潘人庸	副主任兼工程学教员	中央大学毕业	曾任中国无线电杂志编辑,实用无线电杂志主编,现任电通无线电用品社经理。
汪春溪	教导主任	东亚大学毕业	现任上海市市立民教馆教导主任。
顾公林	电讯教员	民立中学毕业	曾任交通部第三电台实习员,现任上海中央通讯社无线电员。
潘煜先	工程教员	民立中学毕业	曾任中华无线电杂志编辑,现任实用无线电杂志编辑。
瞿维	工程教员	复旦大学毕业	德士古洋行职员。
蔡寿祺	实习教员	中央大学毕业	曾任允泰华行无线电技师,现任电通无线电用品社技师。

本表资料来源:上海市社会局关于民众教育馆与中华业余无线电社合办上海国防无

---

① 嘉定中心民众教育馆[J]. 社教通讯(上海),1935,1(3):44—45.
② 江苏省立俞塘民众教育馆. 江苏省第四民众教育区二十三年度社教概况[M]. 江苏省立俞塘民众教育馆,1935:140.

线电训练班简章、教职员一览表（1937）[A]. 上海：上海市档案馆，Q6-18-269：7.

可以看出，上海国防无线电训练班教职员具有很强的专业性，均有从事无线电相关职业的工作经历。在课程设置方面，男子补习班为了在短期内造就军事无线电通讯工程人才，加强电讯收发、无线电工程概要、科学常识等项授受，课本采用讲义或笔记，并须阅读指定参考书及自备简易仪器。① 还有不少民众教育馆设立各种工商农职业补习学校。如奎山区民众教育馆设立职工补习夜校，"联络工商界领袖，订请当地专门人才，担任教职，提高程度，注意职业常识及服务道德等课程，并用学期制办理，以长时期的训练灌输职工较深之学识为实施目的"。② 天马山民众教育馆开设农民补习学校，授以"农事常识及国语等科"。③ 枫泾民众教育馆开设摇袜传习班，"聘请技师，租借袜机，招收学生，每日教授30时"。④ 松江民众教育馆举办职业训练班补习班授予民众必需的知识与技能，学习时间以四个月为最低标准，始终坚持"学的就是做的"，⑤ 务使所学内容适合民众切实需要。山阳民众教育馆设立渔业补习学校，课程为"主科、普通、实习三科"。⑥ 上海县马桥农民教育馆举办职业补习班，为民众提供职业训练，教学"公民、国语、珠算、常识、应用文等科目，以三个月为期"。⑦ 朱泾民众教育馆创立商人补习学校，学科为"党义、应用文、珠算、簿记，晚间授课"。⑧ 各馆开设各种补习学校或补习班，给予民众基本职业知识与技能的学习，改善他们的生产效率。

---

① 上海市社会局关于民众教育馆与中华业余无线电社合办上海国防无线电训练班简章、教职员一览表（1937）[A]. 上海：上海市档案馆，Q6-18-269：9.
② 嘉定县教育局. 嘉定县十九年社会教育概况 [M]. 嘉定县教育局，1931：35.
③ 江苏省立俞塘民众教育馆. 江苏省第四民众教育区二十三年度社教概况 [M]. 江苏省立俞塘民众教育馆，1935：79.
④ 江苏省立俞塘民众教育馆. 江苏省第四民众教育区二十三年度社教概况 [M]. 江苏省立俞塘民众教育馆，1935：80.
⑤ 松江民众教育馆普及民众教育计划 [J]. 松江县教育季刊，1934（6）：5—6.
⑥ 江苏省立俞塘民众教育馆. 江苏省第四民众教育区二十三年度社教概况 [M]. 江苏省立俞塘民众教育馆，1935：88.
⑦ 马桥农民教育馆 [J]. 社教通讯（上海），1935，1（6）：46.
⑧ 江苏省立俞塘民众教育馆. 江苏省第四民众教育区二十三年度社教概况 [M]. 江苏省立俞塘民众教育馆，1935：100.

总而言之，各民众教育馆为迫于生活而离开学校的民众以及失业民众设立职业补习学校或职业补习班，给予民众基本职业知识与技能的学习，提高他们的生产效率。

三、设立问询代笔处

上海市立江境小学附近居住的多是社会下层民众，这些民众不识字者居多数，每当遇到书写信件或收据契约时，总遇各种困难。校长朱钟寿目睹此情况，便上书教育局建议开办一所民众书信处为不识字民众代写书信。故此，教育局也认识到设立民众书信处的重要性。同时，教育局发现民众不仅仅是书写书信有困难，日常生活中其他问题同样需要指导，于是决定在民众书信处基础上扩大其功能，在全市广泛设立民众顾问处。在此基础上，各民众教育馆也特设民众问字处及代笔文件处，实施语文教育及各种日常知识教育，帮助民众解释疑问和解决困难，以启发民众知识。如张堰民众教育馆为便于民众随时问字及帮助民众代写文件起见，特设问字代笔处，逐月托写文件及问字者分列如下。

表 4-4 张堰民众教育馆代写文件及问字概况

月份	代笔件数	问字人数	月份	代笔件数	问字人数
七月	5 件	1 人	八月	11 件	6 人
九月	12 件	3 人	十月	20 件	2 人
十一月	8 件	4 人	十二月	25 件	5 人
一月	15 件	1 人	二月	10 件	3 人
三月	11 件	2 人	四月	14 件	2 人

本表资料来源：江苏省立俞塘民众教育馆. 江苏省第四民众教育区二十三年度社教概况［M］. 江苏省立俞塘民众教育馆，1935：103.

张堰民众教育馆每月平均代笔件数 10 件以上，问字人数平均每月 3 人左右，有效解决了民众困难。上海县陈行农民教育馆也设置答问代笔处，[1]供民众请求代笔及解释疑难问题。宝山县立顾村民众教育馆也设立代笔问

---

① 陈行农民教育馆［J］. 社教通讯（上海），1935，1（6）：44.

字处解决文盲的困难,"凡民众来馆请求书写,或问事者,馆员随时解答或代书,每月平均代写事项有十四五次,其范围以信札束帖为最多,问字问事者较少"。[1] 松江民众教育馆在本馆及本馆之民众图书馆,设立常识征问箱,供民众填写询问。部分有趣问题如下表所示。

表 4-5　松江民众教育馆常识征问箱问题一览表

发问者	原题
毕润身	何种虫吃自己的排泄物?
谢亮	鸟会说话吗?
王超	井水何故冬热夏冷?
叶焕华	为什么鸟和哺乳动物身上都有羽毛,而蛇何以没有?
屠益三	人类的始祖是什么?
沈仁	萤为什么会发光,他的光是从那里来的?
沈仁	青蚜虫与秋蚜虫有何分别?
高年富	嘀嘀水是怎样做的?
朱紫源	假使没有地心吸力,我们可以腾空走吗?
朱紫源	坏鸡蛋何以会浮在盐水面上?
戚陶然	植物的叶子,到了秋天,为什么会变黄色而脱落?
宋一光	在隔河对港看人家打衣服,为什么先见他打下去,慢听得声音呢?
朱锡光	鹅鸭在水里,为什么他的羽毛不会浸淹?
诸葛诚	金鱼缸内,须要放些水草,是什么用意?
施志衰	热带、温带、寒带是怎样分别的?
关明	植物过冬芽为什么经过很冷的天气,不会冻死?
何书成	火油灯何以要用灯罩继会亮?
朱茂生	自来水是从那里来的?
朱茂生	青蛙能跳的远,蟾蜍何以跳不远?
严有先	我的棉被是红格白地,为什么在暗夜里,一些颜色都看不出来呢?
吴国安	我们张开了眼睛,为什么睡不着?

---

[1] 江苏省立俞塘民众教育馆. 江苏省第四民众教育区二十三年度社教概况 [M]. 江苏省立俞塘民众教育馆,1935:143.

续表

发问者	原题
叶明陶	有那几种鱼是胎生的？
陈守忠	蝙蝠像鸟，鲸鱼像鱼，为什么都列入哺乳类？
程益三	电灯厂里的烟卤何以要造得这样高？
郁天仁	木头何以会浮，铁何以会沉？
金鸣	无花果既然没有花，那何以会结果？
徐步云	老人的头鬓何以会白？
杜聪	在高地方何以比低地方要看得远？
卜达	近水地方，有时有很美丽的光线映在壁上，这是什么缘故？
洪志清	地球究竟是在那里？

本表资料来源：松江民众教育馆. 松江民众教育馆概况［M］. 松江民众教育馆，1933：108—109.

由表4-5可知，民众所关注问题较为基本且有趣，涉及动植物、自然现象、人类、食物等日常生活所接触的各种知识，通过询问提升自己知识文化水平。有民众教育馆问询代笔处为民众问字写信服务，如外冈民众教育馆设立代笔处，以代替不识字民众书写为宗旨，代笔范围为代写及解释信件、代写文据、代写租票借据、代写便条。[①] 此外，还有民众教育馆问询代笔处为民众解决日常生活的其他困难，如徐行民众教育馆设立问询代笔处，问询的范围有"不认识的字、看不懂的信、算不来的账、看不懂的书、要写的书信、要写的便条、要写的柬帖、要写的契约、要写的对联"[②]。金山干巷农民教育馆设立民众问字代笔处，指导不识字的民众，处理日常文字问题。[③] 可见，各民众教育馆问讯代笔处所涉及问题范围较广，基本解决了民众日常生活中遇到的各种书写及账目问题。民众教育馆也以此处作为联络民众的良好桥梁，与民众生活发生紧密联系，树立民众对民众教育馆的信仰。

---

① 嘉定县十九年度社会教育概况［G］//于述胜. 民国时期社会教育史料汇编（第5册）. 北京：国家图书馆出版社，2017：184.

② 嘉定县十九年度社会教育概况［G］//于述胜. 民国时期社会教育史料汇编（第5册）. 北京：国家图书馆出版社，2017：203.

③ 金山县立干巷简易农民教育馆计划大纲［J］. 教育季刊，1933，1（4）：26.

四、组织农田合作社及提倡副业

农产作为民众最直接的经济来源,也是民众最关心的问题。各民众教育馆注重对民众实施生计教育,以增进他们的日常收入。各馆根据所在地农产特色,有针对性地试种优良农作物并推广,或组织合作社,或提倡民众开展各种副业并进行生计指导,以调动民众积极性,提高他们的生产率。

其一,民众教育馆通过示范农田,培育优良种子并推广来实施生计教育。如上海县马桥农民教育馆建设示范农田,内种植百万棉及江阴白子棉、除虫菊、苗木、薄荷,并介绍优良种子,"如金大二六号,分送区内农户播种,每亩平均比普通种子强177斤"。[①] 如此一方面可使民众明了各种作物的种植方法及选种、除虫的方法;另一方面使民众仿效馆内示范农田的种植法,增加生产量。各民众教育馆借助于示范农田,先行示范并指导民众培育优良种子,帮助民众增加产量。如奉贤县四团农民教育馆设法推广优良种子,增强农民生产指导,力图渔民生产改善。[②] 如此增加民众知识,提高民众生产效率。

其二,组织各种合作社。合作社是在互助基础上的共同经营,以增加社员收入及改善他们的生活。各民众教育馆组织各种合作社并提倡储蓄。1935年2月,外冈县府训令各区以一乡一镇为单位,组织棉花产销合作社,种植江阴白子棉及百万华棉种,以此改善棉产。同时县农业推广所,收买大量百万华棉子,以备各区民众试种。"在浙江试种以后,出产甚佳,可纺四十支钞。"[③] 外冈民众教育馆得此消息后,即与农业推广所订定推广办法,一面与本区农民特约田亩,订定合同;一面组织棉花产销合作社。亭林农民教育馆征集农民开辟蛙田,组织大规模之养蛙合作社。"第一步注意育

---

① 马桥农民教育馆 [J]. 社教通讯(上海),1935,1(6):46.
② 奉贤县四团农民教育馆开办 [J]. 奉贤教育,1935(4):25.
③ 江苏省立俞塘民众教育馆. 江苏省第四民众教育区二十三年度社教概况 [M]. 江苏省立俞塘民众教育馆,1935:23.

种，第二步运销上海，第三步实行调制罐头食物，以造成自产自销之局面。"① 马陆农民教育馆也于1933年联合附近乡民组织野泾养鱼合作社，鱼池面积五亩，放养白鱼、鲤鱼、乌青与草青等共一千尾，资本50元，分五十股，设主任1人，负责综理全社事务。在此之后，该馆还组织各种养鱼合作社，如表4-6所示。

表4-6　马陆农民教育馆指导组织成立之合作社一览

名称	社员人数	股数	每股股金	金额总计	理事主席
姚浜乡严桥养鱼有限合作社	30	60	1	60	严文枚
姚浜乡金圈养鱼有限合作社	20	60	1	60	徐守诚
马陆乡大南泾养鱼有限合作社	20	26	5	130	沈大昌
远思乡石头浜养鱼有限合作社	40	40	5	200	吴士俊
姚浜乡张家舍养鱼有限合作社	6	14	5	70	张凤鸣

本表资料来源：江苏省立俞塘民众教育馆. 江苏省第四民众教育区二十三年度社教概况［M］. 江苏省立俞塘民众教育馆，1935：39.

此外，各民众教育馆还成立各种合作社，指导农民生计。三林农民教育馆也组织养鱼合作社，② 以增加生产。奉贤县立南桥民众教育馆成立课业用品合作社、养鱼合作社及家庭消费合作社。③ 金山县干巷农民教育馆组织种子改良合作社，引用或自选良好品种，按合作的组织，以谋产量的增加，并同时注意各种稻作物之耕种法与土壤的适应。同时，该馆组织消费合作社，如购买肥料种子农具及农人家常日用物品等，使农家对于时间上、经济上都有便利。④ 该馆还组织信用合作社来增加农民收入，见表4-7。

表4-7　金山县干巷农民教育馆组织信用合作社一览表

社名	社员人数	社股金额	股数	全年营业金额
白米乡信用无限合作社	16	80	16	1000

---

① 亭林农民教育馆二十三年度普及民众教育计划［J］. 松江县教育季刊，1934（8）：6.
② 三林农民教育馆近讯［N］. 新闻报，1932-10-21.
③ 王鸿文. 奉贤县社教机关视察报告：县立南桥民众教育馆［J］. 奉贤教育，1935（4）：6.
④ 金山县立干巷简易农民教育馆计划大纲［J］. 教育季刊，1933，1（4）：27—28.

续表

社名	社员人数	社股金额	股数	全年营业金额
文彬乡信用无限合作社	17	100	20	1000
角巷乡信用兼营购买无限合作社	21	120	24	1500
倭藏浜信用无限合作社	13	100	10	800

本表资料来源：江苏省立俞塘民众教育馆. 江苏省第四民众教育区二十三年度社教概况［M］. 江苏省立俞塘民众教育馆，1935：107—108.

由上表可知，干巷农民教育馆通过信用合作社每年的营业金额在1000元左右，足以解决农民的经济困难。川沙县城区民众教育馆联合全体社员举办适合时代需要之信用生产合作事业，并兼办"运销、消费、利用等合作事业，其主要办理信用合作、消费合作、生产合作、运销合作、利用合作"，① 使社员得到一切合作之利益。综之，各民众教育馆组织各种合作社以增加民众的利益。

其三，提倡副业。所谓"副业"，是指主业外附带的营业。而"农民副业"，是耕种以外附带的营业。各民众教育馆注重使所在区域内每户民众至少有一种的副业，如养蚕、养鸭、养蜂、养鱼、养鸡、养猪、养羊以及家庭工艺、妇女工艺、各种果树园艺。如龚镇农民教育馆鉴于本馆辖区内各农户无特别的副业，并经过调查发现，养鸡一种是家家都有的副业。但是考察鸡种大都为土种，产卵大约每年每翼平均只有80枚。为此，该馆将本区养鸡一项，极力提倡，并购买美国莱克亨鸡种以资示范。据专家所说："该项鸡每年每翼可生卵二百枚左右。"② 此外，养羊在乡村中是最好的一种副业，因遍地有野草，无需消耗食料的费用，且羊之生产率又相对迅速，每年每头可坐收洋10元左右。该馆有鉴于此，特将养羊一项进行扩大宣传，使民众明了养羊的重要及养羊的利润。据1935年调查所得，该馆所在辖区

---

① 陆砥平. 川沙县城区民众教育馆二十二年度工作概况［M］. 川沙县城区民众教育馆，1934：74.

② 江苏省立俞塘民众教育馆. 江苏省第四民众教育区二十三年度社教概况［M］. 江苏省立俞塘民众教育馆，1935：160.

养鸡养羊的人家，占全区人口中二分之一。① 嘉定区内有大量天然河池，鱼价贵，饵料供给便利，运销便捷，成效易见，嘉定农民教育馆则提倡养鱼，先由该馆馆长陆梦樵在戬浜桥及陆家宅两鱼池发起养鱼，放养白鲢青鱼花鲢草鱼4000尾。但因该馆职员缺乏养鱼之知识和经验，遂于1930年具文呈请江苏省农矿厅派员指导。原呈如下：

> 呈为提倡养鱼请求派员指导事。窃职馆成立以来对于养鱼一事项颇加提倡，先后组织成立者有陆家宅养鱼社、戬浜桥养社、鱼新民养鱼社等，近察各池成绩尚属可观，又复实地调查附近可供养鱼之池沿大小不下数百余处，将来次第推行，获利自可操券，未尝非增加农民产生之一途，职馆仝人素乏渔业知识，如何进行不啻盲人瞎马用敢仰恳。②

9月11日接农矿厅复函如下：

> 大牍以提倡养鱼请求派员指导等由，除派员本厅技士陈谋琅前往调查并函请江苏省立水产学校加派该校昆山养殖场管理员刘琴宗同往指导外，相应函复即希。③

9月20日，农矿厅派员到馆，从事调查两日，各鱼池及附近可供养鱼之池沼，23日由嘉定农民教育馆召集村民，在大礼堂演讲，讲题为"养鱼家应有之知识"及"池鱼的饵料与疾病"，听众达300余人。演讲结束，馆内又摘录关于养鱼应注意事项编辑参考书籍，指导较为周详，使得民众获

---

① 江苏省立俞塘民众教育馆.江苏省第四民众教育区二十三年度社教概况[M].江苏省立俞塘民众教育馆，1935：161.
② 嘉定县十九年度社会教育概况[G]//于述胜.民国时期社会教育史料汇编（第5册）.北京：国家图书馆出版社，2017：232.
③ 嘉定县十九年度社会教育概况[G]//于述胜.民国时期社会教育史料汇编（第5册）.北京：国家图书馆出版社，2017：232.

益匪浅。乡村民众虽无创造能力,但都竞相模仿,养鱼之声洋溢于整个区内农村,鱼池如雨后春笋般增加。

除提倡各种动物养殖以外,还有民众教育馆提倡各种工艺和园艺副业。如干巷民众教育馆于农隐时间指导民众从事摇袜、结袜与缝纫等新手工业,以解决妇女生计问题,利用池塘以养鱼、种麦、蒲、茭白等,利用不宜种植棉稻之田以种瓜类、蔬菜、除虫菊、薄荷、竹园等,利用残颇(疑为"破"——编辑注)食物豆饼、糠、面,养鸡鸭猪羊等,以制造肥料,促造产业的发展。① 外冈民众教育馆鉴于东乡的黄草手工业,是其区内著名土产,很是销畅,且学习尚还容易,不需巨资,原料是农家的生产品,② 因此,该馆提倡民众操持黄草手工艺,以增加民众收入。

为达到生计教育目标,民众教育馆致力于传授民众先进的生产技术,或介绍优良品种,或组织合作社,或提倡副业,目的是为了让民众明了如何培育优良种子、如何进行选种及如何进行种植,提高他们的生产率,增加他们的经济收入。

五、成立医疗问诊处及实施防疫

近代以降,我国乡村医疗较为落后,每年民众因疾病死亡人数占较大比例,其中卫生医疗缺乏是重要因素。为此,上海市区及沪郊各县一些民众教育馆纷纷设立简易施药处或诊疗所,针对性地义务施诊,免费为民众进行施送药物,有些还聘请城区著名医学先生担任馆内特约民众卫生指导,指导民众一切卫生事宜,并激发民众学习卫生常识,从而让民众对健康卫生有深切认识。

其一,一些民众教育馆设立施药处或诊疗所,免费为民众进行简易治疗。乡村农民沉迷迷信,遇有疾病,往往求神问卜以邀天佑,因而误丧生

---

① 江苏省立俞塘民众教育馆. 江苏省第四民众教育区二十三年度社教概况[M]. 江苏省立俞塘民众教育馆,1935:141.
② 嘉定县十九年度社会教育概况[G]//于述胜. 民国时期社会教育史料汇编(第5册). 北京:国家图书馆出版社,2017:169.

命者甚多。鉴于此，宝山县立顾村民众教育馆特请医师对民众进行健康指导，购置急救药品，赠送民众。药品之种类，有"阿是必灵、金鸡纳霜、十滴水、行军散、碘酒、玉树神油、蟾酥丸、八卦丹、万金油、纱布、橡皮膏等十余种"。① 上海县陈行农民教育馆中备有"痧药水，金鸡纳霜，万金油，阿司比林等施送民众"。② 嘉定徐行区民众教育馆为促进民众对健康的认识，编印多种宣传品，置办痧药水等，分送各机关各小学及各乡镇长，以便散发。③ 松江民众教育馆设立民众简易药库，备有普通药品二十多种，每周巡回其基本施教区两次，施送药品，并免费为其简易治疗。④ 同时，该馆与县立医院共同组织民众助产处，由馆担任宣传调查工作，由医院担任接生，提倡科学助产，以保障产妇婴儿的安全。枫泾、张堰、朱泾、宝山县城区、山阳等民众教育馆均设立施药处，购备各项普通药品，随时施送民众，解决民众基本的疾病需求。再如奎山民众教育馆设立民众治疗所进行健康指导，共分为两项手续："一由医师检验体格，二由医师答复问题。其办法先由请求者填具请求单，预定日期，来馆请求本馆特约医师予以检验并给予指导。"⑤ 充足的药物及精心的指导使得民众对健康有充分认识，以养成健康的生活习惯。

其二，实施防疫工作。部分民众教育馆为了防止疾病的传染，加强民众的防疫工作指导。枫泾民众教育馆实施防疫工作，施射防疫针，演讲防疫方法，检查摊售食品，施送关于防疫应用药品。⑥ 当时天花易于传染，需尽早进行预防。各民众教育馆每年春季，组织民众施种牛痘，借以防止天

---

① 江苏省立俞塘民众教育馆. 江苏省第四民众教育区二十三年度社教概况 [M]. 江苏省立俞塘民众教育馆，1935：146.
② 陈行农民教育馆 [J]. 社教通讯（上海），1935，1（6）：43—45.
③ 各县民众教育事业之进行——嘉定：一、徐行区民众教育馆举行夏令卫生运动 [J]. 民众教育通讯，1931，1（6）：114.
④ 江苏省立俞塘民众教育馆. 江苏省第四民众教育区二十三年度社教概况 [M]. 江苏省立俞塘民众教育馆，1935：73.
⑤ 嘉定县十九年度社会教育概况 [G] //于述胜. 民国时期社会教育史料汇编（第5册）. 北京：国家图书馆出版社，2017：158.
⑥ 江苏省立俞塘民众教育馆. 江苏省第四民众教育区二十三年度社教概况 [M]. 江苏省立俞塘民众教育馆，1935：82.

花的传染。如外冈民众教育馆以全区各小学为中心地，排定日期，各地轮流前往进行免费接种牛痘。据统计，"1934年共一千八百十五人，1935年共二千六百二十九人接种牛痘"。[1] 宝山县顾村民众教育馆为预防传染病，购备上海市卫生局试验所出品的霍乱伤寒混合疫苗及一切应用药品，免费为民众定期注射防疫针。[2] 山阳民众教育馆、朱泾民众教育馆、南桥民众教育馆、宝山县实验民众教育馆也均免费为民众接种痘苗，指导民众卫生防疫工作。

其三，还有少数民众教育馆致力于农村医疗制度的创建。如龚镇农民教育馆设立临时时疫医院，"聘请中医徐明芳、陈伯森、张友琴、陶斗元、秦上谷等诸医士担任，诊治科目分内科、外科、眼科、喉科、针灸科、疯科等，其间徐明芳先生为本馆特约医士，常川驻馆，规定上午门诊，下午出诊，诸先生抱仁术为怀，热心应诊，病家得益者，实非浅鲜，诊疗所及时疫医院，均不取诊金，仅收号金铜元十枚"。[3] 民众教育馆能够针对民众的不同疾病给予专业的治疗与指导，呈现出专业化的趋势，这也是现代公费医疗制度的雏形。

综之，上海各民众教育馆通过设立问询代笔处对民众进行识字及撰写文件、收据的指导；通过示范农田推广优良种子、成立合作社与提倡副业对民众实施生计的指导；通过成立医疗问诊处、实施卫生防疫及设立医院对民众实施健康卫生的指导。各馆借助于各种指导方式对民众实施语文教育、生计教育、健康教育，使民众积极参与其中，激发他们接受教育的内生力，以此提高他们的知识文化水平，解决其生活中遇到的各种困难，以谋其积极向上的生活习俗。

---

[1] 江苏省立俞塘民众教育馆. 江苏省第四民众教育区二十三年度社教概况[M]. 江苏省立俞塘民众教育馆，1935：29.
[2] 宝山县顾村民众教育馆最近事业概况[J]. 社教通讯（上海），1935，1（6）：48.
[3] 江苏省立俞塘民众教育馆. 江苏省第四民众教育区二十三年度社教概况[M]. 江苏省立俞塘民众教育馆，1935：161—162.

第二节　兼具广泛性与便利性的宣传活动

宣传活动是民众教育馆较为广泛的播扬方式，目的是激发民众对于生活某方面的改进，如识字运动、卫生运动、普通讲演等属于此类。① 各民众教育馆采用口头宣传、图书宣传、电影宣传与文字宣传等方式，并围绕某一特定思想进行演讲，辅以适宜的宣传材料，以激发民众积极向上，提高其知识文化水平，形成其对卫生健康的正确认识，促使其掌握先进的生产方式。

一、口头演讲

口头演讲是吸引民众参与的有效方式。在民众教育馆中，演讲也成为主要的知识宣传方式，其特点是使用方便，较为灵活，可以针对不同民众随时随地进行演讲，如固定的常识演讲、巡回演讲与学术演讲等。宣传者以通俗的、生动的及富有感情色彩的语言向民众传达各种知识。

第一，各民众教育馆对民众进行农事知识、公民知识与卫生知识等常识灌输。如徐行、马陆、枫泾、张堰、南桥、宝山县城区等民众教育馆皆开展各种常识演讲。在生计教育方面，马陆农民教育馆鉴于农民知识水平有限，特向民众讲演农事知识，如选种及改良种植、防除病虫害等，取得良好效果。正如馆内职员所说："虽口上空谈，一时难以奏效，但我们总是抱定决心，积极宣传，不上数天，已得了多数农友们的同情，悉由认识而酌予采用了。"② 在公民教育方面，川沙县城区民众教育馆定期举行政治与科学等常识演讲，并报告重要新闻及公民道德知识。除此之外，馆内不定期邀请地方领袖分期演讲，吸引了广大民众。馆长说："民众们每到这个时候，茶馆里或是街道上，顿然增加了若干老的小的，我们见到这种情形，

---

① 教育部社会教育司. 民众教育馆 [M]. 教育部社会教育司，1940：96.
② 江苏省立俞塘民众教育馆. 江苏省第四民众教育区二十三年度社教概况 [M]. 江苏省立俞塘民众教育馆，1935：40.

心理是快慰的。"① 在健康教育方面，张堰民众教育馆经常举行常识演讲，于每学期开始时，编定纲要作为实施准则，部分讲演如表 4-8 所示。

表 4-8 张堰民众教育馆部分讲演概况

时间	地点	讲题	听讲人数
7 月 27 日	各地茶馆	卫生与疾病	每处平均 50 人
8 月 22 日	民众茶园	国术与健康	30 余人
12 月 12 日	民众茶园	节俭	70 余人
2 月 12 日	民众学校	一年之计在于春	平均每处 35 人
11 月 8 日	各地茶馆	什么叫做保甲运动	平均每处 40 人
3 月 17 日	各地茶馆	婴孩比赛的真义	平均每处 50 人
4 月 25 日	民众茶园	种牛痘的好处	50 余人

本表资料来源：江苏省立俞塘民众教育馆. 江苏省第四民众教育区二十三年度社教概况 [M]. 江苏省立俞塘民众教育馆，1935：103—104.

可以看出，张堰民众教育馆重在向民众讲授卫生与疾病、健康、婴孩比赛、种牛痘的好处等，希望农民养成清洁习惯。在综合教育方面，松江民众教育馆为启迪民众智识，于每星期日晚上七时，由该馆职员组织演讲团进行巡回演讲。

图 4-1 松江县民众教育馆巡回教育队在叶榭工作时之情形

---

① 陆砥平. 川沙县城区民众教育馆二十二年度工作概况 [M]. 川沙县城区民众教育馆，1934：52.

本图资料来源：松江县第一民众教育馆巡回教育队在叶榭工作时之情形 [J]. 教育与民众，1931，2（8）：1.

讲演内容涉及各种关于民众教育的事件，以引起民众乐于向学及改善不良习惯，培养其健康身心。具体见表 4-9。

表 4-9 松江民众教育馆部分演讲一览表

日期	讲题	讲员
1929 年 1 月 2 日	1. 废除旧历实行国历；2. 酒毒	浦江明，许仲安
1929 年 1 月 12 日	1. 病的民族；2. 科学与迷信	浦江明，许仲安
1929 年 1 月 19 日	1. 公共心；2. 空气分析	浦江明，许仲安
1929 年 1 月 26 日	1. 破除迷信；2. 无线电话收音机说明	浦江明，许仲安
1929 年 2 月 2 日	破除迷信	张小通，张杰才
1929 年 2 月 23 日	1. 不识字的苦；2. 中国商业衰落之原因及如何发展	浦江明，张德
1929 年 3 月 2 日	1. 鸦片害；2. 中国商业衰落之原因及如何发展	丁宗齐，张德
1929 年 3 月 9 日	1. 女子无才便是德；2. 识字的好处	许仲安，丁宗齐
1929 年 3 月 16 日	1. 公共卫生；2. 假清洁	浦江明，许仲安
1929 年 3 月 23 日	卫生	丁宗齐
1929 年 3 月 30 日	1. 可怕的脑膜炎；2. 天花与牛痘	浦江明，许仲安
1929 年 4 月 6 日	1. 治螟的简便方法；2. 水的常识	浦江明，许仲安
1929 年 4 月 13 日	1. 应改良的恶习惯；2. 烟酒之害	杨环，许仲安
1929 年 4 月 21 日	为什么要提倡民众业余运动	浦江明
1929 年 4 月 27 日	1. 运动与身体；2. 健康与国家	宋德润，徐烈扬
1929 年 5 月 4 日	1. 卫生；2. 日用品制造法	孙士行，许仲安
1929 年 5 月 11 日	1. 怎样做中国人；2. 日蚀月蚀的要理	周宝书，许仲安
1929 年 5 月 18 日	夏天饮食的卫生	浦江明
1929 年 5 月 25 日	1. 夏季落冰雹的要理；2. 五卅惨案的叙述	许仲安
1929 年 10 月 29 日	民众教育馆是民众的好朋友	许公鉴
1929 年 10 月 15 日	我们应该努力	曹书田
1932 年 10 月 25 日	东北问题之严重性	张恪惟

续表

日期	讲题	讲员
1932年11月26日	民众应有政治常识	张寰治
1932年12月4日	国难中民众应有之准备	何炳松

本表资料来源：松江民众教育馆. 松江民众教育馆概况［M］. 松江民众教育馆，1933：192—194.

松江民众教育馆内演讲内容既包括健康常识、科学常识与政治常识，同时也在劝导民众识字及破除迷信。宝山县顾村民众教育馆利用茶坊酒肆及庙会等民众汇集之处，时间或于上午七时，或于下午四时，以民众集合最多时为准，进行科学常识、农事常识、医学常识、新生活纲要、时事等演讲。如遇"偶发事项（如最近谣传江北人被某国利用贩卖毒糖之类）"，[①]则举行特别演讲，以解答民众疑惑。综上，各民众教育馆采取浅近且切合民众程度的材料，施予民众各种日常生活知识，吸引广大民众入馆学习。

第二，不少民众教育馆为扩大宣传范围，特组织巡回演讲。民众教育馆每月派员分赴各乡演讲，宣传公民常识、识字、卫生、节俭及农事知识等，以此惠及更多的民众。如松江民众教育馆不间断地举行巡回演讲，部分演讲内容见表4-10。

表4-10 松江县民众教育馆巡回演讲概览

演讲次数	时期	讲员	材料内容	听讲人数
第一次巡回演讲	1929年3月3日—15日	宣传部浦江明	偏重于识字、除螟、种稻	各处总计三千余人，平均每处约一百八十余人
第二次巡回演讲	1929年4月30日—5月16日	宣传部浦江明	偏重于卫生、识字及五月国耻	各处总计四千四百六十余人，平均每处一百二十余人

---

① 江苏省立俞塘民众教育馆. 江苏省第四民众教育区二十三年度社教概况［M］. 江苏省立俞塘民众教育馆，1935：144—145.

续表

演讲次数	时期	讲员	材料内容	听讲人数
第三次巡回演讲	1929年10月26日—11月19日	宣传部丁宗齐	注重国民道德方面兼劝戒烟赌	各处合计五千二百余人，平均每处为九十余人
第四次巡回演讲	1929年11月26日—12月9日	宣传部丁宗齐	注重国民道德、识字及国家大势	各处总计四千一百余人，平均每处为一百余人
第五次巡回演讲	1930年2月26日—3月22日	宣传部丁宗齐	卫生、防疫、戒烟赌	各处总计为四千二百余人，每处平均为六十余人

本表资料来源：松江民众教育馆. 松江民众教育馆概况［M］. 松江民众教育馆，1933：171—174.

由上表可知，松江县民众教育馆馆内宣传部派职员分赴区内各乡村实施演讲。内容涉及识字、卫生、国民道德、卫生、健康等各方面知识，使一般民众对于各种日常生活知识都有相当的认识。巡回演讲扩大受教民众的范围，使民众可以随时随地接受民众教育馆的教育。

第三，还有民众教育馆进行学术演讲。20世纪30年代前后，世界各国大都以口语方式将科学知识传授给大众。如欧美资本主义国家提倡成人教育，则有普遍讲学运动。苏联社会主义国家推行民众教育，则有劳动者技术知识讲习会等组织。反观我国，一般民众无参加研究学术的机会，即使是知识阶级之中也唯有少数学者能参加学术研究。以上海市为例，民众虽被摒弃于学校门外，但求知欲望较高。为此，上海市立民众教育馆创设学术演讲为补助社会文化之发展，同时将高深之学术普及于民众。1932—1933年1月共举办10次学术演讲，涉及战争、民众民族意识、人生艺术、妇女健康问题及经济问题，具体见表4-11。

表 4-11　上海市立民众教育馆历次学术演讲概况

日期	演讲时间	讲师	讲题	内容摘要
12月1日	一小时	潘光旦	国庆期中民族元气之探讨	中国民族性的缺点：1. 缺乏冒险进取的活力；2. 缺少科学的头脑；3. 缺少团体能力与组织能力；4. 缺乏社会意识或为久的能力。
10月16日	一时半	陈彬龢	东北义勇军	九一八的动机：1. 怕我们中国统一；2. 怕美国经济势力深入中国；3. 怕苏俄五年计划成功。解决九一八事件有效办法就是东北义勇军。
11月20日	一时一刻	吴经熊	人生的艺术	人生有酸、甜、苦、辣等味道。甜的成分为爱，同性为友，达到目的，解决问题。酸的成分为生离死别。苦味在受经济压迫时最易感到。辣的成分是失恋，意外之祸，受人侮辱。
11月13日	一小时	刘大钧	国难期中我国的经济问题	国难期中经济应当国家化：1. 铁路政策；2. 国际贸易应用定分制；3. 金融货币应统一。
11月27日	一小时	何炳松	沪战的教训	1. 废除不平等条约；2. 增进组织能力；3. 增进应用技术的能力。
12月4日	一时十分	葛成慧	妇女健康问题	1. 青春发育期；2. 结婚时期；3. 怀孕生产时期；4. 绝经时期；5. 老年时期。
12月11日	一小时	刘湛恩	废除内战	内战之原因：1. 经济压迫；2. 国际背景；3. 自私自利。废除内战的治本方法：1. 明了国家地位；2. 要团结合作；3. 要养成廉洁牺牲精神。
12月28日	一小时	杨贻庆	无线电影之研究	1. 光与音之区别；2. 无线电影之播放；3. 无线电话之播放；4. 收音机与收影机之构成。

续表

日期	演讲时间	讲师	讲题	内容摘要
12月25日	一时二十分	钱振亚	犯罪的原因及其救济方法	犯罪之原因：1. 精神病及智力薄弱的原因；2. 性的原因；3. 经济的原因。预防之方法：1. 家庭预防；2. 学校预防；3. 社会预防。
1933年1月1日	一时五十分	潘公展	民众该信仰什么	民众应该信仰我们先总理创制的三民主义；民族主义就是把中国民族团结起来；民权主义就是中国人大众营大家的事；民生主义就是使我们大家过舒服的日子。

本表资料来源：上海市立民众教育馆. 学术演讲集［M］. 上海市立民众教育馆，1933.

同时，上海民众教育馆将此学术演讲整理出10篇付印，题名"学术演讲第一集"。通过学术演讲，既增长民众的智识，同时也向民众传达抗战的种种精神。

二、书报传播

五四运动后，上海由于开放的格局成为新文化事业的中心，集中了国内绝大多数的传媒和出版等现代文化机构。"杂志和报纸副刊决定了现代文学的生产方式，在现代文学活动的调度中处于枢纽的地位。"[①] 由此可知杂志和报纸在文学生产中的重要性。同样，书报杂志在知识传播中也发挥着至关重要的作用。各民众教育馆为传递各地消息，启发民众智识，促进社会文化的集聚，纷纷创办图书与报刊事业等。

其一，在民众教育馆内，图书事业较能启发民众知识，促进社会文化发展。有民众教育馆开设书报室传播科学文化知识，如宝山县顾村民众教育馆设有书报阅览室，室中陈列地方报数种，任人取阅。展览架上，陈列

---

① 旷新年. 一九二八年的文学生产［J］. 读书，1997（9）：25.

各种时事杂志，也可随意取阅，有新到图书加提示内容呈给读者，也有专门针对儿童的图书及史地小说等；同时将室内图书依照王云五中外图书分类法编有图书目录，"共计四千余册，每日来馆阅览者，平均约三十人，借书者十五六人"。[①] 松江民众教育馆也设有图书室，囊括了各种知识的图书，具体见表4-12。

表4-12 松江民众教育馆图书室藏书一览表

类名	册数	类名	册数
革命文库	141	教育	53
农业	30	尺牍	12
工业	6	小说	309
商业	15	文章	20
字典	12	历史	41
地理	52	医药	57
卫生	63	社会问题	21
传记	34	法律	7
政治	20	科学	30
美术	10	儿童读物	115

本表资料来源：松江民众教育馆. 松江民众教育馆概况 [M]. 松江民众教育馆，1933：48.

松江民众教育馆所设图书室内书籍种类较为丰富，既有关于基本的常识读物，又有各种生计知识的图书，还包括卫生、健康和革命知识的图书，为民众提供各种知识获得的有效途径。川沙县城区民众教育馆也有图书室和阅报室，其中"图书室每日平均阅览者在四十人左右，图书有三千余本；阅报室每日平均阅览人数在五十人以上，报有十三种"。[②] 奉城民众教育馆还设有书报借阅处，负责书报开放外借，藏书4000册左右。其日常工作为

---

① 江苏省立俞塘民众教育馆. 江苏省第四民众教育区二十三年度社教概况 [M]. 江苏省立俞塘民众教育馆，1935：143.

② 陆砥平. 川沙县城区民众教育馆二十二年度工作概况 [M]. 川沙县城区民众教育馆，1934：36.

宣传抗日，"时绘有油画《三人举鼎》，含合力抗日之意；《无业游民乞讨街头》图，为宣传烟毒危害，还有球场即景等画，提倡体育锻炼"。① 各民众教育馆通过设立书报室或书报阅览处对各种日常知识进行宣传，以启发民众智识。

其二，为民众识字率的提高，固定不动的图书馆事业，缺乏经济效用。为谋图书馆事业的流动推广，也有民众教育馆设立巡回文库进行知识传播，如川沙县城区民众教育馆设有 20 库巡回文库，巡回至市、乡供民众借阅；并且在部分巡回处设有书报室，定期开放，供群众阅览。② 松江县民众教育馆也附设巡回文库，以便本县民众阅览，所涉及知识较为全面，有助于提升民众文化知识水平。其具体选书标准如下：1. 能使阅者精神愉快，且可获得辅助职业上之知识者；2. 合于党国需要者；3. 能引起大众或个人自然之兴味者；4. 有兴味而不伤大雅者；5. 有科学兴味者；6. 有美术思想者；7. 一般民众所需者；8. 文字能浅显明了者；9. 能灌输公民常识，养成公民良好习惯者；10. 装订美观印刷清楚，字体大小适中者。③ 三林农民教育馆致力于扫除文盲，使用普及教育车送教育给各民众，并向大东书局购买识字挂图一套粘贴在木板上，挨门逐户的去悬挂农家饭桌旁边，每日调换一次，"因字边有图，较课本易于记忆，故自办以来，学者教者咸称便当"。④ 巡回文库或巡回车的宣传方式，扩大了受教民众的范围，具有较强的普适性。

其三，部分民众教育馆设有壁报牌与周报牌等形式来传播文化知识。如宝山县立顾村民众教育馆设立壁报牌五处，均处于交通冲要、民众最为集中的场所，每日更换内容，摘录重要新闻，并加彩色标点符号，每行十字，每字约二方寸，每日新闻，以八条为度。周报牌有二处，每周更换一

---

① 奉贤县文化局《奉贤县文化志》编写组. 奉贤县文化志 [M]. 上海：上海市卫生局印刷厂，南汇县育才印刷厂，1988：19.
② 川沙县教育局. 川沙县教育志 [M]. 川沙县教育局，1992：118.
③ 松江民众教育馆. 松江民众教育馆概况 [M]. 松江民众教育馆，1933：55.
④ 三林农民教育馆借助识字牌来扫除文盲 [J]. 社教通讯（上海），1935，1（3）：44.

次,内容分"谈话、常识、插画、诗歌、谜语、鳞爪等类。每期字数,约八百左右"。① 如遇重要纪念及临时活动,该馆则编专刊,旨在使民众明了各种纪念日及活动意义。川沙县城区民众教育馆每逢星期三出版一次图书常识壁报,常识以切合实际为原则,每期贴出,深得民众欢迎。② 泗泾民众教育馆提倡识字教育,特于热闹处及民众聚集之处,设置民众识字牌,逐日张贴民众识字录,"其识字录材料,以采用世界出版之民众千字课本为主,有时穿插民众文学,及含有教育价值之诗歌、俗语",③ 借以引起民众阅读兴趣。同时,该馆设立壁报绘报牌各一处,均在本镇之通衢要道,内容以文字为主,取材"利用报载时事消息,地方消息、商情、格言等综合而成,规定每日挑换一次"。④ 此外,也有民众教育馆出版各种刊物来进行知识传播。如松江民众教育馆发行各种刊物,作为民众读物。具体见表4-13。

表4-13 松江县民众教育馆发行刊物一览表

名称	种数	每种数量
松江民众月报	二十一期	每期1000本
本馆业务报告	二种	每种1000本
民众学校概况	一册	1000本
第一次婴孩健康比赛报告	一册	1000本
革命小丛书	六种	每种1000本
卫生小丛书	七种	每种2000本
农业小丛书	四种	每种2000本
反日救国特印	一册	1000本
卫生特刊	一册	1000本

---

① 江苏省立俞塘民众教育馆. 江苏省第四民众教育区二十三年度社教概况[M]. 江苏省立俞塘民众教育馆,1935:143.
② 陆砥平. 川沙县城区民众教育馆二十二年度工作概况[M]. 川沙县城区民众教育馆,1934:37.
③ 泗泾民众教育馆概况[J]. 松江县教育季刊,1933(5):81.
④ 泗泾民众教育馆概况[J]. 松江县教育季刊,1933(5):81.

续表

名称	种数	每种数量
画报	五种	每种自 1000 至 3000 本
各种宣传品	一百十三种	每种自 1000 至 3000 本

本表资料来源：松江民众教育馆. 松江民众教育馆概况［M］. 松江民众教育馆，1933：162.

如此出版关于各种民众知识的刊物，且利用文字实施宣传，不仅为一般民众提供阅读机会，提高其识字率，还有助于他们明了社会状况与国际大势。亭林农民教育馆也创办新亭林月刊，"文字力求浅显，趣味力求浓厚，使成为民众唯一之佳良读物，以收语文教育之实效"。[1] 宝山县民众教育馆发行民众画报，内容为"提倡卫生，改良农业，破除迷信，时事写实等"，[2] 以增进民众智识，陶冶民众德性，改良社会风俗。

上海各民众教育馆借助书报对民众进行知识传播，并注重民众受教育范围的扩大，所选取材料通俗易懂且切近民众生活。正如徐行民众教育馆提出的书报选购标准："1. 文学浅显容易明白；2. 内容新颖有进取性；3. 价值低廉装订精美；4. 富有兴趣引起阅读；5. 增长智识有裨生活。"[3] 此类贴近民众生活的材料让民众具有可读性，能激发民众的阅读兴趣，增进其知识并改善其生活。

三、标语提醒

标语提醒即散发简易、通俗的民间用语传单向民众传播日常生活知识，一般贴于市街通衢，以美妙醒目语言吸引来往民众的注意。其内容紧密结合民众实际，采用简单语句来阐述明显的意义，无需详细讲解。如宝山县顾村民众教育馆购置铁皮油漆等物，"自制通俗格言牌五十余方。采用白底黑字，丰富颜色，并在四角或两边加绘简单图案画。所选格言，以字简而

---

[1] 亭林农民教育馆二十三年度普及民众教育计划［J］. 松江县教育季刊，1934（8）：5.
[2] 宝山县民众教育馆发行民众画报简则［J］. 宝山县教育月刊，1929（50）：59.
[3] 嘉定县十九年度社会教育概况［G］//于述胜. 民国时期社会教育史料汇编（第5册）. 北京：国家图书馆出版社，2017：199.

义明，语简而意深者为主，张贴诸电杆木及街道间，颇能引人注目"。[1] 川沙县城区民众教育馆采用油漆撰写通俗标语二百块，悬于通衢要道，使民众随时随地都能阅读领悟。部分内容如下：

> 1. 读到老，学到老，学得好，做得好，人老心未老。2. 识字一千，到处方便。3. 用手又用脑，做事一定好。4. 勤俭是无价之宝。5. 你帮我，我帮你，大家都便宜。6. 早起早睡，七舒八齐。7. 吃亏一时，便宜一世。8. 若要小鬼好，种痘种得早。9. 家家扫除龌龊，年年没有瘟疫。10. 不赌钱，不吸烟，既有工夫，又省钱。11. 勤勤俭俭有饭吃，不勤不俭讨饭吃。12. 吃得苦中苦，方为人上人。13. 走路靠左边。14. 每天省用几个钱，一年多了好几千。15. 宁可人负我，切莫我亏人。16. 贪小利，终有大亏吃。17. 祸从口出，病从口入。18. 人人要爱身爱家爱国，复兴中国。19. 爱国同胞，乐用国货。20. 勿忘国耻。21. 雪耻图强，人人有责。[2]

可以看出，标语文字简短有趣，包含了识字的好处、良好的作息、健康的生活习惯、卫生常识、道德品质以及公民意识等内容，有益于民众从中获得增进幸福生活的各种知识。与此同时，还有标语是对某一具体内容进行宣传的，如宝山县顾村民众教育馆鉴于鸦片对人体的危害，特举行烟民自首宣传，广泛张贴标语广告，促使烟民觉悟。据馆内职员讲，"宣传以后，烟民陆续自首戒烟，最后一律戒绝矣"，[3] 取得很好的效果。松江民众教育馆本着"即知即传人"的原则，组织教育服务团和识字教育服务队，试行小先生制，以推广成人识字教育。识字材料从家庭日常应用入手，由

---

[1] 江苏省立俞塘民众教育馆. 江苏省第四民众教育区二十三年度社教概况 [M]. 江苏省立俞塘民众教育馆，1935：145.
[2] 陆砥平. 川沙县城区民众教育馆二十二年度工作概况 [M]. 川沙县城区民众教育馆，1934：61—62.
[3] 江苏省立俞塘民众教育馆. 江苏省第四民众教育区二十三年度社教概况 [M]. 江苏省立俞塘民众教育馆，1935：146.

该馆逐期编印，分发各小学生，并分别粘贴各器物之上。如教"窗"字，即在家中所有窗上，贴一"窗"字，以使记忆。① 松江民众教育馆为了感化民众，同样采用简短明了的短语唤起民众的阅读兴趣，特设置民众教育揭示牌以灌输民众社会生活经验，内容如下：

1. 篱笆结的紧，野狗钻勿进。2. 读书识字，余工夫来管政治。3. 家火勿起，野火勿来。4. 三人同心，黄土变金。5. 忧劳会得兴国，安逸足以亡身。6. 好铁打钉，好男自然当兵。7. 家和万事兴。8. 若要家勿和，讨个小老婆。9. 坐得正，立得正，那怕翁媳坐一凳。10. 筷头上出逆子，棒头上出孝子。11. 吃得过，青菜豆腐。着得过，土织老布。12. 男勤女俭，成家立业。13. 三兄四弟一条心，门前泥土变黄金。14. 上梁不正，下梁参差。15. 世上无鬼神，百般人做起。16. 靠山山要倒，靠海海要干。17. 若要穷，睡到太阳红。18. 富贵都由勤俭起，贫穷只为手头松。19. 一夜夫妻百日恩，百夜夫妻海样深。20. 情愿做空中一只鸟，勿情愿做房中一个小。21. 目不识丁，赛过活死人。22. 做事想灵清，识字顶要紧。23. 读书用心，写算勿请别人。24. 手提一管笔，到处勿忧急。25. 胡琴一声，眼目清凉。26. 闲来弄弄棋，陶情作乐两相宜。27. 音乐听听，可以涵养性情。28. 有空勿赌，弗会吃苦。②

综上所言，民众教育馆通过简明扼要且生动有趣的短语，采用精美广告式的宣传，向民众传达读书识字的益处、勤俭节约的重要性、团结合作的美德、良好的生活习惯、农产品的改良与试种等内容，去除民众不良的生活习惯和不良风俗，使民众得到迷信的破除、卫生习惯和勤俭习惯的养成、不良嗜好的戒除与抗日救国意识的觉醒。

---

① 松江民众教育馆近讯 [J]. 社教通讯（上海），1935，1（8）：63.
② 松江民众教育馆. 松江民众教育馆概况 [M]. 松江民众教育馆，1933：159—161.

四、艺术浸染

艺术浸染即通过戏剧、电影、化装表演与乐器表演等艺术手段引起民众的兴趣，进行知识的宣传。"民众教育设施之最足以吸引民众者，莫如娱乐事项。盖以娱乐适应民众休闲生活，增加民众快乐情趣，最迎合民众心理也。"[①] 因此，有民众教育馆通过戏剧与电影表演来达到知识传播的目的，如宝山县民众教育馆摄制电影进行宣传，有"袁观澜先生公葬典礼、雪中、童子军露营、识字运动周游行等"[②]。上海市立民众教育馆与中华业余无线电社共同成立的上海国防无线电训练班通过无线电宣传各种教育知识，部分讲题见表4-14。

表4-14 上海市市立吴淞初级中学收听上海国防无线电训练班播音节目一览表

讲题	讲师	听讲人数
世界教育趋势	邱椿	525
我国现代教育思想	冯友兰	524
学生团体生活的指导	周佛海	533
青年服务的修养	傅斯年	518
中学生课外读物的商讨	叶绍钧	515
书法概要	乔曾勋	522
中国文学讲话	潘先生	1800
中等学校学生与乡村服务	高阳	513
中学生的就业指导	廖世承	532

本表资料来源：上海市社会局关于民众教育馆与中华业余无线电社合办上海国防无线电训练班简章、教职员一览表（1937）[A]. 上海：上海市档案馆，Q6-18-269：35—36.

可以看出上海市立民众教育馆与中华业余无线电社共同办理的上海国防无线电训练班通过无线电向民众传达各种教育知识，不少听众反映"听

[①] 江苏省立俞塘民众教育馆. 江苏省第四民众教育区二十三年度社教概况[M]. 江苏省立俞塘民众教育馆，1935：146.

[②] 宝山县民众教育馆近闻[J]. 民众教育通讯，1931，1（2）：127.

讲均能集中注意,对于演讲内容亦尚能领会"。① 嘉定中心民众教育馆放映有声电影,吸引了广大民众,"观众甚为拥挤,对于影片,表示满意"。② 朱泾民众教育馆也设有无线电播音进行教育宣传活动,以引起民众的兴趣,播音节目如表 4-15 所示。

表 4-15 朱泾民众教育馆无线电播音节目一览表

时间	节目	备注
上午十时起	时事消息及气象	星期一停止
上午十时起	本馆消息	星期日举行
上午十一时三十分起	县政报告	星期二、五举行
上午十一时三十分起	教育消息	星期三、六举行
上午十一时三十分起	通俗演讲	星期四、六举行
下午四时起	本县要闻	星期三、六举行
下午四时起	商情及唱片	星期日举行
下午八时起	特别节目	星期一举行

本表资料来源:各县民众教育事业之进展:金山:一、金山县立朱泾民众教育馆近讯 [J]. 民众教育通讯,1932,2(8):93.

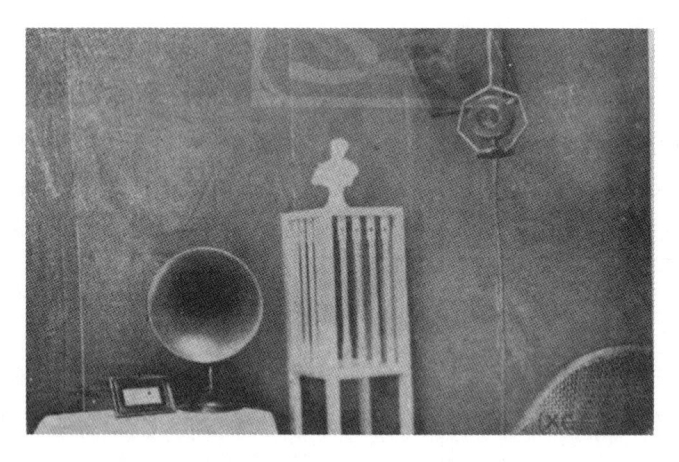

图 4-2 朱泾民众教育馆无线电播音台之一角

---

① 上海市社会局关于民众教育馆与中华业余无线电社合办上海国防无线电训练班简章、教职员一览表(1937)[A]. 上海:上海市档案馆,Q6-18-269:35—36.
② 嘉定中心民教馆放映有声电影 [J]. 社教通讯(上海),1935,1(6):50.

本图资料来源：朱泾民众教育馆无线电播音台之一角[J]. 教育季刊，1933，1(4)：1.

川沙县城区民众教育馆通过表演游艺宣传卫生运动，表演节目为"什么是古董""究竟如何""卫生滩簧""双簧""张阿七之死"以及短剧"可怕吗"等。[①] 也有民众教育馆通过化装演讲来宣传民教事业，如松江县民众教育馆，参见表4-16。

表4-16　松江县民众教育馆巡回演讲队概况表

次数	出发日期	地点	队员	内容
第一次	1930年9月12日	张泽、亭林	许仲安，盛君年，盛延龄，沈明若	演说，科学表现，滑稽演讲（鸦片之害），滩簧（劝人识字），化妆演讲（赌之害卫生），化妆演讲（烟赌之害），滩簧（劝人识字），短剧（究竟如何）、（破除迷信）
第二次	1930年10月4日	叶榭、漕泾	沈本千，盛君年，许仲安，盛延龄	演说，科学表演（空气分析），滩簧（劝人识字），双簧（卫生），什里古董（卫生及烟赌），短剧（劝人识字），表演凤阳花鼓
第三次	1930年12月24日	朱泾浜	沈本千，盛延龄，沈明若，方彦魂	表演双簧（卫生），谁叫你缠错（劝人识字短剧），究竟如何（破除迷信剧），演唱滩簧说书
第四次	1931年6月16日	枫泾	沈本千，于小莲，沈明若，盛延龄	表演识字宣传，双簧及卫生宣传滩簧
第五次	1931年8月2—4日	新桥镇	沈本千，陈念慈，盛延龄，沈本南	丝竹合奏蚊蝇之害、公共卫生、个人卫生，唱自编卫生小调，表演滩簧（夏令卫生），双簧（个人卫生），短剧（家庭卫生）

---

① 陆砥平. 川沙县城区民众教育馆二十二年度工作概况[M]. 川沙县城区民众教育馆，1934：49.

续表

次数	出发日期	地点	队员	内容
第六次	1932年9月27—29日	打铁桥、得胜港、中渡桥、中泾	陈念慈,盛延龄	劝人识字小调,丝竹提倡国货、劝人识字
第七次	1932年10月18日	华阳桥	陈念慈,盛延龄,沈本南	演讲婴孩健康之重要
第八次	1932年12月1—2日	泗泾	沈本千,盛延龄,沈本南,李聘福	两脚戏（拒毒）,双簧（识字）,短剧谁叫你缠错（识字）并加丝竹,滩簧（抗日救国）,九腔十八调（抗日救国）,短剧"不识字的王阿大"（识字）,短剧黑藉遗痛（拒毒）,魔术,丝竹
第八次	1933年2月6—9日	官绍塘、得胜港、中渡桥、茜蒲泾、新桥	沈本南,盛延龄,沈明若	留声机丝竹演讲,提倡国货,唱提倡国货小调

本表资料来源：松江民众教育馆. 松江民众教育馆概况［M］. 松江民众教育馆，1933：175—182.

通过此表可以发现，松江县民众教育馆通过巡回教育队巡回区内不同地方进行宣传，举办各种化装演讲，涉及民众范围较广，且形式多样，如丝竹演奏、双簧、滩簧、短剧、凤阳花鼓、演唱，包含内容丰富，如劝人识字、破除迷信、提倡国货、抗日救国、家庭卫生、鸦片害处等，以此对民众实施科学教育、卫生教育、识字教育、公民教育等，以期唤起民众学习各种知识的兴趣。

图 4-3 松江民众教育馆化装演讲搭台情形

本图资料来源：松江县第一民众教育馆巡回教育队出发朱泾浜工作农友代为搭台之情形［J］. 教育与民众，1931，2（8）：1.

川沙县城区民众教育馆也举行化装演讲，极受民众欢迎，每到进行化装演讲时，"人山人海，几乎将街道阻塞得不能走了"。[1] 嘉定县奎山民众教育馆组织化装演讲，"轮流赴各乡演讲，编印剧本及说明书，分发群众"。[2] 民众对此种戏剧性的宣讲内容较有兴趣，能获得较为清晰的认识。又如嘉定县农民教育馆组织化装演讲团屡次进行表演，对民众宣传各种知识，具体见表 4-17。

表 4-17 嘉定县农民教育馆化装演讲一览表

日期	剧名	宗旨	时间	观众数量
7月30日	死要赌	戒烟赌	下午七时至九时	300
8月9日	七件衣	唤醒劣绅	下午七时至九时	300
8月10日	迷信之害	破除迷信	下午七时至九时	200
8月22日	老王觉悟	识字运动	下午三时至六时	400
9月10日	开眼瞎子	识字运动	下午六时至九时	200

---

[1] 陆砥平. 川沙县城区民众教育馆二十二年度工作概况［M］. 川沙县城区民众教育馆，1934：53.
[2] 嘉定县十九年度社会教育概况［G］//于述胜. 民国时期社会教育史料汇编（第5册）. 北京：国家图书馆出版社，2017：159.

续表

日期	剧名	宗旨	时间	观众数量
9月15日	恶媳妇	改良家庭	下午七时至九时	200
10月10日	专制毒	革命史	下午七时至九时	300
10月11日	破家荡产	戒烟赌	下午七时至九时	200
12月23日	老王觉悟	识字运动	下午三时至五时	400
1月13日	谁的罪	家庭教育	下午七时至九时	200

本表资料来源：嘉定县十九年度社会教育概况［G］//于述胜. 民国时期社会教育史料汇编（第5册）. 北京：国家图书馆出版社，2017：199.

概言之，上海各民众教育馆将宣传作为践行民众教育活动的重要方式，其于固定时间通过演讲、书报传播、标语提醒与艺术浸染四种方式向民众传播日常生活知识。各民众教育馆的宣传材料力求切合民众日常生活，并利用平时民间传诵的通俗易懂与字句浅近的语言，且含有教育意味的素材进行宣传。同时，各民众教育馆也注重将思想性、知识性和艺术性三者相结合，力争使宣传的知识深入民众的头脑，使其具有吸引力与说服力，为广大民众所乐于接受，从而产生良好的教育效用。

第三节 兼具趣味性与竞争性的比赛活动

比赛活动在于通过各种奖励激发民众进行知识的学习、健康生活的养成、公民意识的提升以及正当娱乐的发现，进而促使其自动改进生活，包括婴孩健康比赛、各种运动比赛、知识竞赛与农产品比赛等。

一、健康比赛

松江民众教育馆宣传道："婴孩是国家将来的主人翁，婴孩是民族的基础，婴孩的强壮，就是民族的健全，我们应当爱我们的婴孩，应当注重婴孩的健康，应当懂得保育婴孩的合理方法，这是做父母的责任，我们不能轻视呵!"① 各民众教育馆意识到婴孩健康的重要性,特举行婴孩健康比赛,以使父母获得正确的养育方法。

嘉定县外冈民众教育馆以提倡婴儿幸福为宗旨,于1934年6月10日举行第一次婴儿健康比赛会,主要项目为体重、身长、头围、胸围、营养状态、姿势、整洁、肌肉、齿、眼、鼻、耳、手、足、背、有无皮肤病。"报名儿童一百五十二名,共分为九阶段,分别进行比赛。最后在每阶段各取前三名,分为一二三等,又将各阶段各取一种第一给予奖励。其奖品均为国货日用品,约值二百元。"② 这就进一步唤起父母对婴孩健康的重视,激发其学习正确的养育之道。

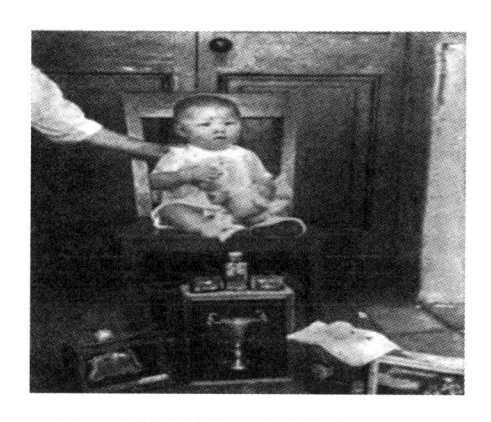

图 4-4 嘉定民众教育馆举行婴孩健康比赛第一名徐循初

本图资料来源:杨凤麟. 嘉定民众教育馆举行婴孩健康比赛,图为总分第一名徐循初 [J]. 时代,1933,4(12):1.

松江民众教育馆也于1933年10月举行婴孩健康比赛会,该馆对参赛对象规定:"凡年在四足月以上六岁以下的婴孩,不分性别均可参加比赛。"③ 参加比赛者共322名,分十二个阶段举行。比赛当天,"规定时间比赛前一小时,穿红着绿,天真烂漫的小朋友,都面团团,活泼泼地有牵着母亲的

---

① 松江民众教育馆. 松江民众教育馆概况 [M]. 松江民众教育馆,1933:109.
② 江苏省立俞塘民众教育馆. 江苏省第四民众教育区二十三年度社教概况 [M]. 江苏省立俞塘民众教育馆,1935:28.
③ 松江民众教育馆. 松江民众教育馆概况 [M]. 松江民众教育馆,1933:111.

手,有扶着保姆的肩头纷纷来了"。① 经过初赛、复赛与决赛,给予特别优秀者特别的奖项,凡参加比赛的小朋友,都给予奖品,以此激发父母对儿童健康的重视,促进他们掌握抚育婴孩的正确之道。同时,该馆在比赛结束后,还请担任评判的医师,将检查所得婴孩各种疾病,详述病原及预防法、治疗法,注明儿童所患疾病,汇编成册分发参与比赛的各家长,使各父母知晓儿童的疾病所在以及如何预防治疗。再如川沙县城区民众教育馆为婴孩健康起见,也特举行婴孩健康比赛会,以期唤起民众对于育婴保健的注意。其评判标准为:"体重15%,姿势15%,智力10%,身长10%,营养10%,清洁10%,发育10%,牙齿5%。"② 获奖者奖品较为丰富,其中"第一名将给英瑞公司小号银皿一个,本县长镜框一个,本馆绸旗一面,小毛巾半打,糖果四袋,袜六双,台球六只;第二名为县区党部镜框一个,小毛巾四条,本馆绸旗一面,袜五双,台球六只,英瑞公司乳粉一罐,糖果三袋;第三名为朱局长镜框一个,小毛巾三条,本馆绸旗一面,袜四双,台球六只,英瑞公司小乳粉二罐,糖果二袋"。③ 如此丰富的奖品,更能激起民众的积极参与。

还有民众教育馆的婴孩健康比赛受到政府人士的关注及指导,如奎山民众教育馆为促进婴孩卫生健康,改良养护方法,于1934年5月20日举行婴孩健康比赛,共有179个婴孩参加,其比赛项目为"体重20%,身长15%,头围15%,胸围15%,四肢及心肺等15%,养护方法20%"。④ "县长许次玄亲临指导,并由县长夫人给予颁奖。"⑤ 可见领导人对比赛的重视,这使比赛具有更强的影响力。参赛者不断增多,第一届参加者仅为62人,

---

① 松江民众教育馆. 松江民众教育馆概况[M]. 松江民众教育馆,1933:117.
② 陆砥平. 川沙县城区民众教育馆二十二年度工作概况[M]. 川沙县城区民众教育馆,1934:74.
③ 陆砥平. 川沙县城区民众教育馆二十二年度工作概况[M]. 川沙县城区民众教育馆,1934:70.
④ 嘉定县十九年度社会教育概况[G]//于述胜. 民国时期社会教育史料汇编(第5册). 北京:国家图书馆出版社,2017:154.
⑤ 婴孩健康比赛[N]. 申报,1934-05-22.

第二届达 132 人。① 如此不断举行，借以推行健康及休闲教育。

各民众教育馆为唤起一般民众对儿童健康的重视，不同程度地举行婴孩健康比赛会。虽各馆比赛项目有所差异且形式多样，但基本注重对儿童体重、姿势、智力、身长、营养、清洁、发育、牙齿、五官、四肢及心肺、疾病等的考察。大多数比赛由民众教育馆联合社会各种力量举办，对婴儿健康各项指标进行检查，评定分数，给予奖励。这就使得广大妇女学习到教育儿童与养育婴儿的科学知识，唤起民众对婴孩健康的重视以及达至正确养育儿童的愿景。

二、农产比赛

我国作为主要的农业大国，农产品是农民的主要经济来源，对农民生活有着重要影响。而举办农产比赛既能激发民众的劳作热情，又能唤起他们不断改良农作方式并施种优良种子的愿望。

泗泾民众教育馆认为："近年中国农业，一落千丈，推原其故，即在农产物缺少比赛与展览之机会，固步自封，因此日渐退步。"② 该馆经第十六次馆务会议决定举行稻作比赛。干巷简易农民教育馆为改善农民生计，促进农民改良稻作，特于 1931 年 11 月 5 日举行稻作比赛会。该馆对此次比赛给予高度重视，对会场进行精心布置，"该馆门首，悬彩匾一方，上书稻穗比赛会五字，用稻谷制成，尤属别开生面，各室布置，井然有条，图书室琳琅满目，陈列室内除各种稻产品、样本挂图，及植物标本书，又有许多奖品，置于中间大荣台上，颇似一国货商场，娱乐室内四壁悬挂各乡应赛稻穗，每棵均有号码，排列整齐"。③ 他们确定了评判标准："稻穗粒数 20%，密度 10%，重量 10%，分叶力 30%，米质 20%，病虫害 10%。"④

---

① 嘉定县十九年度社会教育概况 [G] //于述胜. 民国时期社会教育史料汇编（第 5 册）. 北京：国家图书馆出版社，2017：160.
② 江苏省立俞塘民众教育馆. 江苏省第四民众教育区二十三年度社教概况 [M]. 江苏省立俞塘民众教育馆，1935：77.
③ 干巷简易农民教育馆稻穗比赛会报告 [J]. 教育季刊，1933，2 (2)：41—42.
④ 干巷简易农民教育馆稻穗比赛会报告 [J]. 教育季刊，1933，2 (2)：44.

此次比赛会吸引了各社教机关的人员，如教育局倪局长，各社教馆馆长，西区丁区长及倪助理员，张堰、干巷两中心校校长，干巷商会主席及各界人士，对获得优秀者给予奖励，从而更加激发了民众对改良稻作物的决心。

此外，当时在农事器械没有普及的时候，耕牛仍不失为农事上有用的牲畜，是把握着民众生活的"权威"。而耕牛品种之优劣及畜养之得法与否，与农业工作效率成正比。因之，有民众教育馆针对农产工具进行比赛，如徐行民众教育馆为指导农户畜养耕牛方法及改进牛种起见，特于1935年4月7日举行耕牛比赛，经先期宣传，计报到耕牛78头，其中黄牛10头，水牛68头。开幕后，由该馆职员，分别指导耕牛畜养方法及改进品种的要点，由专业人士戴步青、盛如州逐一进行评价。结果，"毕志莘所畜水牛，思同农艺研究所所畜牛郎并列第一，陆其利所畜水牛第二，赵志清所畜水牛第三，陈嘉禄所畜黄牛第四"，① 分别得到奖品，如棉框横榜、桅灯、篾帽、犁头、蓑衣、雨伞、毛巾、免费配牛证等日常物件。马陆农民教育馆为提倡农家注意耕牛的健康起见，也于1933年3月26日举行耕牛比赛。② 如此使民众注重耕牛的健康与养护，以进一步提高生产效率。

也有民众教育馆为提倡民众副业，举办家畜比赛，例如上海颛桥民众教育馆为提倡农家副业，促进生产起见，特在桐桥办事处举行赛鸡活动。"参加比赛农家135户，每户各送来鸡一羽，鸡卵一枚，分别陈列，虽品种不多，而行色各殊，主要审查要目为品种、体重、体形及羽色。并进行随时饲鸡指导。"③ 松江民众教育馆也组织养鸡团并举行养鸡比赛，④ 以引起民众养鸡的兴趣，提倡民众副业，增加民众收入。农产品以及农作工具的比赛与民众日常生活更为切近，更能激发民众的参与热情，进而促使民众不断更新生产方式并施种优良种子以提升农产品的生产率，增加经济收入。

---

① 江苏省立俞塘民众教育馆. 江苏省第四民众教育区二十三年度社教概况 [M]. 江苏省立俞塘民众教育馆，1935：33—34.
② 嘉定马陆区农民教育馆耕牛比赛记 [N]. 时事新报（上海），1933-03-31.
③ 上海颛桥民众教育馆十一月二十八日举行赛鸡会 [J]. 畜牧兽医季刊，1936，2 (1)：136.
④ 松江民众教育馆普及民众教育计划 [J]. 松江县教育季刊，1934 (6)：5.

三、娱乐比赛

一般民众于休闲之时，不是追逐于烟酒即流连于赌博，既危害身心，也涣散精神。因此，各民众教育馆为了提倡民众正当休闲娱乐，组织不同的娱乐比赛，主要有室内的象棋比赛和室外的各种球类比赛，以实施休闲教育，丰富民众日常生活。

首先，各民众教育馆为民众改良娱乐方式，特组织象棋比赛。上海陈行农民教育馆于1925年2月5日举行第一次象棋比赛，比赛方法采用淘汰制。[①] 奉贤南桥民众教育馆为提倡正当休闲方法，改革社会上不良娱乐，也举行全县象棋夺标比赛。[②] 嘉定县外冈民众教育馆于1931年2月21日举行第一届象棋比赛，"民众参加兴致高涨，预赛者有二十余之众，均各聚精会神，勾心斗角，最后由本馆赠精美棋盘、棋子、毛巾等"。[③] 宝山县立顾村民众教育馆认为"着棋为高雅之消遣，民众习此者甚多"，[④] 为提高民众逸兴，训练民众智识，此馆特举行棋比赛，分别给予前三名奖品，以资鼓励。还有不少民众教育馆都提倡象棋比赛，如奎山民众教育馆、嘉定农民教育馆等。各馆借助象棋比赛，提倡民众正当娱乐，有助于养成其敏捷的思维，改良其不良的生活习惯。如奎山民众教育馆通过象棋比赛，取得了良好的效果："1. 对于象棋民众能引起兴趣；2. 参观者每日百数十人；3. 比赛后茶社营业激增；4. 参加者渐次增多；5. 能养成良好的习惯；6. 能养成安静的秩序。"[⑤] 各民众教育馆以此联络农友感情，并提倡民众高尚娱乐。

其次，各民众教育馆为提高民众体质，同时丰富其生活，举办形式多

---

① 上海陈行农民教育馆[J]. 社教通讯（上海），1935，1（2）：42.
② 南桥民众教育馆举行象棋比赛[J]. 民众教育通讯，1931，1（1）：51.
③ 嘉定民众教育馆比赛[N]. 申报，1931-02-27.
④ 江苏省立俞塘民众教育馆. 江苏省第四民众教育区二十三年度社教概况[M]. 江苏省立俞塘民众教育馆，1935：147.
⑤ 嘉定县十九年度社会教育概况[G]//于述胜. 民国时期社会教育史料汇编（第5册）. 北京：国家图书馆出版社，2017：154.

样的球类运动比赛，其中乒乓球赛是最为常见的。龚镇农民教育馆于1934年3月14日在该馆大礼堂举行乒乓球比赛会，"采用团体比赛会，每次比赛以五回一局为限，以三四者一方为胜，胜者得分一分，以年龄之大小分五组举行，每组至少五人"。① 最后各组所得分数，以总计得分最多者为优胜，由该馆赠给奖品。青浦县重固民众教育馆也举行乒乓球比赛，② 增进民众打球兴趣。南汇县立第一民众教育馆为吸引民众参与乒乓球比赛，持续进行有力的宣传。其内容如："第一民众教育馆要举行乒乓比赛会了！从今天起开始报名，凡是会打乒乓球的人，都可以加入比赛，优胜的还有奖品，良好机会请勿错过。"③ 此外，还有不少民众教育馆举行足球、网球、篮球与踢毽子等比赛。通过丰富的球类比赛，各馆调剂民众生活、推行健康教育与联络民众感情。

最后，还有民众教育馆为增进民众对野郊兴趣，举行郊外比赛。如宝山县顾村民众教育馆于1934年3月24日下午举行风筝比赛，吸引了广大的民众。"与赛之风筝有百余只，参观民众不下三四万人，顾村街上，人山人海，为顾村空前未有之盛举。"④ 嘉定县中心民众教育馆也开展风筝比赛，吸引了为数众多的参赛者和参观民众。⑤ 各种娱乐项目比赛，加深了民众对休闲、娱乐的正确认识，进一步对其身心产生健康与积极的功效。

四、知识竞赛

各民众教育馆为了促进民众教育事业，激发民众学习文化知识的热情，举行丰富多样的知识竞赛，内容主要涉及抗日救国、基本常识与儿童健康等知识。

---

① 江苏省立俞塘民众教育馆. 江苏省第四民众教育区二十三年度社教概况 [M]. 江苏省立俞塘民众教育馆，1935：163.
② 重固民众教育馆近讯 [N]. 骊珠，1931-08-02.
③ 汪播声. 南汇县立第一民众教育馆第一次乒乓比赛会实施报告 [J]. 民众教育通讯，1931，1 (6)：39.
④ 江苏省立俞塘民众教育馆. 江苏省第四民众教育区二十三年度社教概况 [M]. 江苏省立俞塘民众教育馆，1935：147.
⑤ 上海市嘉定县县志编纂委员会. 嘉定县志 [M]. 上海：上海人民出版社，1992：835.

各馆为唤起民众民族意识,特举行各种爱国知识竞赛。如上海市立民众教育馆组织儿童国语演说竞赛会,以"抗日救国"为范围,"使儿童自动即能养成国家观念,引起爱国情感,俾将来成为健全之国民",① 以"音调、语法、动作、情绪、结构、思想为评分标准,音调20%,语法15%,动作15%,情绪15%,结构15%,思想20%",② 并由馆长杨佩文报告了竞赛会宗旨,内容如下:

> 今天举行第一次国语演说竞赛会,藉以比赛诸位演说才能和国语的程度。大家知道言语是思想的情感的表现,所以我们也能从诸位的演词中,窥见诸位对于国难的认识深切到怎样?对于爱国的情绪热烈到怎样?这样我们可以说:这次的竞赛的优胜,不只是演说才能的优胜,国语程度的优胜,这是爱国热心的优胜呢。③

松江民众教育馆举办抗日文虎会,文虎即灯谜,以抗日意义为范围,制为灯谜,供民众猜射。具体灯谜见表4-18。

表4-18 松江县民众教育馆灯谜一览表

谜	面	谜底
并吞日本	赌语一	吃下和
山东倭寇肃清	时人一	鲁涤平
夫患小肠气	古文二句	今天下之势方病大瘇
百里侯威震四夷	唐诗一	当令外国惧
日本人在济南推广言论权	书名一	东莱博议
倭奴纵兵侵略	集毛诗二	东方之日兮是伐是肆
愤而与日本经济绝交	谚一	和气生财

---

① 上海市立民众教育馆概况(1932年6—12月):1933[A]. 上海:上海市档案馆,Y8-1-98:70.
② 上海市教育局关于民众教育馆暂行规程(1931)[A]. 上海:上海市档案馆,Q235-1-352.
③ 上海市立民众教育馆概况(1932年6—12月):1933[A]. 上海:上海市档案馆,Y8-1-98:75.

续表

谜	面	谜底
志吞木屐儿	赌语一	吃下和
东洋奴隶	字一	是
本庄司令部	字一	晕
祝国民进步	尚书一（惟灯）	敢对扬天子之休命
国民希望重要的要策	集四子一	是人之所欲也政事
总理第三主义须努力求之	诗篇二（一卷廉）	生民，斯干
万众一心来救国	学校名二	同济，大夏
前副司令全无心肝	古人一	张良
倭奴攻击马将军	崐目二	和番，杀山
万里迢迢尽识占山之能耐	京戏一	路遥知马力
民众领袖往往诈病	集三字经二	魁多士，如负薪
预测倭奴终失败	四子一（解铃）	日知其所亡
瞻彼东省铁蹄奔腾	三国人名二	张辽，马超
军阀吃乌烟	水浒浑名一	双枪将
海军恢复东三省，汽笛呜呜奏凯旋	谚一	满载而归
打倒日本	赌语一	平和
仰慕占山战术高	毛诗一	思马斯才
踏平三岛喝尽扶桑酒	诗品一	饮之太和
对内甘流血对倭不抵抗	易经一	刚中而柔外
学生军举行大露宿	毛诗二	彼童而角肃肃宵征
中华惟东洋是惧	左传一（红豆）	夏日之可畏
本号不卖东洋货	谚一（白头）	蚀本生意勿做
诸生意莫忘五三惨案	集四子二	小子识之齐之变
五九条约永矢勿忘	字一	惜
罗褊襟解鼻先知	外国人名一	芳泽
香水精	外国人名一	芳泽
齐桓有帝王相	时人一	小白龙
东三省之失实自取之	礼记一	满招损
释倭	四子一	此谓身不修

220 \\ 基层播扬：上海民众教育馆研究（1928—1949）

续表

谜	面	谜底
释倭	字一	谢
鸳鸯河畔是侬居	字一	倭
倭寇凶横	字一	曝
铲除暴日	字一	恭
鸳鸯戏水	时人名一（不连姓）	占山
三个日本人	时节名一	春分
信仰中山主义，当可转弱为强	聊目一	孙必振
家书遥报间阎宁	外国人一	白里安
通电维持山东秩序	外国人一	白鲁宁
红色太阳旗	松谚一	无天野日头
维持东亚和平	地名二	保定，黄安
东省厕所尽行封闭	四子一（蜓尾）	将以御暴
说起九月十八日晚间我们已深入睡乡	四子二句	至于日至之时皆熟矣
东洋人下书南京政府	地名二	日照，会宁
捷报传来兵事大胜倭寇征服维持	地名四	闻喜、武利、东平、保靖
中国强大即在俄顷	地名一	华盛顿
雀战常居末座	时人一	老北风
山海关	赌语一	满门
倭奴在此门中	三字经一	削竹简
统带海陆空军	昆虫一（湘妃）	蟋蟀
复交	戏名	二进宫
何柱国死守榆城	俗语一	性命交关
榆城失守	名词一	关亡
政府决心挽救中国	学校名三	中央，持志，振华
和服	书名一	倭袍
长春伪军自取败绩	尚书一句	满招损
临阵退缩	孟子一句	效死勿去

本表资料来源：松江民众教育馆. 松江民众教育馆概况［M］. 松江民众教育馆，1933：131—136.

可以看出灯谜的内容多与抗日相关，意在向民众宣传抗日救国的意义，提高民众的民族意识。宝山县城区民众教育馆在抗战前也举行过抗日演讲竞赛会，① 寓教育于竞赛中，陶冶民众性情；分为成人和儿童两个组，"成人组讲题为：1. 算算日本侵略中国的账；2. 剖开暴日的野心；3. 如何对付暴日。儿童组讲题为：1. 日本为什么要占领东三省；2. 小学生的救国责任；3. 抵制日货。评分标准思想占40%，语言占40%，姿态占20%"。② 各馆通过竞赛方式向民众传播爱国和民族知识，提供休闲教育，而且与文字教育有密切关系。

也有民众教育馆为提升民众的演说能力及掌握基本的知识，举行常识竞赛。如泖港农民教育馆举办演说比赛，全县民众学校都派学生积极参与。宝山县顾村民众教育馆为训练民众思想及练习演说技能，特于1935年3月13日举行民众演说比赛会。③ 嘉定县农民教育馆也举办常识竞赛，具体题目如下：

1. 戬浜乡属于：(1) 上海县 (2) 宝山县 (3) 太仓县 (4) 嘉定县
2. 吐痰要吐在：(1) 痰盂里 (2) 河里 (3) 地上 (4) 茶壶里
3. 中国视野最发达的地方是：(1) 天津 (2) 北平 (3) 南京 (4) 上海
4. 太阳比月亮：(1) 大得多 (2) 小得多 (3) 大些 (4) 小些
5. 国民政府建都：(1) 杭州 (2) 南京 (3) 天津 (4) 北平
6. 始于本县的改良棉花种是：(1) 美国爱子棉 (2) 百万华棉 (3) 南通雌脚棉 (4) 江阴白紫棉
7. 中国大宗出口物是：(1) 布 (2) 丝 (3) 棉纱 (4) 铁
8. 孔子生于：(1) 唐朝 (2) 周朝 (3) 宋朝 (4) 明朝
9. 三民主义就是：(1) 民族民权民利 (2) 民权民族民本 (3) 民

---

① 上海市宝山区地方志编纂委员会. 宝山县志 [M]. 上海：上海人民出版社，1992：891.
② 宝山县民众教育馆抗日演讲竞赛简则 [J]. 民众教育通讯，1931，1 (9)：143—144.
③ 宝山县顾村民众教育馆三月份事业报告 [J]. 社教通讯（上海），1935，1 (3)：43.

族民权民生（4）民治民权民生

11. 苍蝇能：（1）传染疾病（2）采花粉（3）捕食害虫（4）有害作物

11. 饭后应当：（1）奔跑（2）睡眠（3）看书（4）散步

12. 国庆日是：（1）五月九日（2）八月八日（3）五月三十日（4）十月十日

13. 英尺一尺是：（1）六寸（2）八寸（3）十寸（4）十二寸

14. 要望子女能成家立业第一要：（1）修行（2）有好风水（3）使子女受教育（4）吃好着好

……①

由竞赛题目可以看出竞赛内容全面涉及民众生产生活，包括基本的文化知识，如戬浜乡属于哪个县、中国视野最发达的地方是哪个市、太阳比月亮大还是小等；也包括卫生健康知识，如吐痰要吐在哪里、苍蝇的害处等；还包括生计知识，如始于本县的改良棉花种是什么、中国大宗出口物是什么等；又囊括了公民知识，如三民主义是什么、国庆日是哪天等。此竞赛内容蕴含有民众语文教育、生计教育、公民教育与健康教育。还有民众教育馆为促进儿童健康，指导父母正确的养育之道，特举行育儿知识测验。如上海县闵行民众教育馆为促进儿童幸福，提醒父母给予儿童特殊注意，进行周密思考，举行育儿测验。具体题目如下：

1. 教养儿童的责任，应该由谁担任：A. 养不教，父之过，教养儿童是父亲的责任；B. 男主外，女主内，教养儿童是母亲的责任；C. 教养儿童让奶妈子全代；D. 教养儿童的责任重大，应该由父母共同负责。

---

① 嘉定县十九年度社会教育概况 [G] // 于述胜. 民国时期社会教育史料汇编（第5册）. 北京：国家图书馆出版社，2017：211—212.

2. 教养儿童适宜的方法怎样？A. 棒打出孝子，不打不成器；B. 天下无不是的父母，儿童应该绝对服从父母，不许作声；C. 教养儿童没有固定的程式，为父母者惟当虑心研究，因势利导，随机应变；D. 让儿童绝对自由，爱怎样便怎样。

3. 关于儿童训导的问题怎样？A. 父亲应该听母亲的指评，执行母亲的命令；B. 当母亲训导儿童的时候，父亲应该袖手旁观，不要干涉；C. 当父亲责罚儿童的时候，母亲应当从旁遮护，以慈济严；D. 父母二人，应共同讨论，互相商榷，然后把一致的意见，告诉给儿童。

4. 父母之训导儿童，应该根据下面几种：A. 先天的本能；B. 祖老太爷和祖老太太的方法；C. 社会的习俗与邻舍的意见；D. 对于儿童之生理的与心理的研究。

5. 父母之训导儿童，应该依照下面的时期开始：A. 儿童到二岁大的时候；B. 儿童刚生下来的时候；C. 男孩子到五岁，女孩子到十岁的时候；D. 男女儿童到十岁的时候。

6. 你应该将自己的儿童，训练成何等样的人？A. 一个英雄或伟人，受万人的尊重膜拜；B. 一个安分守己的良民，关起大门过日子；C. 一个孝子或孝女，为父母个人而牺牲一切；D. 一个健全的勇敢的公民，为国家而奋斗，为人类而奋斗。

7. 关于每日的生活，父母应该怎样去注意？A. 父母应该规定出一个十分详细的程序，叫儿童遵照着实行；B. 在一定的刻板生活之外，要留出相当的时间，让儿童可以作自由的活动；C. 儿童应该随时准备着，听父母的呼唤，命之东则东，命之西则西；D. 不要规定日常作业，让儿童绝对自由得了。

8. 一岁以内的婴儿，时常要哭，父母对他该怎样？A. 当父母读书、工作、睡觉的时候，应该禁止他哭；B. 随他的便，让他尽量哭下去；C. 只要听见他哭了，就立刻喂他吃东西；D. 要研究他所以哭的原因，除去那原因，如查不出有什么原因，就让他哭下去吧。

9. 三岁以内的孩子，若是怕惧黑暗，父母就应该怎样？A. 听凭着，不去管他；B. 利用黑暗，当作刑罚他的有效工具；C. 时常在黑暗中教他玩耍；D. 叫娘姨时常陪伴他，勿使他独个儿在黑暗里。

10. 儿童若是逃学，父母应该怎样？A. 狠狠地鞭打他；B. 奖励他这种独立不羁的精神；C. 调查他在学校中的各种活动状况，然后表示态度；D. 立刻更换学校。

11. 对于一个倔强的儿童，父母应该怎样对待他？A. 教他自制；B. 强迫他服从大人的主张；C. 严厉斥责他；D. 让他有更多的出路，抒发其剩余精力。

12. 当儿童发怪脾气的时候，父母应该怎样？A. 离开他；B. 和他讲；C. 打他骂他；D. 依从他的意见，快给他所求的东西。

13. 当儿童反抗父母的时候，父母该怎样？A. 狠狠打他；B. 随他的便；C. 宣布儿童为逆子、畜生，在一切认识的人面前凌辱他；D. 确定儿童反抗的原因及心理，然后作适宜的处置。

14. 关于儿童在家庭中的工作是：A. 父母应该以金钱的报酬，不作工没有钱花；B. 父母不可叫娇滴滴的儿童作工；C. 儿童的工作项目（无金钱之酬报），应标明在儿童的年龄与能力而规定的；D. 只有女孩子应该在家庭中作工，至于男孩子则应该准备着将来到外面去作工赚钱的。

15. 关于发展儿童的人生趣味，父母应该怎样？A. 把各种的娱乐品，介绍给儿童；B. 以金钱鼓励儿童，养成搜集邮票，画片，鸟蛋的嗜好；C. 自身养成高尚的人生趣味，以此唤起和鼓励儿童的人生趣味；D. 不许儿童浪费精力于鸡犬狗马之事，要叫他干正经事。

16. 关于养成儿童的读书习惯，父母应该依照下面的哪一条路？A. 把成批成套的新书，买进家里来；B. 对于儿童的读书加以严厉的检查，不许他阅读没有价值的书；C. 自身养成读书的习惯，常把书中有趣味的材料，提出来与儿童共同讨论；D. 限制儿童读书，因为儿童是应该把大部分的时间，消磨于户外生活的。

17. 关于儿童将来的职业问题，父母应该如何对付？A. 父母应该叫儿童克绍箕裘，继续先人的旧业；B. 待儿童到青年时期，请专家代他解决；C. 听凭自然的推移；D. 鼓励儿童养成多方面的趣味，带着儿童，在可能范围内，参观各种职业的进行状况。

18. 关于儿童交友问题，父母应该怎样去注意？A. 采取放任政策；B. 加以严格的限制；C. 自儿童极小的时候，就养成他爱交友的习惯，以家庭的良好势力，保障他的将来；D. 把儿童所有的朋友，都请进家里来，由父母逐一检查，加以选择。

19. 女孩子若是喜欢晚间出外，跟男孩子游玩，父母应该怎样？A. 常邀请男女孩子，到家里来玩；B. 不妨让她出去；C. 绝对禁止她外出；D. 只许她跟女孩子在一起玩。

20. 儿童应该把他的父母看作那一等的人？A. 神圣尊严的帝王；B. 赏罚是非的法官；C. 昊天罔极的恩主；D. 亲爱无间的朋友。①

总体来讲，民众教育馆举办各种健康比赛、农产比赛、娱乐比赛与知识竞赛，给予各种奖励以激发民众积极参与其中。同时，各馆传授给民众语文教育、生计教育、公民教育、健康教育与休闲教育，旨在提升民众的知识文化水平，改良其生产方式，纠正其不良的生活习惯，丰富其日常生活，使其达至幸福生活。

第四节 兼具直观性与形象性的展览活动

展览活动是一种以实物为中心，给予民众以深刻观感，以增进其智识、激发民情以及改善其生活的直观教育方式。② 展览类别有生产展览，如新式农具展览、农产品展览、土布展览会、工艺品展览；健康展览，如卫生展览会、药品展览会等；公民知识展览，如革命事迹展览会、国耻展览、风

---

① 上海县闵行民众教育馆举行育儿测验 [J]. 华安，1933, 1 (2)：7—13.
② 教育部社会教育司. 民众教育馆 [M]. 教育部社会教育司，1940：96.

俗展览会等。各民众教育馆设有固定的展览，将一切的展览品陈列于固定地点，试图通过展览方式供给民众以真切的知识。同时，为提高教育的效率，各馆扩大展览范围，加大流动。"展览品为有效之教育工具，虽置备较耗经费；但若能尽量流动，充分利用，则反为经济。"[①] 因此，各民众教育馆更在谋活动的展览与流动的展览，以与民众发生深切的关系为最高原则。

一、农事展览

面对各地区民众生活资源以及副业情况，为了推广先进的农具、棉作、园艺、农副产品与优良种子等生产物品，上海各民众教育馆或定期或随时举办各种农事展览会，让民众直观地感受农事情况，提高民众生产率。展览物品分为农作物展览、园艺展览与土布展览，陈列各种作物种子及农事挂图，使农民认识各种作物的优良种子及产地，激发农民采用各种优良作物种子的兴趣，明了使用旧方法的弊端和采用各种新方法对于农业的重要性。

农作物展览包括各地农民副业与优良作物等的展览，如嘉定县徐行民众教育馆因草制品为本区的主要副业且为民众主要的生活资源，特举行草织展览会，吸引了各界人士前来参观，其中包括"许县长、杨教育局长、卫督学等均莅临参观，对一部分优美出品，大为赞赏"。[②] "各项出品颇多新颖式样，尤以何孝萃女士之白拖鞋数双，编制如练子，精致无与伦比，大为赞赏。"[③] 为进一步广为流传，该馆将草织品摄制成影片，流动放映。展览会后，该馆还缮印草织品编织考查表，定期举行织户访问，考查其改进状况，激发民众不断改进其产品制作以提高生产率的兴趣。龚镇农民教育馆举行棉作展览会，分调查、征集、报馆、整理与陈列五项，展览种类有"江阴白子棉，平教棉，黑子棉，美棉，孝感棉，木本棉，湖南长沙铁子

[①] 吴剑真. 三年来之江苏社会教育 [J]. 江苏教育，1935，4 (1、2)：191.
[②] 江苏省立俞塘民众教育馆. 江苏省第四民众教育区二十三年度社教概况 [M]. 江苏省立俞塘民众教育馆，1935：33.
[③] 嘉定徐行区民众教育馆二月来设施概况 [J]. 社教通讯（上海），1935，1 (3)：46.

棉、鸡脚棉、海门棉、启东棉、崇明棉、如皋棉、常熟棉、俞塘棉、松江棉等",① 共展出三日，来馆参观民众有 800 余人。山阳民众教育馆、泖港农民教育馆、闵行民众教育馆等都组织规模较大的农产品展览会，吸引了附近众多民众。

图 4-5　闵行民众教育馆举行农产展览会场景

本图资料来源：闵行民众教育馆举行农产展览会演讲时之听众 [J]. 社教通讯（上海），1935（创刊号）：封 4.

川沙县城区民众教育馆为了加强民众对农产品的深切认识，举办为期四天的农事展览会，展览种类包括："玉蜀黍类、布匹、棉作物、豆类、藤器类、竹器类、磁器类、稻类、黍类、刺绣类、杂项等围绕民众日常生活的各种物品。"② 其陈列者不仅仅有个人之出产，还有各种工厂、企业，如美亚绸厂、同监布社、西门藤工场、东门竹行等的产品，并以专题专类进行陈列，展现了川沙县农村各种农产品，吸引不少民众驻足观赏。也有民众教育馆推出园艺作品展览，如黄草为嘉定县徐行区特产，也为该区农民

---

① 江苏省立俞塘民众教育馆. 江苏省第四民众教育区二十三年度社教概况 [M]. 江苏省立俞塘民众教育馆，1935：159.
② 陆砥平. 川沙县城区民众教育馆二十二年度工作概况 [M]. 川沙县城区民众教育馆，1934：28.

唯一副业，嘉定徐行民众教育馆特举行黄草织品展览会以资提倡，展览种类为拖鞋、鞋子、提包、提篮、帽子与皮夹手袋等。①

土布为当地民众衣服原料的主要材质，而当时受洋布倾销的影响，土布被逐渐淘汰，使得民众经济受到损失。职是之故，为数众多的民众教育馆举行土布展览会，山阳、泖港、干巷、上海县立等农民教育馆都举办规模不一的土布展览会。展览品来源广泛，色样丰富，且均为优良之品，凸显土布的优越，吸引了当地广大民众，尤其是妇女。如泖港农民教育馆"参观者非常拥挤，而妇女尤爱不释手，实行偷剪布样，管理上备极忙碌"。②

二、科学展览

人存在于自然界中，无时无刻不在与自然界的一切进行接触，所以人对于自然界事物的求知，也较为迫切。为此，各民众教育馆或通过自然展览室抑或是流动展览，向民众传达自然常识。如松江县民众教育馆为供给民众自然的常识，设立了自然室，分为植物、动物、矿物与挂图四类进行展览，具体见表4-19。

表4-19 松江县民众教育馆自然室物品陈列一览表

类别	物名
植物	胡瓜雌瓜模型、梅花模型、草棉花模型、云台花模型、种子发芽标本、植物制造标本、实用植物标本
动物	鹿、猩猩、食火鸡、鹈鹕、山猫、鲮鲤、獾、栗鼠、海豹、猬、麻露、四足鸡、鸭、信天翁、海燕、白鹭、蝙蝠、带鱼、蛙的发育顺序、鲨鱼的发育顺序、黑脊蛇、斑节虾、菜花蛇、鼠、蜈蚣、人面蟹稻作物害虫标本、农作物害虫标本等
矿物	矿物标本

---

① 徐植璧. 嘉定县徐行区民众教育馆黄草织品展览会报告 [J]. 民众教育通讯，1932，1(10): 59—61.

② 江苏省立俞塘民众教育馆. 江苏省第四民众教育区二十三年度社教概况 [M]. 江苏省立俞塘民众教育馆，1935: 105.

续表

类别	物名
挂图	植物挂图、动物挂图、矿物挂图

本表资料来源：松江民众教育馆. 松江民众教育馆概况［M］. 松江民众教育馆，1933：19—20.

该馆陈列有各种动物、植物、矿物标本与模型，共计380多件，使民众了解动植物的发育顺序，如蛙的发育顺序、鲨鱼的发育顺序等，也激发民众对于科学研究的兴趣，如通过研究动植物的标本，习得科学常识。此外，民众于物质生活外，尚有精神生活的企求。精神追求是人生向上的要素。因此，民众的艺术科学教育也是必不可少的。如奎山区民众教育馆展览各种书画、绘画等，其中"私人所藏之书画，虽价值在数百元以上，亦毫不吝啬"。[①] 也有民众教育馆举行春联展览，如上海颛桥民众教育馆举行春联展览，向社会各界征集，学校学生参加者有奖品。[②] 如此使民众均能了解艺术的重要性，进而在休闲时间从事于艺术活动，加深其科学的认识。

三、健康展览

如前所述，我国民众因缺乏卫生知识，导致每年患流行病及其他病症致死者约几千万人。各民众教育馆意识到提倡卫生的必要性，广为宣传。健康展览的目的在于使一般民众明了人体构造与生活的状态、疾病的来源及防治的方法。故各民众教育馆集合关于卫生健康方面的图表、仪器及各种模型，分类陈列说明。该项陈列品，大部分由民众教育馆自行设计制作，一部分则向国民政府卫生署购置。多数民众教育馆组织自然室、卫生展览会与健康展览室等对人体的结构机能、卫生习惯及病例模型进行展览。如松江县民众教育馆开设自然室对人体的生理模型及病理模型进行展览，提高民众健康意识。

---

① 嘉定县十九年度社会教育概况［G］//于述胜. 民国时期社会教育史料汇编（第5册）. 北京：国家图书馆出版社，2017：160.
② 颛桥农民教育馆展览春联［J］. 民众教育通讯，1933，2（9、10）：214.

表 4-20　松江县民众教育馆自然室陈列一览表

类别	物名
生理模型	胎儿、脊椎动物脑、双生双胎、人脑、骨骼、健全心肌、健全胃、健全肝脏、乳、膀胱、心脏、视觉器官、胎盘、人体
病例模型	饮酒心脏、饮酒胃、饮酒初症肝脏、饮酒重症肝脏、健全肾与饮酒肾、急性肺炎、疥癣、水痘、白喉、麻疹、病眼、白浊、软性下疳、硬性下疳、遗传梅毒、丘疹性梅毒、鼻梅毒、梅毒骨护膜肿
卫生模型	自制纸质卫生模型
图表	自制卫生挂图、各种病菌图、表格

本表资料来源：松江民众教育馆. 松江民众教育馆概况［M］. 松江民众教育馆，1933：22—23.

生理模型、病例模型、卫生模型的展览，一方面能够让民众明了人体机能及致病原因和治疗方法，另一方面能够通过健全的身体结构和患病的身体结构的对比，如饮酒心脏、饮酒胃、饮酒肾等与健全心脏、健全胃、健全肾的结构的对比，让民众直观地体会到饮酒对人体的伤害，从而养成良好的生活饮食习惯。干巷农民教育馆在馆内民校教室举行夏令卫生展览会，吸引了广大的民众前来参观。"展览物品一百二十五件，参观人数达五百余人。"[①] 再如上海市立民众教育馆设立健康教育展览室陈列各种卫生模型，分为生理模型、病理模型、生物模型、泥制模型，涉及儿童卫生、妇女卫生、产育卫生和一般卫生四大类，具体见表 4-21。如此的陈列使民众明了人体机能及致病原因和治疗方法。

表 4-21　上海市立民众教育馆健康教育展览室陈列物品一览表

类型	品名及件数
蜡制生理模型	处女下部解剖（1），单胞胎纵断解剖（1），胎儿奇异头比较（6），产妇躯干解剖（1），女性生殖器解剖（1），双胞胎纵断解剖（1），乳房解剖（1）

---

① 江苏省立俞塘民众教育馆. 江苏省第四民众教育区二十三年度社教概况［M］. 江苏省立俞塘民众教育馆，1935：109.

续表

类型	品名及件数
蜡制病理模型	梅毒（12），天花模型（6），接种小牛采浆（1），眼病与健康比较（1），病眼眼球比较（1），疫鼠解剖（1），苍蝇传染食物模型（1），结核患者痰饮（1），疟疾细菌放大（1），种痘模型（1），眼病传染模型（2），眼病模型（3），疫鼠下体解剖（1），蚊子传疟模型（1），苍蝇媒介模型（1），鼠疫细菌放大（1），各病粪便模型（1），小儿卫生粪便模型（1），种痘及搽浆器（1）
生物模型	蚊子头部解剖（1），蚊子卫生模型（1），蚤发生放大模型（1），蚤放大模型（1），苍蝇放大解剖（1），蚊子放大模型（1）
儿童卫生泥制模型	儿童不宜多食（1），小儿独宿（1），独睡与同睡（1），儿跌不可强拉（1），小贩摊食物留心（2），小儿睡眠（1），儿睡不可惊醒（1），儿童运动（3）
妇女卫生泥制模型	女子恶习（2），乳房与生育（1），月经卫生（3），骨盆比较（1），发育期卫生（2）
居家卫生泥制模型	家庭卫生（4），公园休息（1）
产育卫生泥制模型	产后卫生（3），新旧法接生比较（1），产妇卫生（9），产妇卫生（2），临产卫生（1）
图幅	生理卫生传染病（62），比较统计图表（30）

本表资料来源：上海市立民众教育馆概况（1932年6—12月）；1933 [A]. 上海：上海市档案馆，Y8-1-98：64—69.

该馆通过对各种生理与病理模型进行展览，并针对妇女和儿童进行专门性的陈列，既包括儿童的饮食、睡眠与运动等，也包括妇女发育期、生产期及产后护理等，同时囊括了一般的卫生常识及疾病常识。如此较为全面的生理卫生展览，使得民众对个人及群体的卫生健康有足够认识，并培养其养成良好的日常生活习惯。

四、公民知识展览

为了增进民众公民常识，让民众随时明了国难状况与敌人的野心，激发其救亡图存的决心，上海各民众教育馆开设国耻室、时事展览室与军备展览室等，举行各种公民知识展览，如军事、兵器、防毒与国货等。

上海县闵行民众教育馆为促进民众爱国思想起见，特搜集历来日本侵略中国的各种画片数百种，在该馆新屋室进行展览。"张张活动精彩异常，并附有惊心触目之浅近文字说明，参观者近千余人。"① 同时，为提倡国货，该馆特举行国货展览会，② 以此来唤起民众的爱国心。松江县民众教育馆设立国耻室，对特殊战争和惨案自制模型、战利品、国耻画、国耻表及抗日写真等进行展览，具体见表4-22，以此来激发民众的爱国热情。

表4-22　松江县民众教育馆国耻室展览物品一览表

类别	物名
自制模型	鸦片之战、英法联军之战、中法之战、中日之战、八国联军、五九国耻、五卅惨案、沙基惨案、万县惨案、济南惨案、沈阳事件
战利品	日军军帽、日本炮弹壳
国画	国耻画
表格	国耻表
写真	抗日写真

本表资料来源：松江民众教育馆. 松江民众教育馆概况［M］. 松江民众教育馆，1933：28.

借助于自制模型以及我国民众积极抵抗的写真使民众认识到敌人的残暴以及我们所做的努力，从而激发民众的民族意识，使其积极参与救亡图存的活动。此外，该馆为灌输民众御侮自卫常识起见，特筹设自卫展览室，陈列有"防毒口罩、各种车器模型，并绘制大幅各国车备等统计表，我国边疆史地、如何避免炮弹毒气、如何急救等图画五十余幅"。③

此外，当时民众对于国货与非国货不能清晰辨别，且部分民众存在对洋货的迷信，认为国货皆劣于洋货，而执迷于洋货。松江县民众教育馆为

---

① 闵行民众教育馆展览日本侵略画片［N］. 申报，1933-10-14.
② 县立民众教育馆闵行元旦开国货展［N］. 民报，1935-12-29.
③ 松江民众教育馆近讯［J］. 社教通讯（上海），1935，1（8）：62.

此特设国货室，发出通告向国内各国货工厂征求国货样品以陈列展览。振华油漆工司、三友实业社、五洲固本皂厂、光明公司与天一味母厂等送来各种样品用来陈列，具体见表4-23。

表4-23　松江县民众教育馆国货室样品展览一览表

类别	出品者
化妆品	松江民生化学工业厂、上海巴黎化妆品药品厂、上海永和实业公司
药品	新亚化学制药厂、美亚工业社
肥皂	上海五洲固本厂、上海中华兴记厂
糖果	中华食品公司
呢绒	上海振兴毛绒纺织厂、上海胜达呢绒织造厂
绸布	三友实业社（布）、杭州各工厂（绸缎）
纸	嘉兴民丰造纸厂、各地纸厂纸样
电器	上海振华电池厂、亭林三三电池厂
漆	振华油漆公司
味母	天一味母厂
图表	光明公司样图、国货日货对照表

本表资料来源：松江民众教育馆. 松江民众教育馆概况［M］. 松江民众教育馆，1933：32.

该馆内所展览国货样品均是民众日常生活中所使用物品，如化妆品、药品、糖果、纸、电器及肥皂等，与民众生活紧密联系，较容易激发民众参观的兴趣。通过具体的实物陈列，其一可以使民众认识国货，其二可使民众知道国货的制作不亚于洋货。

还有民众教育馆对于公民日常道德知识也作展览，如宝山县顾村民众教育馆就乡民最易误犯的违警事项，像赌博、加暴于人等50余条，选择重要注意事项油印分赠给参观民众，以引起民众对违警事项的注意。嘉定县中心民众教育馆陈列各种泥人以及公民图表，吸引了广大的民众前来参观，一个月参观人数达1500余人。[①]

---

① 江苏省立俞塘民众教育馆. 江苏省第四民众教育区二十三年度社教概况［M］. 江苏省立俞塘民众教育馆，1935：22.

美国《非正式学习评论》(The Informal Learning Review)杂志的合作编辑罗伯特·罗素（Robert L. Russell）曾提出提升观众体验的十点展览设计要素，包括内容、环境、设计、物件、迎合观众期待、与观众发生联系、满足观众需求、提供反馈的机会、提供观览的解释支持、给予评估。[①] 上海市区及沪郊各县民众教育馆或通过空间展览，或通过流动展览进行知识的普及和文化的传播，布置具有吸引力的展览环境，展示真实的物品、模型与标本等，满足民众在生计、科学、健康和知识方面的期待，既具备实物以供民众直觉观览，又可加深民众展览后的印象。

---

① R. L. Russell. Designing Exhibits That Engage Visitors: Bob's Ten Points [J]. Informal Learning，2000：13—17.

第五章 案例比较：上海民众教育馆的城乡之别

民众教育馆通过深入民众生活，了解民众所需，权衡其轻重，并将之作为其工作准绳。正如庄泽宣所言："大多数民众的需要，莫过于生活的安定和经济状况的复苏，先使整个民族能透过一口气来。"[1] 上海市区和沪郊各县农村，民众需求存在差异，因此，城乡民众教育馆内教育活动的着力点也不尽相同。当时，上海城市发展正处于由传统向现代转型的关键期，而现代化的城市就需要市民掌握先进的知识和技能，适应现代经济对人才的诉求，同时需要市民养成与现代化城市相符合的各种行为习惯和态度，做一个合格的新型市民。因此，上海市立民众教育馆致力于提高民众文化素质。在沪郊农村，孙中山先生曾指出："农民是我们中国人民之中的最大多数。"[2] 故此，要挽救民族，唯有唤醒农民。而唤醒农民最重要的是使每个农民都有政治自觉，担负起国家社会的责任。要使农民有政治自觉，必须使乡村社会有良好建设，每个农民对于物质生活与精神生活均能适应现代社会发展。为此，钮永建决心在"无锡实验区"外，在故乡俞塘创建一所符合民众实际需要的民众教育馆，其宗旨在于："以民众教育培起国民力量，树立自治基础，增进农业生产，改善经济组织，促进乡村建设，充实人民生活。"[3] 为改进乡村农民生活，在积极筹措与努力下，俞塘民众教育

---

[1] 俞庆棠. 民众教育 [M]. 南京：正中书局，1935：147.
[2] 孙中山. 孙中山全集（第10卷）[M]. 北京：中华书局，1986：555.
[3] 邵雍. 历史回顾与评论 [M]. 合肥：合肥工业大学出版社，2014：163.

馆正式成立。

第一节 上海城乡民众教育馆创办方式之比较

遵循国民政府旨意以及民众教育实际需求，上海在市区内和沪郊农村分别创办民众教育馆。1931年，上海市教育局将文庙和市立明伦小学的校舍改为上海市立民众教育馆，进行城市改进事业。该民众教育馆主要针对广大上海市民，尤以谋求市民知识的增长与幸福生活的增进。而在沪郊，面对农村经济破产趋势，钮永建始终坚持孙中山先生"必须唤起民众"的主张，重视国民素质，倡导民众教育，于1930年创办俞塘民众教育馆，致力于为振兴中华事业培育民众，为沪郊乡村建设实践提供样板，改善地方经济生产力和当地普通民众的生活。

一、城市改进实验：上海市立民众教育馆

上海文庙作为上海文化的发源地，1912年，改为通俗教育馆，柳亚子任馆长。1931年7月，在教育局与工务局两者理念的博弈下，上海市教育局决定将文庙和市立明伦小学的校舍改为上海市立民众教育馆，并将其作为上海市区实施民众教育的中心机关，任命李大超为馆长。

（一）庙学合一：上海文庙的历史沿革与建筑

文庙是中国传统社会纪念孔子与推崇儒家文化的一种表征。熊禾曾言："尊道有祠，为道统设也。"[①] 这里的"祠"指的就是文庙。上海文庙可以追溯到上海建县以前的南宋时期。据旧方志记载，宋景定年间，士人唐时在方浜购韩姓民宅并改建为梓潼祠，即文昌宫，同时画孔子像于其修古堂，此即诸生读书的地方，此即文庙的雏形。文庙内悬有清代的上海群贤榜，榜上有状元戴有祺，[②] 进士蔡元培、秦锡田等，举人朱树人、贾勋、杨逸、

---

① （元）熊禾. 熊勿轩文集[M]. 上海：商务印书馆，1936：48.
② 清代268年中上海唯一的一名状元。

秦砚田、沈恩孚、姚子让、叶醴文、莫锡纶等，秀才王引善、贾丰芸、贾丰臻、曹翰亭、沈宝善等。① 文庙内主要设有大成殿、明伦堂、魁星阁、崇圣祠与藏书楼等。整个文庙建筑风格留下简约和内敛的印象，显示出谦逊中的伟大。按照中国传统习惯，文庙顺着南北轴线分开，入口方向均朝南。整个建筑布局呈两条平行线，平行线西边用于祭祀，即举行纪念孔子仪式，东边儒学部分则举行教学活动。

文庙作为上海县城唯一的儒学圣地，是历代帝王尊孔重儒和培养封建官吏的场所，也是现在上海中心城区一座祭祀中国至圣先师孔子的场所。随着国家结束封建王朝统治，上海文庙在民国初期呈现出新气象。1912年，教育部官制中增添社会教育司，注重开展社会教育事业，将标准定为："大致应专注此次革新之事实，共和国民之权利义务及尚武实业诸端，而尤重于公民之道德。"② 不久后，蔡元培提出公民道德的标准，即自由、平等、博爱，以取代儒家的"忠君""尊孔"，体现共和革命新理念。在此意义上，上海不同人士开始思考文庙在共和时期的角色。上海文庙也开始随着政权的稳定，其所表征的文化道统走向共和理念。但随着袁世凯的复辟帝制，并训令教育部重新修葺所有孔庙，通告全体国民一律尊崇孔祀，上海文庙开始举行声势浩大的祀孔仪式，在1912—1926年间，文庙每年有春秋两祭。在此期间，上海的县知事和绅士均来此举行隆重的祀孔仪式。1927年，江苏省政府令各县废止文庙奉祀官，上海文庙也随之停止孔诞庆祝仪式，自此文庙停止祭祀活动。上海相关部门交代："西门之孔庙，以前是日由县知事等当地官绅士学清晨进祭，兹者在国民政府，此项仪节不举行。"③ 南京国民政府成立后，革命气息对传统理念认识形成无形冲击，而文庙作为传统文化的表征，自然受到冷落并进行改制。

---

① 政协上海市南市区委员会文史资料委员会，上海市南市区志纂委员会. 南市文史资料选辑（第1辑）[G]. 出版者不详，1990：137.
② 蔡元培. 请各省注重社会教育通电[C]//中国蔡元培研究会. 蔡元培全集（第18卷）. 杭州：浙江教育出版社，1989：203.
③ 今日孔子诞辰[N]. 申报，1927-09-22.

（二）理念博弈：上海文庙改制的争议与施行

教育部联合其他部门公布《施行孔庙保管办法》（1928年3月6日），提出："应有效利用孔庙的地址，以此来办理学校、图书馆或者民众学校等社会教育机构。"① 上海文庙顺应时代的潮流，也进行了改制。

1928年9月18日，上海少年宣讲团发起人汪龙超阐释对社会教育的希冀并致函上海市长，提出创建公共公园以践行社会教育。此后，上海市政府呈文至上海工务局：

> 钧府发下少年宣讲团及市民尹勇等请求之原呈饬即会同教育局核复等因，当以建设公园确属市政要图，而文庙地点适中，内部空地亦多，以之改建至为相宜。即经职局草拟计划估计经费约数，呈请拨款与筑业奉张前市长指令第三一四八号内开呈及清折均悉应予照准仰，即从速兴工，以有经费即在十二月份工程费内支拨。图书馆应改为民众教育馆，以有该馆设备由教育局计划经费，另案呈核。公厕由卫生局计划分别令知外，此令等因在案职局，本拟及早进行以慰市民。②

接到市政府呈文，工务局局长对文庙进行实地勘察后，支持文庙改建公园这一做法。征得市政府与工务局同意后，汪龙超在《民国日报》上发表文庙改建公园的提议。9月22日，市民尹勇等人对这一提议深表赞赏，提出：

> 因我国民革命军政已将结束训政，即在开始函有市政建设急不容缓。查上海为全国会萃之所中外观瞻之区，故市政设施当用先知先觉之精神为全国之先导，故公园之设立亦为市政之要图，且若沪南文庙地处中心，建筑坚固且内有魁星阁、泮水池、明伦堂可作演讲之厅，

---

① 教财内三部公布孔庙保管法 [N]. 申报，1929-03-07.
② 上海市工务局关于文庙整理文书（1928）[A]. 上海：上海市档案馆，Q215-1-8090：59.

藉此宣传三民主义，既可将党义灌输民众，又可表示尊孔供人游览，即社会教育。亦可发展将此废物化为有用。且沪南民众渴望有年，因前军阀铁蹄所压，所提议者不乏其人，而未得效果。今处于为民众谋幸福之青天白日旗下可解决一切，故有公园之建议于前同人等响应于后。①

可见，由文庙改造的公园不仅仅是游览休闲空间，而且还承担着社会教育的希冀，其功能也从尊孔转向民众教育的实施，其所蕴含的思想理念也从儒学转为三民主义。

1928年10月2日，市府训令工务局草拟文庙改建公园计划。11月19日，市长张定璠通过这一计划，提出所有经费均在12月份工程费内支拨，唯将所呈原计划中的图书馆改作民众教育馆，所需设备由教育局计划。② 但此举引起上海文化界担忧，他们认为文庙作为儒学宣教的地位应保持。而此时任上海市教育局局长的韦悫对民众教育事业较为支持，并未与工务局商议直接函请市政府，建议将文庙全部改为民众教育馆。这一举动遭到工务局反对，于是致函市长张定璠，申明只将公园内原拟建的图书馆改为民众教育馆，将教育局的擅自做法提交市长裁夺。③ 市长张定璠于1929年2月4日否决教育局的提议，采取工务局文庙公园化的提议。④ 但此时工务局的提议也由于两方面原因被耽搁，其一是教育局迟迟不提交规划，其二是经费的欠缺。

1929年5月，陈德征出任教育局局长。6月，工务局便致函教育局，要

---

① 呈为相应沪南公园建议将文庙开辟公园请求核准事（1928年9月22日）[A]. 上海：上海市档案馆，Q215-1-8090：21—22.
② 上海市工务局关于文庙整理文书（1928）[A]. 上海：上海市档案馆，Q215-1-8090：68.
③ 为文庙改建公园抑改为民众教育馆请核示遵行由（1929年1月25日）[A]. 上海：上海市档案馆，Q215-1-8251.
④ 上海市工务局有关市立民众教育馆文书（1929）[A]. 上海：上海市档案馆，Q215-1-8251.

求按照工务局提议制定民众教育馆计划。① 随后教育局在陈德征领导下大致依据市政府核准的框架对民众教育馆制定出规划,分为图书部、演讲部、博物部、艺术部、体育部。② 但此时对于孔庙的财产处理又存在颇多争议,教育、内政与财政三部特会商保管办法,其中第二条为"孔庙财产均应拨充各地方办理教育文化事业之经费,不得移作他用",第五条为孔庙地址应充分利用、以办理学校,或图书馆、民众学校,③ 这就使得文庙办理民众教育有了准绳。此时,张群出任上海市长,反对之前工务局只将图书馆改建为民众教育馆的提议,赞同教育局将文庙全部改为民众教育馆的提议。"本府一百二十七次市政会议议决,将孔庙改设民众教育馆,其中古迹名胜务加保留,并使之公园化。"④ 如此,既全面支持教育局推行民众教育的设想,同时也兼顾工务局改建公园的提议。此时,文庙改建民众教育馆的思路正式确立。但由于财政经费紧缺,这一提议再次被搁置。而工务局和教育局并未放弃这一具有历史意义的构思。于是教育局致函工务局,提出分期改建的想法:

> 文庙位县城之西南居南市之中心,占地近四十亩。殿阁雄壮,池泮秀美,为昔年胜地。乃者,思想尚新,尊孔之风大减,尚不将文庙另行利用。此区公游之所,将由颓败而平地,由平地而市房。尔时再欲就城市适中地点择一片土辟为公园,恐非市经济之道也。夫公园计划,欲求其完善,则时间经费均须充裕,观察市情,似难将公园全部一时完成。而四周道路不齐情形,亦有分期兴工之必要。⑤

---

① 为陈明文庙公园经费业已指定的款拟仍照原案办理由(1929 年 5 月 16 日)[A]. 上海:上海市档案馆,Q215-1-8090.
② 上海市工务局有关市立民众教育馆文书(1929)[A]. 上海:上海市档案馆,Q215-1-8251.
③ 教财内三部公布孔庙保管法[N]. 申报,1929-03-07.
④ 上海特别市市政府训令字第 1310 号(1929 年 8 月 7 日)[A]. 上海:上海市档案馆,Q215-1-8251.
⑤ 上海市工务局关于文庙整理文书(1930)[A]. 上海:上海市档案馆,Q215-1-8090:22.

在与工务局协商下,教育局制定文庙改建计划,分为两期完成。第一期主要是针对文庙的景观方面,第二期主要是民众教育馆室内的建设。在工务局与教育局理念的博弈下,文庙改建民众教育馆最终得以确立并施行。

(三)重塑民众:从文庙公园到上海市立民众教育馆

1931年7月,在教育局与工务局两者理念的博弈下,教育局主张将文庙改制为实施民众教育的场所,着手筹备民众教育馆工作,召开第一次筹备会议。"本市教育局以原有吴淞、蒲淞、法华、塘桥各区所设市立简易民众教育馆,僻处乡隅,且又限于经费,未易发展,一律予以裁撤,而于本市繁盛中心地点,由局委任李大超、杨佩文、陈端志、陈瑞、王淑英为本馆筹备委员,从事筹备,并指定李大超为筹备主任。"① 8月1日,各筹备委员依据第一次筹备会议决议,组织筹备处,分股进行事业活动,并派专人进行主持;9月7日,召集第二次筹备会议,接收明伦小学旧址,筹备处迁入办公;10月,开始赶拟民众教育馆事业进行计划及各项章则,并呈请教育局核办;12月,教育局对民众教育馆组织规则及组织系统进行修正,并委任李大超兼代馆长。李馆长到馆后,召开第一次馆务会议,并进行各组织的委派:"总务组主任干事周召南,干事李大庸、陈津生;演讲组主任干事蔡有常,干事陆清泉、邹敏树;编辑组主任干事任应培,干事李世澄、陈友琴、王世宪;展览组主任干事王义耕,干事陈亦蕃、蔡元湛;健康组主任干事张钟元,干事王晋琦、丘松生,决定开始进行事业活动。"② 12月12日,市立民教馆的组织方案公布,决定设立总务、演讲、编辑、展览与健康5个组,以及艺术、图书、仪器标本、通俗演讲、语文、图画、通问、体育、卫生及休闲等11个股;后又陆续开辟了健康教育展览室、"八一三"战迹展览室、时事展览室和祀孔葬器陈列所等。1932年,上海市立民众教育馆园景正式开放,杨佩文接任馆长一职。

---

① 上海市立民众教育馆概况(1932年6—12月):1933[A].上海:上海市档案馆,Y8-1-98:17.

② 上海市立民众教育馆概况(1932年6—12月):1933[A].上海:上海市档案馆,Y8-1-98:18.

到1932年年底,上海市立民众教育馆基本改造完成。文庙的建筑改为了民众教育馆实施民众教育的具体场所。馆舍共有魁星阁、大成门、明伦堂、大成殿、崇圣祠及明伦堂小学校址等七个部分,合计仅二十余间,"民众休息处及民众谈话处一所、普通阅览室及书库并职员办公室一所、教导组办公室及阅报室一所、会客厅一所、播音台一所、公民教育展览室一所、生计教育展览室一所、健康教育展览室一所、艺术教育展览室一所、公共演讲厅及民众娱乐室并中心展览室一所、儿童阅览室及编目室一所、展览组办公室及事务处办公室一所、历史博物陈列室一所、各种委员会办公室一所、民众工艺室及绘画室一所、公共办公室一所、职员宿室一所、馆长室一所"。[①] 在此基础上,为了使来馆者能感觉生活上多方面的改善,馆内制定了生活化、科学化与艺术化的布置标准,坚持以布置时间为纲,涉及公民教育、生计教育、语文教育、健康教育与艺术教育五种教育范围,且每一种教育都有特殊的教育意义,使来馆者一入馆中,即能体会到一种深刻印象。上海市教育局积极计划布局,规模不断扩张,以此来积极推广民众教育,进行城市改进,塑造新型市民。

由文庙改造的上海市立民众教育馆集教育、娱乐与市场为一体,面向广大市民,拥有一种共通的力量趋向建设理想社会,称得上一幅社会的缩影。1936年10月1日,市立民教馆归市社会局领导,社会局将所属的国货陈列馆物品交民教馆陈列、保管。全面抗日战争开始后,上海市立民众教育馆停止活动。抗战胜利后,民众教育馆复馆,仍由市教育局领导,内部组织改设总务、教导、生计、艺术与研究辅导五个部,重新开展教育事业活动。次年,馆内业务进一步扩展,主要开设有图书馆、儿童图书馆、卫生展览室、播音室、平剧研究室、钟鼓室、演讲厅、民众茶园、运动场与示范农场等。1948年,上海市立民众教育馆在沪西真如设立分馆,市馆馆长为杨佩文,真如分馆馆长为甘豫源。上海解放后,市军事管制委员会政教处接管市立民教馆及真如分馆,改名为上海市沪南群众文化馆(今南市

---

① 王义耕. 上海市立民众教育馆计划大纲草案[J]. 民众教育通讯,1931,1(9):54—55.

区文化馆）和上海市沪西群众文化馆（今普陀区真如文化馆）。

二、乡村建设实验：俞塘民众教育馆

钮永建先生鉴于沪郊农村经济破产以及为实现其全民教育思想，借"祝寿"在家乡俞塘集资创办私立俞塘民众教育馆，并于1930年5月正式对外开放。作为我国私人捐资创办民众教育馆的开端，私立俞塘民众教育馆进行耳目一新的规划，轰动了整个江苏省甚至全国。1933年，经创办者钮永建同意，董事会呈请江苏省教育厅将之改为省立俞塘民众教育馆，获准。民众教育馆进行规模的扩张、经费的扩充、设备的更新、施教区域的扩大以及施教纲要的确立，保障民众教育活动的顺利开展。"八一三"淞沪战役爆发后，俞塘民众教育馆馆舍、器械与设备均被摧毁，并被迫闭馆停止所有民众教育活动。抗战胜利后，钮永建积极邀请家乡热心公益人士共商恢复民众教育馆事宜。1947年11月，在江苏省政府批准下，俞塘民众教育馆得以恢复，并继续开展民众教育活动，直到1949年停止馆务活动。

（一）钮公"祝寿"建馆

"凡办地方政治者，不知不觉中常偏重市镇，每以乡村之区域广漠，人民散漫，惮于注意。但乡村为食物工业之原料所自出，又为强健耐劳之人民所自生，实际上为国家根本所在。"[①] 钮永建发现乡村贫穷落后日趋严重，农村经济破产现象不断凸显，即使是原本比较富饶的沪郊也存在此种状况，而农村的萧条进一步引发城市经济恐慌。同时，"清季末叶之'简易识字学塾'与近年之平民学校，均以为人之能识字，则普及教育之目的已达。即今日社会中人，亦每以为教育即识字，使民众皆能识字，则可谓普及民众教育"，[②] 上海县作为钮永建家乡，便成为他重点关注地区。他决心以故乡俞塘为基地，创办一所符合当地民众实际需求的民众教育馆。

在巡视上海县途中，钮永建邀请各亲朋好友于1929年农历二月初八参

---

① 钮永建. 民众教育之注意点 [J]. 民众教育，1930，2（4）：1.
② 陆盖. 俞塘民众教育馆计划大纲 [J]. 教育与民众，1930，1（9）：15.

加他的"六十大寿"。寿宴开始,他当众宣布要捐出宅基地 6 亩、房屋 2 间,在俞塘集资造屋,创办一所民众教育馆。同年 11 月初,钮永建又散发了"双亲百年冥寿"消息,借此机会为此民众教育馆进行经费筹集。11 月 2 日,上海《申报》特刊登一则《钮永建启事》为该馆筹集经费:"敬启者本年十一月十六日为先父味三公、先母王太夫人树立百岁纪念碑,并创办民众教育馆于上海县第六区俞塘乡之墓次,亲朋好友赠送礼物概不敢受,如蒙不弃,敢代民众教育馆敬请诸公捐助建筑经费,共为民众谋幸福。将来馆所落成,当恭志诸公芳名,勒石纪念,以垂不朽。此启。"① 以此方式来为民众教育馆筹集资金,得到各界人士的支持。钮永建在寿宴当天叮嘱家属家中不设寿堂。凡有亲朋好友前来祝寿送礼,则规定"月薪收入在 80 元以下者,每人一律只收礼金银洋一圆,其余璧还"。② 他将收入礼金均作为民众教育馆创办经费。此次寿庆共筹集到经费六七千元,钮永建将其购买田地 33 亩,建造房屋 12 间,作为民众教育馆馆舍。钮永建纪念其先人百岁冥寿吸引了社会各界人士前来祝寿,同时也解决了俞塘民众教育馆的经费难题。12 月 26 日,在马桥区俞塘钮宅举行奠基典礼。来宾参加者有"中央委员叶楚伧,财政次长张寿镛,国府秘书朱文中,江苏国术馆代表马敬时,教育厅研究代表章桐,上海县党部代表蔡炎、吴景青,县长陆龙翔等一百余人。钮惕生主席、钮永水记录、钮长廉司仪、叶楚伧等依次演说,会时有某影片公司摄取活动影片"。③ 而后,聘请"王承尧、陆会生、张经野、孙吉初、钮长庆、钮长廉、黄梅仙、翟文波等十人为筹备委员,并由其侄钮长耀草拟计划书"。④ 经过紧张而有序的筹备,私立俞塘民众教育馆于 1930 年 5 月正式对外开放,聘请吴稚晖和全国著名教育家俞庆棠、陶行知、晏阳初、梁漱溟、黄炎培等为俞塘教育事业指导委员会成员,其中吴稚晖为主任委员,黄梅仙为副主任委员。

---

① 钮永建启事 [N]. 申报,1929-11-02.
② 张乃清. 钮永建与俞塘民众教育馆 [M]. 上海:上海人民出版社,2011:73.
③ 俞塘民众教育馆前日行奠基典礼 [N]. 申报,1929-11-18.
④ 俞塘民众教育馆近讯 [N]. 申报,1929-12-28.

钮永建还组建了俞塘民众教育馆董事会，其中俞庆棠担任董事长，江问渔与李云亭等11人为董事。同时馆内设有理事会与监事会，钮永建亲自主持理事会，长期从事教育工作的夫人黄梅仙主持监事会。私立时期，此馆特聘无锡教育学院院长、享有盛誉的乡村教育家高阳为馆长，侄儿钮长耀为副馆长，主持日常事务，同时选派无锡教育学院毕业生陆盖、翟家猷、韦瑞墀办理具体事务。为了实现改良农村组织这一目标，办馆之初馆内分设五个股，分别为教育股、生计股、健康股、家事股与事务股，掌管馆内不同事务，进行相应教育活动。

（二）由私立转为省立民众教育馆

私立俞塘民众教育馆经过两年多实践，在整个江苏省赢得好评，得到国民政府重视。得益于其规模宏大及内容的完善，江苏省政府希望将其升格为公立。1933年夏，征得钮永建同意，董事会呈请江苏省教育厅由私立民众教育馆转为公立民众教育馆。7月，得到江苏省政府批准，该馆由私立改为江苏省立俞塘民众教育馆。此后，本馆隶属于江苏省教育厅，任命钮长耀为馆长。

省立俞塘民众教育馆时期，馆内各项工作获得提高。首先，进行规模扩张。1933年11月，私立时代董事会，将其剩余款项，创建大礼堂一所。"1934年3月，复以馆舍尚少，遂商请俞塘合作社在礼堂东侧建筑楼房一幢，由馆租借，并以俞庆棠先生曾在合作社初创之时捐助巨款，乃以'庆棠'名其厅，以为纪念。1935年春，馆长钮长耀，捐其全年二千余元于庆棠厅之东兴建'镕才堂'一所，借充馆用。"[①] 此外，该馆还创办两个分馆，分别为瓶山分馆和荷溪分馆，并针对乡村民众实际需求，建设三个专馆，分别为农艺馆、园艺馆与合作馆。其次，经费不断扩充。该馆私立时代，主要经费均来源于创办者筹措、各董事及社会各界人士的捐助。在此期间，省教育厅于1932年度内补助12000元；改为省立俞塘民众教育馆后，主要由省政府负担其经费。省教育厅对其进行补助扩充，"每年拨款二万五千元

---

① 省立俞塘民众教育馆.省立俞塘民众教育馆概况[M].省立俞塘民众教育馆，1935：1.

左右，并加临时费一千元，1935年增至二万九千元"。① 如此拨款基本能维持民众教育馆日常开销，如1934年，馆内收支基本平衡，稍有结余，见表5-1。

表5-1 1934年俞塘民众教育馆经费收支表

经费类别	经常费	临时费	合计
收入数	25000	1000	26000
支出数	14987.78	10000	25987.78
结余数	12.22	0	12.22

本表资料来源：省立俞塘民众教育馆概况[J]. 社教通讯（上海），1935，1（4）：1—2.

此外，创办人对于各专馆及各项事业上建设，仍有经常及临时捐助，数额也达数万元，使得民众教育馆经费得到保障。省教育厅对拨款经费的支配标准进行规定，确定"薪工费占全数45%，办公费占10%，购置费占全数5%，事业费占全数38%，其他活动事业费占全数2%"。② 这就使得整个经费支出有章可循，保证了整个馆内经费来源的充足性与支出的合理性。再次，设备不断更新。在经费充足的基础上，馆内针对民众日常需求，对馆内设备进行增添与更新，计有"实验及示范农田二百余亩，有花房、温室、普及教育汽车一辆，电影摄影机、放映机各一台"，③ 并有各种标本模型，如"家庭及农村工艺等六十件，抗日及识字运动等图画影片五十幅，演讲用具二十件，普及教育车一辆，戏剧用具二十余件，音乐用具四十五件，绘图测制用具二十五件，体育用具六十件，娱乐用具三十二件，医药用品及用具八百余件，图书杂志二千六百册，日报二十六种及巡回施教用具二十余件，种种设备，差敷施用"。④ 数量充足、种类丰富的设备，为民众教育馆教育活动提供了硬件保障。最后，施教范围不断扩大及对工作纲

---

① 张乃清. 钮永建与俞塘民众教育馆[M]. 上海：上海人民出版社，2011：85.
② 省立俞塘民众教育馆. 省立俞塘民众教育馆概况[M]. 省立俞塘民众教育馆，1935：2.
③ 张乃清. 钮永建与俞塘民众教育馆[M]. 上海：上海人民出版社，2011：86.
④ 省立俞塘民众教育馆概况[J]. 社教通讯（上海），1935，1（4）：1.

要进行补充。在升格为省立民众教育馆后,馆内对教育工作任务进行相应补充与拓展,其施教区域分为基本施教区、推广施教区、辅导施教区。基本施教区为上海县第三区域全部及第一区之西部,包括马桥、北桥地区,1934年起将俞塘及周边金家湾、董家塘、赵家塘、北翁、西村五个村宅及瓶山道院地区划入馆内的实验区;推广施教区为上海县全境;辅导施教区为松江、金山、上海、青浦、奉贤、南汇、川沙、宝山、嘉定和太仓等十个县。鉴于社会民众需要,馆内确定教育纲要:

> 以"富的教育""强的教育"适于现代文化的"公民教育"为施教之骨干,而富的教育,莫要于民生主义的教育;强的教育,莫要于民族主义的教育;适于现代文化的公民教育,莫要于民权主义的教育,故订定三民主义之教育纲要,为推广与实验之张本。于是民生主义的教育以生计方面,生活方面及生存方面为出发点。民族主义的教育,以自卫方面,与家族方面为出发点。民权主义的教育,以治权方面、政权方面,及国权方面为出发点。施教时则以教学做一贯为原则,并以建设为首要,在于民生,故教育以民生为本位,设立生产训练机关,使民众具有具体之组织与纪律,行相互之管理与训练,运用此被动及自动之团结力量,以推动社教,俾得于最速期内,迎头赶上各先进国之基要程度。着手之要点,以繁荣农村为主点,整理市集为辅点,以发挥人类之体力脑力开发地上地下一切物料之质力为起点,以养成伟大固有之国力地方力为终点。①

故此,民众教育馆确定其实施纲要,基本遵循创办者钮永建实施民众教育"富的教育、强的教育、公民的教育"的目的,在此基础上进行说明与延伸。升格为省立民众教育馆后,俞塘民众教育馆在原私立基础上进行规模的扩张、经费的扩充、设备的更新、施教区域的扩大及教育纲要的确

---

① 省立俞塘民众教育馆概况[J]. 社教通讯(上海),1935,1(4):3.

立。这就为进行民众教育活动提供了充分的保障，使其成为沪郊各县乃至整个江苏省实施乡村民众教育的典范。

（三）战火中停办及战后恢复

"八一三"淞沪战役爆发，俞塘民众教育馆中众多师生纷纷走向抗日前线，积极参与抗日救亡活动。俞塘民众教育馆在自办刊物《社教通讯》上刊发《华北的烽火燃烧了》一文：

> 我们从事社会教育工作的同志，尤其是担任壮训工作的同志，平日所引以自己勉励的是保国！卫国！教育民众的是保国！卫国！现在，已是到了要实验我们教育效率的时候，每个同志不知有些什么感想？我们沪郊并不是花明柳暗的桃花源，华北大战爆发后，沪郊必然的吃紧，有军事智识的同志，当然早已知道沪郊地位的重要，那么在华北烽火已燃烧的今日，每个同志不知有些什么准备？……在青黄不接的今日农村里，传来了北国警报，我们负有重任的同志，不知有些什么行动呢？寄语我们全体为社会教育而努力的同志，在今日华北烽烟燃烧的时节，快奋起。①

李宗孟呼吁全体民众教育工作者抗日救亡，奋起反抗。俞塘民众教育馆立即成立"马桥抗日爱国救亡联合会"，钮永建夫人黄梅仙任联合会会长。一个月内，联合会筹集到民众缝制的棉背心500件与布鞋500双。黄梅仙会长亲自带队，将筹集到的物资送达上海抗日救亡总部宋庆龄先生处。同时俞塘民众教育馆组织当地数千名青年进行"义勇壮丁队训练"，为抗战做准备。不久，颇具影响的商务印书馆大型综合性杂志《东方杂志》刊登俞塘进行壮丁训练的四幅照片：《"跪下"操》《掌术表演》《千余壮丁到场会操之情形》《休息》。此外，不少师生也主动参与抗战活动。如实验区主任冯国华主动加入抗日救国队伍中，率领民众教育馆组织"义勇壮丁队训

---

① 李宗孟. 华北的烽火燃烧了 [J]. 社教通讯（上海），1937，2（10）：封3.

练"的部分成员为抗战服务。馆内俞塘钮氏子弟钮长耀、钮文运与钮孝威等奔赴重庆进行抗日活动,其中钮长耀出任国民党中央党部宣传委员、社会部编审处长和视导室主任,并创办私立江苏复兴中学收容流亡教职员工。钮长震奉命在永川县古镇松溉创办纺织实验区及实验区农场,解决聚居四川的抗战人士家属生活问题。钮文运和钮孝威被委任为农场正副场长,运用俞塘民众教育馆的实践经验创立园艺、饲养、植树与苗圃四个分场。他们运用在俞塘民众教育馆的教育实践经验积极主动参与到抗日救亡活动中,为抗战贡献自己的一份力量。

上海县沦陷后,俞塘民众教育馆及整个俞塘地区惨遭劫掠,民众教育馆馆舍、教育器材及各种设备均被损毁,被迫闭馆。1938年6月22日,《文汇报》报道称:"俞塘合作社址竟被日军改为营房,门窗、器具、货物不为日军拆毁即遭土匪抢劫。"[①] 7月18日又刊登"俞塘钮永建住宅被占据"消息,称:"去冬该地沦陷后,日军将其门窗、粗重木料拆作烤火取暖之用,所有贵重器则强拉民夫为之搬运一空。所幸屋壳尚未拆毁,最近驻在马桥镇之日军,自知力量单薄,恐防华军偷袭无援,已将部队及马桥镇区治安会一并还驻钮宅,以资靠近北桥镇,可与日司令部相呼应,并搜索邻近居民所用什用器具,移充军用。月初,某地痞引是项日军至巨漕渡,将钮氏坟园屋及浮厝、树林等颠付诸祝融,并拘获匿居于坟园屋内之钮世英,[②] 押解至部,百端威讯其本地游击队之情形及所在地。"[③] 11月30日报道称:"上海县日军宣抚班长森三,近日强迫俞塘一带农民拆卸考试院副院长钮永建故宅,爱日堂(为钮氏近三百余年来之堂名匾额)正在动手拆除。其西俞塘省立合作社沿塘一带新建之房屋,不论草棚瓦房,均于前日被纵火烧毁,现已成一片焦土。""日军强迫俞塘农民拆除钮永建老宅和民众教育馆校舍,烧毁合作社新建的房屋,以致'景色幽美之俞塘,今已满目凄

---

① 俞塘合作社存棉悉被日军没收 [N]. 文汇报, 1938-06-22.
② 钮世英为钮永建的族叔, 时年40岁, 当月15日被日军曳至城隍庙后面, 就地斩决。
③ 俞塘钮永建住宅被占据 [N]. 文汇报, 1938-07-18.

凉'."① 在此期间，民众教育馆无论是馆舍、设备还是事业活动均遭到极大破坏，所有民众教育活动均停止。

抗战胜利后，钮永建与叶楚伧被任命南京、上海、江苏、浙江及安徽等五省市东南宣慰使。1945年12月5日，钮永建在致宋子文信中，建议将上海县改为实验县，并附"实验县纲领宗旨"，提出旨在发展地方经济，改善民众生计的工作旨归。尔后，他以"宣慰特使"身份返回上海县，号召民众以复兴教育为出发点，重建家园。同时，他及时邀请热心公益人士，多次共同讨论俞塘民众教育馆复兴计划。在修复被日军炸毁的民众教育馆时，他说："筹集经费是我的责任。我即使在帽子里拆出破絮来，也要设法将民众教育馆维持下去。"② 他还叮嘱："俞塘事业复兴，应从小处做起，不要多费钱，只要大家努力。竹的椅子很好，木的脸盆也不差，土地必须渐渐利用，水利更是重要。"③ 他身体力行地恢复俞塘民众教育馆及民众教育活动，继续为乡村事业作贡献。

在江苏省政府批准下，俞塘民众教育馆于1947年11月得以恢复。12月22日，钮永建重返俞塘，亲自协调并规划恢复俞塘民众教育馆，指定张翼出任俞塘民众教育馆馆长，调任上海女子审美学校校长的侄女钮恂言返回俞塘，参与馆内管理工作。一些热心人士也不断支持民众教育馆重建，如俞庆棠带动社会知名人士与钮长耀带动社会地方人士都再次慷慨赞助。随后，各种馆内设置、活动逐渐恢复开展，新落成办公室7间、农舍2间、宿舍4间、大礼堂1所及厨房等附属设施，筹建俞塘乡村卫生服务站与俞塘合作社。1948年12月，俞塘民众教育馆指导的青登村农业合作社也开业。钮永建为之题词："合作事业，为平民经济事业之中心，亦即培植民主政权之基本。生产合作，尤基本之中心也。青登为上海县要区，同人有志于此，

---

① 俞塘日军拆屋焚毁合作社房屋［N］. 文汇报，1938-12-03.
② 张乃清. 钮永建与俞塘民众教育馆［M］. 上海：上海人民出版社，2011：101.
③ 瞿文波. 我所知道的钮惕老［G］//陆坚心，完颜绍元. 20世纪上海文史资料文库（第1辑）. 上海：上海书店出版社，1999：122.

可谓得控制时局之要领矣！"[1] 新中国成立后，当地民众教育工作转由国家文化与教育机构负责。1951年春，上海县文化馆在闵行镇成立。俞塘民众教育馆随之正式撤销，部分人员和器械设备移交县文化馆。

总之，作为致力于城市改进实验的上海市立民众教育馆和乡村建设实验的俞塘民众教育馆都有其创办的历史逻辑。上海市立民众教育馆作为市区内实施民众教育的中心机关，由上海市教育局拨给经费规划创办，并设立于文庙旧址。因其属于公办民众教育馆，在组织设置与人员管理上，基本遵循国民政府与上海市政府的规定，组织设置完备且服务于地方特色，有严格且专业化的队伍建设。从而促进了民众教育发展，塑造新型上海市民。俞塘民众教育馆则是钮永建针对沪郊农村民众实际需求，为实现其全民教育思想，由个人集资在家乡（上海县俞塘）创办，最初为私人创办，馆内组织设置不同于公立民众教育馆，未按照政府颁布的规程与要求，而是根据俞塘民众的实际需求进行建设。在改为省立俞塘民众教育馆后，该馆仍然遵照创办人钮永建全民普及教育的思想，并结合乡村农民生活样态进行实验区与分部相结合的组织设置，如此既满足民众的需求，也适应于地方特色，有效地推进乡村民众教育事业的顺畅运行。

第二节　上海城乡民众教育需求之比较

民众教育馆作为基层社会中的"播扬者"，实施民众教育的出发点与落脚点应着眼于广大民众的需求。上海市区与沪郊乡村民众需求不同，上海市区内侧重市民文化素质提升，转变市民思想观念，塑造新型市民；沪郊农村则侧重于缓解农民生计压力，提升农民生产能力和改善农民生活状况。为此，两民众教育馆均能抓住关键，施以适宜而贴切的民众教育。

---

[1] 钮永建. 为马桥青登乡农业合作社开幕题词[N]. 明心报，1948-12-10.

一、提升文化素质：上海市区民众教育需求

自开埠以来，伴随其他地方民众的移入，上海逐渐成为一个典型的移民城市。在整合传统与西方理念的进程中，上海不断实现近代化发展。而这些移民群体身上依旧留有传统社会之烙印，故此，在实现现代化发展过程中首先必须注重其思想观念的转变，塑造新型上海市民。其次，随着上海经济不断发展，民众谋生手段在一定程度上发生变化，其生产方式需要具备近代科学知识和生产技术的生产者。就此而言，对民众进行知识技能的教育，提升他们的文化水平成为必要。上海市立民众教育馆重点关注市民文化素质的提升。

（一）移民群体观念亟待塑造

现代化是一个包括人、社会、经济、政治、文化、价值观念、生活方式等诸领域在内的全方位立体化向"现代类型变迁的过程"。[①] 它是一个从同质走向异质、从一元走向多元的过程，也是一个不断分化与走向高度整合的过程。具体到上海市，如果说早期的"上海是两种文明会合，但是两者中间哪一种都不占优势的地方"的话，[②] 那么，经过几十年的整合后，20世纪20—30年代受内外动力驱动势能较强的现代文明在上海已占据主导地位。它所创造的新生态元素也在质与量上不断扩大深化，其方向则是将传统整合于近现代化进程之中，将西方现代化整合于上海市情之中，从而开创一个全新的上海模式。

如果城市化作为现代化的一个主要表现，那么，人口城市化则是其中的核心要素。故此，城市化首先是人的城市化。在上海，其主要表现即是移民的城市化。上海公共租界自1885年到1935年的人口统计表明，非上海籍人口占上海总人口80%以上。[③] 甚至上海华界的外来人口在20世纪30年

[①] [以] S.N. 艾森斯塔德. 现代化：抗拒与变迁 [M]. 张旅平, 等译. 北京：中国人民大学出版社, 1988：1.
[②] [美] 罗兹·墨菲. 上海——现代中国的钥匙 [M]. 上海：上海人民出版社, 1986：10.
[③] 张仲礼. 近代上海城市研究（1840—1949）[M]. 上海：上海人民出版社, 2014：18.

代，也达到了 75% 左右。① 这些移民群体进入上海城市后，他们首要同时也是共同的主题，即是迅速融入新的社会环境，并且从他们各自不同的方位，去把握谋生、生存、竞争和发展的机遇。要在上海立足谋生，他们必须适应城市的现代环境，成为一个现代人。这就需要移民必须在心态结构、行为取向与谋生方式上进行突变。② 移入上海的大都是劳动者、破产农民与手工业者，他们集中于市区，开始转变为新型市民。新型市民不仅仅指向城市职业和居民身份，更有其历史的和意识形态内涵的规定。"城市改造着人性……城市生活所特有的劳动分工和细密的职业划分，同时带来了全新的思想方法和全新的习俗姿态，这些新变化在不多几代人的时间内就使人们产生巨大的改变。"③ 只有在这样的历史背景下，才可能明显区别于传统社会形态的市民群体，建构既定的生产方式及其物质基础。更为重要的是，作为近代上海市民在思想方式上所构成的现代性价值趋向，它们主要表现为："个体从对权力的人身依附，转变为自主的和主体的权利形式；对社会法制和政治民主，人们开始具有了自觉要求。"④ 这就使得他们在对封建专制及其权威统治产生本能的排斥以后，对民主政治和平权理念，形成更为敏感和自觉的驱动。但由于他们身上部分留有封建农村社会的烙印，必须注重引导其思想观念的转变，需要借助于多种公共文化设施、报纸杂志媒介以及社会文化团体的力量对他们进行教育，使他们形成新的文化观念。

此外，对于移民群体来说，他们不单单是实现从乡民变为现代市民的社会化过程，而且是经过不断社会化，直至成为现代上海人的过程。⑤ 城市化的内涵不仅仅在于角色的转变，更是其生产方式与生活方式的改变，包

---

① 徐牲民. 上海市民社会史论［M］. 上海：文汇出版社，2007：34.
② 忻平. 从上海发现历史——现代化进程中的上海人及其社会生活（1927—1937）［M］. 上海：上海大学出版社，2009：162.
③ ［美］R. E. 帕克，E. N. 伯吉斯，R. D. 麦肯齐. 城市社会学［M］. 宋俊岭，吴建华，王登斌，译. 北京：华夏出版社，1987：265，277.
④ 徐牲民. 上海市民社会史论［M］. 上海：文汇出版社，2007：41.
⑤ 忻平. 从上海发现历史——现代化进程中的上海人及其社会生活（1927—1937）［M］. 上海：上海人民出版社，1996：200—209.

括民众的日常生活、健康与娱乐休闲都将发生一定改变。而本市一般民众，在平日休闲时间内，部分人沉溺于不良嗜好中，如抽烟、嫖妓、饮酒与赌博等等。鉴于此，上海市立民众教育馆创建之初就筹设娱乐室一所，置备各种用具，使民众于休闲时间得到正当娱乐，于无形中戒除其不良嗜好。

新的社会、职业及生活方式需要造就一大批具有新型人格的上海人。先进的现代制度要想获得成功，就必须依赖那些掌握与运用现代知识、现代文明，具有现代人格的现代人。这就要求人们在精神上"变得现代化起来，形成现代的态度、价值观、思想和行为方式，并把这些熔铸在他们的基本人格之中"。① 西方社会学家们认为，在现代"大规模的复杂社会中，没有任何一种属性能比他所受到的教育更能一贯地、强有力地预言他的态度、价值和行为"②，强调教育对民众现代化价值观、思想与行为方式的塑造。学校教育在对象与范围上具有某种局限性。教育不仅仅限于学校教育，而应该延伸到"后学校化"的社会中，是一种社会化的大教育，更是一种终身教育。在转型社会中，民众教育通过多元形式给予民众较为全面的知识，转变其思想观念，提高其现代知识水平，使之尽快实现现代化的转化。

（二）市民文化程度急需提升

上海在不断现代化的进程中，市民谋生手段发生了变化。之前乡民靠大吃饭，对自然有敬畏之心，拜佛祭祀成为普遍习俗。在现代化的裹挟下，市民风俗需发生改变。为适应竞争，市民需要现代化知识。据1928年教育部门对上海工人家庭的调查，在注明教育程度的978人中，不读书者"男子229人，占男子总人数的57.7%；女子451人，占女子总人数的98%；18岁以下男童113人，占男童总人数的84.7%；女童94人，占女童总人数的97.9%"。③ 另：1930年对全市305个工人家庭的调查表明，"受教育不满一

---

① [美]阿历克斯·英格尔斯，等. 人的现代化 [M]. 殷陆君，等译. 成都：四川人民出版社，1985：6.
② [美]阿历克斯·英格尔斯，等. 从传统人到现代人——六个发展中国家的个人变化 [M]. 顾昕，译. 北京：中国人民大学出版社，1992：197.
③ 刘明逵. 中国工人阶级历史状况（第一卷第一册）[M]. 北京：中共中央党校出版社，1986：551.

年者占被调查者总数的60%，1—2年者占12.3%，3年者占11.8%，4年者占8.2%，6年者占3.9%，7—9年者占2.6%"。[1] 20世纪30年代，阜丰面粉厂中"非文盲占30%—40%，会看书写信的仅为2%"。[2] 当时上海工人一般文化程度："在非技术工人集中的行业文盲率颇高，女工中达90%，男工中约70%，非文盲多数也识字有限，有阅读能力的极少。"[3] 在总体文化程度偏低的背景下，近代上海产业工人中还有一部分人和苦力群体的文化生活囿于传统领域。1917年在新兴工业区曹家渡聚居的工人已逾6000人，居民们的社会活动仍以庙宇为聚集所，传统宗教活动仍是居民们的主要活动。活动场所布置体现传统的特点，"红庙堂中三官像，旁为关帝与观音，西庙有施相公、火神吕纯阳诸像，火神为屠夫所奉，吕纯阳为修发匠所奉，东庙有痘神、鼠神、猛将及观音诸像"，"诸神皆有生日，观音生日日前有三次，逢此妇女来焚香叩头，男奉祀关公"。[4] 1920年代后期对曹家渡230户工人家庭的消费调查表明，即使是月收入仅为20元的贫困户，仍有宗教费的支出。[5] 到1930年代初，对305户工人家庭年度支出的调查显示："迷信费在家庭杂费支出中占第三位，有敬神祭祀费的工人家庭占97%，约为3.98元；有锡箔费的71.8%，约为2.02元。而用于教育支出的每户年均为1.45元，占总支出的1.45%；实际有学费支出的仅占22.3%，有书报费支出的33.8%。三分之二的工人家庭是与文字无缘的。"[6] 由此看来，在转型阶段，要使产业工人摆脱传统迷信的束缚，在当时确是一件重要且艰巨的任务。

1929年，世界经济危机给中国农业经济带来沉重打击。随后的天灾人祸更是加剧农村经济的破产。特别是"一·二八"淞沪战事，上海的经济

---

[1] 上海市政府社会局. 上海市工人生活程度[M]. 上海：中华书局，1934：75.
[2] 朱邦兴. 上海产业与上海职工[M]. 上海：上海人民出版社，1984：577.
[3] 张仲礼. 近代上海城市研究（1840—1949年）[M]. 上海：上海人民出版社，2014：589.
[4] 曹家渡调查[M]//约翰年刊. 上海：圣约翰大学，1921：3.
[5] 刘明逵. 中国工人阶级历史状况（第一卷第一册）[M]. 北京：中共中央党校出版社，1986：554.
[6] 上海市政府社会局. 上海市工人生活程度[M]. 上海：中华书局，1934：83—84.

损失高达 20 亿元左右。① 上海市社会局对战后失业情况作详细调查，具体见表 5-2。

表 5-2 本国人经营之工厂（以区域分区调查）

区别	失业人数
闸北区	54917
法租界	2957
南市区	22395
浦东区	45509
沪东杨树浦一带	5066
沪西曹家渡一带	38105
总计	168949

本表资料来源：实业部劳动年鉴编纂委员会. 二十一年中国劳动年鉴 [M]. 上海：神州国光社，1933：192.

上海固然是工商发达区域，但同时也是游民汇聚之处。1928 年冬，南市闸北各举办庇寒所，当时市社会局派员向所收容的贫民 1471 人个别问话，其中向无职业者 310 人，行乞者 4 人，而退伍兵找不到职业者 138 人，灾官找不到职业者 6 人，总计 458 人，占收容所游民总数的 31%，可见原来无业者之多。"近来本市又办有庇寒所数处，据报告收容贫民已达二千人左右，依上述比例推算，向无职业者至少当超过六百人。"② 从 1928 年 8 月至 1929 年 7 月止，"因三百余件劳资纠纷、44 件关门，而失业的达六千人，未经社会局调解者尚不在内"。③ 从 1934 年开始，工商业破产、停业情形日益严重，随之上海各业工人失业状况也不断加重。这一年，上海华界的职业人数为 1961875 人，而无业者达 303000 人，所占比例超过 15.44%。④ 在经济危机下，上海市政府、工商企业更加注重现代技术和科学管理方法。如

---

① 张梓生，章倬汉. 申报年鉴 [M]. 上海：申报馆特种发行部，1933：20.
② 潘公展. 现在上海社会的危机 [N]. 中央日报，1930-02-01.
③ 潘公展谈上海社会之危机 [N]. 申报，1930-01-24.
④ 罗苏文，宋钻友. 上海通史（第 9 卷 民国社会）[M]. 上海：上海人民出版社，1999：140.

当时中国实业家们均渴望获得最新工艺技术,很多工厂都大量采用国外机器设备。在 1929 年至 1931 年间,上海海关曾对全市 270 家工厂进行调查,其中"146 家有国外进口的机器,8 家使用上海仿制进口的机器,77 家中外机器兼用,仅 39 家仍沿用中国旧式设备"。[1] 同时,为促进工业技术改良,上海市社会局不仅迅速成立工业试验所,"协助工商界解疑析难深究精讨,鉴别物品之优劣,研究制法之良窳,俾工业得逐渐改进",还要求全市各厂商"取缔假手外人试验工业物品的旧习,勿使其受骗或泄露技术"。[2] 现代化的生产方式需要具备近代科学知识和生产技术的生产者,对民众知识技能提出高层次的需求。在上海工厂里,工人连简单识字也是一种奢求,更何况是能利用知识掌握新技能来提高自身竞争力。

在 1928 年 9 月上海社会局进行的失业抽样调查中,对失业人员的教育程度做了统计:"受过中学教育的为 40 人,占被调查人数的 3.29%;小学教育的为 383 人,占 31.52%;进过私塾的为 196 人,占 16.13%;未受教育的为 296 人,占 24.11%;情况不明者为 303 人,占 24.93%。"[3] 而受教育程度高低在某种程度上决定了其失业的可能性。故此,市民文化素质的提升成为此时必要的任务。

综上,上海市区民众整体文化素质亟待提升。上海市立民众教育馆通过丰富与灵活的事业活动对民众进行"播扬",致力于提升市民文化素质,丰富市民业余生活,有效推动民众教育事业的顺利开展,从而达到整个城市的改进,为近代上海提供生动的人文景观。

二、缓解生计压力:沪郊农村民众教育需求

20 世纪二三十年代,乡村存在"金融枯竭、民众失业、生产技术低下、灾害的侵袭、副业的衰退、教育文化落后、交通的阻滞、迷信的毒害、文

---

[1] 徐雪筠,等. 上海近代社会经济发展概况(1882—1931)——《海关十年报告》译编[M]. 上海:上海社会科学院出版社,1985:280.
[2] 上海市政府公报(第九十三期)[A]. 上海:上海市档案馆,Y2-1-426.
[3] 邢必信,等. 第二次中国劳动年鉴[M]. 北平:北平社会调查所,1932:111.

盲众多的问题"。① 沪郊农村经济的破产，自然引发上海经济恐慌，都市商业因此衰落。故此，对农民普通知识和专门技能的提升成为必要。

（一）沪郊农村生活亟须改善

在西学东渐和民族矛盾激荡下，中国被迫选择后发外生"依附型现代化"道路。吴毅指出："现代化仅仅发生在城市，不关涉农村社会。此种道路的选择使农村被排除在现代化的进程之外，更为严重的是农村承载了现代化的重负。"② 从某意义上讲，这种现代化道路并没有使农村发生转变，新式教育也没有减少乡村文盲数量，反而使乡村出现教育危机，呈现出教育城市化倾向。随着新式教育以城市为主要阵地，乡村人才逐渐涌向城市。以上海为例，除少数儿童住在市区者外，其余十五区大都是乡区。这些乡区的儿童同样是中华民国未来的主人翁，同样是负担国家发展的义务者，而由于社会、经济与政治的背景，他们多数失学。如"上海市真如区十个村落的学龄儿童106人，就学的只有49人，失学的57人"。③ 但从另一个方面讲，已过学龄和未及学龄的儿童，失学比例就会占很大比例。时人陆叔昂深入沪郊赵家塘进行考察时发现："农民的眼光、农民的心理，真是令人不可想象，尤其是妇女，很普通的东西都认为奇怪，一若见所未见，他们表示的态度，发问的语句，你若没有深入过乡村，一定要认为今日的世界，竟然还有上古时代遗留下来的人民。当时的情形，除用收音机把他所说的话收起来，用摄影机把他表现的情形摄起来，简直不能形容。噫！农民真顽固吗？愚笨吗？实在是少所见，不免多怪，更足十分表示农民愚贫的真相。"④ 可见其文化的落后。此外，在近代化与外在压力的裹挟下，大部分村庄政治组织权力结构发生变化。部分乡绅流向城市，使得乡村传统的政治组织不断弱化。"在农民面前，曾给他们安全感的旧统治阶级尊严大

---

① 郭人全. 乡村民众教育[M]. 上海：黎明书局，1934：47—52.
② 吴毅. 农村衰败与晚清现代化的受挫[J]. 天津社会科学，1996（3）：16—22.
③ 杨寄安. 上海市农村学龄儿童的就学和失学问题[J]. 上海教育界，1933（9）：25.
④ 陆叔昂. 赵家塘改进会筹备进行记：沪郊农村改进区报告之一[R]. 上海：中华职业教育社，1935：4—5.

部分消失，而所有隐匿的豪杰、不法商人、匪徒之徒，以及此类人物都从地下冒了出来，填补了统治者倒台所产生的真空。"① 掠夺式经营阶层控制了乡村，乡村政治组织走向无序化，"当时沪郊农村农民知识程度太低、缺少组织能力、缺乏真正的领袖"，② 从而导致组织管理无序化。新式教育城市化，限制乡村民众接受新式教育的可能性，使得民众在文化方面较为贫乏，从而导致整个乡村民众生活的贫乏。

沪郊农村与上海市区的发展存在不平衡性。经济贫乏、文化落后与政治无序导致农村整体相对落后。潘炳泉在中华职业教育改进社参加工作时，分别于1934年2月和1935年8月对沪郊农村（自省立上海中学起至北桥政府止的沪闵南拓公路两旁）进行了精密的调查，发现："1. 沪郊农村中患有疾病的人数较多，在所调查人口中每五家就有一个经常性病人，残废的每120人中必占一个。疾病主要涉及外科、疟疾、眼疾、呼吸系病、消化系病等。2. 民众存在不良的习性，存在嗜酒、嗜赌、吸毒等不良嗜好。3. 知识的饥荒，曾受教育者占总人数的17.8%，正在受教育者占总人数的17.3%，尚有65%的人属完全文盲。4. 生产疲惫，耕地缺乏。1935年8月统计，平均每家仅得耕地10.48亩，每人仅得2.4亩。同时出产有限，副业停滞。5. 级数的债务。据统计，平均每家负债47.81元，付息每年8.51元；平均每人负债11.04元，每年付息1.96元。同时存在收支不敷，沪郊农民现在负有巨债，每年已增加一种特别支出，而其收支状况，非仅不能使其负债减少，同时不断增加债务。"③ 面对新形势，民众教育领袖俞庆棠在中国社会教育社第一届年会上指出："民众教育应普及到广大乡村中去，作深入的民间工作，把乡村改进、乡村建设作为民众教育当前的中心目标。"④ 不少有识之士也致力于乡村改造，如晏阳初、梁漱溟等。"中国近百

---

① [美]巴林顿·摩尔. 民主与专制的社会起源 [M]. 拓夫, 等译. 北京：华夏出版社, 1987：176.
② 冯宾羲. 沪郊园艺生产与合作事业 [J]. 社教通讯（上海），1935, 1 (9)：1.
③ 潘炳泉. 沪郊农村一角所反映的贫困问题 [J]. 华年, 1936, 5 (44)：6—12.
④ 俞庆棠. 民众教育者对于发展社会生产应有的知识 [J]. 申报月刊, 1932 (1)：4.

年史，可以说是一部乡村破坏史，因此，中国乡村不得不自救，不得不开展乡村建设运动。"① 同时，国民政府为稳定社会秩序，借助民众教育来实现国家现代化，将民众教育作为解决乡村社会基层组织建设、民众日常生活与教育理念问题的舵手。民众教育馆作为实施民众教育的综合机关，从某种意义上就成为政府解决乡村危机的公共空间和立足点。

（二）沪郊农民生产急需提升

20世纪二三十年代，占中国人口80％以上的乡村劳苦民众，生活较为艰难，沪郊也面临同样问题。农村土地较少，离上海市区较远的地方，如龙华、虹桥、梅陇、七宝、吴淞以及浦东各地的农村，地价并不高涨，而生活程度却因受都市影响，生活较为困难。据统计，沪郊农民耕地平均每人不到二亩，如何能够维持生活呢？② 1923年东南大学对上海、青浦、川沙、嘉定、宝山、崇明等六县29处调查结果表明："12处占地50亩以上者为零，有2处占地50亩以上者为1％，有7处占地50亩以上者为2％。"③ 同时，农具也较为缺乏，1930年再次对沪郊农户抽样调查中显示，140户自耕农、半自耕农和佃农中，置备耕牛29头、犁17架、耙19架、稻床27架、小车41架、镰刀97把、粪桶108只。"④ 这就意味着，当时沪郊每户均不到一件农具。民众对土地投入严重匮乏，农村经济不断衰退。1934年，时人对沪郊农村进行考察："农产品价值并不因临近上海而特别提高，售出时也免不了重量的亏耗，价格的抑压，无情的挑剔。据很多农民的谈话得知，乡下的价格和到市街居民手里的价格，竟要相差好几倍。譬如今年立夏一天的新鲜蚕豆，乡下每斤不过三四十文，而市街要一百二三十文，金花叶乡下每斤不过七八文，而市街要五六十文。譬如插瓶的玫瑰花，市街每打四五角，乡下不到一角。所以这样的情形，完全因为农产品卖到市街

---

① 梁漱溟. 乡村建设理论 [M]. 上海：上海人民出版社，2006：11.
② 二白. 沪郊农民生活之变迁 [J]. 上海周报，1933，1（9）：174.
③ 朱其华. 中国农村经济的透视 [M]. 上海：上海中国研究书店，1936：318—319.
④ 冯和法. 中国农村经济资料 [M]. 上海：黎明书局，1935：226.

居民手里，十之八九要经过牙行贩子，于是这班中间人，反而赚了大钱。"①这样导致农村农民收入低下。以赵家塘一地为例，民国二十三年（1934），正副业收入为 149721 元，而总消费为 153699 元，故入不敷出达 56516 元，亦即每人平均亏欠 14 元。②农村妇女生活更是艰辛，正如时人所描述：

> 首先，织布这个事业在七八年之前，的确是农村妇女的良好职业，因为她们每天自早至晚，至少能织成一丈布，本领高超的，能够至二丈多，每丈布拿到布庄上去求售，可赚四五角小洋。那么，二丈布不是可赚八九角小洋了吗？所以，在我童年时代，住在农村的时候，往往看见天刚发亮的时候，便有许多的农村妇女，拿了织成的布，四五成群的赶到市场上去求售，这种能吃苦耐劳的精神，的确是都市女子所万万及不到的。及至卖完了布，她们的篮中，又装满了米呀、豆腐呀、肥皂呀……种种家中的日用品了，在路上回来的时候，我还可以听见她们清脆的歌声，表示非常欢悦的样子呢。可是，现在的情形，却不对了。机器业打倒手工业，洋布代替了土布，于是农村妇女的职业，便受了一个重大的打击。织出来的土布，布庄不欢迎，即使收受，可是利息很薄，充其极，每丈布只能赚到一角多小洋。试问这一角小洋，叫她们怎样来支配呢？所以现在沪郊的农村妇女，对于织布一事，只有叹气的声音，而永远不能听到她们清脆的歌调了。
>
> 其次，我要说到糊纸锭的农村妇女了，我们在上海过生活，每每到了废历的初一，或是十五的时候，就可以听见一种"卖长锭"的声音，这种卖锭妇，大部分都是从浦东来的，说起这种妇女，也是非常可怜，她们在家中，因为没有事情可做，所以就做糊长锭的工作，她们把每天糊下来的长锭，高高的挂起，预备在旧历的初一、十五拿到

---

① 剑心. 沪郊农村考察一得 [J]. 国讯，1934（71）：179.
② 苏德隆. 沪郊农村卫生工作初步报告 [J]. 中华医学杂志（上海），1936，22（4）：310—311.

上海求售，到了上海，便在大街小巷之中，提起了喉咙，"要呀长锭""要呀长锭"的喊着，于是，便有太太奶奶们出来作成她们的生意，等到卖完以后，才渡江回去，这种妇女的生活也是很可怜的。①

由此可见农民在经济方面的困窘。普通工人的生活亦是如此，他们由于缺乏普通知识和专门技能，劳动生产率低下，进一步制约了农村政治与文化的运行，带来新的经济危机。故此，要使民众教育办理有效，最根本的是要解决民生问题。农耕技术的改进固然有助于农民生计，但不能根本解决农民生计问题。"农产品市价的增高，地权的平均，水利的兴修，土匪的肃清，为今日改进农民生计之根本。"②所以要办民众教育，固然要使各项教育平均发展，同时，要能格外注意于"设法增加他们的生产率，来宽裕他们的生计为是"。③就此而言，缓解沪郊农民的生计压力，急需改善民众生活状况，提高民众生活水平。在农村经济、政治与文化破败的背景下，钮永建通过创办俞塘民众教育馆来推行乡村民众教育事业，注重对民众的生计教育训练，培训失学青年和各界在业人士的职业技能，提高农村生产力，进而改善沪郊农村民众生存状况。

在沪郊农村，民众最担忧的是经济是否富裕。"'饭没有吃，生活都顾不周全，那有空闲来管别的事'。他们的企望是经济的宽裕，能维持他们的生活。所以我们目前应当设法帮助他们经济宽裕，但这不是送他们几个钱，便是办法。应当从他们的自身生产的路上去着想，去研究，设法帮助使他们的生产率提高，才是根本的办法。"④因此，俞塘民众教育馆重在提升民众的生产能力，侧重实施生计教育。而在上海市区内，由于城市化的不断推进，对塑造现代化市民提出更高要求，要使其具有新型文化观念，上海市立民众教育馆注重提升民众文化素质，塑造现代化新市民。

---

① 沪郊农村妇女的生活写真[J]. 机联会刊，1935（126）：23—24.
② 甘豫源. 乡村民众教育之实施[M]. 出版者不详，1933：19.
③ 中才. 对于上海社会教育的新希望[J]. 上海民友，1932（53）：5—7.
④ 中才. 对于上海社会教育的新希望[J]. 上海民友，1932（53）：7.

第三节　上海城乡民众教育馆教育活动之比较

民众教育馆作为基层社会中的"播扬者",其通过一系列活动来对民众实施教育。上海市立民众教育馆与俞塘民众教育馆分别致力于城市改进和乡村建设,为满足城市和乡村民众教育的不同需求,它们的主要活动分别偏重于民众文化提升和农民生产率提高。故此,两民众教育馆通过不同活动形式施予民众适宜而实用的教育。

一、塑造新型城市生活：上海市立民众教育馆教育活动

上海市立民众教育馆针对市区民众需求,通过对民众日常生活样态的深入了解,传授基本知识、倡导民众健康及宣传民族意识,从而潜移默化、无形地教育民众,达到塑造新型城市生活的目的。上海市立民众教育馆主要通过分设五个组织部门对民众进行教育,以便提高民众文化素质、丰富民众文化生活及塑造民众文化观念。

(一)举办教导演讲活动,传播民众文化知识

南京国民政府成立后,国民政府为"唤起民众",注重提高民众文化素质,推进现代化建设。上海市随着城市的现代化转型,对市民提出更高要求,需要市民掌握现代化知识和技能。为此,上海市立民众教育馆举办各种教育文化活动,旨在提高民众识字率,增强民众文化素质。

第一,设立民众学校。民众学校作为学校式民众教育实施机构,是民众教育馆提高民众文化素质的重要设置之一。"民众教育之主要机关,仍为民众学校(旧称平民学校),民众学校之主要任务,仍是教学汉字。"[①] 上海市立民众教育馆最初设立民众学校分设成人、儿童与妇女三个班,由教导组负责此项事业。同时根据教育部对民众教育馆目标的规定,该馆制定民众学校语文教育目标："能当众陈述简单的意思、能了解并默写常用文字、

---

① 常道直. 民众教育任务谈［J］. 教育与民众,1929,1 (3)：1.

能阅读浅近民众读物、能用文字表示简单意思。"① 其旨在使民众学习最基本的汉字，能进行简单文字的交流。所用教材即上海市教育局编的《上海市民众识字课本》。此教材主要内容包括生活常识内容、伦理道德内容与国家政府内容等。如此全面的教育内容，让学员受到各方面教育，不仅认识简单字词，同时学会相关技能技巧，并且对国家现状有一定了解，增强其爱国感情。与此同时，课本每五节后面有一节练习，对前面内容进行总结，并对学员掌握程度进行考核，有针对性地进行下一步教学。在此基础上视教材的性质、学生的年龄段及心理特点选择适宜的教学方式进行施教。"失学儿童班教学重启发方式，以便引起儿童自动研究之兴趣，其他各成人班，则注意于教学事项之实践，以合教学做合一之宗旨。"② 其主要教学形式有谈话、教授生字、讲述课文、泛读及齐读、深究、指名讲读、应用练习与复习等。为了更进一步且深入了解每一个学员，民众学校还注重对学生进行训导，包括个别训话、团体训练和家庭访问。"个别训话主要考察学生之个性，因势利导，予以个别训话；团体训练即每周举行周会一次，对学生作时事、常识及道德上之谈话。家庭访问即是对学生家庭轮流举行访问，将学生生活状况予以调查。"③ 同时，民众学校还对学员进行成绩考核，旨在对学员有整体了解。成绩考查主要分平时考查和定期考查两种："平时考查主要是上课随时考查学生，令其口答，或笔答。定期考查主要是月终测验，于每月终举行，所试材料，以该学月所学为限。毕业测验，于毕业时行之，测验材料依据全部教学材料。"④ 以此来检验学员对知识的掌握程度，有利于强化民众对知识的学习。

第二，上海市立民众教育馆针对失学儿童还成立教导团。此团主要针

---

① 上海市立民众教育馆概况（1932 年 6—12 月）：教导组情况 [A]. 上海：上海市档案馆，Y8-1-98-80：44.
② 杨世瑞. 上海市立民众教育馆略述 [J]. 乡村改造，1935（12—13）：76—77.
③ 上海市立民众教育馆概况（1932 年 6—12 月）：教导组情况 [A]. 上海：上海市档案馆，Y8-1-98-80：46.
④ 上海市立民众教育馆概况（1932 年 6—12 月）：教导组情况 [A]. 上海：上海市档案馆，Y8-1-98-80：45.

对"九岁以上十五岁以下之不识字儿童,根据三民主义授予这些儿童以简易之智识技能谋教育之普及为宗旨"。① 为提高失学儿童知识水平,教导团除每周星期一休息外,其余每天上午九时到十时三十分均对儿童授予识字、计数、常识与唱游四个学科。该馆同时设立民众常识顾问处,便利民众委托书写文件、咨询各项常识并协助解决疑难问题,范围主要涉及代写书信契约柬帖,家事、法律、升学、职业及医药等问题。

第三,设立儿童阅书室以及成立读书会。上海市立民众教育馆为提高儿童阅读兴趣,置备小桌椅、书橱、图书卡等物件;同时发函本市各大书局,征集儿童读物,选购各种著名儿童图书,将图书等级进行分类编目,设立儿童阅书室。"本馆附近,学校林立,小学尤多,每日儿童本馆游览者,日必数百人,因设儿童阅书室,俾儿童于游戏之余,得披览书报,藉以增加其知识,提高其兴趣,培养其善用余暇之良好习惯。"② 最初民众教育馆的图书主要有社会科学、自然科学、应用科学、艺术、文学、历史、地理、总类等书籍,具体见表5-3。

表5-3　1932年上海市立民众教育馆图书分类

类别	总类	社会科学	自然科学	应用科学	艺术	文学	历史	地理	总计
部数	27	62	42	5	55	145	30	10	376
册数	32	78	38	55	57	410	106	12	788

本表资料来源:上海市立民众教育馆.上海市立民众教育馆概况(二十一年六月至十二月)[M].上海市立民众教育馆,1933:123.

与此同时,为方便儿童借书,不因手续麻烦而降低他们的阅读兴趣,馆内设置简单的借书手续:"凡入室阅览之儿童,得自由选取图书,拿至本室管理员桌前登记,唯不得任意乱翻,间有年幼儿童,尚未有选择图书之

---

① 上海文献汇编编委会.上海文献汇编·文化卷33[G].天津:天津古籍出版社,2013:337.

② 上海市立民众教育馆概况(1932年6—12月):教导组情况[A].上海:上海市档案馆,Y8-1-98-80;52.

能力者，则由管理员指导之。"① 专门的场所、丰富的图书种类及简单的借书程序吸引了众多儿童。儿童较为喜欢艺术和文学类书籍，且随着年级的上升，儿童阅书量也增多，但到六年级由于面临着毕业会考制度，较三、四、五年级有所减少。同样，随着年龄增长，阅书儿童数量也增多，但到了十五六岁，面临毕业会考压力，有所减少。具体见表5-4。

表5-4　阅览儿童性别年龄年级统计表

性别	男	女	年级	1	2	3	4	5	6		
百分比	85%	15%	百分比	2%	3%	23%	33%	27%	10%		
年龄	6	7	8	9	10	11	12	13	14	15	16
百分比	1%	1%	3%	5%	7%	8%	16%	20%	25%	12%	2%

本表资料来源：上海市立民众教育馆. 上海市立民众教育馆概况（二十一年六月至十二月）[M]. 上海市立民众教育馆，1933：124.

馆内还成立民众教育馆儿童读书会，旨在鼓励儿童多读书，提高他们的读书兴趣，从而改善儿童读书方法，养成儿童互相合作习惯。馆内还通过竞赛与测验等方法来检验儿童读书效率，从而提高他们的文化素质。竞赛的题目主要是根据儿童所阅书目进行编定，如1934年上海市市立民众教育馆儿童读书会儿童竞赛测验题如下：

一、以下十四题，各选答十题：1. 我国最著名的商埠，是那几处地方？2. 我国的商埠，最初是为什么开放的？3. 我国自开辟商埠以后，所受得影响怎样？4. 略述上海水陆交通的情形。5. 上海市的新区域，大概可分那几部？6. 试述上海英租界，公共租界地域的范围，和他们的最高权力机关。7. 试述上海贸易的情形。8. 略述广州的形势，及其革命历史。9. 试述大连的位置及其输出的四种重要物品。10. 略述青岛的形势和将来发展的希望。11. 略述青岛的出租和收回的

---

① 上海市立民众教育馆概况（1932年6—12月）：教导组情况[A]. 上海：上海市档案馆，Y8-1-98-80：53.

经过情形。12. 略述通到天津的五条大河和两条铁路的名称。13. 试述汉口的形势及其输出输入的几种物品。14. 我国的铁路南北干线是何线，其中心地点为何地？

二、以下十二题，选答十题：1. 中外古今，有那几个伟人，少年时候的环境很困难，后来终能奋力成功的？2. 从大西洋向西行，达到印度，这个学说是谁首先证实的？3. 武训和杨斯盛有什么同样的建设？4. 地球究竟是神造的呢，还是星云分出来的，这个问题是谁先注意起来的？5. 美国成为一个独立国家，得到国际的承认是谁的功劳？这个人，少时环境怎样？6. 试略述林肯之个性，及其最大之政绩。7. 电器"磁性"的关系和应用，是谁发明的？这个人怎样得着求学的机会？8. 李凤林、李杨氏，对于地方教育有何设施？地方政府如何奖励他们？9.《帕米拉》这一部小说，是谁做的？这位著作者，生平经过何种挫折？10. 现在我们的照片，铸成板子，印到纸上，这种板子是谁发明的？11. 我国从前映雪光来读书的人，是谁？凿穿壁垛，借邻家里的灯光读书的人，是谁？12. 你对《许多好儿童》这本书里所举出的几位朋友，最崇拜那一个，并述其理由。

三、试答以下三题：1. 你对于本馆第二十六期新民里所登的许多个人计划，你最赞成那几种计划？2. 你在课外，曾经看过那几本书？（除本馆所发之书）3. 详述你每日课外阅书的方法。①

可见，儿童竞赛测验题较为全面。第一题主要是考查儿童通过读书对常识的掌握情况；第二题考查儿童对名人的了解，从而培养他们像名人一样坚强、敢于创新、坚韧不拔的品格；第三题主要考查儿童阅读书目的情况。这样的竞赛测验，可以真实了解儿童阅书的进展以及掌握情况，更进一步激发儿童读书兴趣，提高他们的文化素质，培养他们坚韧与努力向上的品格。

---

① 上海市市立民众教育馆儿童读书会儿童竞赛测验题[J]. 新民，1934（29）：38—41.

第四，设立巡回文库。"巡回文库原为教育局所创办，适应沪市工商界之需求而设计。普通图书馆，为一般有阶级者阅书之场所，工商界业务甚忙，到馆阅览，势所不能；而一般阅书又不能送阅，致令从事工商业者，不免兴趣索然，而有向隅之感，于是巡回文库应此需求而生。有专司文库者，装载多种书籍，巡回于各市区。上海各市区颇多缺乏文化机关，借书者每感困难。巡回文库按区送书，实予本市民众莫大之方便。自本馆接办以来，书籍数量略加扩充，仍由职员二人出外巡回各市区之间。"① 以此来满足无法到馆进行阅读的民众的需求，为他们就近阅读提供极大方便。

表5-5 巡回文库第一号十二月份统计表

巡回地点	鲁班路	阜民路	松雪街	四牌楼	蓬莱路	肇嘉路	中华路	净修路	西仓街	大南门	总计
巡回次数	8	8	8	8	8	8	8	8	8	8	80
借书人数	86	51	4	34	34	7	13	18	52	14	313
借书次数	119	72	7	25	40	7	14	21	56	14	375

本表资料来源：上海市立民众教育馆. 上海市立民众教育馆概况（二十一年六月至十二月）[M]. 上海市立民众教育馆，1933：118.

第五，通过演讲对民众进行文化知识宣传。演讲作为一种迅速传播思想的重要方式，对民众道德观念改变与生活习惯形成，尤其是对一些识字不多且不能独立阅读书籍的民众来说，更加直接和有效。上海市立民众教育馆主要通过通俗演讲、学术演讲与巡回演讲对民众进行文化知识传授。首先，通俗演讲作为该馆固定事业，每周举办一次，利用星期日民众休闲时间举行。演讲主题主要有"副业运动""国货运动""注音符号宣传""节约运动""产业宣传""家庭问题""卫生问题""时事报告"等。为引起民

---

① 上海市立民众教育馆概况（1932年6—12月）：教导组情况[A]. 上海：上海市档案馆，Y8-1-98-80：48.

众足够的兴趣，该馆每次在通俗演讲前后，还利用无线电收音机，开放高尚音乐或名人演讲，吸引民众来馆接受教育；或是分发本馆刊物，教以文字教育。其次，为使民众了解一些社会问题，该馆还举办系列学术演讲，以补助社会文化的发展，同时将高深之学术普及于广大民众，以弥补学校教育的不足。演讲主题涉及民族元气之探讨、九一八战争、人生的艺术、国难期中我国的经济问题、战争的经验教训、妇女健康问题、内战的原因以及废除内战的方法、无线电影的研究、犯罪的原因及其救济方法、民众的信仰问题等。这就囊括了民众健康、国民意识与民众日常知识等各方面知识。同时，由于馆内演讲厅屋舍狭隘，最多仅容300人，远远不能满足民众需求，且听讲者在演讲后，对讲演内容缺乏深刻印象，该馆将学术演讲笔记整理付印，命名为"学术演讲第一集"，进行大力宣传，惠及更多民众。最后，该馆还创办学术讲座满足不同需求的民众。馆内聘请专家学者，分科目分期分任教授学术讲座，内容包括法律、经济、政治、教育、文学与科学等科目。这样既满足民众的不同需求，提高他们知识水平，同时也为他们进一步转入高一级层次的学习提供了一种路径。

在此基础上，为让更多民众参与进来，该馆还创设学术讨论会。"学术须互相切磋，方有所成，本馆之学术演讲，深感单调，讲师惟凭主观之言论发述，听讲者有疑问发生，或有意见，均不得有所发挥，深以为憾。"[①]以某一具体问题为中心进行讨论，聘请对于该项问题有相当认识的专家为指导，从指导中推定某人为主席，进行主持讨论，更进一步提高民众的知识水平。此外，该馆为使远道无机会来馆听讲的乡间民众也能接受教育，从而使其知识水平得以提高，特举行巡回演讲。在每星期中抽出一天进行巡回演讲，主要是针对乡间各区，如沪西法华区、蒲淞区、漕泾区、江湾镇、吴淞镇、殷行镇、高桥镇、引翔区及真如区等，主要内容涉及卫生、健康、科学与迷信、人伦道德与时事报告等，不仅吸引了成年人前来听讲，

---

① 上海市立民众教育馆概况（1932年6—12月）：演讲组情况［A］.上海：上海市档案馆，Y8-1-98-148：8.

不少儿童也积极旁听。具体如表 5-6。

表 5-6 上海市立民众教育馆 1932 年历次演讲工作报告表

日期	地点	讲题	讲员	听讲人数
十月十四日	沪西法华区	1. 秋日卫生；2. 爱惜光阴；3. 时事报告	顾学贤 钱景缘	男二四人 女八人 童一四人
十月二十七日	蒲淞区		洪光华 蔡元湛	
十一月八日	漕泾区	1. 夫妇之道；2. 烟酒之害；3. 时事报告	顾学贤 钱景缘	男二八人 女一九人
十一月十五日	江湾镇	1. 破除迷信；2. 时事报告	洪光华 蔡元湛	男二〇人 女一四人
十一月十六日	吴淞镇	1. 不要忘记了我们的敌人；2. 时事报告	钱景缘 顾学贤	男三〇人 女二四人 童八人
十一月二十三日	殷行镇	1. 科学与迷信；2. 时事报告	洪光华 钱景缘	男一八人 女二人 童二人
十一月二十九日	高桥镇	1. 天下无难事；2. 父母之道；3. 时事报告	顾学贤 钱景缘	男二七人 女四人 童五人
十二月七日	引翔区	1. 迷信之害；2. 时事报告	张叔珍 洪光华	男二八人 女十二人 童十四人
十二月十四日	真如区	1. 怎样教养你的子女；2. 时事报告	钱景缘 蔡元湛	男三二人 女一二人 童一五人

本表资料来源：上海市民众教育馆. 上海市立民众教育馆概况（二十一年六月至十二月）[M]. 上海市立民众教育馆，1933：147—148.

此类演讲结合民众的实际生活教给民众夫妻之间如何相处、如何讲卫生、如何教养子女、子女如何孝敬父母、烟酒对人的伤害、如何破除迷信，从而增强民众生活常识，提高他们的知识水平。概言之，上海市立民众教育馆通过民众学校、儿童教导团、儿童读书会、通俗演讲、巡回演讲与学术讲座等教育活动，提升民众文化知识水平，提升他们现代化知识素养。

（二）开办健康娱乐活动，丰富民众文化生活

上海市立民众教育馆设立健康组来对民众实施健康指导和娱乐指导，通过设立民众诊病所、举行卫生运动、设立特约理发所、设立特约浴室、设立无线电播音处、设立民众话剧社、设立音乐练习处及乒乓球练习处、举行民众同乐会及举行音乐演奏会等事业活动丰富民众日常生活。

首先，馆内成立民众音乐会，以此来"联络民众感情，陶冶性情，提倡正当的娱乐，招收熟练一种乐器并略识简谱的男女民众"。[①] 馆内还成立口琴传习班，分为儿童口琴传习班和妇女口琴传习班。儿童口琴传习班使儿童从小即受音乐熏陶，培养他们的艺术兴趣。妇女口琴传习班主要是鉴于普通妇女在家庭中时间较多，承担日常一切琐务，生活刻板枯燥，对于音乐一门缺乏兴趣而设立，借以提倡女子音乐，增进各个家庭的乐趣。[②] 同时，馆内为使民众得到正当娱乐，1932年9月，特设立娱乐室，就大成门西平屋内从事布置，分成两组。一组为音乐组，一组为弈棋组。[③] 馆内根据民众实际需求举办各种音乐项目，以增加民众乐趣，提倡其正当兴趣，丰富他们的日常生活。

第二，举办民众远足会来增强民众体质，提倡正当娱乐活动，丰富民众生活。"本市民众，平时既缺清新空气，又乏正当娱乐，远足一事，不特可以愉快身心，更可以锻炼身体，增加智识，实娱乐中最有意义者。"[④] 该

[①] 上海市立民众教育馆概况（1932年6—12月）：健康组情况［A］.上海：上海市档案馆，Y8-1-98-174：3.

[②] 上海市立民众教育馆概况（1932年6—12月）：健康组情况［A］.上海：上海市档案馆，Y8-1-98-174：30.

[③] 上海市立民众教育馆概况（1932.6—12月）：健康组情况［A］.上海：上海市档案馆，Y8-1-98-174：35.

[④] 上海市立民众教育馆概况（1932年6—12月）：健康组情况［A］.上海：上海市档案馆，Y8-1-98-174：17.

馆第一次民众远足会，经馆务会议决定日期，并推定职员刁庆恩、徐亚倩、洪光华草拟远足会办法及简则，呈经教育局核准，即开始筹备。公布后报名者非常踊跃，不到10日，报名参加者已达80人。[①] 此次民众远足会旨在增进民众健康生活，引起民众娱乐兴趣，使民众体验运动中的乐趣，使他们的枯燥生活有所改观。

第三，通过各种卫生宣传，增强民众的健康意识。馆内设立民众诊疗室来关注民众的医疗卫生状况，同时进行各种宣传活动。如通过举行通俗演讲，就"天花与种痘之关系"进行宣讲，并分发传单，张贴标语，以吸引民众前来种痘。传单内容如下：

> 大家赶快种痘，染了天花不死即麻，种了牛痘可以延年益寿。诸位同胞，在这时季里有一种流行病，能致小孩们于死命，这是什么病呢？就是天花。本馆为保证大家的健康起见，对于这伤害性命危险不过的天花症，不能不设法预备和制止。最简易安全的预防法，就是种牛痘。现在定于十一月十五日起至二十日止，每日下午二时至五时，在老西门南，文庙路，上海市立民众教育馆种牛痘。不论成人或小孩，凡愿意种痘的，可先向本馆索取种痘证，凭证施种，分文不取，包种包医。诸位同胞，这是你们的特殊权利，不要错过了这大好机会呀！[②]

标语内容如下：

> 1. 天花是最厉害的传染病。2. 天花不是胎毒，是传染病。3. 患了天花，轻的变成麻子，重的丧失性命。4. 染上天花直接害自己，间接害社会。5. 天花也能伤害成人。6. 避免天花，成人也要种痘。7. 希

---

① 上海市立民众教育馆概况（1932年6—12月）：1933 [A]. 上海：上海市档案馆，Y8-1-98：18—19.
② 上海市立民众教育馆概况（1932年6—12月）：1933 [A]. 上海：上海市档案馆，Y8-1-98：202—203.

望小孩长命，赶快替他种痘。8. 怕患天花的请到民众教育馆里种牛痘，不需花钱。①

馆内还开设讲座来讲解健康或疾病知识，使民众对疾病以及如何预防有一定的认识。如专门针对女子进行了"霍乱预防法"的讲座，解释了"霍乱是什么？霍乱是一种急性的传染病，他的名称非常的多，如绞肠痧、吊脚痧、痛瘰痧等等不同的发痧，实在就是一种病症，叫做霍乱"。② 该馆还注重民众的体育锻炼，提倡业余运动，锻炼民众体魄。应时势需求，馆举办国术传习班，使本市民众实地参加练习并发扬国术。总之，上海市立民众教育馆通过举办各种音乐与体育运动，发展民众的正当兴趣，增强他们的体质。

（三）办理宣传纪念活动，增强民族文化意识

淞沪战争的爆发，给上海带来极大灾难。与此同时，上海爱国官兵和民众共同进行民众抗日救亡运动。而上海市立民众教育馆作为民众精神文化的中心，为促进民众认识沪战真相及激发民众爱国思想起见，发起各种事业活动以增强民众的民族文化意识。

首先，上海市立民众教育馆派职员赴战区内搜集与沪战有关的各种纪念物以布置"一·二八战绩展览室"，以昭示我军奋勇抵抗的精神，增强民众的民族文化意识。具体展览内容包括实物、模型、照片、图画与文字五大类，实物包括日军战地遗留品、我军抗日纪念品及关于战役连带性之纪念品；图画类包括油画、水彩画等；文字类分通电、布告及一切战事记载。具体见表5-7。

---

① 上海市立民众教育馆概况（1932年6—12月）：1933 [A]. 上海：上海市档案馆，Y8-1-98：203.

② 上海市立民众教育馆. 女子卫生讲座：霍乱预防法 [J]. 女子月刊，1933, 1（5）：147.

表 5-7　上海市立民众教育馆展览室陈列物品一览表

类别	品名
日军遗留物	六百磅飞机炸弹、十二生的开花弹、军帽、子母弹座、机关枪送弹壳、大炮弹弹座、军用水瓶、刺刀、中炮弹座、炸弹弹片（约数十片）、八十磅飞机炸弹、钢盔、国旗（日本）、子母弹、坦克车炮座挺针、三八式步枪、飞机骨干、地图袋、炮弹尖头、炮座轮齿盘、野战炮弹、开花弹壳、军用地图、战地明信片、恤兵部犒赏布袋、军用钟、肥皂盒、书籍书报信片、机关枪弹窝、飞机折光镜、飞机炸弹弹尾、榴散弹片（约数十片）、护身神符、木制警告牌、军用电话机、巷战用虹口地图、飞机顶篷漆布、木屐、军用帚、枕头、机关枪旁座、小钢炮弹、便衣队递信牌、三八式步枪子弹、通行证、炮弹触发头、军用药品、十四生的野战炮弹、飞机炸弹头部挺针、飞机炸弹挂顶、炮车轮轴、七生的野战炮弹、野战炮爆发弹片、僧衣、手榴弹、日本岐阜县海津郡城山小学送赠兵士之画片、炸药计时触发头、七生的半过山炮弹、飞机炸弹触尖、烟幕弹、十四生的炮弹尖及弹座、四生的小炮弹、中号炮弹弹底、白川布告、司令部木牌
我军纪念品	高射炮弹、手榴弹、吴淞炮台大炮、被日军炮弹炸断之我军断手、被日军用达姆毒弹射击之我军之断足、红十字会救护抬床（上有我军血迹）
王济远先生水彩画	无家可归、东方图书馆之走廊、废炮、民房毁尽了、北站、败垣破瓦、战后之叶园景色、毁家、大难
朱先生油画	被毁后之京沪车站、被毁后之东方图书馆、商务印书馆被毁后之一角、劳动大学之被炸、抗日之吴淞炮台、被毁后之中国公学博爱村、同济大学之被毁、北赵浦庙前门之十九军大标语、民房被焚之惨景、浏河口保卫团参加抗日之处、节孝祠之被炸、日军淮城庵口焚烧民屋之惨景、日军焚烧娄塘、民屋烧只留残壁、宝山路某军服厂被毁后之危墙高耸、炮轰后之妇孺救济会、炸毁后之无线电台、中国公学被毁后之一角、被炸后浚浦局工房、明戚继光敌倭寇之宝山鼓楼今亦被毁、宝华寺驻翁照垣旅部后被日飞机炸毁、浏河口十九军抗日机关枪战壕、显佑山顶日军之防御守、杨林口冯大义军抗日战壕、教育实进社之被毁、日军在城墙上所筑之防御物、国立暨南大学科学馆被炸、范庄为十九路军司令部
刘狮先生油画	战区遗迹

续表

类别	品名
照片	吴淞残痕、残烬、暴日破坏我交通、江湾战壕、流难、炮火下的牺牲者、为国牺牲、闸北战痕、战后之吴淞炮台、沪战起因、焚烧、吴淞炮台之大炮、日军佛符、日军暴行、蹂躏、无名英雄、各地战区情形、十九军上级长官、光荣战迹、我国空军、商务印书馆及东方图书馆被毁情形、日军通牒、日军司令及布告、逃避、日军出云旗舰、汉奸的下场、火、女界服务战地之先声、吾军在前线情形、冲锋、前线、巾帼英雄、救护与犒劳、战时租界状态、抗敌、士兵战地生活、战利品、复旦大学义勇军司令陈炳德前线摄影、萧德义士旌葬典礼、日军残遗品、各战地服务之童子军
杂品	汉奸胡立夫照相、汉奸胡立夫等组织之上海北市地方维持会联防及自治会章、维持会通行证、汉奸常玉清与日浪人之函稿、维持会布告、汉奸胡立夫任地方维持会长声述书、维持会证章、日人改笔之维持会文稿、淞沪战区地图、汉奸常玉清照片
文字	日军侵沪海陆军实力统计、上海国际调查团报告书、撤兵区战地图、日军沪战军专用费之统计、沪战期中上海人口统计、上海市政府为日人焚烧三友工厂向日馆提出抗议书、日军第一遗军队司令蓝泽威迫市政府承认四项要求之警告书、上海市政府为日军开始自由军事行动向日领事提出之抗议书、荒谬之日、日领致吴市长函、淞沪战役我方战区损失统计、停战会议中日停战协定、瑞士法学家论日本不宣而战之理由、沪战所见敌我优劣比较、沪案始末每日大事纪、上海市政府为日伪在北四川路暴动向日领提出之抗议书、上海市政府忍辱接受四项要求复日领事书、上海市政府为日军自由行动告驻沪英法美意德各国领事书、植田致蔡军长之牒文、十九路军复文、市政府之复文、我军通电、淞沪战事我军官佐录、淞沪战役被占地域面积统计、淞沪战役我军官佐士兵伤亡失踪统计、上海各团体为日军利用租界作战致工部局书、上海租界纳税华人会为日军利用租界作战致工部局书、蒋中正通电、国府通电全国将士、外部向日抗议、十九路军过去伟大的光荣历史、淞沪战事我军负伤官兵创伤类别统计、淞沪战役我方战区民众伤亡失踪统计、汉奸胡立夫之下场、上海市商会为日军利用租界作战致公共租界工部局书、国府迁都洛阳宣言、外长罗文干宣言
模型	闸北战墟

本表资料来源：上海市立民众教育馆. 上海市立民众教育馆概况（二十一年六月至十二月）[M]. 上海市立民众教育馆，1933：37—47.

"一·二八战绩展览室"陈列了种类丰富的战争遗迹，既包括日军的遗留品，也包括我军的战役纪念品。丰富的陈列品直观形象地反映出当时战争的实际情况，使民众深刻认识到日军的暴行及我军抗战的精神，从而加深他们对战争的认识以及民族的责任心。同时为鼓励民众参加爱国行动，上海市立民众教育馆特编印"国难宣传纲要"散发全市市民，对如何共赴国难作出解释。

其次，通过一系列演讲对民众宣传公民知识，发扬其民族精神。馆内附设改良说书，由一些名人进行演讲，启迪民众。据杨佩文馆长说："改良说书，即采取书说部中原有之精华外，以发扬民族精神，激励爱国思想为主素，并参酌各种常识及教育资料，俾使民众于娱乐之中，对于国家民族，发生热烈之情绪，及深切之观念云。"[①] 这样的演讲活动，一方面使具有一定基础学识的民众更加进步，另一方面使民众在娱乐中加深对国家民族的认识。

最后，通过张贴春联来焕发民众的民族精神。上海市立民众教育馆有提倡爱国春联之举，特新制联语若干副，脱离旧有的陈腐套语，多含有抗日爱国之义。具体联语如下：

> 立志抗日，同心贺年
> 一元初转，万众一心
> 新年虽可爱，暴日应先除
> 欲除暴日须尝胆，不问新年只厉兵
> 打倒倭奴光禹域，排除劣货救华民
> 打倒倭奴，收回失地
> 排除仇货，挽转利权

---

① 上海市市立民众教育馆消息一束[J]. 民众教育通讯，1933，2（9、10）：106—107.

东望虾夷，纷来满地

北瞻鸡寒，遑问新年

同心除暴日，万众贺新年

莫道新年须快乐，应知暴日正顽强

一阳乍转精神振，万户同心国耻除

一旅孤单，待援寒塞；万方多难，遑问新年

抗日精神，随岁月剧增；救国气象，与天地同新

国难当头，正要同心雪耻；仇货未绝，莫说恭喜发财

权留爆炸几枝，欢迎奏凯；俟破扶桑三岛，痛饮屠苏

新岁月大家同庆，旧山河一致收回

要使新年呈瑞彩，须除暴日复山河

贺新年莫忘国难，除暴日须赖民心

存报国志，练强身体；饮屠苏酒，振起精神

此是何时，黑水白山沦异族；莫同往岁，酣歌恒舞过新年

国事萦心，新年懒看庭梅放；倭奴犯境，静夜怕闻爆竹声

旧耻未除，望大家抵货努力；新年已至，祝同胞抗日功成

须效愚公移山，莫再五分热度；共学后羿射日，岂容一盘散沙

未服新衣，请先问是否日货；微酣年酒，望毋忘前后国仇[①]

每年该馆先将联语撰定，发由各职员分任书写五百余副，于国历元旦前一日派职员张贴。至元旦早晨，城内外居民的户前，焕然一新。其联语寓意深刻，如"打倒倭奴光禹域，排除劣货救华民""一阳乍转精神振，万户同心国耻除""旧耻未除，望大家抵货努力"等皆蕴含抗敌救国的愿望，使民众观览后有所警惕，焕发其民族精神，激起其国家民族观念。

---

① 上海市立民众教育馆概况（1932年6—12月）：1933 [A]. 上海：上海市档案馆，Y8-1-98：131—132.

二、创建新的乡村生活：俞塘民众教育馆的教育活动

为满足沪郊乡村民众实际需求，俞塘民众教育馆将主要任务放在解决民众的生计问题上。馆内以建设和繁荣农村为旨归，以民生为本位，通过设立各专馆、开展园艺活动或成立学社来拓展农村经济结构，改善乡村民众生计境况。同时，各分馆培养一批服务于当地民生的人才，使农村经济得以发展。

（一）创建三大专馆缓解农村破产问题

钮永建目睹中国农村的落后与贫穷，将关注点聚焦于农村破产的实际问题，于是他将改造家乡作为工作重心，并落脚于乡村建设。他以创办俞塘民众教育馆为基地，同时创办了三大专馆进行大胆实验，以创建新乡村生活，缓解农村民众经济压力。

首先，设立合作专馆对民众进行经济辅导。1930年9月20日，在俞塘村成立经济实体"农产运销兼营购买利用信用保证合作社"（简称俞塘合作社），由钮永建夫人黄梅仙任监事会主任、合作指导员冯国华任业务主任，次年1月2日正式营业，入社农民70余人，每股国币4元。业务分设运销、利用、购买与信用四个部。作为一个经济组织，俞塘合作社"在以共同力量维护其社员相互间之经济利益，或为生产之增加与自立，或为消费之合度与简约，乃至金融之调剂，生活之改善，无一不以各个体利益均齐发展为旨趣，以抵抗与消灭人类之竞争与榨取，既非营利的结合，亦非慈善的团体"。[①] 其中生产业务为改进生产途径，利用业务为发展生产工具，购买业务供给生产需要，信用业务调剂生产资金。同时，该社与松江农民银行、上海商业储蓄银行、上海农民银行订有借款合同，可随时借用。四部协同合作，共同促进馆内民众合作事业的发展。

俞塘民众教育馆内成立合作馆，"以俞塘合作社为指导对象，且运用之为实验示范训练推广工具，力谋施教区内合作事业之健全，辅导区内合作

---

① 钮长耀. 合作社 [M]. 上海：商务印书馆，1937：1—2.

事业之联络，而发挥合作运动之教育机能"。① 其对象以基本施教区内曾受过完全小学教育或中等者的农家子弟为社员，以俞塘合作社为其实验场所，分别授予社会业务管理与经营技能，同时实施生产训练，以发展农民经济。俞塘合作社在 1934 年中，运销产品数达 16 万余元，购买部营业 2 万余元，有社员 300 余，设立分社三个。② 1934 年，合作馆派员分赴区内各县，随同各县民教机关巡回指导，注重改良农产品种以增加农民收入及其信用，以切合民众实际需要为本。此外，合作馆内还注重节俭的提倡、储蓄的举办、四权运用的练习及优良德性的培养。到 1935 年 6 月底，"合作社储蓄存款余额 1105 元、活期存款 15174 元、定期 12527 元，往来借方余额 448 元，信用放款余额 3935 元。信用部为当地农民提供零星小额贷款，利息低于私人借贷或银行贷款。附近 90% 以上农民入社，社员 281 人，其中团体社员 3 户 93 人、股金 1368 元，工作人员 15 人"。③ 在合作馆运营下，馆内编印《合作事业专刊》小册子，向全区甚至全上海广泛宣传合作社，从而使得俞塘民众对于合作社，即间接地对于民众教育馆，都会发生经济上及日常生活需要的关系。馆长钮长耀根据俞塘的实践，编写了《合作社》一书（1937 年 6 月上海商务印书馆出版发行），阐述"合作社的意义""如何组织合作社"，具体介绍"社务进行""业务经营""合作训练"等方法，在全国产生了广泛的影响。受此影响，俞塘附近各村相继成立合作社，使面临破产的农村经济借助合作的力量重新得以起色。

其次，馆内成立园艺专馆提倡园艺。此专馆"以俞塘处上海之近郊，农人之耕种棉稻者，似觉未能尽发其地利，提倡园艺，实为俞塘区开掘地利之举。且不仅视为副业而已，亦以利用其在园艺上之推广示范实验等工作，对于村容野容之整理布置，得以帮助依辅者良多"。④ 1928 年钮永建在俞塘创建私立强恕职业学校，后改为"强恕园艺学校"，由黄梅仙兼任校

---

① 省立俞塘民众教育馆. 省立俞塘民众教育馆概况 [M]. 省立俞塘民众教育馆，1935：18.
② 省立俞塘民众教育馆. 省立俞塘民众教育馆概况 [M]. 省立俞塘民众教育馆，1935：19.
③ 张乃清. 钮永建与俞塘民众教育馆 [M]. 上海：上海人民出版社，2011：79.
④ 省立俞塘民众教育馆. 省立俞塘民众教育馆概况 [M]. 省立俞塘民众教育馆，1935：28.

长,是当时国内唯一培养园艺人才的中学。学制为三年,其中前两年学习,最后一年进行实习。前两年基本科目有公民、国文、日文、算学、生物学、畜养、农业概论、苗圃、图画、气象学、植物生理、植物病理、乡村调查、昆虫学、肥料学、蔬菜园艺、花卉园艺、庭园学、庭园制图及观赏树木等,选修科目有农业经济学、合作、农场管理、农产制造、温室花卉、温室建筑、簿记、乡村教育、促成栽培与农业史。实习班课程有国文、算术、生物、果树、栽培、蔬菜、农业概论、日文、应用文、庭园、花卉、植物生理、植物病理、肥料、昆虫与农场管理等。[1] 所有科目的设置均围绕园艺展开,为俞塘民众教育馆园艺专馆奠定坚实基础。俞塘民众教育馆建立后,其成为馆属下的园艺专馆。园艺专馆内针对馆员开设基本科目、专修科目与辅助科目三种学科,"专修科目:花卉园艺、果树园艺、蔬菜园艺、造庭园艺;辅助科目:畜养、水产、造林、农产制造、合作、乡村社会、农场管理、民众教育、园艺推广、农村建设;基本科目:公民、国文、应用数术、应用理化、生物、土壤、肥料、气象、病虫害、栽培概论、图画、国术、军事训练"。[2] 园艺专馆主要经营实验区内村容野容的整理布置、园艺作物的改良推广、肥料试验、品种试验、经济栽培试验工作、办理园艺作物的推广事宜及定期编印《园艺通讯》。

俞塘各青年积极入馆接受训练,"在这里,没有摩登的公子哥儿,个个都是甘受艰苦的青年,个个同教师一起住茅屋,吃着公粮。在灯光下读书本,在阳光下荷锄头,流汗珠"。[3] 黄梅仙也亲自加入园艺培植,她设法买到草莓籽,交给园艺馆"紫冈小圃"培植后,推广到大田种植。收货后,她亲自上街卖草莓,还组织力量制成草莓露与草莓酱供应市场。通过不断实习与研究,园艺馆实验区取得了相当的成效。时人寄萍参观俞塘民众教育馆的合作社及园艺专馆,心神大为兴奋,不禁赞赏道:"原来这是夫人自

---

[1] 吕道元. 上海强恕园艺学校概况 [J]. 中华教育界,1933,21 (4):70—71.
[2] 省立俞塘民众教育馆. 省立俞塘民众教育馆概况 [M]. 省立俞塘民众教育馆,1935:28—29.
[3] 张乃清. 钮永建与俞塘民众教育馆 [M]. 上海:上海人民出版社,2011:79.

已试验的小农场,就在住宅的左边,面积不大,而花草果木,栽培得十分茂盛。里面有美国蜜橘、柠檬、葡萄、核桃、杨梅、日本西瓜等,也已经试种成功了。"①

最后,馆内创建农艺专馆以推动农产品的试验。此专馆是俞塘民众教育馆与上海县农业推广所联合办理的,其主要任务在于训练农民改良农业的智识及经验,并介绍与推广改良种子与科学栽培方法。② 其于1933年7月在盛家桥成立,由黄梅仙负责经营农事实验和推广工作,对农事干部与技术人员进行培训。成立之后,此馆招收青年农民15人到馆接受训练,先后共租实验农田100亩,分割为二十余区,分类种植,具体事务见表5-8。

表5-8 俞塘民众教育馆农艺专馆主要工作概况表

工作	具体事务
育种及试验	举办小麦地方试验;改良粗黄籽油菜育种;蚕豆选良繁殖;繁殖薄荷;棉作品种地方试验;草莓繁殖;嫁接桃苗;繁殖来克亨鸡种并改良本团;繁殖北京鸭;试养波斯猪。
培育人才	为谋训练农艺生产智识及推广示范人才起见,由园艺馆会同上海县农业推广所暨中央模范农业推广区招收农艺生产合作训练班十五人,从事做学教合一之训导。
推广	推广粗黄籽油菜;推广来克亨鸡;推广桃苗、推广树苗;推广棉种。
宣传指导	大麦黑穗病之防治指导;举行农产展览会;举行国货展览会;举行农事讲习会;举行植树宣传;指导并代办救旱灌溉。

本表资料来源:省立俞塘民众教育馆.省立俞塘民众教育馆概况[M].省立俞塘民众教育馆,1935:21—23.

可见,农艺专馆主要针对农民的农业生产进行育种及试验,并进行宣传推广,以促进农产品生产率提高,从而扩大影响范围。馆内农友们发扬"即知即传人"的精神,一面过来学,一面回去教。此外建立农场进行农产品的试验,"设立稻作、棉作及蔬菜试验区,以为示范之用,与农家特约设

---

① 寄萍.钮永建夫人黄梅仙女士谈乡村教育[N].申报,1936-08-01.
② 省立俞塘民众教育馆.省立俞塘民众教育馆概况[M].省立俞塘民众教育馆,1935:21.

立稻作、棉作及蔬菜指导区，实地指导之，举办农事讲习会或短期讲习班，灌输农事知识，如土地、品种、灌溉、肥料、运输、气象、栽培法、病虫害等讲习会。举行农事展览会、耕牛比赛会、农具展览会等"。[1] 这就拓展了农村经济结构，使农民有更多的生财途径，同时给乡村带来科学文明的理念，培养了大批服务于当地民生的人才，使农村经济得以发展。

此外，沪郊农民农产品销售也存在一定困难：

> 沪县所产土产品，如鲜鸡、鲜鸭、鲜鱼、鲜羊等农村副产品，每晨由四五十里外之乡民肩挑来沪，供给消费，非但对于农民因业余副产品之出售，而耗费时间，沪郊农民，于清晨一二时，肩挑鲜货来沪，奔走数十里，至沪市时，则已在晨前五六时，在极疲乏时，将货出售，再返乡，时必晌午，下午再须耕种，时间上极不经济，且必多费精力，对健康上妨碍亦甚，同时因所耗时间过多，不得不在沪市饱腹，又不经济，并对于鲜货价值、卫生诸方均妨碍。值兹炎夏已临之际，于生产消费二方，都极不利。虽沪杭公路有乘客汽车，惟载运车，迄未置备，即有在运价方面，又不合经济原则。如由县治北桥携值川数元之土产运沪兜售，其耗于运费，达四分之一。而于乡民仍无蝇利可图，爰拟组织土产运销社，置备汽车，专以极低价格，予农人轻卸仔肩、以极经济时间装载土产来沪，并原车装载贩卖农人，仍于清晨回乡，容有沪货下运，则亦载运。[2]

针对上海市县划分界域后生产落后于消费，黄梅仙组织土产运销社帮助农民出售农产品，用极低价格来运输农产品，实现"调剂农村金融，平衡生产消费"。如此的生产试验以及销售途径，使得农民生产效率不断提高，也增加了他们的经济收入，缓解了农村经济破产的局面。

---

[1] 本馆二十二年度工作计划 [J]. 俞塘，1931，1（3）：15—16.
[2] 黄梅仙组织土产运销社 [N]. 申报，1936-07-07.

（二）黄梅仙与俞塘妇女自助学社

何谓乡村工作？黄梅仙认为："必须由妇女负起责任也，妇女占全国人口之半数，为家庭组织之主体……妇女不但要负起家庭中任务，更要负起后方一切可能的任务。可以说除去第一线战斗行动以外，妇女须负起后方工作之大部分。所以妇女不能不承男子之缺乏，而担起地方一切不可暂缺之工作，即此可见妇女责任之重大。"① 黄先生将乡村妇女教育工作作为重要事业进行不断推进，发展她们的劳作本能，纠正她们的依赖享乐性。她在俞塘民众教育馆的"爱日堂"里，建立"俞塘妇女自助学社"，以劳作生产事业为本位，发展妇女们独立生活的能力。

俞塘民众教育馆的"妇女自助学社"作为农村妇女播种文化的一个机关，虽然没有给整个农村妇女解放的机会，可它却带来光明的气息。它一方面在养成农村妇女的自立能力，另一方面也灌输农村妇女以应用的知识，促进妇女"1. 自谋生计；2. 互助合作；3. 勤俭耐苦；4. 破除迷信；5. 了解为人之道；6. 有正当娱乐，过合理的生活"。② 俞塘妇女自助学社也可称之为"半工半读"。从课程上讲，其课程分为基础课程和工艺课程。"基础课程为常识、算术、国文、史地等，等于一个小学的课程；工艺课程为织布、织袜、毛巾、缝纫、烹饪等部，完全适合于农村情形的工艺。"③ 从时间上讲，社员将每天时间分为两部分，其中上午进行基础知识的传授，下午进行工艺品的做工，大部分学生都寄宿在社里，每个人都轮流烹饪和采购蔬菜。"每天早晨都可以看到两三个女孩儿提篮肩担的走向马桥镇，或者看到他们满载着从马桥镇回来。"④ 所有入社成员均免费，且还可以根据自己生产的工艺品获取一定收入，因此吸引了附近农村妇女前来接受训练。"有乡村的黄毛丫头，也有殷实富户小姐，有死了丈夫的孤孀，也有将近中

---

① 黄梅仙. 生产事业经历谈 [M] //新运妇女指导委员会文化事业组. 新运妇女指导委员会三周年纪念特刊. 出版者不详，1941：10.
② 寄萍. 钮永建夫人黄梅仙女士谈乡村教育 [N]. 申报，1936-08-01.
③ 一件值得仿效的事：附上海近郊俞塘的妇女自助学社 [J]. 公教妇女，1937，4（2）：165—166.
④ 司马时. 谈俞塘妇女自助学社 [N]. 新闻报，1937-05-10.

年的妇人",① 她们到妇女自助学社旨在寻求独立谋生的知识与技能。为提高妇女的生产能力及增长她们的经济收入,黄梅仙每天下午都组织妇女集中读书识字,重点学习缝纫、刺绣、黄草编织及机制线袜等技艺。"天真未泯的村姑个个眉飞色舞,天天挟了书包、针线到这里来学习。"② 自助社还设置各种手工织机或电机,促进民众生产效率的提高。"共有大小各种手工织机五十余架,另有提花本机等种种,此外特置最新式电机二十余架,为集体工业之训练,以电力发动,俾学生于手工外兼习机械品。"③ 以此来改良棉织品,练习缝纫、烹饪、农产与制造,以满足农村社会的实际需要。黄梅仙还特意为妇女自助社撰写了一首朗朗上口的"学社社歌":

> 大哉自助,女学以昌;书事劳作,早晚课堂;费用自给,庶务自当;实行勤俭,心巧体康。天助自助,有志必偿;自助助人,家富国强;同戒依赖,人格乃彰;大哉自助,女学以昌。④

在妇女自助社期间,一个自助学社社员,不仅仅习得普通知识,而且也获得谋生技能。因而,妇女自助学社在俞塘的妇女中间很受欢迎,同时受到社会各界人士的好评。如司马时谈道:"我希望在乡间办教育的人,都能以俞塘妇女自助学社的组织为参考,而求推行这办法于整个的中国。"⑤《公教妇女》期刊也报道:"据说,在妇女自助学社出来的人,大都能够谋独立的生活。而且,还有许多帮助推行俞塘的社教事业呢。"⑥ 赵定明也提到:"该社自织土布毛巾等,以养成乡村妇女自助为宗旨。办理井井有条,

---

① 一件值得仿效的事:附上海近郊俞塘的妇女自助学社 [J]. 公教妇女,1937,4 (2):166.
② 张乃清. 钮永建与俞塘民众教育馆 [M]. 上海:上海人民出版社,2011:80.
③ 黄梅仙. 生产事业经历谈 [M]//新运妇女指导委员会文化事业组. 新运妇女指导委员会三周年纪念特刊. 出版者不详,1941:14.
④ 黄梅仙. 俞塘妇女自助学社社歌 [J]. 社教通讯(上海),1937,2 (8):24.
⑤ 司马时. 谈俞塘妇女自助学社 [N]. 新闻报,1937-05-10.
⑥ 一件值得仿效的事:附上海近郊俞塘的妇女自助学社 [J]. 公教妇女,1937,4 (2):165—166.

成效显著。"①

(三) 辅导及辐射沪郊各县农村

在私立俞塘民众教育馆升格为省立俞塘民众教育馆后,馆内兼担负起上海周边 11 个县农村民众教育的辅导工作,并将取得的民众教育成果推广、辐射到周边各县农村,以使整个沪郊农村发生根本性转变,从而建设新的乡村生活。

俞塘民众教育馆通过不同方式进行辅导或是推广经验,如成立生活教育团、创办期刊报纸、成立分馆、推行小先生制及举办展览活动等。

第一,馆内成立生活教育团,命名为"江苏省立俞塘民众教育馆民众教育服务团"。此团主体为农民,以"严密组织分工合作增进为社会服务之效率"②为宗旨,传播各种乡村知识于社会底层民众。生活教育团主张"本地人办本地事,培养本地人才干本地事业;用穷的教育方法,扩大下层基础,普及穷人所需要的教育,因为现在乡村社会上都充满了穷人,不用浪费的方法去普及穷人所不需要的教育",③也即根据乡村农民实际境况办适宜的教育,以此来满足农村民众需求。在此过程中,各生活教育团注重从"外部输血"向"内部造血"转变的施教模式,即从注重服务民众到民众自动的过程。首先馆内民教生活教育团团员分赴各村开展服务,培养各村本地工作人才。各村人才训练及事业取得初步成效后,由村内组织理事会会同本地人才开展民众教育事业活动,实现从"他力"到"自力"的转变。生活教育团通过不断试验对乡村民众施以适切的教育,通过行动追求新知,对乡村民众产生重要影响。

第二,成立瓶山分馆和荷溪分馆。为了扩大民众教育事业的影响,俞塘民众教育馆成立分馆。1934 年,俞塘民众教育馆决定成立瓶山分馆,以满足环境时事需要。主馆加派民众服务人员训练班前往此分馆进行宣传指

---

① 赵定明. 俞塘的民众教育 [J]. 中华 (上海),1937 (52):33.
② 省立俞塘民众教育馆. 省立俞塘民众教育馆概况 [M]. 省立俞塘民众教育馆,1935:14.
③ 省立俞塘民众教育馆. 省立俞塘民众教育馆概况 [M]. 省立俞塘民众教育馆,1935:13.

导，一面可以将瓶山分馆作为实习场所，一面也可佐理其馆务的进行。为促进瓶山民众教育事业的发展，并不断推广，分馆确立"以社会调查，民众学校、流动学校、读书会、新生活运动、体育会、保甲训练，乡村改进会，各种纪念宣传，农事讲习会，特约农田，合作组织等项工作为基本事业"。① 可见，此馆对各种民众教育事业都给予重视。在健康教育方面，此馆推行种痘防疫、病虫害的预防和驱除。如灭蝇运动的举行，"劝导附近各壮丁及小学生加入，定制蝇拍500个，并利用扇子进行宣传，扇子一面印卫生十要，一面印卫生图画"。② 在生计教育上，此馆推广百万棉的试验与合作团的成立等。为唤起民众防空防毒意识，馆内还搜集"关于防空防毒的图表模型，举行防空防毒展览，进行防空防毒演讲等"。③ 为推行生计教育，此馆成立了园艺生产合作团，"种植各种番茄和蔬菜"，④ 推广园艺。各种活动均直接或间接、有形或无形地与农民生活发生密切关系，有效推动了各项农村事业的开展。

荷溪分馆是设在荷巷桥的另一个分馆，在园中设阅报室、诊疗所、代笔问字处与民众茶园，并由民众自动召集捐置无线电收音机一座，按时播放新闻报告，且有小公园、民众体育场等设施。馆内组织各项活动如"婴孩比赛会、珠算默字比赛、国术表演、捕蝇运动、防疫清洁运动、经济识字调查、组织国术音乐会读书会业余体育会、象棋比赛会，演说比赛会"⑤ 等项民众教育事业活动，"悉秉总馆之指导，而以当地人士之特殊赞助，更见相当成绩"。⑥

第三，创办期刊报纸进行推广宣传。俞塘民众教育馆为扩大影响，交流信息，由钮永建于1931年指导馆内创办《俞塘》月刊，作为交流馆内工

---

① 省立俞塘民众教育馆. 省立俞塘民众教育馆概况 [M]. 省立俞塘民众教育馆，1935：27.
② 俞塘本馆瓶山分馆举办民众健康事业 [J]. 社教通讯（上海），1937，2（9）：39.
③ 俞塘省立民教馆瓶山分馆近讯 [J]. 社教通讯（上海），1936，2（3）：19.
④ 俞塘本馆瓶山分馆园艺生产合作团成立 [J]. 社教通讯（上海），1937，2（7）：46—47.
⑤ 省立俞塘民众教育馆. 省立俞塘民众教育馆概况 [M]. 省立俞塘民众教育馆，1935：27—28.
⑥ 省立俞塘民众教育馆概况　事业进行状况：教导事业 [J]. 社教通讯（上海），1935，1（4）：25—28.

作的园地。正如发刊词所写:"我们想借他在工作之暇,来从事笔耕,来作一种研究心得和实际工作的公开报告,来和诸同志作一种公开的讨论;我们想把研究的结果,来报告并去实行;把实行的结果,再来报告并去研究。"① 以月刊来刊载馆内事业活动的具体做法及研究心得,吸引更多人士对民众教育事业给予关注。1935年2月该馆又创办《社教通讯》杂志。旨在"一面做,一面把做的提出来加以评价,凭着实践的行为,来创造新的法则、新的理论、新的认识"。② 此杂志为月刊,先后刊出该馆民众事业的现实实践以及诸多有关民众教育的学术研究论文、典型个案报告和实时动态。如最早一期包含《用穷的教育方法扩大下层基础》《养成合作指导人员的目标》《农村青年教育的重要和实施》《第四民教区社会教育综合的研究》《俞塘合作事业的实施经过》《我们的民众学校》《俞塘散记》《改良歌曲十二首序》《纪事与消息》《二十四年度教导计划》,将馆内经验推广至全国,在全国颇具影响。同年10月25日,馆内又创办《海燕》报,每月两期,一直到全面抗战爆发时停刊,共出版30期,由钮长耀任顾问,主编为李宗孟。③ 此报面向沪郊农村,以农民作为主要的读者,被称为:"沪郊十县唯一小报"④ 和"民众业余的进修读品"。⑤

第四,推行小先生制扩大民教事业的范围。1935年3月24日,俞塘民众教育馆邀请著名教育家陶行知作推行"小先生制"的专题报告。他告诉大家:"世界上人传人,有大人传大人,大人传小孩、小孩传小孩和小孩传大人,前两种已被大家所熟悉,而后两种却被忽视了,所以应当提倡。"⑥ 在试验的基础上,俞塘民众教育馆集中了700多名"小先生",成立了"小先生同盟会",隆重举行儿童普及教育授旗典礼。馆内所属俞塘小学还制定《小先生工作考查及奖惩办法》,规定"每人招收扫盲学生二人以上并完成

---

① 写在办刊头上 [J]. 俞塘,1931,1 (1):1.
② 钮长耀. 发刊词 [J]. 社教通讯 (上海),1935:封面.
③ 上海县县志编纂委员会. 上海县志 [M]. 上海:上海人民出版社,1993:960.
④ 邵雍. 历史回顾与评论 [M]. 合肥:合肥工业大学出版社,2014:172.
⑤ 张乃清. 钮永建与俞塘民众教育馆 [M]. 上海:上海人民出版社,2011:88.
⑥ 张乃清. 钮永建与俞塘民众教育馆 [M]. 上海:上海人民出版社,2011:88.

一家内教育之普及,其考查记分平日视察占40%,工作报告占30%,定期测验占30%"。① 一段时间的实行后,扫盲活动取得阶段性成效。同时,民众教育馆还举办"俞塘小先生训练班"。在开学仪式上,钮永建亲临会场,并用一口本地土话作生动有趣的演讲:"我们小孩子现在的责任,努力读书之外,还要努力救国,怎样救国呢?做小先生去,教不识字的人识字,就等于救国,能做救国工作的小朋友都是'大好老'……以后我们要办的还有青年训练班、妇女训练班、产婆训练班等等,等你们回去的时候,再叫你们的哥哥嫂嫂、父亲母亲都来进训练班,进了训练班都去做'大好老'。"② 训练班对小先生针对性地进行集中训练、分团训练和个别训练。经过一个多月的训练,学员的责任心、纪律性和组织能力都得到极大提升。在俞塘民众教育馆,"小先生"活动不仅是少年儿童参与扫盲,而且组织青少年以"即知即传人"的原则,随时随地将学到的本领和文化教给别人,使更多农民参与乡村建设活动。在工作实践中,训练班采取了不少行之有效的新措施,从而有效地培养、锻炼了青年一代。小先生们活跃在俞塘的村宅,听听他们唱响的一首首《小先生歌》,便可想见他们的风采:

  小先生,真能干,遇着事,不怕难。五行八作都要学,努力教人不偷懒;小先生,有耐心,前面困难当铜钉。小先生拿耐心化铜钉,铜钉化了才光明;小先生,眼睛要看清,看出世界不公平,便是富人欺压贫苦人。要想打倒不公平,小先生必须把教育送给贫苦人。③

以"共学互教""即知即传人"为行动口号的"小先生"们,给农村带来活力和希望,同时也扩大了民众教育馆的事业活动范围。

第五,举办各种展览活动以辐射沪郊各县。钮永建曾赠某君一联:"仁

---

① 俞塘小学小先生工作考查及奖惩办法 [J]. 生活教育,1935,2(12):487.
② 王佐舟. 办理俞塘小先生训练班经过(续)[J]. 社教通讯(上海),1935,1(10):12.
③ 张乃清. 钮永建与俞塘民众教育馆 [M]. 上海:上海人民出版社,2011:89.

者安仁，即是利人。与人同乐，胜于自乐。"① 俞塘民众教育馆根据这一思想，开馆后就连年举办"民众同乐大会"。尔后，馆内又不断举办以"就地展览"为主要内容的园游会活动，将爱国教育、健康教育与生计教育等穿插其中，这是实施"因地制宜，因时定事"民众教育方式的一个创举，也成为俞塘民众教育馆扩大辐射工作的一大特色。正如钮长耀馆长在游园会开幕时满怀深情所讲的："俞塘，在秋季有菊花会，现在春季又有园艺会，不仅对自然界有个对称，而且在教育价值上有特殊意义。春耕、夏耘、秋收、冬藏，生命的泉源维系在春天。春天是工作开始的季节。现在冬藏已尽、春耕未作之时，我们举行园艺会，很希望借自然的力量，来增加工作效率，来滋长生命泉源。"② 1930年11月，馆内举办首次庙会式大型园游活动，展示其民众教育成果，取名为"菊花大会"，并列为馆内每年的风俗。1936年11月7日至9日，俞塘民众教育馆在俞塘组织举办别开生面的第六届菊花大会，轰动整个沪上。此次活动以各类展览为主，间有永安班马戏表演与武术表演等游艺项目，重点展示民众教育馆各项办学、生产及经营情况，以求扩大社会影响。根据钮永建提出的"凡本馆所属生产单位的产品，均可面向大众"的意见，馆内各组织都展出了不同类型的产品，如园艺专馆的菊展，"从瓶山到俞塘布置了2万余盆菊花，长达数里路。馆门口的'俞滨公园'，俞塘河畔的'须静亭''潘使君亭'，更是以菊坛及蔷薇花架装饰一新，有用法国苋绣成的园名，用松枝扎成的牌楼，用菊花制成的大炮、飞机和狮子、孔雀等"。③ 妇女自助学社门口展出学员们制作的各种男女童装与毛巾袜子等。瓶山分馆的防空防毒展览也吸引了8000多名观众。现场还出售民众教育馆农场生产加工食品，有无花果糖、绿豆糕、草莓酱等及园艺专馆的盆景菊花等。1937年4月清明时节，俞塘民众教育馆又组织举办三天春季会，名为"第一届俞塘桃花节"。自4月4日起，在大礼堂

---

① 陆坚心，完颜绍元. 20世纪上海文史资料文库第1辑［G］. 上海：上海书店出版社，1999：122.
② 张乃清. 钮永建与俞塘民众教育馆［M］. 上海：上海人民出版社，2011：96.
③ 张乃清. 钮永建与俞塘民众教育馆［M］. 上海：上海人民出版社，2011：96.

内，有儿童健康比赛会、母教演讲会、壮丁大会操、国术表演及园艺专馆的园艺展览会。在妇女自助学社有妇女手工艺展览会，在农艺专馆有家畜家禽展览会，①通过大型展览活动，将俞塘民众教育馆的民众教育事业展现于整个沪上，辐射沪郊所有农村，带动了整个沪郊农村民众教育的发展。

俞塘民众教育馆通过创建专馆、创建妇女自助学社、辅导及辐射沪郊各县农村等路径，不断推进民众教育事业开展，致力于改善农民生活，创建新型乡村生活。正如钮长耀所讲："俞塘民众教育馆，规模相当宏大……故中外人士相率前来参观，成绩卓然，其博一致美评，闻名于国内外。"②在该馆努力实践下，俞塘地区一切均迅速发生巨大变化，成为当地农民的"快乐之乡"。黄梅仙亲自写下一首《俞塘歌》，特请上海国立音乐专科学校女教授兼声乐系主任胡周淑安谱曲后，组织村民传唱：

> 我爱俞塘，我爱俞塘快乐乡。沪杭公路，上松县道，近接东亚大市场。倡新生活，组合作社，建设首要民生昌。教育全民，实现主义，在我俞塘快乐乡。创造俞塘，荟聚人才集众长。辛苦经营，民十八起，事业初步开天荒。农场园校，女织男耕，乡容渐好民渐康，不问收获，但问耕耘，在我俞塘快乐乡……③

总之，上海市立民众教育馆与俞塘民众教育馆为了满足城市和乡村民众教育的不同需求，分别致力于提升市民文化素质和缓解农民生计压力。职是之故，它们从满足民众教育需求角度出发，开展一系列民众教育活动。在上海市立民众教育馆内，通过举办各种教导、演讲、健康娱乐及宣传纪念等活动，提升民众文化素质，进而塑造新型城市生活；而在俞塘民众教育馆内，通过创建农艺专馆、园艺专馆、合作专馆、妇女自助学社、生活教育团、小先生制与展览活动来缓解农村经济困境，进而创建新型乡村生活。

---

① 骀荡妩媚之"桃花节"春色满园关不住　俞塘桃林将开放[N]. 茸报，1937-03-25.
② 范汾. 江苏省社会处长钮长耀提倡生产教育[J]. 国际新闻画报，1947（83）：9.
③ 黄梅仙. 俞塘歌[J]. 社交通讯（上海），1936，2（4）：封2.

第六章 上海民众教育馆的特点、意义及创获

　　南京国民政府成立后，在政府政策法规的强力助推下，全国范围内的民众教育热潮兴起，民众教育机构亦随之陆续筹设。相较于其他民众教育机构，民众教育馆作为基层社会的"播扬者"，特色更为鲜明与独到。上海民众教育馆自然也不例外。其基于上海所特有的文化特质、改革实际、教育镜像、生活及人文景观，给予民众全面而适切的教育。故而，无论是从扎根基层的民众教育内容还是灵活多维的教育实践路径，民众教育馆都指向民众实际生活，意在提高民众文化素质、改良民众生产生计、丰富民众生活及强化民众健康意识、增强民众民族意识等，具有厚重的历史意义。作为实施民众教育的社会式教育机构，民众教育馆不仅与学校式民众教育机构共同构建起较为系统的民众教育体系，同时作为整个实施系统的中心机构，民众教育馆也架起政府与基层社会互动的桥梁。此外，民众教育馆在运行中通过对场所的系统构建，通过多元开放的播扬方式对广大民众施以适切的教育，对当前社会教育的发展不无借鉴意义。

第一节　上海民众教育馆的特点

　　上海民众教育馆作为基层社会的"播扬者"，从民众实际出发，通过严密的组织设置、专业化的群体管理与合理而规范的经费收支，给予民众适切的教育。具体而言，民众教育馆的教育内容致力于满足民众的基本需求，

所以它会因社会需求的不同而不断调整教育所侧重的内容。在整体的实施中，上海民众教育馆内的教育内容呈现出扎根基层的特征；在教育实施路径方面，上海民众教育馆呈现出灵活多样的特色，它能够迎合民众生产生活，适应不同年龄段、不同职业、不同程度的民众需求；在发展力量方面，上海民众教育馆受到民众教育专家和馆内专业人员的双重影响，在二者的互动中实现持续发展。

一、扎根基层的民众教育内容

民众教育馆作为基层社会中的"播扬者"，以基层民众为教育对象，不仅承担起对民众的知识技能普及、指导的责任，而且对民众在生活中产生的其他需要均尽可能满足。民众教育馆应民众需求而生，扎根基层民众的生产生活，与民众生产生活紧密结合，故而会随社会需求的变化而转变教育侧重点，其囊括了语文教育、生计教育、公民教育、健康与休闲教育等各个方面。上海作为近代崛起的典型城市，受西方影响较大，在传统与西方理念的合奏下，上海民众的生活发生了重大的转变，民众教育馆也适时实施相应的民众教育。

其一，在上海由传统向现代转型中，塑造新型民众尤为重要，上海民众教育馆便进行文化知识的传播与公民教育。上海自开埠以来到新中国成立既可以说是一部现代化发展史，也可以称作一部社会转型史。1928—1937年是上海现代化快速发展的时期，这一阶段，与上海的生产力飞速提升密切相关的是新上海市民群体的形成，他们是上海现代化的中坚力量与内在动力群。现代化是一个包括人、社会、经济、政治、文化、价值观念与生活方式等诸领域在内的全方位立体化向"现代类型变迁的过程"。[①] 在实现现代化发展的过程中，首先必须注重民众思想观念的转变，塑造新型的上海市民。上海现代化运动的历史图景，是由上海各阶层几百万市民平

---

① ［以］S. N. 艾森斯塔德. 现代化：抗拒与变迁［M］. 张旅平，等译. 北京：中国人民大学出版社，1988：1.

凡普通而又极为丰富多彩的社会生活编织而成的。而上海作为近代最大的移民城市,有80%的人口来自外地,这些移民群体身上依旧留有传统社会的烙印。加之,无论是市区内还是沪郊农村,民众的识字率普遍较低。因此,为了适应上海现代化的发展,国家迫切需要对民众进行再教育,给民众传播现代知识与技能,提升他们的文化水平和公民意识成为必要。上海市区及沪郊各县民众教育馆对民众实施语文教育与公民教育,以提升民众的知识水平和道德意识。例如上海市立民众教育馆通过诸如教导团与读书会等各类教育文化活动的举办,提高民众识字率,增强民众文化素质,培育了一批新型上海市民。此外,该馆还指导民众阅读书籍,包括社会科学、自然科学、应用科学、艺术、文学、历史及地理等。沪郊各县的民众教育馆针对民众的需求与现实状况,采用民众学校、民众阅书报所、巡回文库、流动书库、民众问字处、民众代笔处、壁报牌、演讲竞赛会、注音符号研究会、识字运动、民众小报、读报班与民众读物研究会等方式向民众传授工业常识、商业常识、珠算、笔算、记账、识字、习字、阅读、农事、音乐及体育等文化知识。这些活动尽管不像学校教育那样系统与完整,但它们通过生动灵活的方式将现代知识与现代科学融于各种事业活动中,有效地帮助民众实现了观念的转变。许多"老上海"回忆道,"他们的识字与爱读报,关心时事、热心文化活动与公众事业的习惯,正是在这样的社会化大环境中培养出来的"。[1] 上海各民众教育馆通过各类实践活动向民众传授现代科学知识,使民众发生现代化的转向。

其二,随着上海由传统向现代的转型,一方面一些旧有的谋生方式难以适应社会的需求,另一方面涌现出一些新的行业迫切需要新的生产技能。这一趋势极大地刺激民众改变谋生手段、学习新的生产技能、改进生产方式等。应时而生,上海各民众教育馆精准把握变化,开始对民众实施生计教育,传递生产技能知识,以提高民众生产技能,使其更快地适应社会的

---

[1] 忻平. 从上海发现历史——现代化进程中的上海人及其社会生活(1927—1937)[M]. 上海:上海大学出版社,2009:181.

变化。各民众教育馆根据民众日常生活与职业进行生计指导，如做工所得银钱、做工所用尺升秤、家庭每日记账、生产知识与储蓄等。各民众教育馆在注重基本生计知识传授的基础上，还注重对生产方法的介绍、各种优良品种的试种与推广、生产信用合作社的创办及副业的提倡等。沪郊各县民众教育馆根据民众的日常生活及地方产业，推行相关副业及农产品试验推广，对民众生产进行指导与教育。如嘉定县徐行民众教育馆因所在区民众的主要副业是草织品，所以就设置了包含草织品编制方法、草织品销售的课程内容，对民众进行相关从业指导。嘉定县农民教育馆鉴于当地有大量的天然河池便于养殖鱼类，便提倡民众将养鱼作为副业，增加收入。此外，为与上海市日益发展的纺织业相呼应，沪郊的农业经济与商业经济融合，民众开始尝试改良棉种。如上海县马桥农民教育馆指导民众种植百万棉及江阴白子棉，[①] 张堰民众教育馆、宝山县立顾村民众教育馆、南汇县民众教育馆等都施种各种优良棉种并进行推广，拓宽民众的收入渠道。上海市立民众教育馆作为市区内实施民众教育的机关，为增进民众生产知识与技能，主要是对民众进行工商业知识的传授，并且"请社会局及中华国货指导所介绍本市各大工厂，分头接洽"。[②] 可见，各民众教育馆为提高民众的生产技能及增加民众的收入，根据区域特色对民众实施生计教育，不仅仅包括理论层面的知识，如提高技能的知识、副业知识、养殖知识及记账知识等，而且还包括实践层面的知识，如优良品种的试种与推广、养殖的试验与各种合作社的运行等。上海各民众教育馆在实施生计教育时，无论是理论还是实践都结合民众的实际生活施以教育，与民众生活同步。

其三，上海各民众教育馆为满足救国强国的时代需要，向民众灌输国难军事知识及公民常识，增强民众的民族意识。淞沪战争爆发，给上海带来极大的灾难。以上海闸北区为例，"商号损失4202家，工厂损失841家，全国最大的东方图书馆与商务印书馆被炸毁，直接、间接经济损失达1.32

---

① 马桥农民教育馆 [J]. 社教通讯（上海），1935，1（6）：46.
② 上海市立民众教育馆概况（1932年6—12月）：1933 [A]. 上海：上海市档案馆，Y8-1-98：64.

亿元（银元）；八一三淞沪战争，工商企业全部毁损，40余所学校被炸毁，95%以上建筑物成为废墟。经过两次战争，工商业十分繁华的闸北区顷刻变成上海最贫穷的棚户区"。① 故此，上海各界人士及各种团体均积极进行抗日斗争，掀起了抗日救亡运动，上海成为抗日救亡运动的中心，也是抵制日货运动的中心。民众教育馆在此也发挥了重要的作用：第一，各民众教育馆针对民众民族意识薄弱的现象，向民众传授基本的民族知识，如有民众教育馆采用《三民主义千字课》对"民权""民生""平等""民主""自由""上海公民""国民政府""权能"等给予解释与传授，增加民众的政治知识积累，增强民众政治意识的觉醒。第二，各民众教育馆针对国难情境，对民众宣传救国与军事知识。有民众教育馆发布告民众书，宣传救国知识，如上海市立民众教育馆为统一救国发布告市民书，讲解统一救国的必要性以及如何实现统一救国的知识；有民众教育馆通过实物陈列，如日军各种暴行的照片、模型、遗留物，我军纪念品等，增进民众对国难的认识，以唤醒民众的民族意识。如松江县民众教育馆对"鸦片之战、英法联军之战、中法之战、中日之战、八国联军、五九国耻、五卅惨案、沙基惨案、万县惨案、济南惨案、沈阳事件等"作模型陈列。② 也有民众教育馆通过演讲和竞赛向民众宣传抗日救国的知识，如宝山县民众教育馆举行抗日演讲竞赛会，以宣传抗日，吸引民众的注意力并增进演说技能。第三，鉴于日军的侵略以及日货的横行，各民众教育馆注重开展提倡国货运动。作为抵制日货运动的升华和理性化的国货运动真正开始于辛亥革命后。在改易服式的浪潮中，1911年12月，上海绪论公所、农业公所、典业公所、钱江公所等十团体成立中华国货维持会，以"提倡国货，发展实业、改进工艺，推广贸易"为宗旨，是我国第一个国货团体。它的成立标志着完整意义的国货运动开始。③ 可知，上海作为最早成立国货团体以及推行国货的中心，对社会产生了较大的影响。故而，民众教育馆主动响应当时民众的

---

① 上海市闸北区志编纂委员会. 闸北区志［M］. 上海：上海社会科学院出版社，1998：4—5.
② 松江民众教育馆. 松江民众教育馆概况［M］. 松江民众教育馆，1933：28.
③ 陈绛. 近代中国（第13辑）［M］. 上海：上海社会科学院出版社，2003：64.

生活，积极提倡国货运动。如上海县闵行民众教育馆、松江民众教育馆、张堰民众教育馆等特举行国货展览会提倡国货，特设国货室陈列各种国货样品，提倡民众购买国货。

其四，上海各民众教育馆针对部分民众形成的不健康娱乐习惯，有针对性地实施健康教育与休闲教育，提倡民众进行正当娱乐活动，培养良好娱乐习惯，提高体能素质。上海自开埠以来，受到西方文化的影响，民众的生活方式趋于不断更新，都市特色日益鲜明。随着都市生活水平的提高，民众产生了发展个性、完善自我、注重休闲与娱乐的愿望。当时上海的娱乐场所及娱乐形式极其丰富，如戏剧、电影、游乐场、俱乐部、茶馆、游园与体育等。但与此同时，烟、赌、娼也逐渐发展为部分民众的恶习。当时报刊常报道因吸食鸦片而酿成的悲剧，如"女子吸烟拦路盗劫""烟犯畏罪杀人复自杀""吸烟瘾婆断送两命""丈夫嗜烟获罪，妻子离婚下堂""惨无人道的卖妻诡计""倾家败产妻死女售自己复遭冻毙"等。[①] 吸烟对于民众毒害不言而喻。此外，赌博与妓业也作为一种娱乐方式成为上海部分民众的一种消遣与民众消费的另一个阴暗面。故此，上海市社会教育，较之其他省份显得尤为重要。市教育局"近于学校教育之外，更努力于社会教育之筹划"。[②] 上海各民众教育馆提倡民众正当娱乐和健康休闲，对民众实施健康教育与休闲教育。

在健康教育方面，各民众教育馆开展体育、卫生、防疫活动向民众传达健康的生活习惯。有民众教育馆举办形式多样的球类运动比赛，如足球、网球、篮球、踢毽子与台球等比赛，以此来提高民众的体质，丰富其生活。有民众教育馆通过各种卫生活动向民众传授健康知识，包括卫生运动、卫生展览及卫生健康竞赛等，如嘉定徐行区民众教育馆举行夏令卫生运动，以促进民众健康；松江民众教育馆、上海市立民众教育馆展览各种生理、病理与卫生模型，激发民众对卫生知识的关注；嘉定县外冈、松江、川沙

[①] 罗运炎. 中国烟禁问题 [M]. 上海：上海大明图书公司，1934：24—35.
[②] 上海市之社会教育 [N]. 新闻报，1928-08-30.

县城区、奎山等民众教育馆举行婴孩健康比赛，从而指导父母正确的养育方法，增进婴孩的幸福。有民众教育馆施种牛痘且施送药品实施卫生防疫，如宝山县顾村民众教育馆注射防疫针以预防传染病，枫泾、张堰、朱泾、宝山县城区、山阳等民众教育馆也均设立施药处，购备各项民众日常药品施送民众，保证民众基本的药品需求。

在休闲教育方面，上海各民众教育馆针对上海部分民众沉迷烟、赌与娼的恶习，举办各种休闲教育活动，提倡民众进行正当娱乐。有民众教育馆借助开设民众茶社丰富民众娱乐形式，如嘉定县奎山区民众教育馆开设民众茶社，茶社内配备象棋、围棋、丝竹、台球及留声机片等娱乐品，以此改良社会风气。还有民众教育馆举办各种联欢会或音乐会，来引起民众的兴趣，如宝山县顾村民众教育馆组织民众音乐会，嘉定县马陆农民教育馆也组织了金家油车音乐会，提供健康的娱乐。上海市立民众教育馆内举办民众音乐会，以此来陶冶民众性情，提倡民众进行正当娱乐。也有民众教育馆设立专门娱乐室供民众休闲娱乐，如马陆、徐行、松江县等民众教育馆都成立娱乐室，并配备各种娱乐设备，如各种乐器、棋类与球类等，以此吸引民众来馆娱乐，帮助民众戒除不良嗜好。

上海各民众教育馆教育内容包罗万象，均与民众的生活样态紧密结合。针对新型民众的塑造、民众谋生手段的转变、国难的危机以及民众健康休闲的问题，各民众教育馆对民众实施语文、生计、公民、健康与休闲等教育。从教育内容来讲，民众教育馆开展的活动几乎囊括了基层民众生活的各个方面，且各内容相互渗透、相互联系，有利于丰富民众的知识体系，满足民众对知识、技能、娱乐等方面的需求。

二、灵活多维的教育实践路径

力图"塑造民众""改造社会"的民众教育，其宗旨并不是建立一套系统性的知识体系，而是要探索如何将通俗易懂的内容贯穿于普通民众的日常活动中，从而生成下层民众的记忆。① 上海民众教育馆作为基层社会中的"播扬者"，其实施民众教育的路径灵活多样且独具特色，能迎合民众生产生活需要，适合不同年龄段、不同职业及不同程度的民众，给不同阶层民众提供各种受教育的机会。

第一，正规系统化的教学活动。各民众教育馆或创办民众学校、民众夜校，或组织各种职业补习学校对民众进行系统的知识传授。民众学校采用劝导或宣传的方式吸引民众入学，并根据民众的闲暇时间及程度进行分类分级教学，且对毕业进行测验，以巩固其所学知识。此外，各民众教育馆为迫于生活而离开学校的民众及失业的民众，基于他们的职业与性别开设不同类型职业补习学校或职业补习班。如针对妇女分别开设妇女刺绣班、妇女缝纫班、妇女编织班与妇女职工训练班等，对妇女职业进行指导训练；也有为农人和工人办的各种职业训练班，如渔业补习学校、商业补习学校、职业补习夜校与摇袜传习班等。民众教育馆提供的正规教学活动，让民众可以在固定的场所及时间内接受相对系统的科学知识与技能，有助于改善他们的生活。

第二，巡回教育宣传活动。通常来讲，巡回教育主要有两种，包括流动教育和上门教育。上海各民众教育馆在开办民众学校的同时也采取巡回式教育方式，有民众教育馆在特定时间派馆员携带黑板、药品等分赴各所属区域进行巡回演讲，宣传公民常识、卫生、节俭及农事知识等，通过此种方式扩大受教民众的范围，惠及更多民众，革除民众因谋生或村落偏僻而无法受教的弊端。有民众教育馆为了提升民众的识字效率，设立巡回文库进行各类知识传播，如松江县民众教育馆附设巡回文库，主要涉及杂类、卫生类、科学类、政治经济类、党义类、实业类、史地类、文艺类、教育类与公民类。巡回流动的教学方式，使得更多民众可以随时随地接受教育，较好地满足不同民众的需求。

第三，直观实物陈列活动。各民众教育馆为给予民众直观的知识感知，

---

① 周慧梅. 民国社会教育研究［M］. 长沙：湖南教育出版社，2018：193.

采取展览方式对民众实施教育。展览内容与民众生活息息相关,包括生产展览、健康展览与公民知识展览,如松江民众教育馆成立国货展览室,展出国货样品,提倡民众使用国货;嘉定县中心民众教育馆组建各种陈列室,如"三三纪念馆"、时事展览室与军备展览室,给予民众政治及军事教育;上海市立民众教育馆设立健康展览室对各种生理、病理及卫生模型进行展览,唤起民众对健康的关注;闵行民众教育馆举办大型的农产品展览会,向民众宣传选种、试种和养殖等知识。各馆采取固定展览和流动展览,给予大部分民众参观的机会,同时将实物与讲解配套使用,很好地给民众传播了知识。这些教育方式增加了当时民众的知识储备,提高了教育效率。

第四,竞争比赛活动。各民众教育馆举行各种竞赛活动,如健康比赛、农产品竞赛、娱乐比赛与知识竞赛等,采取奖励方式调动民众学习知识的积极性。在健康比赛方面,各馆举行婴孩健康比赛,以纠正父母的不正确养育方式;在农产品比赛方面,各馆特举行各种农作物及农作牲畜比赛,激发民众的劳作热情,唤起他们不断改良农作方式、畜养方式并施种优良种子的兴趣;在娱乐比赛层面,各馆组织室内的象棋比赛和室外的各种球类比赛,有利于民众选择正确的休闲活动及锻炼强健的体质;在知识竞赛层面,各馆举办各种公民常识竞赛,其内容涉及抗日救国、基本常识与儿童健康等知识,进一步提高民众文化水平。

第五,专业且针对性的指导活动。上海各民众教育馆针对民众具体困难,给予专业性指导。如针对民众不识字与日常书信等困难,民众教育馆设立问询代笔处以便解决民众的日常困难;鉴于民众对于优良种子培育及副业的需求,民众教育馆成立示范农田、组建信用合作社及提倡副业,以增加民众选择优种优育的积极性;针对乡村民众医疗知识薄弱以及就医困难的情况,民众教育馆组建医疗问诊处施送药品,采取各种防疫措施,以提高民众对健康的认识,从而养成健康的生活习惯。

第六,创办各类期刊、书报,无疑是上海民众教育馆有别于其他地区民众教育馆最为突出的特征与优势。上海在 20 世纪初已成为全国最大的文化中心,[①]承载着文化宣传任务的各类书籍与报刊得到迅速发展。但是,当时上海有一部分民众识字量少、知识储备不足,无法顺畅地阅读社会上发行的各类报纸。为推进民众教育及满足民众需要,上海各民众教育馆内部创办期刊和各种小报,进行宣传,从而扩大辐射范围。各馆均创办壁报,作为馆内的固定业务。这些壁报以图画为主,文字次之,且文字讲求浅显易懂。民众教育馆以此来传播国内外及区域内消息及本馆消息,帮助民众养成关心时事的习惯。

民众教育馆创办期刊宣传各种知识,其中有注重向民众传授通俗易懂知识的,有注重传授爱国知识的,也有注重宣传馆内事业活动的。在通俗知识宣传方面,省立俞塘民众教育馆创办《俞塘月刊》《社教通讯》与《合作事业专刊》,以这三种期刊作为宣传渠道,刊登馆内的重要事业、国内外时事新闻、本区域内的民众事业及诸多有关民众教育的学术研究论文与典型个案报告等,吸引社会人士对民众教育事业的关注。松江民众教育馆编行了《友声月刊》,每月出版一次,旨在沟通消息,灌输民众常识。宝山县城区民众教育馆创办《民众周报》,材料力求新颖,文字较为浅显,并插有图画,以求适应一般人的阅读能力。上海县闵行民众教育馆编行《上海民友》月刊,其内容囊括谈话、指导、常识、小传、通讯、大众园林与报告等,浅显且符合民众实际。曾有读者提到:"《上海民友》给读者不少的智识和技能,记载忠实,文字浅显,确是一个大众化的读物。"[②] 以上各馆的期刊注重对民众通俗知识的传授。

有期刊注重民众民族意识的唤起,例如宝山县立顾村民众教育馆创办《民众周报》,内容包括谈话、常识、插画、诗歌、谜语与鳞爪等类,每期字数八百左右,遇到重要纪念及临时活动,则编辑专刊,如国庆纪念专号、总理诞辰纪念、保甲专号、元旦专号、新生活运动一周纪念专号、总理逝

---

① 张仲礼. 近代上海城市研究(1840—1949年)[M]. 上海:上海人民出版社,2014:770.
② 读"上海民友"后的贡献[J]. 上海民友,1934(72):31.

世纪念专号、革命先烈纪念专号、五一国际劳动节专号及五九国耻专号等，① 给民众宣传各种纪念日及活动的意义，激发其爱国热情。

有期刊向民众宣传馆内的事业活动，例如亭林农民教育馆出版《新亭林月刊》，向民众传达本馆各事业的实践情况及取得的成效。上海市立民众教育馆出版《上海民众》（上海 1936），借此刊物介绍本馆事业活动的实施以及向民众传达各种民众知识，实施大众化的民众教育。正如《上海民众》（上海 1936）创刊词中所言："本刊的产生，除了将本馆的实施工作情形赤裸裸的向各方报告外，余如民教专家理论的发扬、民众文学的宣传、大众文艺、儿童文艺以及国防常识、家庭常识、法律常识、医药常识等的介绍，这皆是本刊今后所负的重大使命。"② 此外，上海市立民众教育馆还发行《新民旬刊》，要求刊登内容"浅近之白话文，阐发国民对于一切事务应有之理解与智识，选材不过浅，亦不过深"。③ 具体而言，该刊物内容涉及插图、短评、演讲记录、常识谈话、通俗文艺、时事述要、民众园地与随感录等。

除创办期刊外，民众教育馆还发行各种民众小报及民众丛书。早在 1895 年《申报》就刊发社论，认为阅报可以"通上下之情，知四方之事，凡国家政教之损益，民间风气之厚薄，无不备载于中"。④ 1902 年，《大公报》也发表社论，将阅报与富国进行关联："要知道外国人富足强盛的根子，更因为报馆最多，人人都喜欢看报。"⑤ 各民众教育馆意识到各种期刊小报对于开通民智的重要意义，纷纷设立阅报社，编辑发行期刊与小报来吸引民众，致力于对民众多方面教育的开展。如省立俞塘民众教育馆创办《海燕报》，"报道县际的社会消息，批判国际的政治动态，介绍国内的思

---

① 江苏省立俞塘民众教育馆. 江苏省第四民众教育区二十三年度社教概况 [M]. 江苏省立俞塘民众教育馆，1935：143.
② 徐则骧. 生活教育与民众教育 [J]. 上海民众，1936（1）：1.
③ 上海市立民众教育馆. 上海市立民众教育馆概况（二十一年六月至十二月）[M]. 上海市立民众教育馆，1933：98.
④ 论阅报大有益于人 [N]. 申报，1895-06-21.
⑤ 讲看报的好处 [N]. 大公报，1902-06-22.

潮，发表青年创作。内容要集纳的、纯化的、浅显的、通俗的，外表要活泼的、娇巧的"。① 作为民众业余的读物，该小报主要供给沪郊民众各种社会知识。上海市立民众教育馆发行《新民画册》旨在采用绘画的方式，引起民众的兴趣。同时，该馆还刊印了"新民丛书"，内容分为民众学术演讲第一集、民众科学小丛书（科学丛书分为自然科学与社会科学两种）、政治经济文艺等丛书，涉及民众多方面知识的学习。

上海各民众教育馆通过灵活与多维的教育实践路径，面向基层民众开展满足其生活需求的教育活动。尤其是各馆期刊及民众小报的宣传辐射，更能突显上海民众教育馆的特色。期刊与小报扩大了民众受教育的范围，辐射更多民众，且注重从多方面对民众实施教育，以增进民众幸福生活的程度。

三、内外联动的知识精英引领

萨姆纳（William Graham Sumner）认为："任何制度，都是由一种思想观念（概念、主张与利益等）和一种结构构成的。"② 民众教育馆作为实施民众教育的组织机构，也由思想观念和组织结构构成，两者共同完成其使命。组织不仅是一个技术系统，更是一个人与社会的系统。③ 因此，人的思想观念对于组织是至关重要的。上海自开埠以来，随着近代工商业的发展，中西经济文化联系的日益加深，能够掌握西方科学技术与语言的人才匮乏。一些有识之士意识到仅仅依靠正规教育，或者仅仅依靠外国人开办的学校，不能满足社会对人才的实际需要。鉴于此，一些早期知识分子积极倡导教育改革。他们的努力对 20 世纪初期中国的教育发展与演变贡献极大。他们不仅建言献策，促进新的社会教育法令条文的出台与完善，并且以开放的心态，不断介绍新的西方教育思潮，积极思考演变中的教育局势，

---

① 上海：海燕报，一张以异样的步调跨入沪郊各县的小型刊物 [J]. 苏衡，1936（17、18）：44.
② Sumner, William Graham. Folkways [M]. Boston: Ginn, 1906: 53.
③ [美] W. 理查德·斯科特, 杰拉尔德·F. 戴维斯. 组织理论：理性、自然与开放系统的视角 [M]. 高俊山，译. 北京：中国人民大学出版社，2011：171.

为之把脉诊断。① 这些先进的知识分子对上海的民众教育发展起到极大的促进作用。上海民众教育馆的发展及其活动的实施，更是离不开馆外民众教育专家理念的引领与馆内职员积极的实践探索。

上海民众教育馆的发展离不开民众教育专家的倡导与推动。江苏省立教育学院作为我国研究实验民众教育与乡村建设的机构之一，有着特殊的使命，其设立的主旨是在养成民众教育与农事教育的服务人才，并研究实验民众教育。② 该校集聚了不少教育名流与民众教育专家，如院长高阳，担任民众教育运动工作的江问渔、孟宪承、李云亭、雷宾南、傅葆琛及吴福桢诸先生；主持研究实验的俞庆棠、甘豫源与赵步霞诸先生；主持教务的陈礼江先生；其他如乡村教育专家古楳先生和稻作专家顾复先生。这些民众教育专家对上海及沪郊各县民众教育馆的建立及发展从理念上进行引领。在民众教育专家的极力倡导下，上海民众教育馆拥有综合的组织设置，开展满足民众需求的各种事业活动，并辅导各地民众教育事业的开展。民众教育馆在此时逐渐受到上海政府和社会人士的重视，并颁发民众教育馆的规程、工作标准与组织规程政策文件来规范其运行。1929年，上海县颁布《民众教育馆计划大纲》，确立了民众教育馆的宗旨，《上海县民众教育馆组织大纲》对民众教育馆的组织设置进行规定；上海特别市政府颁布《上海特别市市立民众教育馆简则》《上海市立民众教育馆计划大纲》与《上海市市立民众教育馆最低标准工作》等。可见，民众教育馆受到当时上海市政府、各省市政府及知识分子的普遍重视，其地位得到提高。此外，江苏省立教育学院学生毕业后有不少都从事民众教育工作，有部分毕业生投入到上海民众教育馆事业中，见表6-1。

---

① Paul Bailey. Reform the People：Changing Attitudes Towards Popular Education in Early Twentieth Century China [M]. Canada：University of British Columbia Press，1990：5.
② 栋立. 介绍江苏省立教育学院 [J]. 学校生活，1936 (142)：43.

表 6-1　江苏省立教育学院毕业生服务上海地区民众教育馆一览表

姓名	毕业服务
丁宗齐	川沙龚镇农民教育馆馆长
陆鼎荣	松江民众教育馆馆长
裴勉	省立俞塘民众教育馆干事
王鸿恩	金山泖港农民教育馆馆长
沈祖培	上海市立民众教育馆干事
刘嘉谟	崇明堡镇农民教育馆馆长
刘婉贞	省立俞塘民众教育馆干事
陆传珊	上海市立民众教育馆干事
陆宗器	省立俞塘民众教育馆干事
顾福根	南汇农民教育馆干事
沈希范	青浦杜村农民教育馆馆长
陈益华	嘉定奎山民众教育馆主任
张丽生	嘉定徐行民众教育馆馆长
沈业昌	松江枫泾民众教育馆馆长
沈厚润	松江亭林镇农民教育馆馆长

本表资料来源：江苏省立教育学院总务部文书股. 江苏省立教育学院一览［M］. 出版者不详，1934：114—129.

江苏省立教育学院培养了大批从事民众教育的人才，他们均提出具体理念及实践计划，不少毕业生投入到上海民众教育馆事业的建设与发展中，对民众教育馆事业的发展起到积极的推动作用。

馆内专业人员的持续实践也是推动上海民众教育馆发展的重要推手。民众教育馆内职员作为馆内的主要人员，其对民众教育的实施起着至关重要的作用。"一切制度都是死的东西，全在人的活用，一个人如有了朝气活气，死的东西可以把他活用。否则纵有好的制度，好的办法，也是没有用的。"[①] 因此，人员的管理自然成为决定制度是否有效运行的关键因素。"民众教育馆职员比起普通学校职员更重要，一则其所负使命重大，再则学校

---

① 林宗礼. 民众教育馆实施法［M］. 上海：商务印书馆，1936：103

因历史较久,各种作法大体已有轨道可循,人虽差一点,还不致全无成绩。民众教育馆是一种新的机关,事业办法都要因时因地,自为规划,如没有称职的人员,必至于虚糜公帑,一事无成。"① 比起普通学校的教员,民众教育馆的职员更需要丰富的生活实践经验。上海民众教育馆馆长及馆内职员不仅有着良好的教育履历,同时他们对民众教育理论颇有研究,且有从事教育工作的实践经历。他们为馆内各项事业活动引领方向,从而促进上海民众教育发展。

首先,各民众教育馆无论是馆长还是馆内职员,都对民众教育有相当的研究,其具体内容涉及民众教育目的、内容、方法、农村教育等。如省立俞塘民众教育馆馆长高阳发表过《建议励行强迫识字教育》《中国商业教育之前途》《农村建设方案》《识字运动以后各界应有的努力》《如何使民众自立》《社会教育实施目标及方法之商榷》《国庆日谈民国二十三前普及民众教育的方案》《乡村建设问题论:乡村建设具体方案之讨论》等,出版有《民众教育》著作,对民众教育意义、成效、方法、项目课程教材设备与民众教育系统进行深入的探讨。该馆教导部主任陆盖长期从事民众教育事业,撰写了一系列与民众教育相关的文章,如《民众学校目前的病象及将来的路线》《办理民众教育者应有怎样的观念》《在中国现社会中应如何努力民教》《民众教育者应有的观念》等,对民众教育理论有相当的认识,对馆内民众教育活动提供理论性指导。

其次,各民众教育馆馆长都致力于推动馆内民众教育实践活动的开展,既有从事社会服务的经历,也有从事学校管理工作的经验,还有从事各项社会教育工作的履历。如上海市立民众教育馆馆长徐则骧曾在专门学院担任教授,还曾担任上海市市立图书馆馆长、上海晨报教育编辑与上海市社会教育局督学等职,可见其社会教育与服务经验之丰富。

再次,各馆职员都有适宜的专业知识背景,如总务部的主任与职员有任职于图书馆总务组主任或学校教务处的履历,熟悉文书、文件、出纳与

---

① 梁容若. 民众教育馆的人员问题 [J]. 山东民众教育月刊,1934,5(3):121—140.

预决算等事项；卫生部主任职员有从事医学、防疫和产科治疗的经验，对于指导馆内卫生健康教育有着丰富的经验；生计部主任及职员有任职农业生产与农社工作的背景，对馆内生计生产教育发挥重要的指导作用，体现术业有专攻的严谨风格。

理论与实践作为一个有机体的双方，纯粹的理论与实践是不存在的，任何实践都是理论性实践，任何理论都是实践性理论。[①] 上海民众教育馆的发展及其事业活动，受到了内外联动的教育理论与实践的双向指引，既有外部民众教育专家作为智囊团的引领，也有馆内智囊团与实干家相结合的特色团队建设，且各部馆员都有相当的经历，体现术业有专攻的特色。他们从理论与实践两个方面对民众教育馆进行贴切的引领与实践，有效地推动馆内各项民众教育活动的开展。

第二节 上海民众教育馆的意义

在整个民众教育系统中，民众教育馆是较为灵活与综合的组织机构，有利于推动民众教育体系的构建。就民众教育馆本身来看，民众教育馆多样的设施包含了其他实施机构的基本形式，活动内容全面囊括民众教育的各个方面，并承担起辅助各地民众教育事业发展的任务，奠定了其中心地位。在政府与基层教育关系中，民众教育馆在某种程度上充当了政府在基层社会的"播扬者"的角色，一方面，它充当政府权力向基层延伸的角色，对民众进行"宣教"；另一方面，它具有"民间"的色彩，即善于根据民众及社会的需求，不断调整与完善自身的教育功能及社会动员能力，注重传播现代科学文化知识，增进民众福祉。

一、推动民众教育体系的构建

从清末新政开始，社会教育便被赋予启蒙大众的角色，对下层民众进

---

① 肖士英. 外在并列关系还是相互内在关系？——马克思对理论与实践关系传统定位的变革[J]. 陕西师范大学学报（哲学社会科学版），2016，45（5）：127—134.

行常识的普及。我国有识之士提出多种教育理念和制度设计，他们将欧美成人教育的理念与清末社会教育实践对接，提出塑造"新国民"的主要任务。上海是新知识分子集聚地，对此也做出积极回应。上海城市化进程中移民人口急速增加，从1915年到1920年，上海城区人口从80多万激增到160多万，① 大部分是为谋生从全国各地迁移到上海的移民，而这些移民由于幼时缺乏读书机会，多从事简单的体力劳动工作，文化素质有待提高。因此，对上海"新市民"进行教育，改善其生存状况，提高其文化素质成为当时上海现代化建设中一个重要的课题。新文化运动之后，上海在注重普通教育与职业教育的基础上，开始大力发展社会教育。到1918年，上海已有各类社会教育机构40余所。到1928年，仅公立的民众学校就有30所，② 各种私立社会教育机构更是不计其数。从实施社会教育的性质上看，主要类型有职业补习教育、通俗教育、民众学校、文化补习夜校、义务学校与识字班。美国一位记者曾说道："单单在上海，就开办了16间免费学校，让没有能力交学费的孩子念书。"③ 此外，还有不少平民学校对社会教育发挥重要作用，免费对民众进行文化及政治教育，讲授内容注重联系实际，灵活多样，满足了民众对文化知识的需求。如"上海大学除了学生校内开办平民夜校外，还有许多同学到浦东、沪东、沪西一带办夜校，有的还到工厂附近租房子来办"。④ 通过对下层民众实施平民教育，使尽可能多的人接受文化教育，以达到教育普及。据统计，到1928年，"上海私立平民夜校共23所，总人数八百多人"。⑤ 这一时期举办的平民学校，对上海学生运动、工人运动、妇女解放运动以及工人和妇女的扫盲都发挥了较大的作用。还有一些公共文化设施也对社会教育发挥了很大的作用，如图书馆、博物馆与公共体育场等。上海的社会教育不仅仅致力于扫除文盲，提高民

---

① 商务印书馆编译所. 上海指南 [M]. 上海：商务印书馆，1922：4.
② 教育部. 第一次中国教育年鉴（丙编）[M]. 上海：开明书店，1934：627.
③ 周策纵. 五四运动史 [M]. 长沙：岳麓书社，1999：279.
④ 薛尚实. 回忆上海大学 [C] //钟叔河，朱纯. 过去的学校：回忆录. 长沙：湖南教育出版社，1982：527.
⑤ 上海私立平民学校统计 [N]. 申报，1928-12-20.

众文化知识与技能，同时也注重对民众进行公民观、卫生观及道德观的教育。就此而言，在一些提倡者看来，社会教育因其灵活性与简易性，比学校教育更容易发挥作用。

南京国民政府成立后，上海市区内或沪郊各县民众识字人数占比较低。如上海县各区识字人数在15％左右，见表6-2。

表6-2 上海县各区识字人数百分比较表

区名	第一区	第二区	第三区	第四区	第五区	第六区
百分比	11.57％	26.21％	16.48％	21％	16.2％	8.54％

本表资料来源：社会教育统计：上海县各区不识字人数百分比较图［J］．上海县教育局年报，1931：134．

由上表可知，上海县各区识字人数仅占10％—20％。松江全区识字人数包括正在求学的儿童，占总人口数的44.7％，其中女子不识字人数是男子的二倍多。因女子多半忙于料理家事，消息闭塞。该区内失业人数占应该从事职业人数的23％，其中以商为最多，工次之；无业人数占到应该从事职业人数的13.1％。而在他们所从事的副业中，由于外来商品的侵入，已渐趋破产。[①] 即使是生活在交通便利的上海市区内，也由于生计等压力，很多民众无法进入正式学校接受教育。民众教育的设施对于这一部分民众也应谋相当的补救，使他们有深造的机会。[②]

此外，民众需要的不仅仅是文化知识，更多的是谋生技能，这就对民众教育机关的设立提出了更高的要求。故而，沪郊各县均设立形式多样的民众教育机构，如表6-3所示。

---

① 江苏省立俞塘民众教育馆．江苏省第四民众教育区二十三年度社教概况［M］．江苏省立俞塘民众教育馆，1935：69—70．
② 商致中．民众教育［M］．上海：大华书局，1933：6—8．

表 6-3　沪郊部分县区的民众教育机构

县域	民众教育事业
上海县	固定社会教育机关，计有民众教育馆一所，农民教育馆一所，公共图书馆一所，公共体育场一所，民众教育实验区一处，民众夜校附设于学校者十五所，民众教育馆、农民教育馆、民众教育实验区与教育局共办六所，简易体育场五所。
川沙县	固定社会教育机关，有民众学校三十二所，工人学校十三所，民众教育实验区一所，农民教育馆一所，公共体育场二所，中山公园一所，公共阅报处二十五所，民众问字处四十五所，代用民众茶馆三所，壁报十五处。改良茶馆，城中已实行办理，乡间茶馆，早已建就。更有识字指导团十五处，通俗演讲团一团，定期刊物有川沙民众一种，每月一期，已出七期。
松江县	固定社会教育机关，有民众教育馆一所，公共体育场一所，图书馆一所，农民教育馆一所，民众教育实验区一所，民众学校十八所，成年女子补习学校一所，简易运动场四所，民众教育馆分设之图书馆二所，书报社四所。活动设施，有扩大识字运动推行注音符号等。更有巡回教育队，为该县所特有，由民众教育馆主持。
嘉定县	民众教育馆、博物陈列室、公共演讲厅、奎山公园、美术展览会、龙门民众茶社、公共体育场、外冈民众图书馆、县教育会图书馆、武村民众茶社、槎西合作社、望仙民众阅书报室、农民教育馆、纪王民众阅书报室、葛隆民众阅书报室、徐行中心茶园、外冈民众茶社。
南汇县	县立第一、第二民众教育馆、县立简易民众教育馆五所、简易体育场、县立公共体育场、县立农民教育馆、民众学校、民众茶馆、识字运动、工人学校、民众教育实验区。
奉贤县	南桥民众教育馆、奉城民众教育馆、农民教育馆、公共体育场、民教实验区、四团民众教育馆、民众学校、民众代笔问字处、社会教育研究会、南桥公园设计委员会、奉城公园设计委员会。

续表

县域	民众教育事业
青浦县	设立民教实验区、厘定各项规程、订定应用表册、划分民众教育区、添设民教中心机关、召集社教机关主任会议、添设体育场、组织民教研究会、改进及充实社教机关内容、举行识字运动、普遍设立民众识字处问字处、整顿及扩充民众学校、编印民教参考材料、规定学校中心的社教事业、举行民教成绩展览会、举行民众业余运动、设立图书馆及民众阅书报室、设立民众茶园、遍设民众阅报处。
金山县	朱泾民众教育馆、张堰民众教育馆、泖港民众教育馆、干巷民众教育馆、廊下民众图书馆、兴塔民众图书馆、卫城民众图书馆、张堰图书馆、朱泾图书馆、公共体育场、廊下民众体育场、吕巷民众体育场、韩坞民众体育场、张堰民众体育场、干巷民众体育场。

本表资料来源：上海县社会教育视察报告［J］.江苏教育季刊，1931（2）：46；川沙县社会教育视察报告：现有社会教育事业［J］.江苏教育季刊，1931（2）：54；松江县社会教育视察报告：现有社会教育事业［J］.江苏教育季刊，1931（2）：50；十八年度上学期社会教育机关视察状况一览［J］.嘉定县中心制的教育，1930（2）：195—198；南汇县教育局十九年度社会教育设施概要［J］.教育与社会（无锡），1931（11）：6—7；奉贤县社会教育机关概况一览表（二十三年度）［J］.奉贤教育，1935（4）：285；茅智千.青浦县社会教育概况［J］.民众教育通讯，1933，3（3）：57—74；金山县社会教育机关一览表（二十四年十二月）［J］.金山县教育年报，1935（1）：552—553.

可见，实施民众教育的机构大致可分为两类。学校式的民众教育对象是以失学的成年民众为主，其时间与场所较为固定，这就意味着学校式民众教育受时间、空间与年龄等的限制。要使民众普遍地受教育，社会式的民众教育是必不可少的。社会式民众教育不受时间、年龄、场地等限制，能够让有需求的民众自由地接受教育。唯有施行社会式的民众教育，才可以使社会上每个人普遍地、长久地享受教育的机会。这样，民众的知识与经验会继续不断地增长与累积。因此，社会式的民众教育是当时社会最需要的，对于乡村更是如此。而民众教育馆就是社会式民众教育最重要的一种类型。随着民众教育及民众运动的勃兴，无论是民众多方面的需求与沪郊农村社会的实际，还是学校式民众教育的有限性，都对民众教育的实施机构提出综合化的需求。此时民众教育馆作为综合式民众教育机构应需而生，满足了民众多方面的需求，推动了民众教育体系的构建，与学校式民众教育机构形成联结与流动的教育空间。

二、实施民众教育的中心机构

在民众教育体系中，民众教育馆作为实施民众教育的中心机构而存在。国民政府及各省市政府颁布的一系列政策法规，在民众教育馆的建立、规范以及中心地位的确立中发挥着重要的作用。自1928年江苏省教育厅改通俗教育馆为民众教育馆，以及国民政府颁布《民众教育馆规程》以后，我国各省纷纷创设民众教育馆。民众教育馆是民众教育中最重要的机构之一，在民众教育中占有重要地位，对于民众教育具有很高的价值。每个城市，或每个乡镇，至少要设立一所。[①] 秦柳方等认为："民众教育馆以实施民众教育为专责，其主持之人员又大都以民众教育为其专门职业，且对民众教育具有专门之研究，他来做实施民众教育的中心机关，当然是最为妥当的。"[②] 此后，民众教育家对民众教育馆的设立及地位确立纷纷发表自己的观点，为民众教育馆的发展作了理论铺垫。在具体的实践中，无论从满足民众的需求程度，还是民众教育馆自身内部的事业范围、组织设施、事业活动以及辅导职责，民众教育馆都可作为实施民众教育的中心机构。

从民众教育馆所包含的教育内容来讲，民众教育馆是实施民众教育的中心机构。它是采用馆舍式施行综合民众教育的典型代表，生计、文字、公民、卫生、休闲与健康等教育均包括在内，所授教育内容与民众全部生活紧密相连。可以说，"民众教育馆是实施民众教育的中心，指导民众生活的主干"。[③] 正如商致中所言："民众教育馆是一个包罗万象的民众教育机关，好像是百货商店一样，包罗既广，业务既繁。"[④] 民众教育馆教育内容

[①] 殷芷沅. 民众教育概要 [M]. 上海：世界书局，1929：75.
[②] 秦柳方，武葆邨. 民众教育 [M]. 上海：世界书局，1933：230.
[③] 军事委员会委员长行营政训处. 民众教育浅说 [M]. 1911—1949：48—49.
[④] 商致中. 民众教育 [M]. 上海：大华书局，1933：143.

较为全面丰富，与民众生活息息相关。如松江县民众教育馆既开展生计调查、农事指导、提倡副业、合作、职业训练及补习、提倡储蓄等生计教育；也举行识字调查、识字班及流动教学、组织读书会、指导民众阅报等语文教育；还指导组织乡镇改进会、实施集团训练、举行各种纪念会、举行常识讲演等公民教育；也进行指导体育、举办卫生运动、设立施药处等健康教育；同时也举行儿童健康比赛，从事娱乐传习，举行同乐会、联欢会、文虎会、象棋比赛等家事休闲教育。可见，民众教育馆教育活动内容包含民众生活的各个方面，与民众生活同步，较好地满足民众的需求。

此外，在沪郊，农民的教育实为民众教育中最大的一部分事业。范望湖认为："农民教育馆实为农村民众教育实施的中心。"① 几乎所有农村民众教育的内容皆可由农民教育馆办理，如金山县干巷农民教育馆针对农民需要，举办各种事业活动，包括生计调查、耕牛比赛会、土布展览会、民生养鱼合作社、推广优良农作品种、设立造林苗圃、提倡造林、合作事业、提倡储蓄、举行识字调查、出版壁报及农事历、组织校友读书会、举行常识演讲、农民消暑茶话会、纪念日演讲、象棋比赛、乒乓球比赛、组织捕蝇团、施种牛痘、卫生运动等各种民众活动。② 可知，该馆囊括了民众日常所有生活，包括语文教育、生计教育、公民教育、健康教育与休闲教育等。如此，农民教育馆的事业活动包含了民众日常生活的各个方面，既提升了民众的知识水平和民族意识，也提高了他们的生产能力和健康水平。

从民众教育馆的实施场所上来讲，其场所设置范围很广，几乎容纳其他民众教育实施机构的基本形式和职能。民众教育原本没有一定的方式，实施民众教育的机关也不止一种。有包罗万象的，如民众教育馆；有只传播知识或锻炼身体的，如图书馆和体育场；有比较呆板的，如民众夜校，有比较活动的，如民众茶园。其方式不一，内容也各不相同。为了要实施适合民众各种生活需要的教育，就要设立具有各种机构的民众教育机关：

---

① 范望湖. 民众教育 ABC [M]. 上海：世界书局，1929：90—91.
② 江苏省立俞塘民众教育馆. 江苏省第四民众教育区二十三年度社教概况 [M]. 江苏省立俞塘民众教育馆，1935：107—109.

既有实施识字教育的民众学校、补习学校与民众图书馆，也有实施健康教育的民众茶园和民众诊疗室，还有生计教育的信用合作社、公民教育的各种展览室。实施民众教育的机关，在我国大概可分为混合制和单独制两种。如民众学校、民众体育场、民众美术馆、示范农场与民众公园等，都是单独制的民众教育机关，都是以某一种或某数种教育为主旨的机关。而民众教育馆是集各种机构为一体，可以称得上是混合制的民众教育实施机关。许公鉴认为："民众教育馆是实施民众教育的综合机关，即各种民众教育的设施，都是民众教育馆的使命，所以他是混合制的民众教育机关，也可以说是实施民众教育的主要机关。"① 它包含有图书馆、阅报处、体育场、茶园、电影及无线电播音等各设施。由此看来，其他机关都可附属于民众教育馆。民众教育馆为实施民众教育之中心机构，并须与学校或他项团体相连，以便形成合力引起民众各种兴趣和努力。民众教育馆形成综合型的组织结构，具有综合教育的能力，超越了普通民众教育机关单一的教育能力。赵步霞等认为："在所有实施民众教育机关中，最普通的无过于民众教育馆，它包含各种设施，是实施民众教育的综合机关。"② 所以，从民众教育馆实施场所及包含的机构设施层面来讲，民众教育馆可以看作实施民众教育的中心机构。

此外，民众教育馆还具有辅导地方其他民众教育事业的任务。教育部在民众教育馆辅导各地社会教育办法大纲中指出："民众教育馆应以辅导各地社会教育为主要任务之一"，③ 将辅导各地民众教育的开展作为民众教育馆的主要任务之一，并对各级民众教育馆的辅导范围作出了规定。如省立俞塘民众教育馆于1934年奉令办理辅导事业，县立民众教育馆也对所属各县的民众教育事业予以辅导。

民众教育馆符合民众对生活各方面的需求，组织机构多样，包含了其他机关的基本职能与形式，活动内容全面囊括了民众教育的各个方面，并

---

① 许公鉴. 民众教育实施法 [M]. 上海：大东书局，1934：296.
② 赵步霞. 民众教育纲要 [M]. 上海：中华书局，1935：50.
③ 教育部社会教育司. 民众教育馆重要法规 [M]. 教育部社会教育司，1939：15.

具有辅导各地民众教育事业的任务，奠定了其作为实施民众教育的综合机构、中心机构。商致中认为："民众教育馆是集中各种教育设施，运用各种教育方法，实现和达到民众所需要的各种教育的机关。换句话说，就是实施民众教育的总机关，是社会式民众教育机关中最重要的一种。"① 民众教育馆作为民众教育的中心、指导民众生活的中心机关、民众生活寄托和精神思想领导的场所，使命重大。在国民政府政策的保障以及民众教育专家的极力倡导下，民众教育馆拥有综合的机构设置，开展满足民众需求的各种事业活动及辅导各地民众事业的开展，奠定了其民众教育实施中心机构的定位。

三、政府与基层社会互动的桥梁

传统中国乡村社会由两种秩序和力量构成，其一为官制秩序或国家的力量，其二为乡土秩序或民间力量。前者以皇权为中心，自上而下形成等级分明的梯形结构；后者则以家族（宗族）为中心聚族而居形成的大小不一的村落。② 传统的中国乡村社会形成了松散的自然组织，而皇权尽管拥有强大的行政统治潜能，但其行政治理能力并非无所不及、无所不能。正如费孝通所言："从人民的实际生活来看，它是松弛和微弱的，是挂名的，是无为的。"③ 中国传统的上级政府讲究无为而治，对于县级以下的地方公务并不太注意。④ 从这个意义讲，传统的中国"皇权不下县"的政权体制是乡村治理的主要策略。到了晚清，在国际环境和内部社会变化的潮流中，国家政府的任务和形式发生改变，从而刺激传统国家政权转向现代国家政权。中央政府开始加强对乡村社会的监控与管理，企图将国家权力渗透到基层

---

① 商致中. 民众教育 [M]. 上海：大华书局，1933：138.
② 李志明. 空间、权力与反抗：城中村违法建设的空间政治解析 [M]. 南京：东南大学出版社，2009：72.
③ 费孝通. 乡土中国 [M]. 北京：北京大学出版社，1998：63.
④ 费孝通，吴晗. 皇权与绅权 [M]. 北京：生活·读书·新知三联书店，2013：182.

社会，从而有效地汲取乡村资源。① 但是由于中央政府资源短缺的现实，县以下基层社会还需要依靠民间力量实现间接的治理。到20世纪30年代，随着"裁局设科"改革口号的提出，县长的权力更为集中。有研究者指出："县党部的工作充其量不过是使县长感到掣肘而已，几乎不大可能充当扩大民众参与地方政府的核心。"② 在此意义上，基层自治组织的组建更显重要。1928年，国民政府开始实施训政，而开展地方自治被确立为训政时期的重要任务。要完成地方自治组织，地方事业均需得到发展而逐渐推行，民众生活要因自治而改善。"欲求自治组织之健全，先要训练民众有自治之能力。有健全的自治组织，然后有充实自卫的能力。民众自卫应予以良好之训练，然后民得以利用自卫之能力而排除一切不利于民众之事，以建设社会秩序，则民众均得安居乐业。"③ 因此，健全的地方自治组织对于改造乡村社会显得尤为重要。此种自治组织的建立需要与之相应的思想观念和行为实践，当时国民政府基层组织较为薄弱，而民众教育馆就扮演了重要角色，架起了国家与基层社会互动的桥梁，在某种程度上填补了政府指导与规范基层社会的缺位。正如民众教育家李蒸指出的，当时中央不能指挥地方，地方亦不能自治。他提出民教馆这类社教机构要担负起地方"领袖地位之工作"。④ 在政府权力止于县级的状况中，民众教育馆在某种程度上充当了政府在基层社会的"播扬者"的角色。从政府层面讲，民众教育馆采用各种"宣教"活动，弘扬传统文化和教化精髓，传达政府旨意；从民众层面讲，民众教育馆注重根据民众的实际需求传播现代科学文化知识，增进民众的生活福祉。

民众教育馆作为政府推动地方自治的推手，兼具政治、经济与文化的综合机构，从而协助政府重建基层社会民众的意识。值得注意的是，上海

---

① Duara P.. Culture, Power and the State: Rural North China, 1900—1942 [M]. Calif: Stanford University Press, 1988: 3.
② [美] 费正清. 剑桥中华民国史 (1912—1949) (下) [M]. 刘敬坤，等译. 北京：中国社会科学出版社, 1994: 350.
③ 郭人全. 乡村民众教育 [M]. 上海：黎明书局, 1934: 63—64.
④ 李蒸. 适应吾国目前迫切需要的社会教育 [J]. 教育与民众, 1932, 3 (6): 1063—1065.

民众教育馆不仅仅注重基层文教卫生事业的指导和经济合作组织的建立，更为重要的是协助政府开展基层政治工作，如组建乡村改进会、宣传保甲运动、举办纪念活动或纪念周等，从而推动乡村建设，培养民众形成现代的自治理念。

第一，各民众教育馆创办乡村改进会，开展基层自治工作。乡村社会因没有团体组织而导致民众缺乏共同的意识，乡村改进会作为一种自治组织，通过举办各种事业如建设、农事、教育及保安等，培养民众的自治与自动力。正如俞庆棠所指出的："乡村自治一组织称为乡村改进会或自治协进会，以村中热心公益的成年人为委员，作推动地方事业的中心力量，也就是办理地方自治的协助机关。"① 沪郊各县民众教育馆辅导成立乡村改进会，举办乡村事业，如宝山县顾村民众教育馆为区内民众力量的团结、四权的运用、自治的实现，特联合顾村镇公所，发起组织顾村改进会，会中事业分"总务、教育、建设、自卫、农艺、调解、保健、消防、合作九部"。② 乡村改进会深入地方民众生活，开展全面的民众教育事业。如嘉定县中心民众教育馆所设乡村改进会工作包括："筑路、造林、路灯、垃圾箱、停车处、清道、职业指导及介绍、息争会、保甲长联席会议、举行义务短期小学、改良风俗、农村经济调查、青年暑期服务团。"③ 可见，其工作范围广泛，牵涉民众日常的生活、教育、职业、经济与卫生等各方面。马桥农民教育馆组织乡村改进会，"举办施医局，取缔乞丐滞留，改建小便所等都有重要决案，并切实执行"。④ 陈行农民教育馆也组织乡村改进会，"议决浚河、加阔路面等事件"。⑤ 上海县颛桥民众教育馆组织乡村改进会，负责区域内民众的各项事业。如夏作物登场如何防窃、检举地方败类报告

---

① 俞庆棠. 民众教育［M］. 南京：正中书局，1935：166.
② 宝山县顾村民众教育馆最近事业概况［J］. 社教通讯（上海），1935，1（6）：47.
③ 江苏省立俞塘民众教育馆. 江苏省第四民众教育区二十三年度社教概况［M］. 江苏省立俞塘民众教育馆，1935：21.
④ 马桥农民教育馆［J］. 社教通讯（上海），1935，1（6）：47.
⑤ 上海县教育局近讯：陈行农民教育馆［J］. 社教通讯（上海），1935，1（6）：44.

公安局、注意客民入境、普及卫生常识、举行乡村训练所等。① 其他各民众教育馆为谋农村建设，改良风俗，指导地方事业的开展，也都组建乡村改进会。如马陆农民教育馆、泗泾民众教育馆、天马山民众教育馆、朱泾民众教育馆、奉贤县南桥民众教育馆等均成立乡村改进会，指导地方民众事业。如此的地方自治组织较好地帮助政府建设地方事业，从而提升民众自治能力。

　　第二，民众教育馆协助举办保甲运动。20世纪30年代中叶，国民政府对于乡村社会控制体制的构造复归于"保甲制"。所谓"寓保甲于自治之中"，即大体保持原来的"自治"体制，"以乡镇为范围一律编组保甲"。② 由此，在乡村最基层社会控制组织层次上，保甲替代了"自治"组织中的闾邻制。政府一方面仍旧保持乡村自治区划不变，并统一划定自治区域，确立村街、乡镇、区的自治组织层级；另一方面，则以保甲为内容具体推进"自治"，所谓"保甲属于自治范围，保甲组织是实行农村自治的基础"。③ 保甲运动是实行地方自治的基本工作，可以训练民众组织和自卫的能力。④ 为此，各民众教育馆推行保甲来协助政府实施地方自治，如嘉定县外冈区民众教育馆派员自编各种图画文字及歌曲等宣传品分赴望仙、钱门、葛隆及施教区等处，举行宣传工作，并协助区公所分赴巨门施教区暨高桥马鞍等乡，编查户口，指导选举保甲长。⑤ 不少民众教育馆通过各种宣传、演讲等方式宣传保甲，如枫泾民众教育馆通过举办化装表演，派员分赴各乡演讲保甲意义及办法。松江民众教育馆商同第一区公所指导第二保甲长，组织保甲长联席会议，以推进保甲，健全民众基层组织。⑥

---

① 县颛桥民教馆昨开乡村改进会 [N]. 申报，1935-08-29.
② 胡次威. 国民党反动统治时期的"新县制" [G] //文史资料选辑（第29辑）. 北京：中国文史出版社，1995：200.
③ 龙发甲. 乡村教育概论 [M]. 上海：商务印书馆，1937：100.
④ 李景文，马小泉. 民国教育史料丛刊1099（社会教育）[G]. 郑州：大象出版社，2015：97.
⑤ 江苏省立俞塘民众教育馆. 江苏省第四民众教育区二十三年度社教概况 [M]. 江苏省立俞塘民众教育馆，1935：29.
⑥ 松江民众教育馆近讯 [J]. 社教通讯（上海），1935，1（8）：62.

第三，民众教育馆举行各种纪念会或纪念周，来增强民众对民族的意识，进而加强民众对国民政府的支持及理念的认同。如松江民众教育馆、张堰民众教育馆、朱泾民众教育馆、干巷农民教育馆等都或单独或联合各机关举行各种纪念会，如遇较为重要的纪念节目，就在馆内所设茶馆内或直接到农村去，向民众讲述纪念节的意义和历史，以此施以公民训练，使民众对于各种纪念都有相当的印象和认识。

上海民众教育馆除了充当政府权力向基层延伸的角色外，作为一个实施民众教育的社会组织，最突出的特点在于善于根据民众及社会的需求，不断调整、完善自身的教育功能及社会动员能力。它注重对基层民众进行调查，根据民众实际需求进行贴切的教育，带有一定的"民间"色彩。教育离不开社会的发展，社会同样离不开教育的滋养。各民众教育馆在开展事业活动之前，对基层社会民众的识字、生计、健康、卫生及休闲进行实地调查，作为开展各项教育活动的基础。如嘉定县马陆农民教育馆对所属基层区域进行生计调查、识字调查，具体包括各村户口统计、各村农民耕种田亩统计、各村农民生活状况、农民每户耕种（自由、租田）统计、农户畜养统计、农户主业统计、农民从事职业人数统计、农民每户一年主业收入统计、农民每户一年副业收入统计、农民每户一年支出统计、各村农民识字不识字统计、各村儿童入学失学统计、各村识字人数百分比、各村学龄儿童入学人数百分比等。[①] 松江民众教育馆、泗泾民众教育馆、朱泾民众教育馆、干巷农民教育馆等都举行识字调查与生计调查等。以此为依据，各民众教育馆进行针对性的教育，以适应基层民众的需求。就此而言，民众教育馆在基层社会的"播扬"中，以"教育"的方式介入基层社会，注重民众文化与生计的改良。其一，指导基层发展文教卫生事业，加强民众对国民政府的理念的支持。各民众教育馆或实行识字运动、卫生运动，或开办民众学校、职业补习学校，成立医疗问诊处，或进行知识竞赛、健康

---

① 江苏省立俞塘民众教育馆. 江苏省第四民众教育区二十三年度社教概况［M］. 江苏省立俞塘民众教育馆，1935：37—41.

竞赛或预防。如嘉定县徐行民众教育馆为促进民众健康，联络区公所、中心小学、公安分驻所，举行夏令卫生运动。① 再如山阳民众教育馆成立宣传会与筹备会，函请各机关参与，举行识字运动，② 劝导民众进入民校学习。其二，组建经济合作组织，注重民众生计的改良。如三林农民教育馆联络地方人士成立养鱼合作社以增加生产，县政府派员出席指导。③ 松江城区民众教育馆为积极救济蓬户，并提倡合作，组织信用生产互助会。④

基于以上分析，上海各民众教育馆作为政府在基层社会的"播扬者"，既注重政府权力在基层社会的渗透，也注重基层民众的需求，架起了政府与基层民众互动的桥梁。其不仅仅通过调查注重民众文化知识的增长、卫生健康意识的提升以及民众生计的改善，以满足民众的实际需求，还通过成立基层自治组织，培育民众的自治观念与民族意识。

第三节　上海民众教育馆运行中的若干创获

民众教育馆作为实施民众教育的综合组织机构，源于清末民初民众启蒙运动，并在通俗教育馆的基础上改组与重建。南京国民政府成立后，受国民政府政策法规、社会现实需求、中西文化碰撞等方面的影响，民众教育馆应时而生，其内在活力得以激发，推动民众教育的持续发展和基层社会的不断改造。在此过程中，少数民众教育馆本身存在一定缺陷，如选用人员不当、经费不足、活动有时脱离民众实际等。但总体讲，民众教育馆兼具官方和民间的双重角色，其事业活动基于民众实际需求，与民众日常生活紧密结合，这不仅有助于近代国民的塑造，而且在为民众提供所需的科学常识、文化知识、就业指导、卫生健康、正当娱乐等方面，皆发挥了

---

① 徐行区民众教育馆举行夏令卫生运动 [J]. 民众教育通讯，1931，1 (6)：114.
② 江苏省立俞塘民众教育馆. 江苏省第四民众教育区二十三年度社教概况 [M]. 江苏省立俞塘民众教育馆，1935：86.
③ 三林农民教育馆近讯 [N]. 新闻报，1932-10-21.
④ 松江城区民众教育馆指导组织蓬户生产互助会 [J]. 社教通讯（上海），1935，1 (2)：42.

重要效用。通过对上海民众教育馆民众教育活动的深入剖析，可以感受到其在场所布局、受众对象及传播方式方面均体现出别开生面的独特价值。

一、民众教育馆场所布局的整体建构

教育不应仅仅关注个体发展的某一阶段或限定在某一具体的场所中，而是要拓展到个体社会生活各个方面。就此而言，教育要冲破制度化教育体制的束缚，由学校教育拓展至社会教育再到终身学习，而不再是从外部施加于生活的附属物。教育的形式突破封闭的学校教育体系，包括各种非正规和非正式的社会教育形式。于是，"不再有时间和空间限制的教育便成为生活本身的一个方面"，[①] 体现教育的无边界性、整体观。正如哈贝马斯所言："举凡对所有公众开放的场合，我们都称之为'公共的'。"[②] 公开的场所体现教育的公共性与开放性特点，让所有社会成员都不受任何限制接受适宜的教育，即让学习者的学习不仅仅发生在正规的学校教育中。民众教育馆正是突破空间的限制，体现了场所布局的整体性。

民国肇始，面对农民和普通工人知识文化素质以及生产力低下的情况，学校教育发挥的作用有限，社会教育受到政府的重视。南京国民政府成立后，在政府行政力的推动下，民众教育作为政府与基层互动的渠道，发展迅速。据《第一次中国教育年鉴》记载："全国社会教育机关数，近三年度（1928、1929、1930）来，已由一万余所增至七万余所，约原来的七倍多。"[③] 各种社会教育机构与设施不断涌现，各地纷纷组建形式多样的场所实施民众教育，"社会教育包含的范围很大，在学校系统以外的教育都可以包括在内"。[④] 实施民众教育的场所大致可分学校式民众教育场所和社会式

[①] 国际21世纪委员会. 教育——财富蕴藏其中 [M]. 联合国教科文组织总部中文科，译. 北京：教育科学出版社，1996：101.

[②] [德] 哈贝马斯. 公共领域的结构转型 [M]. 曹卫东，王晓珏，刘北城，等译. 上海：学林出版社，1999：2.

[③] 王兴杰. 第一次中国教育年鉴（丁编 教育统计）[M]. 上海：开明书店，1934：178.

[④] 中国第二历史档案馆. 中华民国史档案资料汇编（第五辑 第一编）[G]. 南京：江苏古籍出版社，1994：715.

民众教育场所，其中社会式民众教育场所不受时间、年龄、场地等限制，能够让社会上民众普遍地、长久地接受教育，体现了教育的无边界性。作为民众教育综合型的场所，民众教育馆内部运行体制与管理体系体现出一定的组织性、完整性与系统性。管理体系的完善性是保障组织机构得以顺畅运行的关键。民众教育馆内部主要通过完善的组织设置、人员管理及经费管理，来推动整个民众教育事业的实施。且内部组织不是孤立地各自运行，而是通过各种机构设施、人员设置与会议、与外界的联络等方式而展开教育的动态过程。首先，教育事业的推进依赖于基本的物质设备，各部组织内设置各种机构或设施作为物质保障展开民众教育活动。其次，各组织在进行教育事业活动时注重增进与社会各界的紧密联络。譬如，进行语文教育时，民众教育馆联合各级学校或机关办理民众学校；进行生计教育时，各馆注重与乡村改进社、农业推广所、各类银行、各乡镇村民等开展农产品展览、农产比赛、组织农田合作社等；进行公民教育时，各馆注重与所属区域内各机关领袖及热心人士、商会、区公所联合举办各种展览；进行健康休闲教育时，各馆注重与医院、区所公安局及外界热心人士共同组织卫生运动、宣传健康知识。如此系统且完整的组织运行场所，保障了民众教育馆内民众教育的顺利开展。民众教育馆注重馆内的教育，通过布置馆内环境，吸引民众自动来馆接受教育。或设置各种知识、农产、公民、健康、卫生展览室，使民众接受直观的教育；或创建民众学校、各种职业补习学校、农田合作社、卫生诊疗所、民众茶园、民众体育场、民众图书馆等，使民众获得多方面的知识。此外，还通过各种方式将教育推送到民间，使民众就地受教，如巡回讲演、巡回文库、流动教学、流动书库、流动教育车等，将教育扩展到馆外的民众。揆诸史实，作为近代国家实施民众播扬的大场所，作为一个历史性的客观存在，民众教育馆是国民政府探索实施民众教育的一条关键路径，其与地方行政机构、基层领导、各组织机构协同教育，馆内与馆外相结合的教育方式，打破教育的边界性，使所有民众都能接受到切实贴心的多样化教育，体现其整体性的场所布局。

二、民众教育馆受众对象的广泛性与适切性

随着学习型社会构建的需求，各种非正规、非正式的教育形式应时而生。民众教育作为一种重要的教育形式，即是针对全体社会成员进行教育。现代社区教育的大教育基于普及教育的理念，推进全民教育和终身教育的实施，更是决定了其教育对象的广泛性和内容的适切性。

民众教育馆即是为全体民众而设的教育，其对象不分性别、职业、地位、贫富，人人均有受教育的机会。无论是无知识的文盲、迫于生活离开学校的青年儿童，还是缺乏职业知识与技能的民众，抑或是有志深造但阻于环境之民众；无论是儿童、青年、妇女、老人，都可以进入民众教育馆接受通俗化的教育。普及教育除了注重全体民众都享有教育权利外，还坚持满足民众的基本学习需求。正如《世界全民教育宣言》中所言，就是要满足全民的基本教育需要，即向全体民众提供知识、技术、价值观和人生观，以满足他们能自尊地生活、不断学习，改善自己的生活并为国家发展作出贡献的要求。[1] 民众教育馆正是基于普及教育的理念，满足广大民众的基本需求，对民众实施语文、生计、公民、健康、休闲、家事等教育。民众教育馆作为基层社会中的"播扬者"，以"教育"的方式介入基层社会，注重对民众文化和日用生计的改进与改善，因而，可以说善于对基层民众进行调查，并根据民众的实际需求而进行贴切的教育，无疑是其最为突出的特征与优势。在从传统向现代转型的过程中，亟须塑造现代化新民众以配合城市的高速发展。职是之故，民众教育馆将民众文化知识教育的提高，作为其事业活动的重心与重点。随着农村经济的破产以及都市商业的衰落，解决民众的生计问题成了迫切任务，各民众教育馆结合时代背景增加了生计组，对民众生产生活进行细致指导。一·二八淞沪战争以后，民众教育馆为适应救国强国的时代需要，积极地向民众传授国难军事知识及公民常

---

[1] 世界全民教育宣言——满足基本学习需要[G]//王晓辉. 全球教育治理：国际教育改革文献汇编. 北京：教育科学出版社，2008：31.

识，以此增强民众的国民意志与民族意识。值得一提的是，民众教育馆还竭其所能地通过实施健康教育与休闲教育，满足民众发展个性、完善自我、注重休闲与娱乐的愿望。各民众教育馆不仅注重向民众传达体育、医药与卫生等健康生活知识，而且还针对部分民众沉迷烟、赌、娼的恶习，举办各种休闲教育活动，提倡民众正当的娱乐兴趣。由此足见，民众教育馆教育内容包罗万象，其所开展的活动几乎囊括了基层民众生活的各个方面，均与民众的生活紧密结合，满足广大民众的基本需求。

民众教育馆注重针对全体社会失学人员、缺乏技能的人员、农民、工人等进行再教育，以达教育的普及，且能立足于民众实际生活。当代社会的发展对教育及个体生活带来了极大挑战，即要求教育与社会的进步与成就、人类的生活紧密结合。诚如保罗·朗格让所言："为了寻求更好生活的唯一解决办法，在于社会彻底贯彻终身教育的原则，并且把教育同社会的进步和成就紧密地联系在一起。"① 马克思也明确指出社会生活的发展水平与教育存在紧密的联系："社会生活过程本身的条件受到总的智力和与这种智力相适应的教育的控制。"② 而这两者的关系非直接发生作用，而是以教育作为中介改变人类的生活。习近平总书记明确提出："人民对美好生活的向往，就是我们的奋斗目标。"③ 2015年通过的《中华人民共和国教育法》修正案将"为人民服务"纳入国家教育方针。在2018年9月10日召开的全国教育大会上，习近平进一步从教育作为国之大计、党之大计的战略高度，提出要坚持以人民为中心发展教育、促进教育同人民群众期待相契合的工作目标。在此意义上，社会教育作为学校教育、家庭教育的补充，就要立足于人民的实际生活，满足人民最直接、最急切的教育需求。首先，教育是所有民众的教育，一切的教育设施如果无法同生活发生关系，教育也将

---

① [法]保罗·朗格让. 终身教育引论 [M]. 滕星, 等译. 北京：华夏出版社，1988：18.
② 中共中央马克思恩格斯列宁斯大林著作编译局. 马克思恩格斯全集（第46卷）[M]. 北京：人民出版社，1979：215.
③ 中共中央文献研究室. 习近平关于社会主义社会建设论述摘编 [M]. 北京：中央文献出版社，2017：4.

失去其本意。因此，教育活动根据最多数民众实际生活的需要而拟定。其次，民众教育要多做深入的工作。民众教育既不是可有可无的教育，也不是敷衍门面的教育。民众教育必须对于民众发生极为密切的关系，使民众生活得以改善。民众教育馆要把教育送给民众，如巡回教育、巡回文库等的组建，使其工作深入民间。最后，各种教育的教材取材要广泛，凡与民众生活有关系的事物，都是民众教育所要研究解决的问题，也应是社会教育所应吸收的材料。

三、民众教育馆传播方式的多元开放

民众教育馆是一个多元、开放、综合的大系统，通过社会各种正规教育和非正规教育形式，对全体民众进行有目的、有组织、有计划的教育。在这一系统中，民众教育馆采用多元开放的传播方式，满足不同民众的需求。

民众教育馆作为民众教育的综合场所，内容涵盖了民众文化教育、生产经济领域、日常生活领域等层面的全方位改革，拥有并承担着知识生产和教育普及的双重功能，其实施民众教育的路径灵活多样且独具特色，能迎合民众生产生活，适合不同年龄段、不同职业及不同程度的民众，给不同阶层民众提供各种受教育的机会。民众教育馆实践路径既有固定正规的学校活动，也有流动巡回的宣传活动，还有直观具体的实物陈列、专业的有针对性的指导活动；既有馆内的教学活动、陈列活动与竞赛活动，也有馆外的演讲活动和宣传活动等。其中最具特色的是各种期刊、民众小报及民众丛书的创办及辐射效应。且在推行各项事业时，民众教育馆能兼顾市区与农村民众的实际需求，通过不同的活动形式施予民众适切的教育。例如上海市立民众教育馆针对上海市区民众的需求，通过播扬基本知识、倡导民众健康与宣传民族意识等途径及渠道，从而塑造新型市民，推进了城市现代化的进程。该馆通过设立民众学校与图书阅览室，成立失学儿童教导团，组织儿童读书会，提供巡回文库及巡回演讲等举措，有效吸引了不少民众入馆学习，其对提高民众的知识文化水平的成效显著；成立音乐会，

各种乐器传习班，举办民众远足会，各种业余运动等事业活动，又丰富了民众的日常生活；组织演讲活动、展览活动、公民知识竞赛等向民众宣传国难，倡导抗日救国，从而激发民众的爱国情怀，促进民众民族观念的养成。诚如《上海民众》所刊载的："工作实施均颇能唤起民众加强爱国的思想，民族意识的认识，和拥护领袖的观念。"① 此外，乡村民众教育馆对农村建设进行有益探索。沪郊各县民众教育馆或农民教育馆根据不同民众的需求举办了一系列事业活动，致力于推动乡村民众教育的发展。各民众教育馆下设民众学校、民众图书室、民众阅报处、巡回文库、民众问询代笔处、壁报牌等。如上海县民众教育馆举办读书会，经过多次宣传开会，吸引众多民众前来学习。经过参与读书会，"社会人士深明读书之重要，及加入本会之利益，因而请求加入者甚多"。② 如此，提高民众文化素质。各馆还通过组织农田合作社试验优良种子并进行推广，职业指导所及各种职业补习学校对民众进行生产指导、提倡副业等方式，从而改进民众的农业生产技术，促进沪郊经济的发展。例如，上海闵行民众教育馆成立合作社，取得了显著的功效。其中消费部纯收益共计329499元，信用部共计29841元，利用部共计662元，运销部共计55180元。③ 俞塘民众教育馆内的合作社吸引了不少社员，经过四个多月的经营，"农业生产收获，各社员将借款如期一一还清。借款还款的便利，与利率的低微，各社员感到得到优厚，参与合作社事业的兴趣更浓了"。④ 闵行民众教育馆设立示范农田，麦作计五分，栽种金大二六号，收获四五十斤。棉作亦五分，栽植百万棉。除虫菊一亩五分，收获九点五磅，每磅售银六角。⑤ 这就在某种程度上使得民众原本入不敷出的生活得到缓解，改善了民众生产生计。各馆也根据所辖区域内民众的休闲及健康状况，组织设立民众茶园、教育电影、音乐研究会、

---

① 汪春溪. 论著特载：本馆之回顾与前瞻［J］. 上海民众，1937（3）：10.
② 上海县民众教育馆报告：十八年度［M］. 上海县民众教育馆，1929：13.
③ 上海县第一区合作社. 念五个月的合作社：上海县闵行民众教育馆指导［M］. 上海：文化印刷社，1933：9—12.
④ 沈永嘉. 一个小型合作社［J］. 社教通讯（上海），1937（6）：3—4.
⑤ 上海县教育局近讯：第二学期社教视导结束［J］. 社教通讯（上海），1935，1（6）：35.

弈棋及球类比赛、清洁运动及防疫会、各种儿童健康竞赛等活动，丰富民众生活及强化健康意识。同时馆内还举办拒毒运动，张贴艺术部绘制的标语，通过演讲分发宣传品。在此之后，"民众明了鸦片等为害之烈，听讲者，无黑籍中人，故皆表示赞同，思有以别除之"。[1] 再如秦鹏章[2]在上海养正小学毕业，进入上海民众教育馆乐队学习江南丝竹，能自拉自唱江南的民歌小调。[3]

可见，民众教育馆通过多元开放的教育传播方式，面向基层民众开展满足其生活需求的教育活动，包括全社会的各种教育活动，对民众展示自然、社会、思维等全景式立体画面，体现民众教育的全过程性、整体性与终身性。

概言之，民众教育馆的整体教育实践过程，能为当前社会教育的进一步发展提供历史思考与创获：其一，社会教育应强调对人一生进行不断教育，体现终身性的特征；其二，社会教育要注重教育空间的广泛性，凡是民众生活的场所，都应有教育的发生；其三，社会教育应坚持教育内容的全面性，从民众的需求出发，给予其适宜的教育；其四，社会教育应秉持教育形式的多样化，充分调动各方的积极性，采取民众感兴趣的多元开放形式，对民众发挥综合的、整体的影响。

---

[1] 上海县民众教育馆报告：十八年度［M］．上海县民众教育馆，1929：16.
[2] 秦鹏章（1919—2002），江苏无锡人，历任中央民族乐团指挥、中国音乐家协会第四届理事、中国民族管弦乐会副会长等职。
[3] 向延生．中国近现代音乐家传（第3卷）［M］．沈阳：春风文艺出版社，1994：196.

参考文献

一、档案资料

1. 上海市工务局关于文庙整理文书（1928）[A]. 上海：上海市档案馆，Q215-1-8090.

2. 上海市工务局关于文庙图书馆文书（1930）[A]. 上海：上海市档案馆，Q215-1-8179.

3. 上海市教育局关于民众教育馆暂行规程（1931）[A]. 上海：上海市档案馆，Q235-1-352.

4. 上海市工务局文庙整理文书（1931）[A]. 上海：上海市档案馆，Q215-1-8091.

5. 上海市教育局关于各市立中小学和民众教育馆临时费决算清册（1932）[A]. 上海：上海市档案馆，Q235-1-2347.

6. 上海市教育局关于建国民校、塘里民校、麦伦中学附设民校、市立民众教育馆附设民众学校立案（1932）[A]. 上海：上海市档案馆，Q235-1-1744.

7. 装设民众教育馆园景部路灯案（1933）[A]. 上海：上海市档案馆，Q5-7-567.

8. 上海市立民众教育馆概况（1932年6—12月）；1933[A]. 上海：上海市档案馆，Y8-1-98.

9. 上海市立民众教育馆概况（1932年6—12月）：馆员、职员照片及各相关图片［A］. 上海：上海市档案馆，Y8-1-98-4.

10. 上海市立民众教育馆概况（1932年6—12月）：半年来本馆业务概述［A］. 上海：上海市档案馆，Y8-1-98-12.

11. 上海市立民众教育馆概况（1932年6—12月）：组织及规则［A］. 上海：上海市档案馆，Y8-1-98-16.

12. 上海市立民众教育馆概况（1932年6—12月）：本馆大事记［A］. 上海：上海市档案馆，Y8-1-98-28.

13. 上海市立民众教育馆概况（1932年6—12月）：展览组情况［A］. 上海：上海市档案馆，Y8-1-98-40.

14. 上海市立民众教育馆概况（1932年6—12月）：教导组情况［A］. 上海：上海市档案馆，Y8-1-98-80.

15. 上海市立民众教育馆概况（1932年6—12月）：演讲组情况［A］. 上海：上海市档案馆，Y8-1-98-148.

16. 上海市立民众教育馆概况（1932年6—12月）：健康组情况［A］. 上海：上海市档案馆，Y8-1-98-174.

17. 上海市立民众教育馆概况：本馆现任及退休职员一览表［A］. 上海：上海市档案馆，Y8-1-98-222.

18. 上海各图书馆概览（1934）［A］. 上海：上海市档案馆，Y8-1-8-40.

19. 民众教育是全民教育（1934）［A］. 上海：上海市档案馆，D2-0-3038-25.

20. 上海民众教育（1935）［A］. 上海：上海市档案馆，Y15-1-46-91.

21. 上海市公用局与商办上海内地自来水公司为减免上海民众教育馆水费事的来往文书（1935）［A］. 上海：上海市档案馆，Q403-1-480-21.

22. 上海市社会局有关补助民众教育各种经费的文件（1936）［A］. 上海：上海市档案馆，Q6-18-160.

23. 上海市社会局关于市立民众教育馆的文件（1936）［A］. 上海：上

海市档案馆，Q6-18-597.

24. 上海市社会局关于市立民众教育馆的文件（1936）[A]. 上海：上海市档案馆，Q6-18-702.

25. 上海市社会局关于市立民众教育馆的文件（1936）[A]. 上海：上海市档案馆，Q6-18-703.

26. 上海市社会局关于市立民众教育馆资历审核及人事任免请假等问题的文件（1937）[A]. 上海：上海市档案馆，Q6-18-22.

27. 上海市社会局关于民众教育馆与中华业余无线电社合办上海国防无线电训练班简章、教职员一览表（1937）[A]. 上海：上海市档案馆，Q6-18-269.

28. 日伪上海特别市政府关于北桥闵行奉贤南桥等民众教育馆各项经费的文件（1940）[A]. 上海：上海市档案馆，R1-8-580.

29. 上海特别市教育局准南市区公署填报民众教育馆概况及问答汇转令（1940）[A]. 上海：上海市档案馆，R48-1-1048-124.

30. 上海特别市教育局与市立实验民众教育馆人事任免辞职解雇人事调动等来往文书（1940）[A]. 上海：上海市档案馆，R48-1-999.

31. 上海特别市嘉定区公署为报民众教育馆初步实施纲要草案呈教育局（1940）[A]. 上海：上海市档案馆，R48-1-1055-1.

32. 上海特别市崇明区公署为报民众教育馆成立经过情形缮具书表呈教育局（1940）[A]. 上海：上海市档案馆，R48-1-1027-22.

33. 日伪上海特别市政府关于南汇区开办城关民众教育馆的文件（1943）[A]. 上海：上海市档案馆，R1-8-593.

34. 日伪上海特别市政府关于川沙区开办城关民众教育馆的文件（1943）[A]. 上海：上海市档案馆，R1-8-594.

35. 上海市教育局关于拟制的市立民众教育馆和图书馆组织规则报市府备案的函件（1945）[A]. 上海：上海市档案馆，Q1-6-241-1.

36. 上海特别市市立实验民众教育馆职员工役名册（1945）[A]. 上海：上海市档案馆，R48-1-1028-35.

37. 日伪上海特别市嘉定县立民众教育馆员工名册（1945年7月）[A]. 上海：上海市档案馆，R4-1-32-55.

38. 日伪上海特别市嘉定县立民众教育馆员工名册（1945年6月）[A]. 上海：上海市档案馆，R4-1-32-56.

39. 日伪上海特别市嘉定县立民众教育馆员工名册（1945年5月）[A]. 上海：上海市档案馆，R4-1-32-57.

40. 日伪上海特别市嘉定县立民众教育馆员工名册（1945年4月）[A]. 上海：上海市档案馆，R4-1-32-58.

41. 日伪上海特别市嘉定县立民众教育馆员工名册（1945年3月）[A]. 上海：上海市档案馆，R4-1-32-59.

42. 上海市立民众教育馆组织规程（1946）[A]. 上海：上海市档案馆，Y8-1-99-7.

43. 上海市立民众教育馆概况：市立民众教育馆每月各种事业出席人数统计表（1946）[A]. 上海：上海市档案馆，Y8-1-99-12.

44. 上海市民众教育馆概况（1946）[A]. 上海：上海市档案馆，Y8-1-99.

45. 上海市立民众教育馆征集抗战胜利品展览会展览品办法（1946）[A]. 上海：上海市档案馆，Q417-1-228-25.

46. 上海市社会教育人员手册：民众教育馆（1947）[A]. 上海：上海市档案馆，Y8-1-102-13.

47. 内政部上海职业介绍所与上海市立民众教育馆合办民众职业介绍所（1947）[A]. 上海：上海市档案馆，Q108-1-72.

48. 上海市政府关于民众教育馆设置忠烈纪念堂办法[A]. 上海：上海市档案馆，Q1-13-166.

49. 上海市政府关于市立民众教育馆文件[A]. 上海：上海市档案馆，Q1-13-412.

50. 上海市立民众教育馆为提倡民众休闲娱乐主办民众象棋比赛请派员出席与上海市卫生局来往函[A]. 上海：上海市档案馆，Q400-1-

2133-85.

51. 上海市卫生局关于市立民众教育馆调查报告［A］. 上海：上海市档案馆，Q400-1-3224-32.

52. 日伪上海特别市政府关于筹设市立实验民众教育馆的文件［A］. 上海：上海市档案馆，R1-8-568.

53. 上海市立民众教育馆概况：联合放映教育电影办法［A］. 上海：上海市档案馆，Y8-1-99-14.

54. 上海市教育局关于市立民众教育馆及分馆交接情况及移交清册［A］. 上海：上海市档案馆，B105-5-245.

55. 上海市政府公报（第九十三期）［A］. 上海：上海市档案馆，Y2-1-426.

二、史料、著作

1. 中华民国大学院. 全国教育会议报告［R］. 上海：商务印书馆，1928.

2. 晓庄学校民众教育研究会. 三民主义千字课第2册［M］. 北京：新时代教育社，1928.

3. 宝山县通俗教育馆. 宝山县通俗教育馆概况［M］. 江苏宝山县执行委员会宣传部，1930.

4. 中华平民教育促进会. 农民千字课（第一册）［M］. 中华平民教育促进会，1931.

5. 嘉定县教育局. 嘉定县十九年社会教育概况［M］. 嘉定县教育局，1931.

6. 江苏省教育厅秘书室. 江苏省现行教育法令汇编［G］. 江苏省教育厅秘书室，1932.

7. 邢必信，等. 第二次中国劳动年鉴［M］. 北平：北平社会调查所，1932.

8. 张梓生，章倬汉. 申报年鉴［M］. 上海：申报馆特种发行部，1933.

9. 上海市立民众教育馆. 上海市立民众教育馆概况（二十一年六月至十二月）[M]. 上海市立民众教育馆，1933.

10. 宗秉新. 江苏的民众教育馆[M]. 江苏省省立镇江民众教育馆，1933.

11. 上海市立民众教育馆. 学术演讲集[M]. 上海市立民众教育馆，1933.

12. 松江民众教育馆. 松江民众教育馆概况[M]. 松江民众教育馆，1933.

13. 上海县教育局. 上海县教育三年概况[M]. 上海县教育局，1933.

14. 陆砥平. 川沙县城区民众教育馆二十二年度工作概况[M]. 川沙县城区民众教育馆，1934.

15. 教育部. 第一次中国教育年鉴（甲编）[M]. 上海：开明书店，1934.

16. 上海市教育局. 上海市教育统计（民国二十三、二十四年合刊）[R]. 上海市教育局，1934—1935.

17. 杨一勋. 民众学校招生法[M]. 浙江省立民众教育实验学校，1934.

18. 江苏省立镇江民众教育馆. 四年来之江苏省立镇江民众教育馆[M]. 江苏省立镇江民众教育馆，1934.

19. 江苏省立南京民众教育馆. 江苏省立南京民众教育馆二十三年度工作计划[M]. 江苏省立南京民众教育馆，1934.

20. 上海妇女教育馆. 上海妇女教育馆概况[M]. 上海妇女教育馆，1935.

21. 江苏省立俞塘民众教育馆. 江苏省第四民众教育区二十三年度社教概况[M]. 江苏省立俞塘民众教育馆，1935.

22. 省立俞塘民众教育馆. 省立俞塘民众教育馆概况[M]. 省立俞塘民众教育馆，1935.

23. 上海市教育局. 上海市民众识字课本［M］. 上海：商务印书馆，1935.

24. 上海县教育局. 上海县教育视导报告：民国二十三年度第二学期［M］. 上海市教育局，1935.

25. 陆叔昂. 赵家塘改进会筹备进行记：沪郊农村改进区报告之一［R］. 上海：中华职业教育社，1935.

26. 教育部. 教育法令汇编［G］. 上海：商务印书馆，1936.

27. 国民政府教育年鉴编纂委员会. 第一次中国教育年鉴（丙编"教育概况"）［M］. 上海：开明书店，1936.

28. 教育部统计室. 中华民国二十二、二十三年度全国教育经费统计［M］. 上海：商务印书馆，1937.

29. 钮长耀，陆盖. 钮惕生先生民众教育言论集［C］. 上海：中华书局，1937.

30. 教育部社会教育司. 社会教育讨论会报告［R］. 教育部社会教育司，1939.

31. 教育部社会教育司. 民众教育馆重要法规［M］. 教育部社会教育司，1939.

32. 教育部社会教育司. 社会教育法令汇编［G］. 上海：商务印书馆，1940.

33. 新运妇女指导委员会文化事业组. 新运妇女指导委员会三周年纪念特刊［M］. 出版者不详，1941.

34. 上海市教育局. 上海市教育统计（民国三十五年度）［M］. 上海市教育局，1947.

35. 中华书局. 民众教育法规汇编［G］. 上海：中华书局，1948.

36. 陈学恂. 中国近代教育大事记［M］. 上海：上海教育出版社，1981.

37. 钟叔河，朱纯. 过去的学校：回忆录［G］. 长沙：湖南教育出版社，1982.

38. 文天行. 国统区抗战文艺运动大事记［M］. 成都：四川省社会科学院出版社，1985.

39. 舒新城. 中国近代教育史资料（上、中、下）［G］. 北京：人民教育出版社，1985.

40. 宝山县教育志编写组. 宝山县教育志［M］. 宝山县教育局，1987.

41. 姚金祥. 上海市奉贤县志［M］. 上海：上海人民出版社，1987.

42. 奉贤县文化局《奉贤县文化志》编写组. 奉贤县文化志［M］. 上海：上海市卫生局印刷厂，南汇县育才印刷厂，1988.

43. 上海县教育局教育志编纂室. 上海县教育志［M］. 上海：上海社会科学院出版社，1989.

44. 松江县教育志编纂委员会. 松江县教育志［M］. 上海：上海社会科学院出版社，1989.

45. 褚半，农主. 上海县教育志［M］. 上海：上海社会科学院出版社，1989.

46. 上海市崇明县县志编纂委员会. 崇明县志［M］. 上海：上海人民出版社，1989.

47. 政协上海市南市区委员会文史资料委员会，上海市南市区志编纂委员会. 南市文史资料选辑［G］. 上海：上海市新闻出版局，1990.

48. 上海市金山县县志编纂委员会. 金山县志［M］. 上海：上海人民出版社，1990.

49. 朱鸿伯. 上海市川沙县志［M］. 上海：上海人民出版社，1990.

50. 上海市青浦县县志编纂委员会. 青浦县志［M］. 上海：上海人民出版社，1990.

51. 金山县教育局教育志办公室. 上海市金山县教育志［M］. 上海：上海人民出版社，1990.

52. 上海市松江县地方史志编纂委员会. 松江县志［M］. 上海：上海人民出版社，1991.

53. 中国第二历史档案馆. 中华民国史档案资料汇编（第五辑第一编

教育）［G］. 南京：江苏古籍出版社，1991.

54. 上海市南汇县县志编纂委员会. 南汇县志［M］. 上海：上海人民出版社，1992.

55. 上海市嘉定县县志编纂委员会. 嘉定县志［M］. 上海：上海人民出版社，1992.

56. 上海市宝山区地方志编纂委员会. 宝山县志［M］. 上海：上海人民出版社，1992.

57. 川沙县教育局. 川沙县教育志［M］. 川沙县教育局，1992.

58. 上海县县志编纂委员会. 上海县志［M］. 上海：上海人民出版社，1993.

59. 《嘉定县教育志》编纂组. 嘉定县教育志［M］. 上海：上海社会科学院出版社，1995.

60. 胡次威. 国民党反动统治时期的"新县制"［G］//文史资料选辑（第29辑）. 北京：中国文史出版社，1995.

61. 上海市闸北区志编纂委员会. 闸北区志［M］. 上海：上海社会科学院出版社，1998.

62. 罗苏文，宋钻友. 上海通史（第9卷 民国社会）［M］. 上海：上海人民出版社，1999.

63. 杨国强，张培德. 上海通史（第7卷 民国政治）［M］. 上海：上海人民出版社，1999.

64. 潘君祥，王仰清. 上海通史（第8卷 民国经济）［M］. 上海：上海人民出版社，1999.

65. 陆坚心，完颜绍元. 20世纪上海文史资料文库［G］. 上海：上海书店出版社，1999.

66. 刘英杰. 中国教育大事典（1840—1949）［G］. 杭州：浙江教育出版社，2001.

67. 上海市南汇县教育局. 上海市南汇县教育志［M］. 上海：上海古籍出版社，2005.

68. 上海市青浦教育志办公室. 青浦教育志（1902—1985）[M]. 上海：文汇出版社，2006.

69. 陈元晖. 中国近代教育史资料汇编[G]. 上海：上海教育出版社，2007.

70. 王晓辉. 全球教育治理：国际教育改革文献汇编[G]. 北京：教育科学出版社，2008.

71. 上海文献汇编编委会. 上海文献汇编·文化卷33[G]. 天津：天津古籍出版社，2013.

72. 李景文，马小泉. 民国教育史料丛刊1099（社会教育）[G]. 郑州：大象出版社，2015.

73. 李景文，马小泉. 民国教育史料丛刊316（世界教育事业·教育制度）[G]. 郑州：大象出版社，2015.

74. 李景文，马小泉. 民国教育史料丛刊480（中国教育事业·中国教育史）[G]. 郑州：大象出版社，2015.

75. 李景文，马小泉. 民国教育史料丛刊（教育学）[G]. 郑州：大象出版社，2015.

76. 于述胜. 民国时期社会教育史料汇编[G]. 北京：国家图书馆出版社，2017.

77. 杜学元. 民国时期社会教育史料续编[G]. 北京：国家图书馆出版社，2020.

78. 朱煜. 民国时期民众教育资料汇编[G]. 北京：国家图书馆出版社，2022.

79. 商务印书馆编译所. 上海指南[M]. 上海：商务印书馆，1922.

80. 焦易堂. 训政与村市[M]. 上海：广益书局，1929.

81. 萨孟武. 三民主义政治学[M]. 上海：新生命书局，1929.

82. 范望湖. 民众教育ABC[M]. 上海：世界书局，1929.

83. 孙逸园. 社会教育设施法[M]. 上海：商务印书馆，1929.

84. 殷芷沅. 民众教育概要[M]. 上海：世界书局，1929.

85. 浙江省教育厅第三科. 浙江的社会教育［M］. 浙江省教育厅第三科，1930.

86. 朱智贤. 民众学校设施法［M］. 济南：山东省立民众教育馆出版部，1931.

87. 傅葆琛. 民众教育研究与评论［M］. 北平：北平文化学社印行，1932.

88. 甘豫源. 新中华民众教育［M］. 上海：新国民图书社，1932.

89. 甘豫源. 乡村民众教育之实施［M］. 出版者不详，1933.

90. 商致中. 民众教育［M］. 上海：大华书局，1933.

91. 秦柳方，武葆邨. 民众教育［M］. 上海：世界书局，1933.

92. 上海市政府社会局. 上海市工人生活程度［M］. 上海：中华书局，1934.

93. 罗运炎. 中国烟禁问题［M］. 上海：上海大明图书公司，1934.

94. 高践四. 民众教育［M］. 上海：商务印书馆，1934.

95. 方金墉. 民众教育馆之组织和实施［M］. 上海：大夏大学教育学院，1934.

96. 孟宪承. 民众教育［M］. 上海：世界书局，1934.

97. 庄泽宣，徐锡龄. 民众教育通论［M］. 上海：中华书局，1934.

98. 上海市政府社会局. 上海市工人生活程度［M］. 上海：中华书局，1934.

99. 郭人全. 乡村民众教育［M］. 上海：黎明书局，1934.

100. 马宗荣. 现代社会教育泛论［M］. 上海：世界书局，1934.

101. 俞庆棠. 民众教育［M］. 南京：正中书局，1935.

102. 陈礼江. 民众教育［M］. 南京：正中书局，1935.

103. 唐现之. 梁漱溟先生教育文录［M］. 邹平：山东乡村建设研究院出版股，1935.

104. 冯和法. 中国农村经济资料［M］. 上海：黎明书局，1935.

105. 朱其华. 中国农村经济的透视［M］. 上海：上海中国研究书

店，1936.

106. （元）熊禾. 熊勿轩文集［M］. 上海：商务印书馆，1936.

107. 苑国贤. 民众学校实施法［M］. 上海：大众书局，1936.

108. 林宗礼. 民众教育馆实施法［M］. 上海：商务印书馆，1936.

109. 杨佩文. 民众教育实施法［M］. 上海：商务印书馆，1937.

110. 蒋建白，吕海澜. 中国社会教育行政［M］. 上海：商务印书馆，1937.

111. 甘豫源，段蕴刚. 民众学校［M］. 上海：商务印书馆，1937.

112. 陈礼江. 民众教育［M］. 南京：正中书局，1937.

113. 马宗荣. 社会教育纲要［M］. 上海：商务印书馆，1937.

114. 钮长耀. 合作社［M］. 上海：商务印书馆，1937.

115. 龙发甲. 乡村教育概论［M］. 上海：商务印书馆，1937.

116. 方丙荃. 民众学校教材研究［M］. 福建省民众教育师资训练所，1938.

117. 赵冕. 社会教育行政［M］. 上海：商务印书馆，1938.

118. 朱佐廷，邱冶新. 民众学校教学法［M］. 上海：商务印书馆，1941.

119. 彭大铨. 民众教育馆［M］. 南京：正中书局，1941.

120. 陈礼江. 民众教育（全一册）［M］. 南京：正中书局，1943.

121. 古楳. 民众教育新动向［M］. 上海：中华书局，1946.

122. 陈礼江. 陈礼江论文选集［M］. 南京：正中书局，1946.

123. 彭大铨. 民众教育馆［M］. 南京：正中书局，1947.

124. 沈吕默. 民众教育馆［M］. 上海：中华书局，1948.

125. 赵冕. 民众教育［M］. 上海：中华书局，1948.

126. 费孝通. 乡土重建［M］. 上海：上海观察社，1948.

127. ［德］斯宾格勒. 西方的没落［M］. 齐世荣，田农，等译. 北京：商务印书馆，1963.

128. 方汉奇. 中国近代报刊史［M］. 太原：山西人民出版社，1981.

129. 朱邦兴. 上海产业与上海职工 [M]. 上海：上海人民出版社，1984.

130. 孙中山. 孙中山全集 [M]. 中国社会科学院近代史所中华民国史研究室，编. 北京：中华书局，1985.

131. [美] 阿历克斯·英格尔斯，等. 人的现代化 [M]. 殷陆君，等译. 成都：四川人民出版社，1985.

132. 徐雪筠，等. 上海近代社会经济发展概况（1882—1931）——《海关十年报告》译编 [M]. 上海：上海社会科学院出版社，1985.

133. 刘明逵. 中国工人阶级历史状况（第一卷第一册）[M]. 北京：中共中央党校出版社，1986.

134. [美] 罗兹·墨非. 上海——现代中国的钥匙 [M]. 上海社会科学院历史研究所，编译. 上海：上海人民出版社，1986.

135. 国际联盟教育考察团. 国际联盟教育考察团报告书 [M]. 台北：文海出版社，1986.

136. 《中国现代教育家传》编委会. 中国现代教育家传（第四卷）[M]. 长沙：湖南教育出版社，1987.

137. [美] 罗伯特·欧文斯. 教育组织行为学 [M]. 孙绵涛，译. 武汉：华中师范大学出版社，1987.

138. [美] R. E. 帕克，E. N. 伯吉斯，R. D. 麦肯齐. 城市社会学 [M]. 宋俊岭，吴建华，王登斌，译. 北京：华夏出版社，1987.

139. [美] 巴林顿·摩尔. 民主与专制的社会起源 [M]. 拓夫，等译. 北京：华夏出版社，1987.

140. （元）马端临. 文献通考 [M]. 杭州：浙江古籍出版社，1988.

141. [以] S. N. 艾森斯塔德. 现代化：抗拒与变迁 [M]. 张旅平，等译. 北京：中国人民大学出版社，1988.

142. [法] 保罗·朗格让. 终身教育引论 [M]. 滕星，等译. 北京：华夏出版社，1988.

143. 唐振常，沈恒春. 上海史 [M]. 上海：上海人民出版社，1989.

144. 蔡元培. 蔡元培全集（第18卷）[M]. 中国蔡元培研究会, 编. 杭州：浙江教育出版社, 1989.

145. 蔡元培. 蔡元培教育论著选[M]. 高平叔, 编. 北京：人民教育出版社, 1991.

146. 陶行知. 陶行知全集[M]. 成都：四川教育出版社, 1991.

147. [美] 阿历克斯·英格尔斯, 等. 从传统人到现代人——六个发展中国家的个人变化[M]. 顾昕, 译. 北京：中国人民大学出版社, 1992.

148. 陈旭麓. 近代中国社会的新陈代谢[M]. 上海：上海人民出版社, 1992.

149. [美] 洪长泰. 到民间去——1918—1937年的中国知识分子与民间文学运动[M]. 董晓萍, 译. 上海：上海文艺出版社, 1993.

150. [美] 费正清. 剑桥中华民国史（1912—1949）[M]. 刘敬坤, 等译. 北京：中国社会科学出版社, 1994.

151. 田正平, 李笑贤. 黄炎培教育论著选[M]. 北京：人民教育出版社, 1993.

152. [美] E. 马克·汉森. 教育管理与组织行为[M]. 冯大鸣, 等译. 上海：上海教育出版社, 1993.

153. 傅葆琛. 傅葆琛教育论著选[M]. 陈侠, 傅启群, 编. 北京：人民教育出版社, 1994.

154. 包宗华. 中国城市化道路与城市建设[M]. 北京：中国城市出版社, 1995.

155. 李珠. 中国成人教育近现代史[M]. 哈尔滨：黑龙江教育出版社, 1996.

156. 国际21世纪委员会. 教育——财富蕴藏其中[M]. 联合国教科文组织总部中文科, 译. 北京：教育科学出版社, 1996.

157. 熊贤君. 俞庆棠教育思想研究[M]. 沈阳：辽宁教育出版社, 1997.

158. 费孝通. 乡土中国[M]. 北京：北京大学出版社, 1998.

159. [美]戴维·伊斯顿. 政治生活的系统分析[M]. 王浦劬,译. 北京:华夏出版社,1999.

160. 习文,季金安. 上海群众文化志[M]. 上海:上海文化出版社,1999.

161. 周策纵. 五四运动史[M]. 长沙:岳麓书社,1999.

162. [德]哈贝马斯. 公共领域的结构转型[M]. 曹卫东,王晓珏,刘北城,等译. 上海:学林出版社,1999.

163. 王先明. 中国近代社会文化史论[M]. 北京:人民出版社,2000.

164. (战国)孟轲. 孟子[M]. 杨伯峻,杨逢彬,注译. 长沙:岳麓书社,2000.

165. 熊明安,周洪宇. 中国近现代教育实验史[M]. 济南:山东教育出版社,2001.

166. (西周)姬旦. 周礼[M]. 钱玄,等注译. 长沙:岳麓书社,2001.

167. (汉)司马迁. 史记[M]. 长沙:岳麓书社,2002.

168. 陈绛. 近代中国(第13辑)[M]. 上海:上海社会科学院出版社,2003.

169. 王雷. 中国近代社会教育史[M]. 北京:人民教育出版社,2003.

170. 罗荣渠. 现代化新论——世界与中国的现代化进程[M]. 北京:商务印书馆,2004.

171. [美]詹姆斯·W. 凯瑞. 作为文化的传播[M]. 丁末,译. 北京:华夏出版社,2005.

172. 张蓉. 中国现代民众教育思潮研究[M]. 北京:中国文史出版社,2005.

173. 黄书光. 中国社会教化的传统与变革[M]. 济南:山东教育出版社,2005.

174. 梁漱溟. 乡村建设理论[M]. 上海:上海人民出版社,2006.

175. 王雷. 社会教育概论[M]. 北京：光明日报出版社，2007.

176. 徐甡民. 上海市民社会史论[M]. 上海：文汇出版社，2007.

177. [美]西达·斯考切波. 历史社会学的视野与方法[M]. 封积文，等译. 上海：上海人民出版社，2007.

178. 王伦信，陈洪杰，唐颖，等. 中国近代民众科普史[M]. 北京：科学普及出版社，2007.

179. (汉)郑玄. 礼记正义[M]. 上海：上海古籍出版社，2008.

180. (汉)班固. 汉书[M]. 长沙：岳麓书社，2008.

181. 忻平. 从上海发现历史——现代化进程中的上海人及其社会生活（1927—1937）[M]. 上海：上海大学出版社，2009.

182. 李志明. 空间、权力与反抗：城中村违法建设的空间政治解析[M]. 南京：东南大学出版社，2009.

183. 王先明. 变动时代的乡绅——乡绅与乡村社会结构变迁（1901—1945）[M]. 北京：人民出版社，2009.

184. [美]W. 理查德·斯科特，杰拉尔德·F. 戴维斯. 组织理论：理性、自然与开放系统的视角[M]. 高俊山，译. 北京：中国人民大学出版社，2011.

185. 杨才林. 民国社会教育研究[M]. 北京：社会科学文献出版社，2011.

186. 张乃清. 钮永建与俞塘民众教育馆[M]. 上海：上海人民出版社，2011.

187. 江文君. 近代上海职员生活史[M]. 上海：上海辞书出版社，2011.

188. 周慧梅. 近代民众教育馆研究[M]. 北京：北京师范大学出版社，2012.

189. 朱煜. 民众教育馆与基层社会现代改造（1928—1937）——以江苏为中心[M]. 北京：社会科学文献出版社，2012.

190. 王琳，涂成生. 行政管理学[M]. 北京：北京理工大学出版社，2012.

191. 王炳照，李国均，阎国华. 中国教育通史：中华民国卷（上、中、下）[M]. 北京：北京师范大学出版社，2013.

192. 周慧梅. "新国民"的想象：民国时期民众学校研究[M]. 北京：北京师范大学出版社，2013.

193. 老子[M]. 刘思禾，校点. 上海：上海古籍出版社，2013.

194. 尹艳秋. 近现代苏南教育家概览[M]. 苏州：苏州大学出版社，2013.

195. 费孝通，吴晗. 皇权与绅权[M]. 北京：生活·读书·新知三联书店，2013.

196. 王雷. 大学社会教育研究——基于大学服务社会的历史考察[M]. 北京：人民出版社，2013.

197. 张仲礼. 近代上海城市研究（1840—1949）[M]. 上海：上海人民出版社，2014.

198. 陶行知. 中国教育改造[M]. 北京：商务印书馆，2014.

199. 邵雍. 历史回顾与评论[M]. 合肥：合肥工业大学出版社，2014.

200. 黄书光，等. 变迁与转型：中国传统教化的近代命运[M]. 上海：上海教育出版社，2014.

201. 赵倩. 现代化语境下的民众教育与社会改造：1928—1937年北平地区民众教育馆研究[M]. 北京：中国人民大学出版社，2015.

202. 管子[M]. 刘晓艺，校点. 上海：上海古籍出版社，2015.

203. 礼记[M]. 陈澔，注. 上海：上海古籍出版社，2016.

204. 张乃清. 上海乡绅李待问[M]. 上海：学林出版社，2016.

205. 赵厚勰，刘训华. 中国教育活动通史（第七卷中华民国）[M]. 济南：山东教育出版社，2017.

206. 尹保华. 社会科学研究方法[M]. 北京：中国矿业大学出版社，2017.

207. 章辉，陆庆祥. 民国休闲教育文萃［M］. 昆明：云南大学出版社，2018.

208. 周慧梅. 民国社会教育研究［M］. 长沙：湖南教育出版社，2018.

209. 郁建兴，王名. 社会组织管理［M］. 北京：科学出版社，2019.

210. 黄书光，等. 上海教育史（第二卷）［M］. 上海：上海教育出版社，2019.

211. 郑启学. 教育研究方法［M］. 长春：吉林人民出版社，2019.

212. 熊贤君. 民众教育的践履者俞庆棠［M］. 太原：山西人民出版社，2020.

213. 张书美. 中国近代民众图书馆研究［M］. 南昌：江西人民出版社，2020.

214. 朱煜. 民众教育馆与民族国家意识的塑造（1928—1949）［M］. 北京：人民出版社，2022.

三、民国报刊

1. 教育与民众

2. 民众教育

3. 民众教育通讯

4. 民众教育月刊

5. 民众教育季刊

6. 民众导报

7. 社会教育季刊

8. 上海民众

9. 民众园地

10. 民教之友

11. 松江民众月报

12. 社教通讯（上海）

13. 上海民友
14. 上海县教育月刊
15. 上海特别市市政府市政公报
16. 上海市教育局教育周报
17. 上海县教育局年报
18. 上海市政府公报
19. 上海报
20. 上海周报
21. 上海教育
22. 益世报
23. 时事新报
24. 上海教育界
25. 申报
26. 宝山县教育月刊
27. 宝山县教育会年刊
28. 青浦教育
29. 松江县教育季刊
30. 金山县教育年报
31. 宝山新教育
32. 嘉定县政公报
33. 奉贤教育
34. 申报月刊
35. 教与学
36. 教育杂志
37. 教育与社会
38. 南大半月刊
39. 民国日报
40. 浙江教育

41. 时报
42. 新闻报
43. 通俗教育月刊
44. 教育导报
45. 中央日报
46. 教育通讯
47. 社友通讯
48. 通俗旬报
49. 中华教育界
50. 晶报
51. 乡村改造
52. 教育新路
53. 农业周报
54. 世界日报
55. 乡村改造
56. 教育季刊
57. 教育辅导
58. 女子月刊
59. 江苏教育
60. 民报
61. 文汇报
62. 新民
63. 俞塘
64. 生活教育
65. 海燕报
66. 大公报
67. 江苏教育季刊
68. 江苏教育公报

四、期刊论文

1. 谢培. 半个多世纪以前的上海民众社会教育［J］. 上海成人教育，1996（5）：44—45.

2. 庄志龄. 20 世纪 20—30 年代上海的社会教育［J］. 史林，1998（4）：75—83.

3. 周慧梅，王炳照. 沿革与流变：从古代社会教化到近代民众教育［J］. 河北师范大学学报（教育科学版），2005（4）：59—64.

4. 黄书光. 中国传统教化的现代转型［J］. 华中师范大学学报（人文社会科学版），2005（6）：166—171.

5. 张爱勤. 孟宪承民众教育思想与实践探微［J］. 华东师范大学学报（教育科学版），2008（4）：79—87.

6. 周慧梅. 民国时期民众教育馆变迁的制度分析［J］. 教育学报，2008（2）：10—15＋32.

7. 赵倩. 北平地区民众教育馆中心地位的确立与发展（1933—1937）［J］. 北京社会科学，2010（1）：60—67.

8. 李冬梅. 民国时期民众教育馆举步维艰的缘由［J］. 求索，2010（12）：241—242.

9. 车莉. 抗战时期西康省的民众教育馆［J］. 西南民族大学学报（人文社会科学版），2011（11）：210—214.

10. 周慧梅. 从馆舍设置看民众教育馆的教育意蕴［J］. 华东师范大学学报（教育科学版），2012（2）：76—83.

11. 杜光胜，冯立昇，李龙. 镇江民众教育馆巡回电化教学的实践及作用研究［J］. 电化教育研究，2012（3）：114—120.

12. 朱煜. 民众教育馆与私塾改良——以 1930—1937 年江苏为中心的考察［J］. 历史教学（下半月刊），2012（2）：28—33.

13. 朱煜. 抗战前江苏民众教育馆的教育电影［J］. 电化教育研究，2012（8）：109—113.

14. 黄书光. 西学东渐与中国传统教化的近代命运［J］. 高等教育研究，2012（3）：84—88.

15. 朱煜. 民众教育馆与基层政权建设——以1928—1937年江苏省为中心［J］. 近代史研究，2014（3）：111—126.

16. 黄书光. 教育现代化动变中的传统元素及其开掘［J］. 高等教育研究，2014（12）：13—17.

17. 娄岙菲. 大夏大学与民众教育——以大夏公社、大夏民众教育实验区为中心的考察［J］. 教育学报，2016，12（4）：112—120.

18. 周慧梅. 社会秩序与政府职责——以北平市第二民众教育馆附设影院风波为中心［J］. 清华大学教育研究，2016（6）：119—124.

19. 杜成宪. 区域教育现代化的独特样例——基于上海的历史考察［J］. 教育发展研究，2017（4）：27—34＋47.

20. 朱煜. 抗战大后方的民众教育馆——以四川省和重庆市为中心的研究［J］. 近代史研究，2017（4）：105—117.

21. 周慧梅. 集体仪式与国家认同——以山西省立民众教育馆为考察中心［J］. 天津师范大学学报（社会科学版），2018（1）：57—63.

22. 李玉. 钮永建民众教育思想研究［J］. 社会科学辑刊，2018（2）：155—162.

23. 周慧梅. 抗战时期后方省份社会教育的实践困境分析——以湖南省立第一民众教育馆"余陈互控案"为考察中心［J］. 北京教育学院学报，2019（1）：62—71.

24. 朱煜. 寓教于展：九一八事变后民众教育馆的救国展览［J］. 终身教育研究，2019（5）：64—69.

25. 左玉河，化世太. 民国时期国立中央民众教育馆的历史考察［J］. 福建论坛（人文社会科学版），2020（9）：179—187.

26. 裴聪. 民国时期民众教育馆的功能取向变迁——以江苏省立南京民众教育馆的科技教育活动为考察中心［J］. 中国人民大学教育学刊，2020（1）：170—180.

27. 周慧梅，汤浩泽. 空间重构与国家在场——以上海文庙改民众教育馆为考察中心［J］. 终身教育研究，2021（1）：50—58.

28. 尹昱瑾，陈军，岳庆艳. 民国时期甘肃民众教育馆设立与社会意义之分析［J］. 图书与情报，2022（1）：124—131.

29. 周慧梅. 展览会与社会教育空间营造——以浙江省立民众教育馆为中心［J］. 终身教育研究，2022（4）：55—63.

五、学位论文

1. 谷小水. 1927—1937年中国民众教育研究——以江苏为中心［D］. 南京：南京大学，2000.

2. 赵倩. 北平地区民众教育馆研究（1928—1937）［D］. 北京：中国人民大学，2011.

3. 朱煜. 江苏民众教育馆研究（1928—1937）［D］. 苏州：苏州大学，2012.

4. 庄颖. 民国时期女子民众教育研究——以上海妇女教育馆为中心［D］. 上海：上海师范大学，2014.

5. 石磊. 民国时期民众教育馆美育工作研究（1927—1949）［D］. 南京：南京艺术学院，2021.

6. 王玮铖. 徐州民众教育馆研究（1932—1937）［D］. 杭州：杭州师范大学，2021.

7. 吴贞炜. 南通地区民众教育馆研究（1928—1937）［D］. 上海：上海师范大学，2022.

六、英文文献

1. Sumner, William Graham. Folkways［M］. Boston：Ginn，1906.

2. Prasenjit Duara. Culture, Power and the State：Rural North China，1900—1942［M］. Calif：Stanford University Press，1988.

3. Paul Bailey. Reform the People：Changing Attitudes Towards Pop-

ular Education in Early Twentieth Century China [M]. Canada：University of British Columbia Press，1990.

4. R. L. Russell. Designing Exhibits That Engage Visitors：Bob's Ten Points [J]. Informal Learning，2000.

后　　记

　　本书通过对上海民众教育馆的系统考察，力图从社会史、教育史的双重角度综合审视上海民众教育馆的历史变迁、基本特点与价值意蕴，是区域民众教育研究的新探索，有助于深化近代中国社会教育研究，具有相应的学术创新意义。同时，本书为解决当下社区教育、成人教育、乡村教育建设发展中出现的诸多问题，提供了鲜活的近代教育个案及本土经验，对新时代社会教育的综合治理和家校社协同育人的健康发展具有重要的现实借鉴意义。由于双重视域下民众教育馆问题研究的复杂性，本人才疏学浅，难免有疏漏未尽之处，敬请广大热心读者批评指正。

　　值本书完稿之际，我要特别感谢导师黄书光教授。本书是在本人博士论文的基础上修改完成的，从博士论文的选题到最后成稿的每一步，大到题目的用词与框架，小到注释与标点，导师都倾注了大量时间和精力，多次与我商讨本书的相关论题。本书最终得以完成，无不渗透着黄老师的辛勤指导。感谢我的硕士导师孙杰教授，在整个过程中给予特别的指导与关心。同时，还要感谢杜成宪教授、王伦信教授、王保星教授、蒋纯焦教授、李林教授，他们对我的论文从开题到答辩都提出了宝贵的意见建议。在论文评审与正式博士论文答辩时，还得到田正平教授、曲铁华教授、黄明喜教授的指导和帮助，在此一并致以崇高敬意和衷心感谢。感谢我的父母，一直无私地、默默地在我身后鼎力支持，让我能够从容地坚守自己的梦想。

本书出版得到福建教育出版社教育理论室成知辛等各位老师的指导帮助与大力支持，在此一并深致谢意。

刘海燕
2024年12月于华东师范大学中北图书馆